복지국가 스웨덴

복지국가 스웨덴 국민의 집으로 가는 길

1판1쇄 | 2011년 1월 17일
1판8쇄 | 2020년 6월 30일

지은이 | 신필균

펴낸이 | 정민용
편집장 | 안중철
책임편집 | 윤상훈
편집 | 강소영, 이진실, 최미정

펴낸 곳 | 후마니타스(주)
등록 | 2002년 2월 19일 제2002-000481호
주소 | 서울 마포구 신촌로14안길 17, 2층 (04057)
전화 | 편집_02.739.9929/9930 영업_02.722.9960 팩스_0505.333.9960

블로그 | humanitasbook.tistory.com
트위터, 페이스북, 인스타그램 | @humanitasbook
이메일 | humanitasbooks@gmail.com

인쇄 | 천일문화사_031.955.8083 제본 | 일진제책사_031.908.1407

값 17,000원

ⓒ 신필균, 2011

ISBN 978-89-6437-128-2 93300

이 도서의 국립중앙도서관 출판시도서목록(CIP)은 e-CIP 홈페이지(http://www.nl.go.kr/ecip)에서
이용하실 수 있습니다(CIP제어번호: CIP2010004726).

복지국가 스웨덴

| 신필균 지음 |

 국민의 집으로 가는 길

후마니타스

차례

저자 서문 —— 7

| 제1부 |
스웨덴의 역사와 정치
1장 역사와 환경 —— 15
2장 사회민주주의와 노동조합운동 —— 39

| 제2부 |
스웨덴의 사회정책
3장 행정 체계: 집중화와 분권화를 결합한 생활 정치 —— 79
4장 아동 정책과 가족 정책: 모든 아이는 모두의 아이 —— 88
5장 노인 정책과 연금제도: 안정된 노년의 삶 —— 115
6장 장애인 정책: 완전한 참여, 완전한 평등 —— 157
7장 여성 정책: 양성 평등으로 완성되는 민주주의 —— 181
8장 교육 정책: 모두에게 열린 배움의 힘, 균등 사회의 길 —— 210
9장 보건 의료 정책: 국민 건강과 환자 중심의 의료 제도 —— 229

10장 주택 정책: 모든 국민을 위한 살기 편한 집 —— 254
11장 노동시장 정책: 모두에게 좋은 일자리를 —— 276
12장 환경 정책: 녹색 국민의 집으로 —— 294

| 제3부 |

스웨덴의 민주주의와 합의 문화

13장 인권 보장과 옴부즈만제도 —— 321
14장 합의 문화와 공동체 —— 330

약어표 —— 358
참고문헌 —— 360
찾아보기 —— 369

일러두기

1. 고유명사의 우리말 표기는 국립국어연구원의 외래어 표기 용례집(북유럽권 지명·인명)을 따랐으며, 용례가 정해지지 않았거나 일반적으로 굳어진 표현의 경우는 원음에 가깝게 표기했다.
2. 단행본, 전집, 정기간행물에는 겹낫표(『 』)를, 논문이나 논설, 기고문, 단편 등은 큰따옴표(" ")를, 법령, 공연물, 텔레비전 프로그램, 노래 제목 등에는 홑꺾쇠(〈 〉)를 사용했다.
3. 본문에서 약어로 표기한 기관·단체명은 약어표를 첨부했다.
4. 본문에서 사용되는 정부 통계는 스웨덴 정부 홈페이지(http://www.sweden.gov.se)와 스웨덴 통계청 홈페이지(http://www.scb.se)에 있는 각종 연간 통계표를 이용했다. 특히 경제 통계는 정부 자료 및 경제 정보 홈페이지(http://www.ekonomifakta.se)에서 참고했다.
5. 각종 사회보험과 현금 보조 지급에 관한 기준 및 금액은 스웨덴 사회보험청이 제공하는 공식 자료를 활용했다.

저자 서문

1

'국민의 집'folkhemmet은 스웨덴 복지국가의 이념이자 정신이다. 스웨덴을 세계 최고의 복지 선진국으로 이끈 힘을 꼽으라면 필자는 단연, "국가는 모든 국민들을 위한 좋은 집이 되어야 한다"라는 스웨덴 복지국가의 이념을 들고 싶다. 나아가 그런 복지국가 이념을 사회적 합의로 이끌 수 있었던 스웨덴 사회민주노동당의 정치적 저력을 강조하지 않을 수 없다.

스웨덴 사회민주노동당과 그들의 지도자들은 사회민주주의를 추상적 이념이나 혁명의 목표로 삼기보다, 국민의 일상적 삶의 조건을 개선하고자 끊임없이 노력하고 실천하는 데 헌신했다. 그 결과 그들은 바람직한 인간 공동체에 대한 방향성을 잃지 않으면서 나날이 발전하고 성과를 축적해 갈 수 있었다.

사회민주주의의 길을 '달팽이의 긴 여정'으로 이해하고, 그 달팽이가 찾아가는 집을 '국민의 집'으로 정의하면서 그들이 일궈 낸 복지국가의 역사는 인상적이다.

2

많은 사람들이 복지 선진국의 제도와 정책을 도입하면 한국도 곧 복지국가가 될 수 있다는 듯 생각한다. 실제로 한국의 사회복지 관련 연구의 대부분은 조세정책이나 연금 및 보험제도, 노동시장 정책과 다양한 복지 서비스 등 정책과 제도 그 자체에 집중되어 있다. 하지만 정책과 제도는 늘 변화하고 새롭게 진화한다. 나라마다 형태나 유형도 다양하다. 따라서 정책과 제도를 이끄는 가치와 비전을 이해하지 않은 채, 법과 체계의 형식 논리만을 들여온다고 해서 다 잘되는 것이 아니다. 그런 식으로 복지국가를 만들어 갈 수 있다고 생각하는 것은, 현실을 지나치게 안이하게 이해하기 때문이라고 볼 수 있다.

스웨덴의 '복지국가'는 국민 삶의 구석구석에 보편주의와 평등주의 정신을 구현하고자 꾸준히 노력한 결과라고 할 수 있다. 동등한 자유와 권리를 모두에게 보편적으로 부여해야 한다는 신념이 공유되지 않았더라면 "모든 아이는 모두의 아이"라는 아동 복지의 비전도 발전하지 못했을 것이며, "모든 것은 장애인의 관점으로"라는 장애인 복지의 지향도 실천되기 어려웠을 것이다. 그런 문구들이 단순히 정책을 홍보하기 위한 것이 아니라 그 사회의 문화이자 규범이라는 사실을 주목하지 않은 채 복지국가 스웨덴을 이해하는 것은 '절반의 인식'이라는 점을 이 책 전체에 걸쳐 거듭 강조하면서, 스웨덴 복지국가의 제도와 정책, 전달 체계 전반의 과거와 현재, 그리고 그 미래에 관해 말해 보고자 한다.

3

필자가 스웨덴에 발을 디딘 때는 1973년 9월이었다. 스웨덴에 대해 생소하던 시절, 한국은 유신 체제의 살벌한 분위기에 놓여 있었다. 민주화 운동 대열에서 활동하던 그해 5월, 스웨덴 정부와 밀접한 관계를 갖고 있던 당시의 통일사회당 당수 김철 선생님의 주선과 이효재 선생님의 추천으로, 필자는 스웨덴 정부 장학생에 선발되었다. 복지국가이며 민주주의가 가장 발달된 국가에서 제대로 된 민주주의와 사회복지를 배워 오라는 것이 필자에게 주어진 과제였다. 그러나 1974년 '민청학련'(전국민주청년학생총연맹) 사건이 터지면서 귀국이 어려워지자 애초 의도와는 달리 필자의 스웨덴 체류는 장기화되었다.

1976년 스웨덴 사회민주노동당은 44년간 이어 온 장기 집권을 지속할 수 있을 것인가 아니면 정권 교체로 물러나게 될 것인가의 기로에 섰다. 필자는 선거를 한 달 앞둔 시점에 스벤 아스플링Sven Aspling 보건사회부 장관을 방문한 적이 있었다. 그는 '국민의 집'이 흔들려서는 절대로 안 된다며, 그것이 선거에서 사회민주노동당이 이겨야 하는 가장 중요한 이유라고 역설했다. 당시 필자는 스웨덴 유학 3년차가 되었지만 그때까지도 '국민의 집'이 의미하는 바를 잘 이해하지 못하고 있었다.

그 뒤 스톡홀름 대학교 대학원 과정과 사회보험청 연구원 생활을 하고, 스톡홀름 란드스팅에서 공무원으로 재직하면서 '국민의 집'을 이해하고 실천할 수 있는 귀중한 기회를 가졌다. 정책을 연구하고 복지를 제공하는 행정 경험을 가졌을 뿐 아니라, 개인적으로는 복지 수혜자로서 스웨덴을 경험할 수 있었다. 이제 이 책을 통해, 스웨덴에서 생활했던 20여 년간 필자가 보고 느끼고 연구하고 직접 다뤄 본 다양한 복지 제도와 정책이 실제로 어떻게 만들어졌고 작동해 왔는지를 설명해 보고자 한다.

4

아스플링 장관은 1976년 정권 이양과 함께 14년에 걸쳐 재임한 보건사회부 장관직을 물러났다. 그 뒤 1985년까지 국회 사회보장위원회 위원장을 맡았다. 정치 일선에서 물러난 것은 그의 나이 73세였다. 그 이후로 필자는 그를 집으로 찾아가 만나곤 했다. 당 서기 14년, 장관직 14년, 그리고 한평생 국회의원을 지낸 그는 초라한 임대 아파트에서 부인 브릿트Britt와 살고 있었다.

비교적 넓은 응접실 벽에는 빈틈이 없을 정도로 그림들이 빼곡히 걸려 있었는데, 아스플링 장관은 아이가 그린 듯한 솜씨의 그림을 가리키며 자신이 가장 좋아하는 작품이라고 말했다. 정치 행사 때문에 방문했던 어느 시골 마을 길목에서 만난 노인이 직접 그린 그림인데 그 노인의 순수한 정신이 살아 있기 때문이라고 덧붙였다. 어떤 날은 스웨덴 사회민주노동당 초기의 역사를 설명하면서 사회민주노동당의 교육 철학이 갖는 특징을 역설하기도 했다. "국민에 의한, 국민의 사회는 '아는 게 힘'이라는 사실을 자각하는 데서 온다"라는 것이다. 그런 이유로 노동자들을위한교육센터ABF를 전국에 설립한 과정에 대해서도 생생히 증언해 주었다. ABF는 사회민주노동당, 스웨덴전국노동조합총연맹LO, 협동조합연맹Kooperativa förbundet이 함께 창설한 것으로 2012년에 창립 1백 주년을 맞는다. ABF 행사에서 올로프 팔메Olof Palme 총리는 "공부하는 민주주의"studiecirkeldemokrati를 역설한 적이 있기도 하다.

한 저녁 식사 자리에서 아스플링 장관은 1800년대 초기부터 스웨덴에서 번창한 감자 농업에 대한 이야기를 한 적이 있다. 스웨덴 음식 문화에서 감자 요리의 비중과 그 다양한 종류는 서구의 다른 나라에 비해 남다르다. 식사 도중에 그는 다양한 농작물이 번성하기 어려운 북유럽의 계절적 환경에서 감자가 없었더라면 스웨덴 국민이 어떻게 연명할 수 있었을까를 말했는데, 그러면서 감자가 스웨덴에 유입된 것에 진심으로 감사해 하던 '노인의 표정'을 필자는 잊을 수가 없다.

필자는 일생을 정치인으로 살아온 이분에게 세 가지를 배웠다. 첫째, 그가 최고로 꼽았던 그림에 얽힌 이야기를 들으며, 진정한 인간애를 지닌 정치인의 따스한 마음을 배웠다. 둘째, 사회복지는 도와주는 것이 아니라 교육을 통해 개인을 자립하게 하고 사회에 영향을 미치게 하는 것이라는 복지 철학을 배웠다. 셋째, 국민의 일용할 양식을 걱정하고 국민의 삶이 풍요로워진 것을 기쁘게 생각하는 지도자의 자세를 배웠다. 필자는 이런 정치 지도자들의 인격과 실천이 스웨덴의 복지 정책을 발전시킬 수 있었던 동력이라고 믿으며, 이 책을 통해 스웨덴 정치 지도자들의 구체적인 활동을 실감나게 이야기하고 싶다.

필자는 2004년 스웨덴을 방문하면서 지금은 고인이 된 아스플링 장관의 검소한 묘비에 장미꽃 한 송이를 놓고 왔다. 필자는 이 책을 스승에게 드리는 마음으로 그분에게 바친다.

5

이 책은 주위의 많은 분들의 도움과 격려에 힘입어 나오게 되었다. 그중에서도 중요한 조언을 아끼지 않으며 자문에 응했던 오랜 친구 잉에예드 무니치오-라르손Ingegerd Municio-Larsson과 유아킴 팔메Joakim Palme 스톡홀름 대학교 교수, 이상이 제주대학교 교수, 최영기 전 노동연구원 원장에게 깊은 감사의 뜻을 전한다. 그리고 이 책의 편집을 맡은 후마니타스 출판사

친구들에게도 감사한다.
    끝으로 이 책이 혹시 가질 수 있는 모든 약점과 오류는 전적으로 필자의 몫이라는 것을 밝혀 두고자 한다.

| 제1부 |

스웨덴의
역사와 정치

스웨덴은 19세기 후반까지 주로 농업에 의존하는 유럽의 주변국이었으나, 약 반세기의 산업화 과정을 거쳐 세계 최고 수준의 산업국가·민주국가·복지국가로 새로 태어났다.

세계사에서 유례를 찾기 힘든 이런 변화는 많은 사람들의 관심을 불러일으키기에 충분했다. 산업화 이전 사회에서 산업사회로 발전하는 과정의 동력과 내용이 무엇인지는 학문적으로나 정치적으로 진지한 논의의 대상이 되어 왔다. 그뿐 아니라 발전된 산업사회에서 산업사회 이후로의 발전 모델은 무엇이 될 것인지에 대한 토론에서도 스웨덴은 매우 중요하고 독특한 사례가 되고 있다. 한국의 국가와 사회가 산업화·민주화 이후의 과제로 '복지국가'를 설정한다면, 스웨덴 복지국가에 대한 정확한 이해는 필수적이다.

1장에서는 스웨덴식 발전 모델 혹은 스웨덴 복지 모델의 독특성을 이해하기 위한 전제로, 스웨덴의 자연적·역사적 환경과 아울러 정치·사회적 발전의 대강을 먼저 살펴보기로 한다.

2장에서는 오늘날 스웨덴 모델 혹은 스웨덴 복지국가를 형성하는 데 가장 큰 역할을 한 사회민주노동당과 노동운동의 역사와 실천을 살펴본다.

| 1장 |

역사와 환경

1. 인구, 자연, 지리

스웨덴의 공식 명칭은 '코눙아리켓 스베리예'Konungariket Sverige(스웨덴 왕국)다. 수도는 스톡홀름Stockholm이고, 스웨덴 어를 공용어로 쓴다. 북부 유럽 스칸디나비아반도에 위치한 나라로 스웨덴의 면적은 약 45만 제곱킬로미터, 인구는 930만 명에 달한다. 면적으로는 유럽에서 다섯 번째로 큰 나라이지만 인구를 기준으로 보면 비교적 작은 나라에 속한다. 특히 인구밀도는 1제곱킬로미터당 21명 정도로 (한국이 약 10만 제곱킬로미터의 국토에 4,870만 명이 거주하는 세계 3위의 초고밀도 인구율을 보이는 데 반해) 스웨덴은 세계 192위에 그칠 정도로 매우 낮은 편에 속한다.

그럼에도 도시 거주 인구는 전 인구의 85퍼센트에 이를 정도로 도시화는 계속 증가 추세에 있다. 또한 인구의 50퍼센트 이상이 남부, 그 가운데서도 3분의 1 크기도 안 되는 지역에 밀집해 있으며 북부는 인구밀도가 매우 낮아 지역 간 인구 편차가 심한 편이다.

20세기 초까지 상당히 많은 스웨덴 인구가 빈곤을 피해 신대륙, 특히 미국으로 이민을 떠났다. 이로 말미암아 한때 시카고에 사는 스웨덴 사람은 스웨덴 제2의 도시인 예테보리Göteborg의 인구보다 많다는 말이 생기기도 했다. 2008년 현재 미국에는 440만 명의 스웨덴 계통 인구가 살며 캐나다에는 33만 명이 산다.

그러나 제2차 세계대전 이후 스웨덴은 역으로 이민을 받는 국가가 되었다. 그 결과 스웨덴은 다인종·다문화 사회로 빠르게 이동하고 있다. 이는 주로 1950~60년대의 급속한 산업 팽창에 따른 이주 노동자의 유입과 더불어, 1970년대 이후 정치적·인도적 이유로 중동 및 기타 제3세계 국가에서 난민들이 대거 유입되었기 때문이다. 스웨덴은 전통적으로 매우 동질적인 사회를 유지해 왔으나, 2009년 통계에 의하면 스웨덴 인 가운데 14.3퍼센트인 134만 명이 스웨덴이 아닌 곳에서 출생했을 정도로 달라졌다(SCB Befolkning 2001-2009). 1900년 스웨덴 인구 510만 명 가운데 외국에서 출생한 인구가 3만6천 명에 불과한 것에 비하면 대단한 변화로, 이주민의 사회 통합 문제는 스웨덴이 당면한 가장 중요한 도전 가운데 하나다.

스웨덴은 위도로는 알래스카와 비슷할 정도로 북쪽에 위치한 나라이지만, 유럽의 대서양 연안 국가들이 그렇듯 멕시코 난류의 영향으로 기후가 비교적 온화하다. 물론 국토의 15퍼센트가 북극권에 속할 정도로 고위도에 위치하고 있기에, 북부 지방은 여름에 밤이 없는 백야 현상이 나타난다. 스톡홀름 지역에서도 하지 무렵에는 10시가 지나도 해가 지지 않는다. 겨울에는 이와 정반대 현상이 나타나는데, 북극권에서는 낮이 아예 없거나 그 밖의 지역에서도 낮이 매우 짧다.

이처럼 스웨덴 사람들은 긴 겨울과 긴 밤을 지낸 후에 오는 여름과 한낮의 햇볕을 무척이나 소중하게 여긴다. 6월에 열리는 하지제夏至祭, midsommar●는 크리스마스와 더불어 가장 큰 국민적 명절로 지켜지고 있다. 또한 6~7월에 스웨덴 사람들은 집중적으로 휴가를 떠난다. 정기적으로 이 시기에 떠나는 장기 휴가는 소득이나 지위 고하와 상관없는 현상으로, 스웨덴을 위시한 서구 복지국가의 보편적 생활 문화로 자리 잡은 지 오래다.

2. 주변 국가 : 스칸디나비아, 노르딕, 발틱, 유럽연합

스웨덴은 노르딕Nordic, 즉 북방 유럽 국가인 동시에 해안선의 대부분이 발틱 해에 연해 있는 발틱 국가의 일원이다. 노르딕과 발틱은 역사적으로나 현실적으로 스웨덴의 중심 생활권에 해당한다. 그만큼 스웨덴에 가장 주요한 지역이라고 할 수 있다.

발틱 해 너머에는 동방의 강국 러시아와 남방의 강국 독일이 위치하고 있다. 오랜 역사를 통해 스웨덴은 두 강대국과 우호적 혹은 적대적 관계를 맺어 왔다. 그러나 19세기의 나폴레옹전쟁 이후 스웨덴은 대륙의 패권 경쟁에 가담하지 않았다. 러시아와 독일이 격돌한 20세기의 두 차례에 걸친 세계대전에서도 스웨덴은 전화戰禍를 피할 수 있었다.

발틱 해 국가들인 핀란드, 에스토니아, 라트비아, 리투아니아, 폴란드 가운데서는 국경선을 맞대고 있는 핀란드와 특히 밀접한 관계를 맺고 있

● 중하절(仲夏節)이라고 부르기도 한다. 하지제 축제는 6월 19~26일 사이 금요일에서 토요일에 열린다. 이때 사람들은 마이스통(Majstång)이라 불리는 풀과 꽃으로 장식된 기둥을 세우고 춤, 노래, 술을 즐긴다.

다. 핀란드는 1809년까지 스웨덴의 영토였으며 2008년 현재 스웨덴 인구의 5.1퍼센트가 인종적으로 핀란드 인이다. 스웨덴은 폴란드-리투아니아와 17세기에 발틱 해의 패권을 두고 전쟁을 벌인 적이 있으며, 발틱 해의 출구를 이루고 있는 덴마크와는 19세기까지 지배와 종속, 전쟁과 갈등으로 점철되었던 역사가 있다.

덴마크는 일찍이 스칸디나비아의 패권 국가였으며 덴마크, 노르웨이, 스웨덴 및 핀란드의 일부가 참여한 칼마르 연합Kalmarunionen의 종주국이었다. 당시 노르웨이는 덴마크와 연합 왕국을 형성하고 있었으며 핀란드는 스웨덴의 일부였다. 칼마르 연합은 실질적으로 덴마크와 스웨덴의 연합체로 여겨지며 스웨덴 국가가 출현하기 직전에 속해 있었던 정치 공동체였다. 그러나 스웨덴은 계속되어 오던 왕권 투쟁의 결과로 1521년 연합을 탈퇴하고 1523년 독자적 국가를 성립하는 길로 나아가게 된다.

이후 스웨덴과 덴마크는 경쟁 관계가 되었고, 유럽에서 강대국 사이의 패권 경쟁이 전개되었을 때는 서로 다른 진영에 가담해 몇 차례의 전쟁을 치르게 된다. 19세기 초 나폴레옹전쟁 당시 스웨덴은 반反 나폴레옹 연합, 덴마크는 나폴레옹 진영에 참가했다. 나폴레옹의 패배 이후 노르웨이는 패배한 덴마크로부터 분리해 나와 1814년 스웨덴과 연합 왕국을 이루게 된다. 그리고 이는 1905년까지 지속된다. 그러나 이 기간에도 스웨덴은 노르웨이에 입법・행정의 자치를 허용했으며, 다만 총리에 해당하는 총독Vicekung에 대한 임명권을 통해 노르웨이의 외교권을 통제했다.

1884년에 스웨덴 국왕은 노르웨이 총독을 노르웨이 국회Stortinget의 다수 의사에 따라 임명하기로 동의했다. 그럼에도 스웨덴 지배에 대한 노르웨이 인의 거부는 계속되었다. 결국 1905년에 들어와 평화적인 방법으로 연합 왕국을 해소하기에 이르렀고, 마침내 노르웨이는 독립해 독자적인 왕국을 형성할 수 있었다. 현재 스웨덴의 국경선이 이때 최종적으로 획정되었다.

덴마크와 스웨덴 사이의 오랜 패권 경쟁 관계는 20세기가 되자 완전히 해소되었고, 그 후로는 가장 평화롭고 협조적인 국가 관계를 유지하고 있다. 나아가 현재의 노르딕 국가Nordic countries는 1917년 러시아혁명 이후 러시아로부터 핀란드의 분리 독립이 이루어지고 1944년 덴마크로부터 아이슬란드의 독립이 이루어져 완성되었다.

스웨덴과 유럽 대륙은 발틱 해와 북해(대서양)를 연결하는 좁은 외레순드Öresund 해협에 의해 지리적으로 분리되어 있었다. 그러나 1995년부터 1999년에 걸친 대공사 끝에 다리와 터널을 통해 이어지는 철도와 도로를 건설하여 덴마크 코펜하겐과 스웨덴 도시 말뫼Malmö를 육로로 연결했다.

흔히 스칸디나비아 국가로 덴마크, 노르웨이, 스웨덴, 핀란드 등 4국을 지칭한다. 하지만 이는 정확한 지식이 아니다. 엄밀한 의미에서 스칸디나비아 국가는 덴마크, 노르웨이, 스웨덴 등 3국을 지칭하기 때문이다. 영어권에서도 핀란드를 흔히 스칸디나비아 개념에 포함한다. 그러나 잘 알려져 있는 스칸디나비아항공사SAS는 덴마크, 노르웨이, 스웨덴 등 3국의 정부가 공동출자해 설립한 항공사이며, 여기에 핀란드는 포함되어 있지 않다. 노르딕 국가라 할 때는 스칸디나비아 3국 이외에 핀란드와 아이슬란드가 추가된다. 노르딕 5개국은 노르딕 협의회를 구성해 긴밀한 공동체 의식을 지니고 공통의 이해관계를 협의해 왔다.

스웨덴은 그 외 서유럽 가운데 지리적으로 인접한 발틱 국가의 일원인 독일과 긴밀한 관계를 지니고 있다. 그 관계는 인종적·문화적일 뿐만 아니라 경제적·정치적인 측면에서도 깊다. 스웨덴 어●는 덴마크, 노르웨이

● 스웨덴 어는 인도유럽어족의 게르만어파의 한 갈래인 북게르만어군에 속한다. 동시에 덴마

와 마찬가지로 북게르만어군에 속한다. 또 독일은 스웨덴의 최대 교역 국가다. 금융·산업뿐 아니라 노동운동, 사민주의에 이르기까지 양국은 상호 간에 깊은 영향을 주고받아 왔다.

스웨덴은 1995년 1월 1일 유럽연합의 일원으로 가입했다. 비교적 늦게 유럽연합의 일원이 된 데는 역사적 배경이 있다. 냉전 시기 소련에 대항해서 서방 진영이 주도해 추진했던 유럽연합에 가입하는 것이 스웨덴의 오랜 중립성을 훼손할 것이라는 우려가 있었기 때문이다. 스웨덴 정부는 베를린장벽이 붕괴하고 냉전 체제가 붕괴되는 시점(1990년)에서야 유럽연합 가입 신청을 결정했고, 1994년 국민투표로 이를 확정했다. 하지만 52.3퍼센트의 찬성, 46.8퍼센트의 반대라는 투표 결과가 말해 주듯이, 유럽연합 가입이 결코 압도적 지지를 받으며 흔쾌히 이루어진 것은 아니다.

그러나 유럽연합에 가입한 이후 스웨덴은 책임 있는 회원국으로 활발하게 참여하고 있다. 특히 환경·기후변화 분야에서 적극적인 역할을 하고 있다. 스웨덴의 유럽연합 가입을, 스칸디나비아 안에 머물렀던 스웨덴이 상대적 고립 상태에서 벗어나 유럽의 일원으로 자기 정체성을 확대하려 한 결정으로 해석할 수도 있다. 그러나 동시에 고유한 자기 정체성을 보존하려는 스웨덴의 국민 정서가 여전히 강하다는 점도 고려해야 한다. 한마디로 지금 스웨덴은 스칸디나비아, 노르딕의 일원에서 유럽연합의 일원으로 자기 정체성의 확장을 조심스럽게 모색하는 과정에 있다고 할 수 있다.

크 어와 함께 동스칸디나비아어군에 속한다. 스웨덴 어는 유럽연합(EU, European Union)과 스칸디나비아 국가의 공통 언어로 사용되며 핀란드의 올란드(Åland)에서는 제1 언어다. 그 밖의 지역에서도 핀란드 어와 동급으로 사용된다. 그리고 일부 발틱 국가에서도 스웨덴 어가 사용된다.

3. 근대 스웨덴 국가의 성립과 특징

1) 근대국가 성립 배경

현재 우리에게 알려진 스웨덴 국가는 1523년 6월 6일 구스타프 에릭손 바사Gustaf Eriksson Vasa(1523~60년 재위)가 국왕으로 즉위함을 알리는 선포로 시작된다(Hancock 1972, 17-18).

앞에서 언급한 칼마르 연합의 덴마크 지배에 대한 스웨덴 국민의 적개심은 1434년의 농민 봉기와 이에 대한 귀족들의 합세로 이어지고, 스웨덴의 최고 지도자Rikshövitsman를 독자적으로 선출하고자 1435년 전국 대표자 회의가 아르보가에서 소집된다. 이것을 아르보가 모임Arboga möte이라고 하며, 이때 스웨덴 최초로 국회인 '릭스다그'Riksdag라는 용어가 사용되었다. 그러나 그 뒤에도 덴마크와의 갈등과 간헐적인 왕실 간의 전쟁이 이어지다가, 1523년 스웨덴은 구스타프 바사의 지도 아래 덴마크로부터의 완전 독립을 쟁취하게 된다. 같은 해 릭스다그는 구스타프 바사를 왕으로 선출했고, 왕은 1527년 종교개혁을 선포하여 루터교Evangelisk-lutherskt trossamfund를 스웨덴의 국교로 삼았다. 그 후 스웨덴은 국민국가의 법적·정치적 초석을 쌓아 나갔다.

구스타프 바사 왕정 아래 스웨덴은 여러 가지 개혁을 단행했다. 우선 왕위가 기존의 선출제가 아닌 승계제로 바뀌었다. 국가가 통제하는 국교가 등장하면서 더욱 많은 권력이 국가에 집중되었다. 그 결과 국가권력이 안정화되고 연속성이 보장되었으며, 이를 바탕으로 스웨덴은 근대국가 형성의 길로 나섰다. 국가 통합 과정의 일환으로 지방 토호 세력의 권력도 약화되었다. 전국적으로 표준어가 도입되고, 근대적 직업 군대도 창설되었다. 그 결과 17세기 들어 스웨덴은 군사 강국이 되는 계기를 맞이했다.

앞서 살펴본 대로 현대 스웨덴 국가의 역사적 전통은 1523년 6월 6일 구스타프 바사 왕의 즉위 선포로 시작되었다. 이를 기념하여 1809년 스웨덴은 6월 6일을 헌법 선포와 국기의 날Flagans dag로 정했고 오늘날까지 국가 기념일로 준수하고 있다. 스웨덴에서 바사 왕은 매우 중요한 역사적 인물로 스웨덴 곳곳에서 바사 왕에 대한 이야기와 기념물을 만날 수 있다. 스톡홀름에 세워진 바사 박물관이 대표적이다.

2) 스웨덴 국가와 정치

(1) 국가조직과 정치

스웨덴은 1809년에 〈국가조직에관한법〉regeringsform으로 불리는 헌법● 을 제정하면서, 근대 정부 조직을 정비하고 입헌군주제 국가로 자리 잡았다. 스웨덴은 현재 국왕 칼 구스타프 16세Carl XVI Gustaf(재위 1973년~)●●를 중

● 국가조직을 다룬 법은 1634년 처음 제정되었으나 이것은 당시의 어린 국왕과 왕비의 권한을 지키기 위한 내용으로 헌법의 성격을 갖지는 않았다. 스웨덴의 공식 자료에서도 1809년 〈국가조직에관한법〉을 최초의 헌법으로 본다(Birgersson & Westerståhl 1992, 25).
●● 구스타프 왕의 선조는 프랑스 인 베르나도트(Jean Baptiste Bernadotte) 장군이다. 원래 나폴레옹 황제 휘하의 원수(元帥)였는데 1810년 스웨덴 정부의 요청으로 스웨덴 왕실에 입양되어 스웨덴 황태자가 되었다. 나폴레옹전쟁 이후로 스웨덴이 유럽 대륙의 무력 분규에 개입하지 않을 수 있었던 것은 이런 배경과 무관하지 않다. 또한 한국과 관련된 흥미로운 인연도 있다. 기록에 따르면 현 국왕 구스타프 16세의 조부 구스타프 6세(Gustaf VI Adolf)는 고고학에 대한 관심과 학문적 식견이 넓은 왕이었고, 1926년 황태자 시절에 한국을 방문하여 유물 발굴에 직접적인 공헌을 한 바 있다. 이때 발굴된 유물이 신라 시대의 '서봉총(瑞鳳塚) 금관'으로, 이름 앞에 스웨덴을 뜻하는 글자 '서'(瑞)를 붙여 그를 기념했다.

심으로 왕국의 형태를 취하고 있으나, 1974년 헌법 개정 이래 국왕은 국가원수로서의 대표성 외에는 실질적 권한을 갖지 않았다. 이 개정된 헌법은 '국민주권의 원칙' 아래 한 개인이나 특정 집단에게 정치적 권한이 집중되는 것을 막고 국가권력의 분립에 목적을 두었다. 그 결과 행정 권한은 내각Regeringen에 속하며 입법 권한은 '릭스다그'로 불리는 의회에 속하게 되었다.

총리는 대체로 다수 의석을 차지한 정당의 대표가 맡게 되며 정부의 최고 책임자로 국가 운영의 실질적 권한을 갖는다. 그러나 다른 입헌군주제 국가들과 다르게 총리 임명권은 국회의장이 행사한다. 국회의장은 총선 이후 구성된 국회의 첫 번째 회의에서 의원 가운데 선출된다. 국가 운영에 관한 행정은 총리가 이끄는 내각(장관)과 총리실Statsrådsberedningen, 필요에 따라 장·단기적으로 유지되는 위원회를 통해 운영된다.

일반적으로 정부는 총선을 거치면서 형성된 선거 연합에 기초를 둔 연립내각으로 구성되는데, 선거는 대개 사회주의 블록 대 비사회주의 블록의 대치 형태로 치러진다. 지금까지 스웨덴사회민주노동당SAP, Sveriges social-demokratiska arbetarepartiet(이하 사민당)과 좌파당VP, Vänsterpartiet이 연립정부를 이룬 적이 많으나 사민당과 중앙당CP, Centerpartiet이 연립 정부를 이루기도 했다. 녹색당MpG, Miljöpartiet de gröna은 창당 이래 중도에서 저울추 역할을 해왔으나 2010년 선거에서는 사회주의 블록에 합류했다.

스웨덴의 행정 구조는 중앙정부, 광역 지방정부, 기초 자치단체의 세 층위로 구성되어 있으며, 각각의 정부는 역할과 기능이 다르고 담당하는 업무도 다르다. 물론 총괄적인 책임과 감독권은 중앙정부, 즉 부처 장관에게 있으며, 중앙정부의 주요 업무는 새 법령 발의, 예산안 편성, 전 국민적 사안에 관한 시행령 제정과 공포 등이다. 이 모든 권한의 행사는 국회가 정한 법에 의한다(더 자세한 내용은 이 책의 3장에서 다룬다.)

스웨덴 정치는 강한 직접 민주주의 전통을 지닌 대의 민주주의라고 할 수 있다. 고대 아테네의 시민들이 공동의 사안들을 토론하고 결정하던 직접 민주주의 방식은 스위스에서와 마찬가지로 스웨덴에서도 작은 코뮨Kommun 단위에서 이루어졌다. 직접 민주주의는 1950년대까지도 소규모 코뮨에서 행해지고 있었다.

이후 직접 민주주의에서 선거에 의한 대의 민주주의제로 변화된 배경에는 두 가지 이유가 있다(Birgersson & Westerståhl 1992, 20-24). 첫째, 코뮨의회Kommunfullmäktige가 갖는 대표성 문제다. 시민들의 참석률이 점차 저하되어 중대한 사안이 결정되어야 할 때도 참석률이 10퍼센트에 불과한 사태가 발생했다. 둘째, 결정 과정의 질적 문제다. 급속한 사회 변화로 말미암아 복잡한 사안에 관한 정보를 수집하고, 이를 토대로 판단하기가 어려워졌다.

이후 대의제도 아래에서 선출된 정치 지도자에게는 민주주의에 대한 특별한 책임을 요구해, 선출된 자와 선출한 국민 사이의 소통을 바탕으로 국민(당사자)의 의견을 정책 결정 과정에 적극적으로 수렴하는 협치형 민주주의로 발전하는 계기로 삼았다. 이를 위한 기초 단위인 각종 이익 단체와 위원회 등은 스웨덴 사회에서 급속히 발전하며 강력한 실질적 영향력을 행사한다. 이런 스웨덴식 민주주의는 "모든 공공의 권력은 국민으로부터 나온다"라는 함축된 말로 표현되며 '자유의사 형성'과 '동등한 선거권'을 기본으로 한다. 직접 민주주의의 역사적 경험은 '아래로부터 위로 향하는' 행정 방식과 모든 사회 주체들 간의 합의를 강조하는 스웨덴 모델Swedish model의 근간이 되기도 한다.

(2) 의회와 선거제도

스웨덴은 선거를 통해 서로 다른 4개의 의회를 선출한다. 앞에서 지적했듯이 국회는 '릭스다그'●라고 불리며 1866년 이래 1백여 년 동안 이어왔던 양원제를 폐지하고 1971년 이후부터는 단원제를 채택해 운영되고 있다.

의원은 4년(1994년 이전까지 3년)마다 국회, 광역 지방의회(란드스팅), 기초 지방의회(코뮨) 선거에서 직선으로 선출된다. 유럽연합 의회EP, European parliament를 위한 선거에서는 스웨덴에 할당된 20석을 뽑는다. 유럽연합 의회를 제외한 광역 및 기초 지방의회 선거는 국회 선거와 같은 날에 치르는데, 9월 셋째 주 일요일로 정해져 있다. 의원 임기는 모두 4년(유럽연합 의회는 5년)이며 선거권을 부여받는 연령도 18세로 동일하다.

국회 선거에서는 스웨덴 시민만이 선거권을 행사할 수 있다. 특기할 것은 광역 의회와 기초 의회 선거에 유럽연합 시민, 노르딕 국가 시민, 3년 이상 합법적으로 거주한 외국인이 선거권을 가진다는 것이다. 유럽의회 선거에는 유럽연합 시민(스웨덴 시민은 당연히 포함)이 선거권을 가진다.

● 릭스다그(riksdag)를 한국어로 직역하면 전국(rike)의 날(dag)이며 전국 모임(riksmöte)을 뜻한다. 국가의 주요 사안을 결정하기 위해 모인 전국 대표자 회의를 의미하는 이 개념은 앞서 지적했듯이 1435년 아르보가 모임부터 사용되었다. 그 후 전국 대표자 회의는 구스타프 바사 왕정 아래에서 1527년과 1544년 두 차례에 걸쳐 이루어졌으며, 전국적으로 4개의 계급 대표, 즉 귀족, 성직자, 시민, 농민으로 구성되었다. 릭스다그는 1600년대 관련 규정이 정해진 뒤로도 왕의 치하에서 운영되다가 1809년 헌법이 제정되면서 독립된 기능을 갖게 된다. 1866년 4개 계급 대표제 폐지에 이어 1887년 양원제 및 직간접 선거제를 도입했으나 선거권과 피선거권이 소득과 재산, 교육 수준에 따라 제한된 전 근대적 대의 기구였다. 현대적 의미의 국회는 1917년 확립되었다고 볼 수 있으며 여성의 선거권이 확립된 1921년 스웨덴의 의회 민주주의는 제도적 완성을 이루었다.

국회는 현재 349명의 의원으로 이루어져 있으며 전원 정당 명부 비례대표제로 선출된다. 21개 광역 지방의회는 총 1,656개의 의석이 있으며, 290개의 기초 지방의회는 1만3,078개의 의석을 갖고 있다.

① 국회 선거제도

국회 전체 의석은 349석으로 선거구 선출 의원 310명과 전국구 선출 의원 39명으로 구성된다. 이를 자세히 살펴보면 다음과 같다.

- 선거구 분할은 전국 29개로 이루어져 있고, 대선거구제의 성격을 띠며, 가장 작은 선거구는 2명을 선출하는 고틀란드Gotland, 가장 큰 선거구는 38명을 선출하는 스톡홀름이다. 대개 한 구역에서 10~12명이 선출된다.
- 선출 방식은 정당 명부 비례대표제로 1998년부터 선호 투표를 허용했다. 선호 득표율이 관련 후보 소속 정당 명부의 전체 득표 가운데 8퍼센트 이상이 되면 명단 순위와 상관없이 의원으로 선출된다.
- 정당이 국회에 진출하려면 전국 유효 투표의 4퍼센트 이상을 얻거나, 한 선거구 유효 투표의 12퍼센트 이상을 얻어야 한다.
- 선거구는 기본적으로 광역 시도를 단위로 하며 스톡홀름, 예테보리, 말뫼는 단일 선거구로 인정된다. 선거구별 의원 정수의 배분은 중앙 선거위원회에서 담당하며 선거 시 유권자 수에 따라 조정이 이루어진다.
- 전국구 의석 39석은 각 정당이 얻은 득표수를 전국적으로 합산하여 그 비율에 따라 의석을 배분한다. 다만 12퍼센트를 득표해 한 석을 배분받은 정당은 제외된다.

② 광역 지방의회와 기초 지방의회

광역 지방의회와 기초 지방의회 선거 또한 정당 명부 비례대표제로 선호 투표가 허용되며 국회와 같은 방법으로 의석이 배분된다. 선호 투표의 경우 국회의원 선거와는 달리 당선 한도가 5퍼센트다. 광역 의회 선거는 해당 시 전체에서 득표율이 3퍼센트를 넘지 못하면 의석 배분을 받을 수 없다. 우선 의석의 10분의 9는 각 정당이 획득한 득표에 따라 배분되고 나머지 10분의 1은 의석을 얻지 못한 정당을 위해 배분한다. 기초 지방의회 선거는 대도시의 경우만 2개 이상의 선거구로 나뉘고 대부분은 단일 선거구로 하며 광역 지방의회 선거에서와 같은 보상적 배분 제도는 없다.

1907년과 1909년의 선거법 개정으로 소득·재산에 의한 차등 선거권 제도가 폐지되고 24세 이상 모든 남성의 보통선거권이 확립되었다. 이후 1919~21년 여성의 선거권이 보장되어 스웨덴의 보통선거권 제도가 완성되었다. 그럼에도 사회복지 수급자, 파산자, 법률적 무능력자는 선거권이 인정되지 않았다. 제2차 세계대전 이후 선거권 연령이 계속 하향 조절되며 1974년에 18세로 규정되었다. 더욱이 공민권 제한도 폐지되었다. 선거 전 18세에 달한 스웨덴 국민이라면 누구나 투표라는 민주적 권리에서 배제될 수 없다는 원칙이 확립된 것이다.

스웨덴의 선거 참여율은 상당히 높은 편이다. 1921년의 선거 개혁 이후 시행된 선거에서 투표율은 50퍼센트를 약간 상회하는 수준이었다. 그러나 이는 점진적으로 증가하여 1970년대에는 최고조에 달해 90퍼센트를 상회했다. 그러나 1970년대 이후 하락하기 시작해 2000년대에는 80퍼센트 수준을 보이고 있다.

(3) 스웨덴의 정당들

2009년 현재 스웨덴 국회는 4개의 비사회주의정당, 즉 보수당MP, Moderaterna, 자유당FP, Folkpartiet, 중앙당, 기독교민주당KD, Kristdemokraterna이 집권 연합을 구성하고 있다. 야당으로는 사회주의정당인 사민당과 좌파당 및 녹색당이 있다.

정당의 출현은 일반적으로 사회·경제적 구조의 변화를 반영하며 스웨덴 정당의 부침도 이런 맥락에서 설명할 수 있다. 1880년대 이후 본격적으로 산업화가 시작되고 산업 노동자와 자본가계급이 형성되는 과정에서, 자유무역주의와 보호무역주의의 대립, 농민 문제의 출현 등을 겪으며 근대적 사회 계급 간 이념적 대립이 발생했고 이를 대변하는 운동과 정치 세력이 나타났다. 20세기 들어서는 노동자계급을 대변하는 사회주의적 좌파 정당과 자본가계급·중산층·농민을 대변하는 비사회주의적 우파 정당의 구도가 점차 형성되었다. 그 뒤 산업화가 본격적으로 추진되고 농업사회에서 산업사회로의 이행이 빨라지면서 제1차 세계대전 이후에는 노동운동과 사회민주주의가 스웨덴 정치의 중심부로 진입하게 된다. 이후 거의 80년에 이르는 기간(1930년대부터 현재) 동안 사민당은 스웨덴 정치에서 최대의 정치 세력으로 존재한다.

그러나 이른바 '복지국가의 전성기'인 1970년대를 지나면서 거의 반세기에 걸친 사민당의 연속 집권 역사는 중단되고 보수정당과 사민당이 교대로 집권하는 새로운 유형의 정당 체제가 출현했다.● 이는 이른바 '복지국가 위기론의 확산', '신자유주의적 세계화', '현실 사회주의의 붕괴' 등

● 사민당은 1970년 이후 세 차례나 정권 교체를 이루고 있다(1976~82년, 1991~94년, 2006~10년 현재).

외부 환경의 변화를 반영한 것이다. 다른 한편 에너지와 생태 환경에 대한 위기의식 내지 그에 대한 대응으로 녹색당이 출현했다. 2000년대 중반에 들어와서는 젊은 세대들을 중심으로 정보화와 21세기적 시대 의식을 반영한, 더욱 파격적인 대안 정당인 해적당●이 출현하기도 했다.

3) 스웨덴 근대국가의 특징

(1) 민주주의의 전통

대부분의 유럽 국가들에서 근대적 민주주의란 입헌군주제를 통해 왕실이 정치에서 손을 떼고 국민의 대의기관인 의회가 정부를 구성하는 과

● 해적당(Piratpartiet)은 2006년에 설립되어 아직 스웨덴 의회에는 진출하지 못했으나 2009년 유럽의회 선거에서는 7.13퍼센트를 득표해 스웨덴에 할당된 20석 가운데 2석을 차지하는 성과를 보였다. 더욱이 당원 수에서 2008년 녹색당을 추월했고 2009년에는 좌파당, 자유당, 기독교민주당, 중앙당을 차례로 추월해 사민당, 보수당에 이어 제3당이 되었다(2009년 현재 5만 명 상회). 해적당의 청년 조직인 '청년 해적'(Ung Pirat)은 이미 스웨덴 최대의 청년 정치조직으로 스웨덴을 넘어 세계적 현상이 되었으며 스웨덴 모델에 따라 현재 세계 33개국에 해적당이 조직되어 있으며 이들은 국제해적당(PPI, Pirate party international)이라는 조직을 운용하고 있다. 여타 해적당 가운데 특히 주목되는 것은 독일의 해적당 동향인데, 이들은 2009년 지방선거에서 일부 도시 지방의회 진출에 성공했으며 이후 9월에 열린 총선거에서는 정당 명부 비례대표 선거에서 2퍼센트를 득표해 원외 정당 가운데 최다 득표를 하는 성과를 얻었다. 해적당의 주요 주장으로는 ① 특허와 저작권 관련 규정에 대한 과감한 수정, ② 온라인을 포함한 사생활의 엄격한 보호, ③ 정부 행정의 고도의 투명성 확보 등이 있다. 특허와 저작권 관련 규정의 수정은, 인터넷상에서의 파일 공유 및 비상업적 파일 다운로드의 합법화를 추진해 정보화 사회를 촉진하려는 조치를 말한다. 특허 폐기로 말미암아 민간 연구 개발이 위축될지 모른다는 우려에 대해서는 연구 개발 자금을 공공 부문에서 지원하는 대안을 제시하고 있다.

정을 동반했다. 스웨덴에서는 왕실과 의회 간의 오랜 갈등 끝에, 20세기 들어 보통선거권 제도가 확립되고 왕실의 정치 개입이 종식되는 계기가 되는 1917년을 의회 민주주의가 확립되는 계기로 본다. 앞에서 언급한 1909년의 선거권 개혁은 이후 사민당과 같은 좌파 정당에 유리하게 작용했고, 마침내 1917년 선거에서 사민당과 자유당의 연립정부가 구성되었다. 이 선거에서 사민당은 왕실 폐지를 주요 강령으로 들고 나왔다. 선거 승리 이후 사민당은 연립정부에서 4석의 각료를 차지하여 사상 최초로 집권당의 대열에 들어섰다. 이제 왕실의 정치 개입은 불가능해졌다.

근대 이전에도 스웨덴에서 폭정이 이루어지거나 지배층이 하층을 가혹하게 착취한 역사는 없었다. 대륙의 여타 국가와 달리 스웨덴에서는 봉건제가 발달하지 않았다. 노예와 농노제도 최소한에 그쳤으며, 농노제는 이미 1335년에 공표된 칙령에 따라 공식적으로 폐지되었다. 따라서 대부분의 역사에서 스웨덴 농민은 자유농이었다. 적어도 스웨덴 농민들에게는 러시아나 기타 대륙 국가에서 볼 법한 억압의 역사가 없다. 근대를 전후해 스웨덴에서 계급 간 혹은 지역 간 내전을 경험하지 않았다는 것 역시 이 사회가 20세기에 평화적으로 그리고 비교적 순조롭게 민주주의로 발전했던 중요한 역사적 토대가 된다.

일단의 학자들은 서구 민주주의의 역사적 전통의 원류 가운데 하나로 북유럽을 꼽는다. 대표적으로 미국 정치학자 로버트 달Robert A. Dahl은 그리스와 로마 그리고 후일의 이탈리아 도시국가의 지중해적 전통과 더불어, 중세의 스칸디나비아 전통에 주목했다. 중세 바이킹의 부락 집회를 'ting'이라고 불렀는데, 오늘날에도 이 말은 스웨덴의 'landsting'(광역 지방의회)에서 확인할 수 있다. 스칸디나비아 도처에서 찾아볼 수 있는 이 'ting'은 일종의 직접 민주주의적 지역공동체의 의결기관으로 각종 분쟁을 해결하고 규칙과 법을 제정했을 뿐 아니라 왕을 선출하거나 승인하는 권한을 가지고 있었다. 이들은 자유민이었으며 비록 민주주의나 공화주의의 개념은 없었지만 평등의 논리에 입각해 그들 자신의 집회 혹은 의결 기구를 만들었던 것으로 보인다. 10세기에 프랑스의 어느 강을 항해하던 한 무리의 덴마크 바이킹에게, 전령이 "그대들의 주인은 누구인가?"라고 묻자 바이킹들은 "없다. 우리는 모두 동등하다"라고 답했다고 한다(Dahl 2000, 19).

물론 1천 년 전의 바이킹 전통에서 오늘날 스웨덴 민주주의를 그대로 연역해 낼 수는 없다. 그러나 중세와 근대에 지독한 폭정과 억압이 없었다는 사실과 바이킹의 평등주의적 문화가 20세기 스웨덴 민주주의의 형성에 어떤 형태로든 긍정적인 영향을 미쳤으리라고 추정할 수는 있다.

(2) 평화 국가의 전통

보통선거권이 확립되었는지를 기준으로 한다면, 스웨덴에서 민주주의는 20세기에야 이루어졌다. 그러나 형식적 투표 및 선거를 떠나 중요하게 봐야 할 것은 근대 스웨덴에서는 절대적 전제군주, 독재, 지배 계층에 의한 학정의 역사가 없었다는 점이다. 17세기 이래 내전은 물론 외국과의 큰 전쟁 없이 장기간에 걸쳐 평화가 유지된 것은 근대 스웨덴의 정치 문화가 형성되는 과정에서 큰 역할을 했다. 이는 영국·프랑스·독일·러시아 등 유럽의 강대국들이 근대의 전 시기에 걸쳐 끊임없이 패권을 다투는 전쟁에 시달린 것과는 현격히 대비된다. 또한 대내적으로도 달랐다. 산업혁명 이후 유럽의 주요 국가가 격렬한 계급 대립을 겪었던 것과 달리 스웨덴은 비교적 평화적으로 갈등을 해결할 수 있었다.

지리적으로 아주 가까울 뿐 아니라 문화적·경제적으로 관계가 밀접한 독일이 근대의 전 기간에 걸쳐 전쟁·혁명·독재·분단의 역사를 경험했던 것에 비하면 스웨덴의 역사는 아주 큰 대조를 이룬다. 스웨덴이 대외적으로 중립 정책을 통해 그리고 대내적으로 중도적 이념에 의거한 정치와 대중운동으로 민주주의와 복지사회의 근간을 이룰 수 있었다는 점은 아주 독특한 국가 발전 사례의 하나다.

(3) 중립주의 전통

20세기에 스웨덴은 유럽 대륙에서 벌어진 두 차례의 세계대전에 휩쓸리지 않는 절묘한 행운을 누렸다. 그런 행운을 갖게 된 원인 가운데 하나는 스웨덴 지도층의 정치적 슬기다. 제2차 세계대전에서 스웨덴에 인접한 덴마크와 노르웨이는 독일에 점령당했다. 핀란드는 소련으로부터 공격을 당해 엄청난 인명이 희생되었고 국토를 상실했다. 그에 반해 스웨덴 지도층은 독일과 소련 그리고 영국 등 연합국 사이에서 때로는 격심한 비난을 감수하면서까지 어떤 무력 분쟁에도 휩쓸리지 않는 정치적 수완을 발휘했다. 이런 전통을 이어 스웨덴은 제2차 세계대전 이후에도 중립 정책을 견지해 미국과 소련 사이의 냉전에 개입하지 않았고 분규에도 휩쓸리지 않았다.

스웨덴의 중립성은 이후 제3세계에서 분쟁이 발생한 경우 중재자 역할에 적합했다. 그래서 중동과 아프리카에서 평화를 위해 많은 기여를 할 수 있었다. 유엔 초대 사무총장인 노르웨이 인 트뤼그베 리$_{\text{Trygve Lie}}$를 이어 사무총장이 된 스웨덴 인 다그 함마르셸드●가 냉전의 절정기에 세계 평

● 다그 함마르셸드(Dag Hammarskjöld)는 두 번째 유엔 사무총장으로 1953년 4월부터 활동했으나 재임 중이던 1961년 9월 비행기 사고로 사망했다. 1961년 사후 노벨 평화상을 수상했다.

화를 위해 많은 공헌을 한 사실과 알바 뮈르달●의 반핵운동 공헌 또한 많이 알려진 사실이다. 이런 인재들의 활동과 사회적 분위기는 중립주의적 전통 속에서 나온 것이라고 여겨진다. 분단국인 한국과 관련해서 현재 평양에 스웨덴 대사관이 주재하고 있는데 이를 통해 북한과 외교 관계가 없는 미국의 이익을 대리하고 있다. 한국에서는 1953년 한국전쟁 휴전 중립국 감시 위원단의 일원으로 참여하기 시작하여 현재까지 대사급 관계를 유지하고 있다.

4) 스웨덴 경제

(1) 자원과 에너지

스웨덴은 역사적으로 세 가지 천혜의 조건을 가졌다. 목재와 철광 및 수력이다. 특히 스웨덴 전역의 65퍼센트 이상이 울창한 산림으로 이루어져 세계적으로 가장 풍부한 산림자원을 가진 나라의 하나이며 전통적으로 제재업과 종이·목제품 수출은 주요 산업이었다. 이와 관련해 세계적으로 유명한 가구 제품인 이케아IKEA를 떠올릴 수 있다.

주로 북부에 매장된 풍부한 철광석 역시 스웨덴의 주요 수출품이다.

● 알바 뮈르달(Alva Myrdal)은 여성학자이자 교육학자로 스웨덴 사회복지 발전에 기여한 바가 크며 후기에 반핵운동과 세계 평화운동에 지도적 역할을 했다. 1982년 노벨 평화상을 수상했다. 뮈르달에 대해서는 양성 평등 정책을 다루고 있는 7장에서 좀 더 자세히 살펴볼 것이다.

게다가 풍부한 철광석의 부존 덕분에 기계·금속 공업이 발전하는 데 유리한 조건이 조성되었고, 자동차·선박 산업 및 기타 기계공업이 세계 정상 수준으로 발전할 수 있었다.

풍부한 수자원을 이용한 수력발전은 값싸고 깨끗한 에너지 공급원으로 이용되어 2006년에 전체 전력 생산의 44퍼센트를 담당했다. 물론 오늘날 수력 자원만으로 증대하는 에너지 수요를 감당할 수 없어 스웨덴에는 이와 더불어 원자력발전소도 가동되고 있으며 대체로 수력발전과 비슷한 양의 전기를 생산한다(전체 전력 생산의 47퍼센트). 스웨덴은 중장기적으로 석유●와 원자력의 의존에서 벗어나자는 목표를 설정하고 있다. 이런 목표의 실현 여부는 미래 세계에 인류가 석유·원자력 시대에서 어떻게 벗어날 수 있는가에 매우 중요한 시사점을 줄 것으로 기대된다.

스웨덴은 노르웨이와 덴마크 등과 함께 경제적으로 세계에서 가장 부유한 국가군에 속한다. 19세기 유럽의 최빈국 가운데 하나였던 스웨덴은 1870년대 이후 산업화 과정에서 빠르게 성장했고, 1870~1964년에는 일본을 제외하고 세계에서 가장 빠른 국내총생산GDP 성장률을 기록했다. 그 결과 1960~70년대에 세계 정상급의 부국이 되었다.

스웨덴의 1인당 명목 GDP는 2008년 기준 5만2,180달러로 세계 9위에 속한다. 그러나 이 순위는 전통적으로 1970년대까지 세계 5위 내에 들던 스웨덴의 위상에 비하면 낮아진 것이다. 하지만 국가 경쟁력 지수를 비롯해 여러 가지 지표에서 스웨덴이 경제적으로 세계 최상위권에 속한

● 스웨덴 정부는 2006년에, 2020년까지 운송·난방 등에서 획기적으로 석유 의존에서 벗어나는 프로그램을 제시했다. 운송용 석유 사용은 40~50퍼센트, 난방용 석유 사용은 100퍼센트, 산업용 석유 사용은 25~40퍼센트를 절감하고, 전체 에너지 효율을 20퍼센트 이상 높여 석유 대신 재생 가능 에너지원을 사용한다는 야심찬 계획이다.

다는 사실에는 변함이 없다.

(2) 산업구조

세계화와 정보·통신 시대에 스웨덴의 주력 산업도 변화했다. 수출산업에서 전통적 주력 업종인 철강·제지·펄프 산업은 쇠퇴하고 이를 대체해 서비스 산업이나 정보·통신 산업이 약진하고 있다.

2009년 현재 인구 930만 명 가운데 노동인구는 약 450만 명이며 산업별 노동력의 분포는 농수산업 2.2퍼센트, 제조업 14퍼센트, 서비스 분야 52퍼센트, 공공 부문은 32퍼센트에 달한다. 이를 GDP 기준 산업 분포로 봐도 경향은 비슷하다. 농업 1.6퍼센트, 제조업(공공 분야 포함) 26.6퍼센트, 서비스 산업이 71.8퍼센트로 전형적인 탈산업사회 산업구조를 보인다. 스웨덴의 주요 기업은 예외 없이 민간 소유이며 정부는 정부 소유 기업의 민영화를 계속 추진하고 있다.

(3) 유럽연합 가입과 유로존

스웨덴은 2003년 국민투표를 통해(56.1퍼센트가 반대) 유로존Eurozone(유로 지역Euro area) 가입을 거부했다. 유럽연합에서 유로화를 사용하지 않는 주요 국가는 영국·덴마크·스웨덴이다.

스웨덴은 국민투표를 거쳐 1995년 유럽연합에 가입했으며, 가입 당시 조약에 따라 일정한 조건이 갖춰지면 의무적으로 유로화를 사용해야 했다. 그러나 스웨덴은 통화·재정 요건을 충족한 이후에도 정치적 이유로 유로화 채택을 거부했으며 유럽연합은 스웨덴의 자국 통화 사용을 양해하고 있다. 결국 노르딕 국가 가운데 핀란드와 아이슬란드는 유로존에 가입했으나 스칸디나비아 3국, 즉 노르웨이, 덴마크, 스웨덴은 다 같이 유로

존 가입을 거부한 것이다. 이는 공동 결정에 의한 것은 아니지만 스칸디나비아 3국에 고유한 사회·문화적 정체성을 고수하려는 심리가 반영된 것으로 볼 수 있다.

(4) 조세와 공공 부문

세계에서 가장 포괄적인 사회복지 체제를 운영하고 있는 스웨덴은 담세율 역시 세계 최정상권에 속한다. 1960년대 후반 이래 스웨덴은 산업국가 가운데 담세율이 가장 높은 국가였으나(통상 GDP 대비 50퍼센트 이상) 최근에 와서는 이 영예를 덴마크에 넘겼다. 2006년에는 담세율이 GDP 대비 49.1퍼센트였으나 2007년에는 47.8퍼센트로 약간 하락했다.

직접세인 소득세의 경우 높은 누진세율(최고 한계 세율 59.09퍼센트)을 적용하고 있다. 간접세인 부가가치세도 세계적으로 가장 높은 수준인 25퍼센트(덴마크·노르웨이와 동일)를 적용한다. 한국은 부가가치세율 10퍼센트를 적용하고 있으며 소득세 최고 한계 세율은 35퍼센트다. 반면에 덴마크는 연간 소득 36만 크로나(약 7만 달러) 이상에 과세하는 최고 한계 세율이 63퍼센트에 달하며, 그 결과 고급 인력이 국외로 이주하는 현상이 사회적 문제가 될 정도다.

덴마크와 더불어 스웨덴의 소득세율도 높아 이른바 '조세 망명', 즉 자본도피 문제가 제기되고 있기는 하나 아직까지 광범한 사회적 현상은 아니다. 오히려 스웨덴 사람의 대다수는 복지국가를 위한 높은 세율을 일종의 사회적 합의 사항으로 받아들인다. 공공 부문의 크기 역시 세계 정상급으로 현재 공공 부문 지출은 GDP의 53퍼센트 수준이다. 공공 부문 종사자는 전체 노동력의 33퍼센트가량을 차지해, 이 역시 주요 산업국가 가운데 38퍼센트에 달하는 덴마크 다음으로 최고 수준이다.

또한 스웨덴은 공적 해외 원조ODA로 2007년에 38억 달러를 지출했는데 이는 GDP 대비 1퍼센트를 상회하는 금액으로 세계 최고 수준이다. GDP 대비 비슷한 규모를 지출하는 국가는 덴마크와 노르웨이로 0.8퍼센트, 0.9퍼센트 수준이며 이 분야에서 북유럽 국가는 세계 최고 수준을 유지하고 있다.

(5) 경제 위기와 스톡홀름 해결 방식

1980년대 들어 세계경제는 신자유주의적 독트린과 정책의 영향을 받기 시작했다. 그러면서 금융과 자본에 관한 규제 완화는 급속히 확대되었다. 이는 자본의 흐름을 통제할 수 있는 정책 수단을 눈에 띄게 약화시켰고 결국 1992년 스웨덴 통화위기를 발생시키는 결과를 낳았다.

1992년 위기 당시 스웨덴은 칼 빌트Karl Bildt 총리가 이끈 보수 연립정부가 집권하고 있었다. 보수당 정부는 당시 야당인 사민당의 협조를 얻어야 했고, 이를 바탕으로 단호하고 신속하게 금융기관 정리에 나설 수 있었다. 성과는 기대 이상이었다. 당시 스웨덴 정부는 GDP의 4퍼센트에 해당하는 650억 크로나(현재 가치로 183억 달러)를 구제 금융에 투입했다. 위기가 해소된 이후 국유화한 은행을 다시 매각하는 과정에서 상당한 금액을 회수했는데, 결국 비용은 GDP의 2퍼센트 혹은 계산 방식에 따라서는 0퍼센트에 달하는 것으로 추산되었다. 2008년의 금융 위기 이후 미국의 폴 크루그먼Paul Krugman을 위시한 학자들이 스웨덴의 금융 위기 대처 방식에 주목하면서 '스톡홀름 해결 방식'Stockholm solution이라는 별칭을 얻기도 했다.

(6) 특별한 기업, 발렌베리 가문

스웨덴 기업을 말할 때 빼놓을 수 없는 것이 발렌베리Wallenberg 가문이다. 약 150년 전에 은행업으로 시작한 이 기업 가문은 스웨덴 스톡홀름 주식거래소에 상장된 주식의 약 40퍼센트에 영향력을 미치고 있으며 간접적으로 스웨덴 국민총생산GNP의 약 3분의 1을 통제하고 있다. 한국에도 잘 알려진 엘렉트로룩스Electrolux, 에릭손Ericsson, 사브-스카니아Saab-Scania 같은 세계적 기업이 이 가문의 영향력 아래 있다. 이 가문은 1856년 스톡홀름 엔실다 은행Stockholms Enskilda Bank을 설립한 안드레 오스카 발렌베리André Oscar Wallenberg 이래 현재 5대를 이어 왔으며, 20세기 초에 이미 스웨덴 최대의 자본이 되었다.

사민당과 노조가 정치·사회적으로 막강한 영향력을 행사하는 스웨덴이지만, 국가와 사회가 이 가문의 존재를 심각하게 문제 삼은 적은 없다. 발렌베리 가문은 이런 면에서 정치적으로 대단히 세련되게 처신했는데 이 가문의 가훈은 "있으되 보이지 마라"Esse non Videri라고 한다. 이처럼 발렌베리 가문은 거대 재벌과 사회민주주의적 복지국가가 공존하는 모델로 흥미 있는 연구 대상이다.

발렌베리 가문의 인사들은 금융업·제조업 부문뿐 아니라 정치·외교 부문에도 진출했는데, 라울 발렌베리Raoul Wallenberg가 가장 유명하다. 그는 제2차 세계대전 당시 헝가리 부다페스트 주재 스웨덴 영사관에 주재하면서 약 10만 명의 유대인을 나치 학살로부터 구해 냈다고 전해진다. 1945년 소련군이 헝가리에 진주한 이후 사라졌는데 1947년 소련에 의해 처형된 것으로 추측된다. 그의 실종 및 죽음은 20세기의 최대 미스터리 가운데 하나다.

| 2장 |

사회민주주의와 노동조합운동

오늘날 스웨덴 모델 혹은 스웨덴 복지국가를 형성하는 큰 역할을 한 정치세력은 사민당이다. 이 정당의 이념인 사회민주주의를 이해하는 것은 스웨덴 복지 제도를 이해하기 위한 우선 과제라고 볼 수 있다. 한마디로 스웨덴 사민당의 역사와 정책을 빼놓고 스웨덴 현대사를 논할 수 없다. 또한 사민당의 역사와 정책을 이해하려면 스웨덴의 노동운동과 스웨덴전국노동조합총연맹LO을 위시한 노동조합을 개괄적으로라도 이해할 필요가 있다. 이를 바탕으로 스웨덴 모델이란 과연 무엇인지 깊이 들여다보는 것이 2장의 목표다.

1. 사회민주주의

1) 사민당의 역사와 복지국가 건설

19세기 중반에 시작된 스웨덴의 산업화는 1870년대 들어 본격화되었다. 스웨덴의 산업화는 영국은 물론이고 프랑스나 독일보다 뒤진 것으로, 적어도 유럽에서는 후발 산업국에 속한다고 할 수 있다.

19세기 산업화 과정에서 스웨덴의 도시와 산업 부문은 증가하는 농촌 인구를 적절히 흡수하지 못했다. 그 결과 빈민이 대량으로 발생했고 이는 신대륙으로의 대량 이주로 이어졌다. 1850년에서 1890년에 이르는 산업화 과정에서 약 1백만 명의 스웨덴 국민이 해외로 이주했다. 당시 인구의 20~25퍼센트에 해당하는 이들은 대부분 미국으로 건너갔다.

이처럼 초기 산업화 과정에서 스웨덴의 노동자들은 영국이나 유럽 대륙의 다른 국가와 마찬가지로 극심한 저임금, 장시간 노동, 법적인 보호장치의 부재 아래 놓여 있었다. 빈곤 노동자들의 참상과 불만은 전국적인 노동운동으로 표출되었다. 동시에 스웨덴 사회에 사회주의 이념과 사회주의 운동을 정치적으로 뿌리내리게 했다. 1889년 4월 사민당이 설립되었는데, 이 배경에는 급속히 성장하는 노동운동이 있었다. 사민당이 창당된 지 9년 뒤인 1898년에 노동조합운동은 LO를 출범시키기에 이른다.

스웨덴에서 노동운동이 출현할 당시의 시대적 배경을 이해하고자, 아이를 넷 가진 평범한 노동자의 예를 소개한다.

1895년 12월 1일 한 공장노동자의 부인은 서부 노르셰핑 Norrköping ● 의 늘 가는 가게에서 우유 4리터, 청어 1킬로그램, 밀가루 12킬로그램, 석유 2리터, 귀리와 쌀, 감자, 마가린, 작은 소시지 조각, 커피 5백 그램을 구입했다. 우유는 3일 후 떨어져서 4리터를 더 사야 했다. 귀리로 만든 오트밀과 밀가루를 반죽해 구운 빵이 이 가정의 주식이었다. 쌀, 밀가루, 귀리는 1주일 만에 떨어졌다. 주가 지나고 달이 지나도 구매 목록은 달라지지 않았다. 이 물품들의 한 달 구입비는 35크로나 37외레[1백 외레는 1크로나]에 달했다. 이제 이 가족에게 남은 현금은 63외레뿐이었다. 월수입 36크로나와, 10크로나 50외레의 가치에 해당하는 무상 거주 혜택이 주 6일 하루 11~12시간 노동의 대가였다. 남편과 부인 그리고 4명의 어린아이에게 제공된 주택에는 방 하나와 부엌 하나가 딸려 있었다. 여섯 사람이 36크로나로 한 달을 버텨야 했다. 남편의 소득이 이 가정의 유일한 수입원이었는데 아이들을 위한 보육 시설이 없었기 때문에 부인은 일하러 나갈 엄두를 낼 수 없었다. 12월의 가계부는 단지 부엌살림만을 기록하고 있었다. 옷과 신발은 초과근무 수당이나 간혹 남편이 공장 밖에서 허드렛일을 해서 번 돈으로 마련해야 했다. 가계부만 봐서는 이 달에 크리스마스가 있는지를 확인할 수 없었다. 크리스마스 선물은커녕 크리스마스에 먹을 햄을 사지도 않았다. 장시간 노동, 비좁은 주거, 최소한의 생존만을 유지할 수 있는 저임금이 1890년대 노동자가 살아가는 모습이었다(Carlsson & Lindgren 2008, 6-7).

여기에서 알 수 있듯이 노동운동과 사민당이 출현하던 당시의 스웨덴 노동자들의 생활상은 한국의 1960년대나, 지금으로 보면 이른바 후진국 노동자들의 생활상과 그리 다르지 않았다. 스웨덴이 오늘날과 같은 물질적 풍요와 선진적 사회제도를 갖게 된 역사는 20세기 들어 시작되며 사회복지의 역사는 빈곤 상태에서 시작했음을 확인할 수 있다. 일반적으로 스

● 스웨덴 동부 발틱 해 연안에 가까운 도시로 19세기에 섬유산업과 제지업이 발달했던 곳이다.

웨덴 사민주의 복지국가의 역사는 다음 4단계로 구분된다.

- 투쟁기(1870~1920년대 초기) : 격렬한 노사 대립기로 동등한 권리의 실현을 위한 투쟁과 보통선거권의 쟁취
- 성장기(1920~40년대 중반) : 사민당이 빈곤으로부터 해방되기 위한 '국민의 집' 건설 주창과 노사 관계 합의주의 실현 등을 내걸고 집권하면서 스웨덴 최대 정당으로 성장
- 완성기(1945~80년경) : 보편 복지 이념의 확립과 주요 사회보장제도 개혁의 수행으로 스웨덴식 사회민주주의 복지국가 모델 형성
- 변화기(1980년대~현재) : 탈산업사회와 세계화 과정에서의 변화와 적응

(1) 동등한 권리의 실현(투쟁기)

1889년 스웨덴 사민당의 설립은 스톡홀름의 사회민주주의협회Social Democratic Association의 주도로 사회민주주의적 정치조직과 노동조합, 즉 노동운동의 두 축을 불러 모으는 것으로 시작되었다. 그러나 이 회합에서는 노동조합은 단지 5분의 1만이 대표되었다. 따라서 스웨덴 사민주의 운동의 특징인 정치조직과 노조의 강한 결합은 그 뒤 몇 세대에 걸쳐 점진적으로 강화되어 왔다고 할 수 있다.

최초의 당대회에서는 무엇보다 평등한 보통 선거권, 노조를 조직할 권리, 8시간 노동제가 제기되었다. 선거권 투쟁에서 사민당은 자유주의자들과 연대했는데 칼 얄마르 브란팅Karl Hjalmar Branting은 이들의 도움을 받아 최초의 사민당 의원으로 선출될 수 있었다. 여기서 잠깐 브란팅에 대해 살펴보는 것이 좋겠다.

브란팅은 스웨덴 사회주의의 '아버지'라고 불리는 인물로 스웨덴 사민

주의의 정립에 이론적·실천적으로 핵심적인 역할을 한 인물이다. 1896년 스웨덴 사민당 최초의 하원 의원으로 의회에 진출했으며, 사민당 의석이 증가하자 1917년 자유당과 연립 정권을 형성하고 입각했으며 3회에 걸쳐(1920년, 1921년, 1924년) 총리직을 맡았다.

그는 1880~90년대에 당시의 지도적 사회주의 이론가들, 프랑스의 폴 라파르그,• 독일의 에두아르트 베른슈타인•• 등 당대의 노동운동가와 사회주의자들과 교류하고 토론했으며 스웨덴 사민당의 기본 성격을 형성하는 중요한 역할을 했다. 브란팅이 당의 지도자로 있던 시기(1907~25년)에 사민당은 230석의 하원 의석 가운데 1896년에 1석, 1903년에 13석, 1908년에 34석, 1914년에 72석, 1917년 86석, 1921년 110석을 얻는 비약적 증가를 경험하게 된다.

브란팅은 사민주의를 민주주의의 사회·경제적 외연을 확대하는 것으로 이해했고, 공산주의를 과두제 지배 체제라는 이유로 반대했다. 사민당은 이후 페르 알빈 한손Per Albin Hansson(1932~46년 총리 재임), 타게 에르란데르Tage Erlander(1946~69년 총리 재임), 올로프 팔메Olof Palme(1969~76년, 1982~86년 총리 재임)에 의해 스웨덴 사민주의와 복지국가의 황금기를 이끌어 갔다. 한마디로 브란팅은 바로 이런 스웨덴 사민주의 황금기의 초석을 놓은 인물이자 초기 투쟁기를 이끈 지도자다.

브란팅이 처음 의회에 진출했던 시기의 가장 중요한 정치투쟁은 보통

• 폴 라파르그(Paul Lafargue, 1842~1911) : 당대의 저명한 프랑스 혁명적 마르크스주의 이론가로 저널리즘과 문예비평의 분야에서 활발한 활동을 벌였다.
•• 에두아르트 베른슈타인(Eduard Bernstein, 1850~1932) : 독일 사회민주당의 저명한 활동가로 19세기 말에서 20세기 초에 이르는 독일 사민당의 '수정주의' 논쟁에서 핵심 인물이었다. 그는 정통 마르크스주의자들과 달리 비혁명적·개량주의적 노선을 주창했다.

선거권 쟁취에 있었다. 투쟁의 성과는 1907년과 1909년에 개정된 선거법에 따라 24세 이상의 스웨덴 남성이 의회 선거와 지방선거에서 선거권을 부여받는 것으로 나타났다. 그러나 사민주의자의 입장에서는 불완전한 승리였다. 지방선거에서 여성은 소득과 재산에 따라 선거권을 제한받았다. 그뿐 아니라 소득과 재산에 따라 한 사람이 40표까지 행사할 수 있는 차등 선거권이 철폐되지 않고 존속되었다. 완전한 보통·평등 선거권은 1919년 성립된 자유당·사민당 연립정부 아래서 8시간 노동제와 더불어 비로소 실현되었다. 그 덕분에 1921년의 총선거에서 역사상 처음으로 여성 의원이 하원에서 4명, 상원에서 1명 선출되었다.

이처럼 모든 성인 남녀에게 1인 1표를 허용하는 선거법 개정과, 사회주의 운동의 오랜 숙원이었던 8시간 노동제의 실현은 제1차 세계대전 직후 발생한 독일혁명(1918년 11월)과 러시아혁명(1917년 11월) 등 전 세계적으로 소요와 혁명의 바람이 휩쓴 때에 이루어졌다. 그러나 이 격변의 시기에는 정치적 분열도 있었다. 독일 사민당에서 공산당이 분리되어 가는 것과 유사하게, 스웨덴 사민당에서도 당내에서 평화·개혁적 노선과 전투·혁명적 노선 사이의 분쟁이 격화되어 사민당에서 혁명적 사회주의자가 이탈했다.

그 후 혁명적 사회주의자들은 좌익사회당Vänstersocialistiska Parti을 창당했고 1921년 코민테른에 가입한 이후 당명을 스웨덴공산당SKP, Sveriges Kommunistiska Parti으로 개칭했다. 오늘날에는 좌파당으로 명맥을 이어 가고 있다.

(2) '국민의 집' 건설과 계급 타파(성장기)

1920년대는 경제 불황과 실업 문제뿐 아니라 정치적으로도 불안정한 혼란 상태였다. 한마디로 스웨덴 사회는 개혁을 기다리고 있었다. 이에 사민당의 걸출한 지도자였던 페르 알빈 한손은 사회민주주의가 지향하는 이념을 '국민의 집 건설'로 선포했다. 그리고 1932년 스웨덴 사민당은 한손을 총리로 하는 정부를 구성하면서 스웨덴 사회복지 제도의 근간을 마련했다. 이후 1976년에 이르기까지 44년 동안 사민당이 내리 집권하면서 사민주의의 안정적 황금기로 이어 갈 수 있었다.

한손은 브란팅에 이어 1921년부터 사민당 대표였고, 1932~46년에 총리를 지냈으며, '사회복지 건설의 아버지'로 불린다. 브란팅이 투쟁을 통해 사민당을 일구었다면, 한손은 사회민주주의의 내용을 구성했다. 젊은 시절부터 청년 사회주의자로서 금주운동에 앞장섰고 혼란한 시기에 사민당의 이념으로 '계급투쟁 및 공산주의와의 거리'를 분명히 두는 중도 노선을 표방해 사민당의 정체성을 다졌다. '국민의 집'을 제창한 그의 유명한 국회 연설이 이를 집약하고 있다(이 책 64쪽 "페르 알빈 한손의 국회 연설"을 참조).

'국민의 집' 사상은 사민당의 이념이자 일반적으로는 '스웨덴식 중도 노선'the Swedish middle way으로 광범위하게 알려져 있다. 이른바 스웨덴식 사민주의를 압축적으로 표현하는 대표 개념이다.

당시 사민당은 '국민의 집' 이념을 바탕으로 가족 보조 정책(출산휴가비 확대)과 기초 연금allmänna folkpension의 보편화, 2주간의 노동 휴가와 장애인 보조 정책을 추진했다. 그러나 기초 연금 수급 대상자 확대 및 연금 급여 상향 조정은 국회에서 동의를 얻지 못해 결국 한손 총리가 퇴진하는 정치적 위기를 초래했다. 이에 사민당은 보수적 성격을 지닌 농민당Bondeförbundet● 의 도움을 받아 이 개혁안을 성사시키고 6개월 뒤에 다시 정부를 장

● 현재의 중앙당은 1913년에 결성된 농민당에서 유래하기에, 다른 당과 달리 당원의 중심 세력이 농민이다.

악했다. 이념만이 아니라 '국민의 집'을 실현하는 과정도 그리 순탄하지만은 않았다.

'국민의 집' 개념은 이후 에르란데르 총리와 팔메 총리에 의해 현실적 정책으로 승화되었다. 한손의 전임자인 브란팅 역시 이 개념을 공유했는데, 그렇게 보면 '국민의 집' 이념은 브란팅과 한손, 에르란데르, 팔메로 이어지는 60년 남짓 동안 사민주의 지도부가 한결같이 공유하고 실천했던 스웨덴 사민당의 정치철학이라고 할 수 있다. 오랫동안 스웨덴 사민주의를 연구해 온 덴마크 출신 학자인 예스타 에스핑-안데르센Gösta Esping-Andersen은 "새롭게 출현할 사회민주주의 국가는 가족 간의 자연스러운 연대와 본능적인 상호부조가 이루어지는 집과 같아야 한다. '국민의 집'은 계급을 넘어서는 국민적 연대의 이미지를 전하고 있다"라고 말한 바 있다(Englund 2002).

한편 이 시기는 사회적 조합주의social corporatism라고 불리는, 노동시장 규율에 관한 노사 합의주의 모형의 원조라고 할 수 있는 살트셰바덴 협약Saltsjöbadsavtalet이 만들어진 때이기도 했다. 1938년 스톡홀름 근교의 살트셰바덴Saltsjöbaden에서 체결된 이 협약은, 노동자 측에서의 임금 인상 자제와 사용자 측에서의 완전고용과 복지 개혁을 교환하는 방식으로 이루어졌다. 따라서 이 협약이야말로, 스웨덴 모델 혹은 북유럽 모델이라고 불리는 사회민주주의적 복지국가 모델의 정형을 창출하는 토대가 되었다.

1920년대에 스웨덴은 유럽에서 가장 파업 일수가 많은 국가였다. 살트셰바덴 협약 이후 스웨덴은 완전히 달라졌다. 스웨덴 노동운동은 노동자의 이익뿐 아니라 스웨덴 경제의 국제경쟁력까지 책임지는 적극적 행위자이자 스웨덴 사회를 대표하는 세력이 되었다. 살트셰바덴 협약에서 유래하고 그 후 스웨덴 노사 관계의 중심 원칙으로 이어지고 있는 살트셰바덴 정신은 상호 협조, 상호 존중, 타협에 입각한 평화적 해결 그리고 사회적 책임으로 표현할 수 있다. 이 협약은 스웨덴경영자총연맹SAF이 대표하는 사용자 전국 조직과 LO가 대표하는 노동자 전국 조직 사이에 체결된 것으로, 서로를 사회적 동반자로 인정했다는 점에서 당시 러시아나 독일 등 대륙의 사회주의 노동운동과는 완연히 구별되는 획기적인 사건으로 기록된다.

(3) 복지국가의 완성(완성기)

제2차 세계대전 이후의 시기는 흔히 사민주의의 '수확기'로 불린다. 사민당 정부는 그간 사회민주주의가 추구했던 사회 개혁을 성공적으로 수행해 이른바 복지국가를 완성하게 된다. 그 배경에는 두 가지 요소가 있었다. 하나는 복지주의를 향한 정치적 의지였고 다른 하나는 제2차 세계대전 이후에 찾아온 전 세계적 경제 부흥이었다.

당시 스웨덴 산업은 세계시장에서 매우 강력한 경쟁력을 보유했다. 이런 스웨덴 산업의 강한 경쟁력은 경제·사회정책과 아울러 특히 노동시장에서의 노동조합과 기업의 협조 관계에 기반하고 있었다. 이 시기에 이루어진 주요 사회 개혁은 다음과 같다.

1947년에는 아동 수당allmänna barnbidraget이 도입되었고 연금 개혁이 이루어졌다. 1950년에는 9년제 의무교육이 도입되었다(의무교육인 4년제 국민학교folkskola는 1842년에 이미 시작되었다). 1951년에는 전 노동자에 대한 연간 3주 유급 휴가제에 관한 법안이 의회에서 통과되었다. 의료보험은 1950년대를 거치면서 단계적으로 확충되었다. 주택 보조금을 늘리고 주거의 질을 향상시키기 위한 특별 주택 건축 보조금 제도 역시 이 시기에 도입되었다.

이런 사회 개혁 조치에 대해 보수정당들과 고용주들은 당연히 반대했다. 후일 부가가치세mervärdesskatt로 자리 잡은 상품 판매세의 도입도 개혁 조치의 일환이다. 그러나 1950년대에 가장 광범하고도 장기적인 정치적 논란을 가져온 사건은 (기초 연금에 추가해서 도입된) 부가 연금ATP, allmän till-äggspension● 문제였다. 당시 대부분의 공무원들은 이미 ATP를 가지고 있었다. 이를 노동자와 사무원들에게까지 적용하려는 개혁안은 고용주들의 강력한 저항에 직면했다. 이를 관철시키기 위해서는 정치적 해법이 필요했다. 당시 스웨덴 정부는 사민당과 농민당으로 구성되었는데 양당은 이 문제에 관해서 합의를 도출할 수 없었으며, 결국 ATP 개혁안은 1957년 국민투표에 회부되었다. 여기에는 사민당의 1안, 농민당의 2안, 보수-자유당의 3안이 제시되었는데 각각 47.1퍼센트, 15퍼센트, 35퍼센트의 지지를 받았다. 사민당이 과반수를 얻지 못하자 결국 연립정부는 해산했으며 사민당은 소수파 정부가 되고 말았다.

1958년에 사민당이 제출한 연금 개혁안은 다시 부결되었다. 이에 따라 정부는 의회를 해산하고 총선거를 실시했다. 이 선거에서 사민당은 약진했으나 법안은 가부 동수가 되어 또 다시 부결될 처지였다. 다행히 막판에 노동자 출신의 자유당 의원 투레 쾨니그손Ture Königson이 반대표를 던지지 않아 가까스로 통과될 수 있었다. 이 연금 개혁안은 단순한 연금제도 개선을 넘어 엄청난 기금을 공적 관리 아래 두는 것을 의미했다. 이 기금은 주로 주택 건설에 투자되어 1950년대에 존재했던 주거 부족 사태를 해결하는 데 크게 기여했다. 스웨덴에서 1950년대가 근대적 주택 정책이 마련된 시

● 기초 연금제도와 마찬가지로 보편적 성격을 지닌 부가 연금은 기초 연금을 기본으로 하되 이를 보완하고자 도입된, 소득에 비례해 지급되는 연금제도다. 2000년 스웨덴 연금 개혁에서 도입된 소득 연금과의 혼동을 피하기 위해, 이 글에서는 원래 의미를 살려 '(소득에 비례한) 부가 연금' 혹은 그 약자인 ATP로 칭한다.

기로 기록될 수 있는 것은 바로 이 때문이다.

다음으로 고용정책과 성장 정책을 살펴보자. 당시 스웨덴은 생산성이 낮은 낙후된 산업을 정부 보조금이나 저임금 정책으로 지원하지 않았다. 오히려 적자를 내는 기업을 정리해 노동력이 좀 더 생산적이고 미래지향적인 기업으로 이전되는 것을 바람직하다고 보았다. 국가는 이 과정에서 발생하는 실업자들이 새로운 일자리를 얻는 것을 돕는 직업교육을 지원했다. 실업자들은 양질의 일자리로 옮겨 갈 기회를 갖게 되었고, 교육을 통해 질적으로 향상된 노동력은 기업의 생산성을 증대하는 효과가 있었다.

1960년대의 복지 정책은 무엇보다 공공서비스 부문의 확대를 가져왔다. 그 결과 생산직 노동자와 사무직 노동자 대부분이 교육 기회 개선, 의료 서비스 향상, 노인·아동복지 증진이라는 사회적 욕구를 충족하게끔 했다. 앞서 살펴본 대로 1950년에 9년제 의무교육 제도가 도입되었고 1960년대에는 2차 상급학교와 대학에 대한 대량 투자가 이루어졌다. 그 결과 많은 대학과 고등교육기관이 설립되었다. 의료 서비스는 양과 질이 모두 개선되었고, 점점 더 많은 여성이 직업을 가지면서 탁아와 보육 시설에 대한 수요가 늘어났다. 1980년대 초에 이 수요는 충족되었다.

1970년대에는 많은 분야에서 피고용자의 입지를 강화하는 노동 입법이 이루어졌다. 대표적으로 작업장에서의 공동결정제도MBL, Medbestämmandelagen나 〈고용안정법〉lagen om anställningsskydd이 있다. 이에 따라 고용과 해고는 사용자가 임의로 할 수 없으며, 노조와 협의해야 할 사항이 되었다. 산업 안전에 관한 입법이 이루어진 뒤 노조가 파견하는 안전관리 대표자는 건강에 유해한 작업을 현장에서 중단시킬 수 있는 권한을 갖는 등 노동권이 강화되었다.

이 시기에 사민당은 2명의 지도자가 이끌었다. 한 명은 1946~69년에 걸쳐 23년간 스웨덴 역사상 최장수 총리를 역임하면서 복지국가의 황금기를 관리한 에르란데르이고, 다른 한 명은 복지국가에 대한 변화와 도전의 시기에 총리직을 수행했던 팔메다.

에르란데르는 학생 때부터 정치에 관여해 이미 31세에 의회에 진출했다. 1944년에는 무임소 장관, 1945년에는 교육부 장관에 임명되었다. 1946년 한손 총리가 사망한 이후 총리직에 오른 뒤 1969년까지 내리 23년간 역임했다. 192센티미터의 장신이자 최장 기간 총리를 뜻하는 "가장 긴 총리"라는 별칭으로 불린다. 에르란데르는 한손 전 총리가 시작한 '국민의 집' 건설을 완성한 인물이다. 오늘날의 스웨덴 모습인 '중립국가', '복지국가', '협력적 노르딕 국가'를 구축했으며 제2차 세계대전 이후 스웨덴의 발전에 가장 크게 기여한 정치가로 알려져 있다. "국민의 삶의 질 향상은 사회 투자를 촉구한다"라는 '강한 사회'Det starka samhället론● 을 소개했으며 그의 이런 이론에 따라 사회복지 수요에 맞춰 공공 부문이 팽창되었다. 그는 역대 총리 가운데 유머가 있고 말솜씨가 빼어났으며 반대파와 타협을 잘한 정치가로 알려져 있다.

한손이나 에르란데르가 대체로 국내 정치에 집중하고 국제적으로 그리 알려지지 않았던 것에 비해, 팔메는 스웨덴 정치가 가운데 가장 국제적인 인물이었다. 팔메는 스웨덴 지도자로서는 흔치 않게 미국에서 유학을 했고 아시아를 여행한 경험을 갖고 있다. 그 결과 미국 사회의 불평등과 인종주의의 폐해, 제3세계에서의 식민주의와 제국주의의 유산에 관해 깊은 인식을 갖게 되었다. 그가 강조했던 세계 평화와 공존을 위한 연대

● 한손 정부에서 보건사회부 장관이었던 구스타프 묄러(Gustav Möller)에 의해 '연대'를 강조하는 이론으로 처음 소개되었다. 에르란데르 정부에서도 장관을 지낸 묄러는 "세금을 한 푼이라도 낭비하는 것은 국민을 착취하는 것이다"라는 말로 공공 행정의 도덕성과 효율성을 강조했다.

는 이런 경험에 기반을 두고 있다.

팔메는 1969~76년과 1982~86년 등 두 번에 걸쳐 총리직을 수행했다. 이 기간은 복지국가의 황금기가 끝나고 변화의 물결이 도래하기 시작한 때였다. 1968년 유럽을 뒤흔든 '학생 혁명'이 있었고, 소련이 체코를 점령해 '프라하의 봄'이 좌절된 시기이기도 했으며, 베트남전쟁과 그에 대한 반대가 절정에 달했던 격동의 시기였다고도 할 수 있다. 팔메는 그가 교육부 장관이던 1968년 2월 21일 '스웨덴 베트남 위원회'가 주최한 반전 집회에 참여하여 베트남전쟁에 반대하는 연설을 했고 반미·반전 시위에 참여했다. 또한 총리로 재직하던 1972년 12월 국영 라디오 방송에 출현해 미국의 하노이 폭격을 나치의 게르니카 폭격이나 집단 수용소의 학살과 다를 바 없는 대량 학살이라고 비판하기도 했다. 이로 말미암아 미국은 두 차례에 걸쳐 스웨덴과 외교 관계를 동결하기도 했다. 그럼에도 같은 시기에 나토와 스웨덴이 유지하고 있던 군사적 협력 관계가 위협받지는 않았다. 미 국무장관 헨리 키신저Henry Kissinger는 "나에게 동의하는 많은 사람을 싫어했고 나에게 동의하지 않는 많은 사람을 좋아했는데 그 가운데 대표적인 인물이 바로 팔메 총리다"라고 할 정도였다.

팔메는 당시 남미와 아프리카에서의 민족해방운동을 지지했고, 칠레의 피노체트 정권과 같은 우익 군사정권에 대해서도 서슴없이 비판했으며, 넬슨 만델라Nelson Mandela의 투쟁을 적극 옹호했던 인물이다. 그의 진보적 태도는 많은 반대자를 낳았지만, 자유주의적이고 진보적인 사람들은 오늘날까지도 그를 존경한다. 팔메 총리는 1986년 2월 28일 영화 관람 후 부인 리스벳 팔메Lisbet Palme와 같이 귀가하는 길에 암살당했다. 당시까지 총리 경호 시스템이 없었던 스웨덴에 총리 관저 제도가 만들어지고 총리를 위한 경호 시스템이 도입된 계기가 되기도 했다. 팔메 암살의 주범이 누구인지는 아직도 밝혀지지 않았고 스웨덴 사람들에게는 국가적 상처로 남아 있다.

(4) 세계화 물결 속의 변화와 대응(변화기)

복지국가의 황금기라고 일컬어지는 1950~60년대에 이루어진 주요 성과는 사회민주주의적 가치에 입각한 재분배 정책이 가져온 결과였다. 이런 가치는 교육받을 권리, 소득이 아니라 필요에 입각한 각종 돌봄, 질병이나 실업을 당했을 경우의 경제적 보호, 노후 보장, 자기 자신의 직업 환경에 영향을 행사할 수 있는 노동자의 권리 등으로 나타났다. 복지 자원을 공급할 수 있는 강력한 경제가 물질적 기반이 되어 주었기 때문에 이런 복지 정책을 시행할 수 있었다.

복지국가의 건설 시기는 경제사를 연구하는 학자들이 성숙한 산업사회라고 부르는 시기와 일치한다. 안정적 노동시장, 노사 협력을 통한 지속적인 생산성 향상은 수출산업의 경쟁력을 향상시켰다. 이에 힘입어 지속적인 고도성장도 가능했다. 사회복지가 증진되자 개인 구매력도 증대했다. 미 달러화의 가치가 안정적일 수 있었던 국제 경제 환경 역시 스웨덴 경제의 지속적 호황에 긍정적으로 작용했다.

1970년대에 접어들면서 경제 환경은 급속히 변화하기 시작한다. 스웨덴 산업은 한국·타이완 등의 신흥공업국이 출현하면서 점차 격심한 국제 경쟁에 직면했다. 기술이 발전하면서 노동력이 절감되어 제조업에서 일자리를 창출하는 것이 매우 어려워지기도 했다.

이런 환경에서 1976년 사민당은 1932년 이래 40년을 이어 온 집권 정당 위치에서 물러나야만 했다. 사민당의 퇴조는 경제 환경의 변화를 비롯한 세계적인 추세와 아울러 스웨덴 국내적으로 장기 집권에 따른 관료주의의 폐해, 핵에너지 정책의 혼선 등이 빚어낸 결과라고 할 수 있다. 이 선거에서 전통적 사민주의 지지층과 사민당이 점진적으로 분리되기 시작되었으며, 전통적으로 계급 성향 투표를 했던 스웨덴 유권자의 성향은 차츰 개인주의적으로 되었다. 이후 사민당은 1982년 선거에서 정권을 재창출했으나 1991년 선거에서 다시 보수 연립 정권에게 정권을 넘겨주었다. 결국 1976년 선거를 기화로 사민당의 장기 집권 시대는 끝나고 사민당과 보수정당이 교차 집권하는 시대로 접어들었으며 이 추세는 2010년 총선까지 이어졌다.

복지국가 황금기의 고도성장, 완전고용, 높은 복지가 1980년대 이후 저성장, 고실업, 재정 적자, 국가 부채의 증대로 바뀌는 가운데 '복지국가 위기론'이 요란하게 퍼진 적이 있었다. 스웨덴 모델 역시 신자유주의를 채택하는 것이 아니냐는 비판도 제기되었다. 그러나 앞서 살핀 위기 극복 과정에서 보듯이 스웨덴은 복지국가적 가치를 훼손하지 않고 그 근간을 유지하면서 세계화에 성공적으로 대응하는 모델을 보여 주었다. 사회복지 정책 가운데 현금 급여 부분은 다소 감소했으나, 사회적 약자를 위한 정책은 강화되었다. 기초 연금 개혁 역시 양면성을 갖고 있다. 모두에게 일정액이 지불되던 기초 연금 대신 보장 연금이 확대되었지만, 그 덕분에 연금의 안정성이 확보되었다. 장애인 차별 금지법은 강화되었고 어린이집daghem도 확대되었으며 통합 사회를 구축하기 위한 옴부즈만ombudsman 제도도 강화되었다. 전체적으로 보면 스웨덴 사회복지 체제는 여전히 강고하다.

이른바 '국민의 집'으로 불리는 스웨덴 복지국가는 보수정당의 집권 시기에도 외형적으로는 시장 원리의 도입, 민영화 등의 변화를 거쳤으나 보편주의적 원리를 훼손하는 것은 결코 아니었다. 스웨덴 복지국가는 이미 스웨덴 국가와 사회의 기본 작동 원리로 정착했으며 스웨덴 사민당의 성쇠와는 독립적인 사안이 되었다. 스웨덴 복지국가 성립 이후에 보수정당이 집권할 수 있었던 것은 이들이 집권 이후에도 스웨덴 모델을 유지·발전시키겠다는 공약에 기반을 두었기 때문이다. 정치적 추세가 변화했음에도 스웨덴 복지국가 건설의 주역인 사민당의 역사적 공과는 변하지 않을 것이다. 다만 21세기의 유럽 및 전 세계의 사민주의 운동이 어떤 창조적 변화를 통해 거듭나야 할지는 모든 사민주의자의 공통 과제이며 스웨덴 사민당 역시 그러한 과제에서 벗어날 수 없다. 특히 사민당은 청년, 대도시 거주자, 이민자에 대한 정치적 입장과 메시지를 새롭게 다듬은 선거전략을 마련해야 한다는 과제에 직면했다고 할 수 있다.

이런 변화 속에서 1996~2006년에 총리를 지낸 예란 페르손Göran Persson은 지속 가능한 사회를 지향하는 '녹색 국민의 집'Det gröna folkhemmet이라는 새로운 화두를 꺼냈다. 그리고 현재의 당 위원장인 모나 살린Mona Sahlin은 현재 당면한 문제는 스웨덴뿐만 아니라 세계가 함께 풀어 가야 할 과제이며 '녹색 국민의 집'은 세대 간뿐만 아니라 이웃 국가 간의 새로운 연대를 요구한다고 강조한다.

2. 노동조합운동

1) LO

(1) 출범

스웨덴 노동운동은 앞서 다룬 바와 같이 1870년대 산업화 이후에 발생했다. 산업화 초기에 노동자들은 물질적·사회적으로 매우 열악한 처지에 있었다. 19세기 스웨덴에는 "누구나 건강한 사람은 맡은 바 임무를 충실히 해야 하는" 노동의무를 명시한 '레고스타드간'●이라는 법령이 존재했다. 이 규정은 고용주에 대한 노동자의 무조건적인 복종을 의미하는 것으로 사실상 고용주의 무한 권력을 인정하는 것이었다. 이것은 산업혁명 당시에 영국에서 직업이 없는 방랑자를 범죄자로 간주해 처벌한 것과 유사했다. 1870년대 중반에 노동력의 25퍼센트 정도를 차지했던 여성은 주로 섬유산업에 종사했지만, 때로는 광산이나 건축 현장에서도 찾아볼 수 있었다. 영국을 비롯해 기타 산업국가와 마찬가지로 초기 노동자의 생활여건은 열악해 장시간 노동, 영양 결핍, 불량한 위생 상태, 비좁은 주거환경을 특징으로 했다.

19세기 중반에서 20세기 초까지 스웨덴에서 약 1백만 명의 국민이 스웨덴을 떠났고, 국내에 남은 사람들은 비참한 처지를 개선하기 위한 방법을 모색해야 했다. 유럽의 선행 산업국가들의 역사에서 그들이 배운 것은 노동조합운동을 통한 노동자의 조직과 투쟁이었다. 동시에 사회민주주의 운동을 통한 노동자 이익의 정치적 대변이었다.

1880년대에 노동조합운동이 가시화되기 시작했다. 1883년에는 전국적 노동조합을 조직화하는 운동의 시초가 형성되었다. 6년 후인 1889년에 사민당이 출범했으며 1898년 8월 8일 LO가 결성되었다. 결성 당시 이들의 주요 요구 조건은 ① 조직과 집회의 자유, ② 8시간 노동시간제, ③ 남성에 대한 보통 선거권이었다. 1900년에 이르러 LO의 조직원은 4만5

● 레고스타드간(legostadgan) : 주인과 하인 관계에서 특별한 경우가 아니면 주어진 일을 해야 하는 의무감을 내용으로 하는 규정(법)으로 1664년에 만들어졌으며 1926년까지 사용되었다.

천 명이었다.

현재 110년의 역사를 지닌 LO의 조직원은 스웨덴 인구 930만 명 가운데 170만 명이다. 그야말로 세계에서 가장 영향력이 크고 존경받는 노동조합 조직으로 성장한 것이다. 또한 LO는 20세기 스웨덴을 세계에서 가장 발달한 복지국가의 하나로 건설하는 데 사민당과 함께 가장 큰 역할을 한 주체로 인정받고 있다. 스웨덴의 정치·사회정책은 물론 스웨덴 사회 일반을 이해하는 데 꼭 필요한, 스웨덴의 상징 같은 존재로 자리매김했다.

스웨덴 노동조합운동의 역사는 아우구스트 팜August Theodor Palm, 1849~1922 없이 설명될 수 없다. 스웨덴에 사회주의 운동과 이념을 최초로 소개한 그는 스웨덴 노동운동을 대표하는 초기 지도자다. 팜은 재단사 일을 하던 독일에서 사회주의 운동을 경험했다. 독일에서 추방당한 후, 1881년 11월 6일 스웨덴 남부 도시 말뫼에서 "사회민주주의자는 무엇을 원하는가?"라는 유명한 연설을 했다. 스웨덴 최초의 사회주의적 대중 연설로 손꼽히는 이 연설 이후 5년 만에 스웨덴 최초의 전국 단위 노동조합인 스웨덴식자공연합Svenska typografförbundet이 설립되었다.

그는 연설가로 명성을 떨치며 스웨덴 주요 도시를 순회해 사회주의를 선전했다. 사회주의 신문인 『국민의 의지』Folkviljan를 1882년 말뫼에서 창간해 1885년에 중단할 때까지 편집인을 맡았으며 같은 해 스톡홀름에서 『사회민주주의자』Socialdemokraten를 창간해 편집인을 맡았다. 1886년 이 신문의 편집장을 맡았던 브란팅은 스웨덴 사민당에 소속된 최초의 국회의원이자 후일 최초의 사민당 정부의 총리가 되었다.

팜과 브란팅은 1898년 창당한 스웨덴 사민당의 초기 조직가로 가장 중요한 역할을 맡았다. 팜은 독일 사민당의 이론 분파 가운데 개량주의적 흐름에 영향을 받았으며, 이는 브란팅도 마찬가지다. 스웨덴 사민당이 혁명적 마르크스주의를 채택하지 않고 수정주의·개량주의적 노선을 초기부터 채택한 데에는 팜과 브란팅의 역할이 컸다.

(2) 사회적 대응

1900년대 초·중반기 스웨덴의 민중운동은 크게 세 부문으로 전개되었다. 첫째는 종교 영역에서의 자유교회 운동이고, 둘째는 금주운동이었다. 이는 당시의 빈곤 사회에서 알코올 문제가 사회적으로 얼마나 심각했는지를 보여 준다. 그리고 마지막으로 셋째는 노동운동이었다. 산업 노동자들이 범사회적으로 주창한 것을 민주주의, 평등 사회, 사회정의로 집약할 수 있는데, 이는 다른 사회운동 집단들이 요구하던 핵심 가치와 근본적으로 동일했다. 그 때문에 노동운동은 이 사회운동들과 연대하고, 그들에게서 지원을 받을 수도 있었다. 더욱이 당시의 정치·경제적 상황에 대해 같은 문제의식을 느끼던 일부 자유주의자 진영에서도 노동운동의 주장에 대한 공감대가 있었다(Lundkvist 1973, 160-161). 특히 일반 민주주의적 과제를 실현한다는 측면에서는 보통선거권 쟁취 운동과도 공동 행동을 조직할 수 있었다.

이와 반대로, 보수파가 주류를 이룬 의회에서는 1899년 파업 파괴자(한국으로 말하면 구사대나 용역 대원)를 보호하는 특별법이 통과되었다. 노동조합의 조직화를 반대했던 대지주들과 기업들도 움직이기 시작했다. 이들은 3년 후 1902년 SAF와 스웨덴금속산업경영자협회VF를 결성했다.

앞서 지적했듯, 스웨덴 현대사에서 LO와 SAF는 노사를 대표하는 양대 조직으로 스웨덴 노동시장의 사회적 파트너십을 형성해 왔다. 그러나 초기부터 이런 파트너십이 형성되었던 것은 아니다. 1900년대 초기 스웨덴 노사 관계는 대립과 파업 투쟁으로 얼룩졌다. 1905년 노동자 1만 7,500명이 참여한 대규모 파업 투쟁은 중대한 돌파구를 만들었고, 그 결과 LO와 VF는 최초의 노사 협약을 체결하는 사례가 되었다. 이 사례는 노동자의 결사권이 최종적으로 인정되었음을 의미하는 중요한 사건인 동시에, 그 이후 노사 협상의 절차에 관한 관행을 수립하는 계기이기도 했다. 물론 그것으로 산업 평화가 정착된 것은 아니었다. 그 후에도 수많은 분규가 발생했으며, 파업 파괴자와 군대가 개입하는 사례도 있었다. 아직 갈 길이 남아 있었던 것이다.

(3) 투쟁의 반복과 정치 세력화

1909년에 최초의 총파업이 발생했다. SAF가 임금 삭감을 요구하며 8만 명의 노동자들에 대한 직장폐쇄를 단행하자, LO도 전국적으로 30만 명의 노동자가 참여하는 대규모 총파업으로 맞선 것이다. 그러나 LO와 단위 노조들이 가지고 있던 빈약한 파업 기금으로는 파업 노동자의 일부만을 지원할 수 있었다. 결국 파업은 4개월을 지탱했지만, 12월 1일 철회되면서 노동자들의 참패로 끝났다. 그 결과 많은 노동자들이 직장에서 쫓겨났으며, 파업 실패에 실망한 수천 명의 노동자가 조합을 떠나는 사태로 이어졌다.

파업이 발생할 당시 LO의 조합원은 16만2천 명이었으나 2년 후 이 숫자는 절반 이하로 감소했다. LO는 필사적으로 재건 사업을 시작했는데, 이때 가장 중요했던 것은 조직원들에 대한 교육 사업이었다. 1912년에 LO는 간부들을 위한 교육 프로그램을 시작했다. 스터디 그룹의 형태로 진행된 이 노력의 결과로 조직력은 복원되기 시작했다. 1917년에 조합원은 18만6천 명으로 증가했고 그 숫자는 계속 증가했다.

이런 성취에도 불구하고 1929년의 세계 대공황은 스웨덴 사회에 또다시 심각한 영향을 미쳤다. 많은 산업이 마비 상태에 빠졌다. 특히 가장 심각한 타격을 입은 곳은 제재업으로 65퍼센트의 제재업 노동자가 실업 상태에 놓였다. 이 당시 직장을 유지하고 있던 노동자들의 처지도 거의 기아 임금 수준이었다. 1931년에는 스웨덴 북쪽의 룬데 지방*의 공장 폐업에 항의하는 공장 직원에게 군대가 발포해 4명의 시위자와 한 젊은 여성이 사망하는 사건이 발생했다. 이 사건은 전국에 걸쳐 대규모의 격렬한 항의 시위를 촉발하는 계기가 되었으며 동시에 정치적으로 큰 전환점을 만들었다.

그 이듬해인 1932년 한손이 이끄는 사민당은 LO의 적극적인 후원에 힘입어 마침내 다수 의석을 차지했다. 정치권력의 변화 없이 노사 관계의 변화가 있을 수 없다는 공동의 문제의식을 가질 수 있었기 때문이다. 이때를 전환점으로 사민당은 '국민의 집' 건설을 위한 근간을 만들고, 44년에 걸친 연속 집권을 이어 갔으며, 곧 살펴보겠지만 노동조합운동에도 획기적 변화를 가져왔다.

사민당이 집권하자 정부가 직접 노동시장의 규제에 나설지, 또는 노사가 자율적으로 노동시장에 질서를 부여할지를 둘러싼 중요한 문제가 제기되었다. LO는 정부가 노동시장을 규제하는 어떤 입법화에도 반대했고 경영자들도 마찬가지였다. 정부의 직접 규제를 피하고자 한다면 노사는 스스로 협력의 방법을 찾아야 했다. 스웨덴 모델의 단초가 되는, 1938년

● 룬데(Lunde) 지방은 스웨덴 북쪽 베스테르노를란드(Västernorrlands)에 속하는 작은 마을이다. 당시의 집권당인 자유당은 시위 진압을 명목으로 군대를 파견해 비교적 평화로운 시위대 앞자리에 있었던 노동자들을 향해 총격을 가했다. 이 사건은 일명 '오달렌의 살해 사건'(Ådalshändelserna)으로 유명하다. 필자에게 이 사건은 1979년 한국에서 일어난, 'YH무역' 폐업에 항의한 노동자들이 경찰에 의해 강제로 진압되고 그 과정에서 여성 노동자 김경숙 씨가 사망한 비극을 기억하게 한다.

LO와 SAF 간의 살트셰바덴 협약은 이런 조건에서 이루어졌다. 이는 문자 그대로 기념비적인 사건이었다. 노동자들은 조직할 수 있는 권리와 협상할 수 있는 권리를 확고히 보장받았다. 임금에 관한 문제는 정부의 개입 없이 노사 당사자들 간의 협상에 의해 해결하게 되었다. 사민당의 집권과 살트셰바덴 협약은, LO를 스웨덴 사회를 움직이는 중심축의 하나로 확고히 자리 잡게 만든 전환점으로 작용한 것이다.

2) 화이트칼라 노조 : TCO와 SACO의 결성

LO는 주로 블루칼라 공장노동자를 포함하는 조직이다. 1931년에 제조업과 서비스 부문에서의 화이트칼라 노동자들이 민간부문사무직노동조합연맹DACO이라는 이름으로 조직되었다. LO는 이를 노동조합운동의 확대로 간주해 환영했으며, DACO를 경쟁자로 여기지 않았다. 또한 1936년 의회 결의는 고정급을 받는 사무직 노동자들도 공장노동자와 같은 조합 결성의 권리를 보장했다.

1937년에 공공 부문 종사자들이 중심이 되어 사무직노동조합연맹TCO이 조직되었다. 그리고 1944년에는 DACO와 통합했다. 통합 조직의 명칭으로 TCO가 그대로 사용되었는데, 당시 TCO의 조합원은 17만5천 명이었다. 이는 2000년대 초에 세계에서 가장 큰 사무직 노동조합 운동 조직(조합원 130만 명)으로 성장했다.

1943년에는 청년·지식인노동조합연맹SYACO이 조직되었다. 이후 1947년에는 전문대학högskola(의과대학·법과대학·공과대학 등) 재학생들과 졸업한 노동자를 규합해 전문직노동조합연맹SACO을 설립하기에 이르렀다. SACO의 운동은 오늘날 교육 복지 가운데 중심적인 역할을 하는 학자 대출금

studielån 제도를 발전시키는 데 기여했다. 당시 회원은 1만6천 명이었는데 2007년 현재 60만 명 정도로 스웨덴에서 세 번째로 큰 노동조합을 이루고 있다. 이들은 사회문제 등 공공의 과제에 관해서는 LO나 TCO에 비해 보수적인 성향을 지닌다. 하지만 임금 협상에서는 매우 강력한 힘을 발휘하고 있다.

현재 제조업과 사무직을 합해 스웨덴의 노조 조직률은 약 85퍼센트로 세계 최고의 조직률을 보이고 있다.

3) 노사 합의 문화의 변화

1945년 제2차 세계대전의 종전 이후 스웨덴은 제1차 세계대전 이후 발생했던 것과 같은 불황을 겪지 않았다. 사민당 정부와 LO는 입법과 협상을 통해 완전고용, 고도성장, 복지국가의 틀을 만들어 냈다. 이 시기 노동운동의 주요 성과는 1966년 공무원들에게 노사 협상과 파업에 관한 완전한 권리가 주어졌다는 것이다. 1960년대까지 스웨덴 노동운동은 황금기를 구가했다.

그러나 1970년대에는 노동조합과 사용자단체 사이에 긴장이 점증했다. 그러면서 관련 쟁점들을 노사 협상이 아니라 입법을 통해 해결하려는 경향도 커졌다. 임금 인상에 관해서는 TCO가 특히 공격적이었다. 1970년대 중반까지 노동조합은 상당한 임금 인상을 이루어 냈다. 이에 대해 경영자들은 스웨덴 산업의 국제경쟁력을 더는 유지할 수 없다는 불만을 쏟아 냈다. 동시에 SAF는 노동조합의 요구에 대해 점점 저항하기 시작했다.

1980년에는 사적 부문과 공공 부문의 기업에서 광범위한 직장폐쇄가 있었다. 여기에 해당하는 임금노동자는 57만5천 명에 달했다. 조합원들은 파업으로 맞섰다. 이런 충돌로 말미암아 중앙 관리식 임금 협상의 시대는 종말을 고했다. 그 이후로 임금 협상은 점차 전국 단위에서 하부 단위로 이양되었으며, 이제는 대부분 직장 단위에서 임금 협상이 이루어진다.

4) 국제 관계와 새로운 과제

　노동운동은 원래부터 국제적인 성격을 가지고 있다. 1909년의 총파업 당시 스웨덴 노조는 세계 각지 노조의 지원을 받은 바 있다. LO와 TCO를 위시한 노동조합운동은 국제적인 이슈에 적극적으로 대응해 왔다. 아프리카, 아시아, 라틴아메리카, 동유럽의 민주적이고 독립적인 노조를 지원하고 연대 사업도 수행해 왔다. 한국 등 신흥공업국의 노동조합운동과도 연대와 협력이 이루어졌고 활발히 상호 교류하고 있다.

　앞서 지적했지만 1백 년 이상의 역사를 지닌 노동조합은 스웨덴 사회에서 중추적 역할을 하는 기관이다. 그러나 오늘날의 젊은 세대들은 노동조합을 바라보는 시각이 과거 세대와는 다르다. 노동운동이 이 젊은 세대를 어떻게 조직할지가 새로운 과제다. 아울러 사회의 개인주의화가 심화되는 경향에 대응할 방법을 찾고자 노력하고 있다.

　국가 간 노동력의 이동을 좀 더 유연하게 하자는 유럽연합 정책에 어떻게 대응할지의 문제도 스웨덴 노동조합운동이 미래를 설계하는 데 중대한 도전이 되고 있다. 이런 당면 과제들은 스웨덴뿐만 아니라 모든 나라의 노동운동이 직면한 공통의 문제다. 스웨덴 노동운동이 어떻게 대응해 갈지는 우리만이 아니라 세계 노동운동에 앞으로도 큰 영향을 미칠 것이다.

3. 스웨덴 복지국가의 상징, '국민의 집'

1) 이론적 배경

1900년대 초 스웨덴 사회는 극도로 빈곤한 상태였고 보수정당에 의해 통치되고 있었다. 당시 예테보리 대학의 정치학 교수를 지낸 루돌프 셸렌 Rudolf Kjellén은 집권당 국회의원이었고 계급사회를 옹호하는 극단적 보수주의 이론을 정립하는 데 막강한 영향력을 행사했다. 그의 보수주의에 대응하는 이론으로 사민당 국회의원 페르 알빈 한손은 그의 동지 에른스트 요한네스 비그포르스Ernst Johannes Wigforss(한손 내각에서 재무부 장관을 지냈다)와 함께 현실에 직면한 사회문제를 해결하는 동시에 사회민주주의가 지향하는 미래 사회 비전으로 '사회민주주의의 집'socialdemokratiska hemmet을 제창했다. 한손은 스웨덴이라는 국가가 모든 국민들을 위한 좋은 집이 되어야 한다고 생각했으며 '민주주의를 바탕으로' 하는 사회민주주의의 집을 건설하는 목표를 사민당의 기본 이념으로 내세웠다.

한손이 집, 민족주의, 사회주의를 하나의 조합으로 묶을 수 있는 은유적 표현으로 '국민의 집'이라는 개념을 처음 사용한 것은 1921년이었다. 그 이전까지 'folkhemmet'는 대중들이 글을 배우거나 정보를 수집하기 위해 모이는 시민 센터 같은 장소를 의미했다. 그는 'folkhemmet'라는 용어에 공동체적 가치를 담아냈고, 계급 간의 다리를 놓아 통합된 사회를 이루고자 했다.●

● 'folk'는 영어의 'folk' 내지 'people'에 가까운 뜻으로 대중·민중, 혹은 시민·국민의 의미를 모두 지닌다. 당시의 사회적 맥락으로 볼 때는 '국민'이라는 법률적 의미보다는 '일반 대중'

2) 페르 알빈 한손의 국회 연설

1928년 한손은 국회 연설 제목을 "국민의 집"Folkhemmet, medborgarhemmet ●으로 하여 '국민의 집'을 정식화했다. 한손은 가족 개념을 확대하여 국민이 가족 구성원으로 생각되는 공동체적 사회를 대안으로 제시했다. 나의 가족으로 생각되는 국민 모두가 평등하며 서로를 이해하는 '국민의 집으로서의 스웨덴'을 지향해, 현존하는 '계급사회가 지배하는 스웨덴'의 문제를 대처해 가야 한다고 주장한 것이다. 그의 유명한 연설의 일부분을 소개하면 다음과 같다.

집(가정)의 기본은 공동체와 동고동락에 있다. 훌륭한 집에서는 누구든 특권 의식을 느끼지 않으며 누구도 소외되지 않는다. 독식하는 사람도 없고 천대받는 아이도 없다. 다른 형제를 얕보지 않으며 그를 밟고 이득을 취하지 않는다. 약한 형제를 무시하거나 억압하지 않는다. 이런 좋은 집에서는 모든 구성원이 동등하고, 서로 배려하며, 협력 속에서 함께 일한다. 이런 '국민의 집'은 오늘날 우리가 안고 있는 특권 상류층과 저변 계층의 사회·경제적 격차 문제를 극복할 수 있을 것이다. 그러나 오늘의 스웨덴은 유감스럽게도 좋은 집이 못된다. 정치적으로는 동등한 권리를 인정하면서도 사회는 계급적 격차가 심화되고 있으며 국가 경제는 소수 특권층에 의해 좌우된다. 스웨덴 사회의

내지 '민중'과 같은 사회 저변 계층의 의미가 강하다. 하지만 'folkhemmet'를 우리말로 '대중의 집'이나 '민중의 집'으로 옮기기에도 난점이 있다. 'folkhemmet'의 이념은 무엇보다 사회 구성원 전체의 공동체적 통합을 지향하는 데 반해, '대중'과 '민중'이라는 용어에는 어느 한쪽을 지칭하는 의미가 강하기 때문이다. 그러므로 이 책에서는 '사회 구성원 일반'을 뜻하는 용어로 자리 잡아 가고 있는 '국민'이라는 용어를 택해 '국민의 집'으로 옮겼다.
● 'medborgare'는 시민 내지 국민을 뜻한다.

불평등은 다양한 모습으로 드러난다. 일부는 궁전 같은 저택에 사는 동안, 일부는 동절기 동안 텃밭에 붙은 초가집에 거주할 수 있다는 것만으로도 행운이라고 생각한다. 분에 넘치게 호화로운 생활을 즐기는 부류가 있는가 하면, 집집마다 찾아다니며 빵 한쪽을 구걸하며 끼니를 해결하고, 고통에 시달리며, 실직 상태를 걱정하는 이들도 있다. 지금의 스웨덴 사회는 사회 구성원 간의 진정한 '평등'을 요구받고 있다. 이런 사회적 격차를 해소하고 좋은 '국민의 집'을 건설하기 위해 사회적 돌봄 정책(사회복지 정책)과 경제적 균등 정책이 요구된다. 또한 기업 경영에서 (노동의 가치가 인정되는) 정당한 지분이 지불되어야 한다. 민주주의는 (정치적 수단에서뿐만 아니라) 모든 사회·경제적 측면에서도 이루어져야 한다. •

이후 '국민의 집'은 스웨덴 사민당이 추구하는 미래 사회상의 상징 개념으로 자리 잡았고, 오늘날까지 복지국가 스웨덴을 일컫는 별칭이다. 이 연설 이후 '국민의 집' 이념은 선풍을 일으켰고, 1932년 사민당이 다수 의석을 차지하는 집권당인 동시에 가장 강력한 대중정당으로 발돋움하는 계기가 되었다.

3) 비판과 갈등 그리고 실용주의

한손의 리더십은 사민당 당의장이 된 1928년부터 사민당 대표로 총리

● 이 글은 1928년 1월 18일 국회(하원) 연설문의 일부로 원문은 A4용지 7~8쪽가량이다. 연설 전문을 확인할 수 있는 웹페이지는 다음과 같다. www.fronesis.nu/file_download/63

의 자리를 유지한 1946년까지 이어진다. 20년 가까운 기간 동안 한손의 '국민의 집' 이념은, 보수당은 물론이고 사민당 내부 급진파의 비판을 받았다. 사민당 내 급진파들은 한손의 주장이 사회주의는 물론 마르크스주의와 거리가 있다고 비판하면서 계급투쟁 노선의 고수를 주장했다.

한손은 계급투쟁만으로는 대안을 제시하는 적극적인 정치를 할 수는 없다고 맞섰다. 계급투쟁과 같이 파괴적인 접근보다 사회적 불의에 맞서 새로운 사회를 건설하는 것이 중요하고 그러려면 계층 간 협력과 상호 이해가 필요하다고 강조했다. 동시에 자본주의와 시장체제의 해체를 내세우는 혁명적 사회주의론과도 결별했다. 그 대신 한손은 계획 경제를 사민당의 대안으로 내세웠고, 이를 점차 기능 사회주의론funktionssocialism으로 발전시켰다. 즉, 정부는 시장과 기업을 직접 소유하지 않고도 법과 규제를 통해 조정할 수 있고, 소유에서 나오는 권한과 기능을 사회적으로 통제할 수 있다는 것이다. 또한 한손의 '국민의 집' 이념은 민주주의의 가치를 강조한다. 민주주의는 정치만이 아니라 모든 분야로 확대되어야 한다는 것이다.

'국민의 집' 이념은 스웨덴 현대사에 지대한 영향을 미쳤다. 연대와 통합 사회, 평등한 권리 보장 등이 실현되면서, 개인과 가족의 생활이 윤택해지고 사회정의가 확대되었다. 이는 개인의 자율성이 보장되는 시장경제 체제의 장점을 결합해 실용주의적 사회민주주의의 기반을 만들었기 때문이다.

또한 한손의 정치는 1932년 이래 보편주의를 기반으로 한 사회복지 정책을 꾸준히 실현했다. 예를 들어 모든 노인에게 지불되는 기초 연금의 보편화를 내용으로 한 1935년의 기초 연금 개혁, 1938년 2주간의 노동 휴가제 도입, 1947년 아동 수당의 신설과 가족 정책, 1948년 주택 보조금 도입과 모든 국민을 위한 주택 정책, 1955년 보편적 의료보험 제도allmänna sjukkassor 도입과 1962년 〈종합사회보험법〉 lag om allmän försäkring 제정 및 전국 9년제 의무교육 도입 등이 대표적이다.

한손으로 시작해 에르란데르와 팔메로 이어지는 복지국가 건설 과정에서 '국민의 집'은 일찍이 없었던 새로운 스웨덴식 사회복지 모델 혹은 사회민주주의 모델을 이끈 이념이자 목표로 작용했다.

앞서 소개했듯이, '국민의 집' 이념은 1996년 페르손 총리에 의해 '생태'의 가치가 통합된 '녹색 국민의 집'으로 발전한다. 인간과 생태계가 공존하는 지속 가능한 발전으로 그 비전을 확대한 것이다.

2005년 사민당 의장인 모나 살린은 '녹색 국민의 집'의 비전을 설명하면서, 초기 '국민의 집' 건설에 나섰던 때의 초심을 일깨우는 동시에 사회 구성원의 연대 의식과 사회적 책임을 강조했다. 그러면서 다음 세대에 대한 책임, 다음 세대와의 연대도 절실하다고 주장했다. 한마디로 '녹색 국민의 집'은 하나뿐인 지구와 인류 사회에 대한 책임 있는 연대를 내건 '21세기 판 국민의 집' 이념이다. 이처럼 '국민의 집' 이념은 계속 진화해 왔고 앞으로도 그럴 것이다.

4. 스웨덴 모델

지금까지 스웨덴의 근대국가 형성 과정에서 빈곤과 사회 갈등을 해결했던 정치적 결단과 이를 이끈 핵심 가치 등을 자세히 살펴보았다. "바윗돌에서 위대한 국가"를 일궈 낸 스웨덴 방식 혹은 스웨덴 모델은 20세기 가장 성공적인 사회 발전 모델의 하나로 주목받았다는 사실도 언급했다. 그렇다면 과연 스웨덴 모델이란 무엇을 의미하는가?

사회민주주의적 사회·경제 제도와 사회정책의 묶음으로 간주할 때 스웨덴 모델의 개념을 가장 정확히 이해할 수 있다. 그 내용의 핵심 개념을 집약하면 다음과 같다. ① 1920년대에 출현한 '국민의 집' 이념과 그에 따른 사회정책, ② 1951년 LO 대회에 제출되어 세계적으로 유명해진 렌-마이드너 모델Rehn-Meidner model, ③ 1960년대 이후 중도 노선을 발전시킨 기능 사회주의론.

흔히 세 가지 가운데 '렌-마이드너 모델'을 스웨덴 모델의 중심 특징으로 말하곤 한다. 그러나 스웨덴 모델을 렌-마이드너 모델에 한정하는 것은 논의의 폭을 제한하는 문제를 낳는다. 따라서 국민의 집, 렌-마이드너 모델, 기능 사회주의론 각각의 특성들을 고려하되, 이 모두를 현대 스웨덴 복지국가 혹은 스웨덴 모델의 다양한 표현이라고 이해하는 것이 옳다고 본다.

1) 국민의 집

'국민의 집' 이념은 무엇보다 분배의 형평성이 실현되는 경제정책과 노동시장 정책, 평등과 연대 및 사회 통합에 기초한 사회복지 정책, 정책을 결정하고 집행하는 과정에서의 민주주의를 강조했다. 계급투쟁이나 사유재산 폐지가 아니라 인본주의를 기반으로 한 '국민의 집'을 함께 건설하자는 연대성 강조는 비사회주의정당이나 농민, 중산계층들과의 정치적 대화와 협조를 가능하게 했다. '국민의 집'은 빈곤층과 노동계급만을 위한 복지 정책이 아니라 전 국민을 아우르는 포괄적이며 보편주의적인 복지 제도를 마련해 스웨덴 특유의 복지국가 모델을 이루었다.

노사 관계는 가장 중요한 사안으로 이를 해결한 1938년 살트셰바덴 협약은 스웨덴 모델의 상징이 되었다. 살트셰바덴 정신은 노동조합(LO)과 경영자 측(SAF)의 상호 존중, 자율적 협상에 의한 평화적 분규 타결, 노동시장에 대한 공동의 책임감을 내용으로 하고 있으며, 이후 이 방식은 스웨덴뿐 아니라 북유럽형 노사 관계의 전형이 되었고 1980년대까지 복지국가 형성의 초석이 되었다.

2) 렌 - 마이드너 모델

1945년 제2차 세계대전 종전이 다가오면서 서방의 경제학자들과 정치가들은 전후의 세계경제 질서를 준비했다. 이들의 주된 관심사는 공통적으로 제1차 세계대전 이후에 벌어진 혼란을 되풀이해서는 안 된다는 것이었다.

전쟁에 직접 가담하지 않은 스웨덴도 전후 경제가 제1차 세계대전 이후와 같은 불경기나 공황에 빠지는 것을 방지해야 한다는 문제의식을 공유하고 있었다. 그러나 전후 시기의 스웨덴은 기대와는 반대로 고도성장, 무역수지 균형, 완전고용에 가까운 호경기를 누렸다. 이런 상황에서 문제는 실업이 아니라 노동력 부족과 임금 상승 및 이에 따른 물가 상승 등의 압박으로 나타났다. 이로 말미암아 집권 사민당과 LO의 갈등이 시작되었고, 전쟁 시기에 사민당 정부가 계획한 국가 개입 정책과 국가에 의한 완전고용 정책은 전면 수정이 불가피했다.

이런 환경에서 1951년 LO는 완전고용과 물가 안정 사이에서 하나의 정책 목표를 선택하는 것이 아니라, 두 가지를 동시에 이루는 모델을 제시했다. 이 정책을 제안한 사람은 LO의 경제학자 예스타 렌Gösta Rehn과 루돌프 마이드너Rudolf Meidner였고, 이들의 이름을 따라 '렌-마이드너 모델로 불린다. 1951년 LO 노동대회에서 그들이 제출했던 "노동조합운동과 완전고용"Fackföreningsrörelsen och den fulla sysselsättningen이라는 보고서는 1956년 사민당 당대회에서 채택되었다.

이 모델은 완전고용과 평등을 달성하는 것을 목적으로 설정하고 있다. 또한 스웨덴 사민주의와 노동운동은 다양한 상호보완적 정책 수단으로 평등이라는 가치를 실현하고자 했다. 이 가운데 가장 중요한 수단은 다음과 같다.

- 보편적 복지 제도: 특정 소수 집단이 아니라 모든 국민에게 동등하게 제공되는 사회보장제도로 광범한 소득재분배 효과를 거둔다.
- 연대 임금제도: 노사 중앙 협상을 통해 "동일한 직종 내에서 기업별 차이 없이 동일한 임금"을 지급하는 것이다. 다만 동일 노동에 대한 동일 임금을 의미하는 것이지 직종과 숙련을 가리지 않고 모든 노동에 동일 임금을 지불한다는 것은 아니다. 이 정책은 양성 간의 임금격차를 줄이는 데 공헌되었으며 지금도 양성 평등에 활용되고 있다.
- 적극적 노동시장 정책: 연대 임금을 지불할 수 없어 시장에서 퇴출된 저생산성 기업의 해고 노동자 재교육, 직장 알선, 이주비용 지불 등으로 새로운 직업과 직장으로의 노동 유연성을 확보한다.

렌-마이드너 모델은 이런 가치를 실현하는 데 발생하는 부작용인 인플레이션과 효율성 저하에 대처해 '긴축적 총수요 관리 정책'과 '적극적 노동시장 정책'을 제시했다. 총수요 관리 정책이란 완전고용 아래 수요가 발생한 데 따른 인플레이션을 억제하는 정책으로, 부가가치세를 통한 소비 억제와 정부 재정의 흑자 유지를 내용으로 한다. 스웨덴 사민당 정부는 1992년의 경제 위기의 상황을 제외하고는 대체로 재정 건전성을 유지해 왔다.

랜-마이드너 모델은 구체적인 경제·사회 프로그램으로 이루어졌고, 이를 기초로 한 노동시장 정책, 공공 정책, 경제정책이 1950~60년대의 고도성장, 완전고용, 물가 안정, 보편주의적 사회복지로 나타난 이른바 복지국가의 황금기를 가능하게 했다는 점에서 스웨덴 모델의 이론적 핵심을 이룬다.

3) 중도 노선과 기능 사회주의

스웨덴은 20세기 초 유럽 대륙을 휩쓴 혁명적 사회주의와 명확히 구분되는, 비폭력적이고 합의를 존중하는 실용적인 사회주의 노선을 발전시켰다. 자본주의와 사회주의 사이의 스웨덴식 중도 노선이라는 특징을 띠는 이 길은, 제2차 세계대전 이후 기능 사회주의로 발전된다. 따라서 기능 사회주의는 중도 노선의 다른 표현이라고 할 수 있는데 이 발상은 기본적으로 소유권을 둘러싼 이념 논쟁에서 시작했다.

스웨덴 사민주의 초창기인 19세기 말부터 유럽의 사회주의정당은 혁명적 마르크스주의와 개량주의 사이에서 격렬한 논쟁을 벌였는데, 그 핵심은 사회주의를 실현하는 수단인 '생산수단의 사회화'를 둘러싼 문제였다. 스웨덴 사민주의 지도자들의 선택은, 생산수단의 사적 소유를 인정하되 그 일부를 사회화한다는 발상, 즉 기능 사회주의였다. 스웨덴은 국가가 생산과 이윤 창출의 주체가 되는 방식, 달리 말해 국유화를 추구하지 않았다. 사실 국유화 자체에 관심이 없었다고 볼 수도 있다. 그보다는 시장과 국가 기능을 병행해 실용적으로 문제를 풀어 간다는 혼합경제적·수정자본주의적 방식을 채택했다고 볼 수 있다. 대표적인 예로 토지의 사적 소유를 인정하되 토지 이용권의 특정한 부분을 사회적으로 제한한다는 것이 있다. 스웨덴식 기능 사회주의의 특징을 요약하면 다음과 같다.

- 권력의 균형
- 사회문제에 관한 폭력적 해법 회피
- 자유 시장 대 국가 개입이라는 양자택일적 접근에서 실용적 접근으로 전환
- 기능 사회주의적 방식을 통한 사회민주주의적 기본 가치 실현

4) 스웨덴 모델

스웨덴 국가와 사회는 어느 세력이나 개인이 절대 권력을 차지하지 못하는 제도적 장치와 사회적 관습을 가지고 있다. 이는 일차적으로는 헌법과 행정으로 보장된다. 어떤 의미에서 이런 법률적 보장은 스웨덴보다 미국이 더 완벽하다고 볼 수도 있다. 그러나 미국에서는 극소수 부유층에 실질적으로 정치·사회적 권력이 집중되는 데 반해, 스웨덴은 이를 법률이 아니라 사회적 균형에 의해 해결하고 있다. 스웨덴 발렌베리 가문이 좋은 사례다. 이 가문은 스웨덴의 금융과 산업 전반에서 엄청난 영향력을 보유하고 있으나 이 가문의 정치·사회적 영향력은 40년을 넘게 집권해 온 사회민주주의 정부와 강력한 노동조합에 의해 성공적으로 견제되고 있다. 스웨덴을 움직이는 최상층은 미국과 달리 부유층과 노동 계층에서 균형 있게 충원되고 있다(Adler-Karlsson, 1967).

스웨덴 사민주의는 출범한 이래 폭력과 계급 전쟁 및 무산계급 독재를 부정하는 입장에 서왔다. 그 때문에 블라디미르 일리치 레닌Vladimir Ilich Lenin은 자신의 저서 『국가와 혁명』Gosudarstvo i Revolyutsiya에서 스웨덴 사민주의 초

기 지도자 브란팅을 사회주의자가 아니라 소부르주아 민주주의자라고 공격하기도 했다. 그러나 스웨덴 사민주의의 입장에서는 화려한 혁명적 수사보다는 실질적으로 문제를 해결할 수 있는 정치적 타협과 협상을 항상 더 중시해 왔다. 더구나 스웨덴에서는 어느 정당도 다른 정당의 협조 없이 정책을 관철·지속할 수 없다. 이것은 바로 스웨덴의 선거제도가 어느 한 정당에 의한 다수 지배를 어렵게 하고 있기 때문이다.

1930년대부터 1980년대 후반까지의 스웨덴 복지국가의 발달을 한 묶음으로 이해할 때, 스웨덴 모델은 다음과 같은 개념으로 종합할 수 있다. 평등과 사회정의를 기본으로 한 '사회적 가치', 이를 경제적으로 실현 가능하게 한 '사회적 연대', 행정 집행의 '효율성', 그리고 살트셰바덴 협약과 렌-마이드너 모델에 기초를 둔 '합의 문화' 등이다. 또한 스웨덴 모델은 권력균형을 위한 제도적 장치, 자율적 시장 메커니즘과 국가 개입의 적절한 조화 및 기능 사회주의적 방식을 통한 사회민주주의적 기본 가치의 실현을 추구해 왔다.

현대에 와서 스웨덴 모델은 새로운 조건, 즉 세계화·유럽화·정보화의 도전 속에서 끊임없이 진화하고 있다. 21세기의 새로운 조건 속에서 과거의 긍정적 유산을 유지하고 이를 더욱 발전시키려는 그들의 노력과 고민 및 창조적 논의를 모두가 주목하고 있다.

| 제2부 |

스웨덴의
사회정책

사회정책이란 무엇인가? 그것은 국민 삶의 여건을 향상하기 위한 목적으로, 일상에서 발생하는 모든 문제를 예방하고 해결해 사회의 안녕과 복지를 도모하는 국가의 수단이다. 이를 위해 국가는 때로 직접적으로, 때로 노동조합과 종교단체 및 시민 단체와 같은 사회집단을 통해 간접적으로 해결 방법을 모색한다. 다시 말해 사회정책이란 국민의 안정된 생활을 위해 국가와 사회가 시도하는 모든 다양한 조치와 수단을 총칭한다.

복지란 무엇인가? 그것은 질병·노령·실업·사고 등의 위험에 대한 사회적 보장, 예방 장치, 사회적 돌봄과 아울러 육아, 교육, 노동 보호 등으로 안전하고 행복한 삶을 편히 살 수 있는 사회적 상태를 가리킨다. 따라서 복지란 사회정책의 핵심 내용이자 목표라 할 수 있다.

스웨덴 정부는 소득재분배 정책을 통해 국민의 소득과 사회 서비스의 최저선을 보장하는 것을 사회정책의 기본 목표로 삼고 있다. 또한 스웨덴의 사회정책은 소득 보장과 사회 서비스 외에 예방 정책에도 강조점을 둔다. 이는 모든 국민을 대상으로 하는 보편주의와 개인의 존엄성을 존중하는 인본주의에 기반을 두기 때문이다. 그렇기에 상대적 빈곤의 감소와 사회적 평등을 증대시키는 복지국가를 흔들림 없이 지향할 수 있었다.

스웨덴은 보편주의를 세계 최초로 도입했다. 그리고 이를 성공적으로 실현한 가장 대표적인 복지국가가 되었다. 1913년 스웨덴은 빈곤 노인층을 대상으로 기초 연금과 양로원 제도를 도입하면서 현금 보조와 사회 서비스를 시작했다. 그렇지만 본격적인 복지국가의 얼개는 '국민의 집' 이념이 제창된 이후 제시되었다. 스웨덴 사민당은 1932년 집권 이후 당시의 노인 정책이 '빈곤 돌봄'에 그쳤다는 한계를 지적하면서, 1935년에 모든 노인이 혜택을 받을 수 있고 급여 수준을 개선한 연금제도 개혁을 이끌어 냈다. 이를 바탕으로 가족 정책과 주택 정책의 개혁을 추구할 수 있었다.

1947년 보편적 아동 수당 도입, 1948년 주택 보조금 도입, 1955년 전 국민을 포괄하는 의료보험법 시행 이후 1962년에는 이 모두를 포함한 〈종합사회보험법〉이 제정되었다. 한편

1950년에 시작된 9년제 의무교육은 평생 무상 교육으로 이어져 인적 자원 개발의 밑거름이 되었다. 아울러 적극적 노동시장 정책은 일자리를 통한 자기실현의 기회를 제공했다. 1969년 〈환경보호법〉이 제정되면서 생필품 및 주거 환경의 질적 변화가 촉진되었다.

현대 스웨덴의 사회보장제도에는 소득 보장, 사회 서비스, 보호와 돌봄, 건강과 의료에 관한 예방·진료·치유, 유아부터 생애 전 과정에 걸친 평생교육과 주택 보장 및 노동 보호정책 등이 포함된다. 그 밖에도 사회 평등과 통합을 위한 시민권 보호와 보장 및 사회적 일탈자를 위한 보호와 재활 정책 등이 있다. 현재 실행되고 있는 복지 정책의 항목을 살펴보면 다음과 같다.

- 임신 및 출산에 대한 소득 보장과 서비스
- 육아·교육·주택 등 자녀를 부양하는 가족에 대한 사회보장
- 장애를 입은 사람을 위한 각종 서비스와 소득 보장
- 노인과 퇴직자를 위한 연금제도 및 서비스
- 질병과 의료보험
- 산재보험과 실업보험
- 자영업·고용주를 위한 소득 보장 및 기업 보조
- 사망 시 생존 가족을 위한 보험 및 장례 보조

1백 년을 지속해 온 복지국가의 이상적 모델로서, 출생에서 사망에 이르기까지 국민 삶의 안전을 보장해 온 스웨덴은 세계화, 인구구조의 변화, 사회 구성원의 특성 변화 등 수많은 사회·경제적 도전에 당면하고 있다. 이에 대응하고자 2000년에 연금 개혁을 단행했으며 조세 개혁도 이루었다. 그 과정에서 보편적 복지 제도의 지속 가능성에 대한 우려와 비판의 소리

도 있었다. 그러나 스웨덴은 여전히 가장 앞서가는 복지국가로 인정받고 있으며 유럽 통합과 세계화라는 새로운 환경 속에서도 고유한 보편주의적 복지 모델의 근간을 유지하고 있다.

이처럼 보편주의적 복지 모델을 발전·지속해 온 스웨덴을 이해하기 위해 제2부에서는 사회정책을 실현하고 집행하는 행정 체계를 설명하고, 사회적 돌봄이 우선시되는 아동·노인·장애인·여성 정책의 역사적 배경, 형성 과정, 내용을 소개한다. 아울러 모두를 대상으로 하는 사회적 인프라로서 교육 정책, 주택 정책, 보건 의료 정책, 노동시장 정책, 환경 정책을 소개한다. 특히 가족 중심의 대상별 복지 정책과 주택 정책에 관해서는 이해 단체 혹은 대중운동의 활동 내용과 역할까지 자세히 살펴본다.

| 3장 |

행정 체계
집중화와 분권화를 결합한 생활 정치

1. 공공 행정과 구조

스웨덴의 복지국가 이념을 관통하고 있는 것은, 한편으로 사회복지 수요에 따른 공공 분야를 확대하는 동시에 정치와 행정의 역할 체계를 새롭게 규정해 분권화를 이루고 효율성을 발휘하는 데 있다.

  복지 전달 체계의 중심이라 할 스웨덴 지방정부는 전통적으로 고도의 자치성을 특성으로 한다. 이런 자치성은 란드스캅Landskap의 역사에서 유래한다. 중세기의 스웨덴 왕국은 25개의 란드스캅으로 이루어졌다. 부족 공동체의 성격을 띤 각 란드스캅은 란드Land라고 일컬어지기도 하는데, 독립된 법과 결정 체계를 지니는 등 정치적 독립성을 누렸다. 지리적으로 나뉜 25개의 란드스캅은 새로운 국가 행정 체계가 만들어진 1634년에 랜Län으로 변경되면서 현재 스웨덴의 행정 단위를 이루게 되었다. 이때 란드스캅은 정치·행정적 기능을 상실하고 그 기능은 오늘날의 랜과 란드스팅

그림 3-1 | 스웨덴 행정 기구의 체계

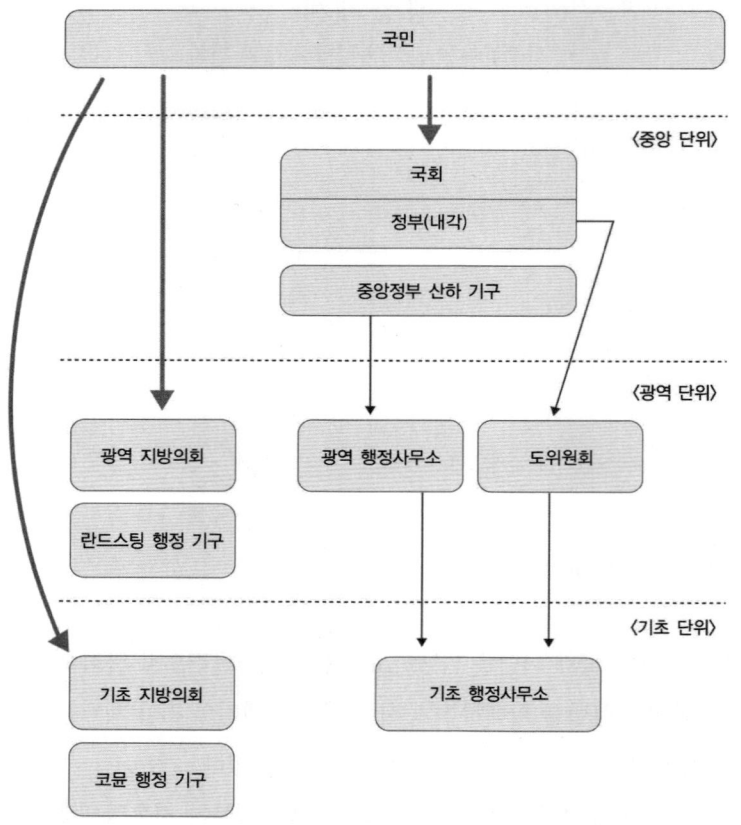

출처 : Birgersson & Westerståhl(1992, 189).

으로 이관되었다.

그러나 랜은 행정구역의 성격만 맡고 있을 뿐 문화와 전통을 상징하는 단위로는 아직도 란드스캅을 사용한다. 또 전국의 란드스캅을 셋으로 통합해, 남쪽 부분을 예탈란드Götaland, 중간을 스베아란드Svealand, 북쪽을 노를란드Norrland라고 부른다. 서로 고향을 이야기할 때도 이 기준이 사용되며 일기예보도 이 분류를 따른다. 현대 지방정부를 가리키는 란드스팅과 코뮨의 강한 자치적 성격 역시 란드스캅의 역사에서 유래한다.

이런 전통에 따라 스웨덴의 공공 행정 시스템은, 단일 체제의 중앙정부와 분권화된 지방정부들로 나뉜 이원제로 구성된다. 지방정부는 광역을 다스리는 란드스팅과 기초 단위를 책임지는 코뮨으로 다시 나뉜다. 따라서 행정 구조는 중앙정부, 광역 지방정부, 기초 지방정부의 3단계로 구성되어 있다.

스웨덴의 민주주의는 4년마다 선거를 실시해 국회와 광역 지방의회, 기초 단위 의회의 행정 책임자를 선출하는 것을 가장 중요한 내용으로 한다. 행정 부서는 이처럼 국민에 의한 선출직 대표들로 구성된 각 단위별 의회에 대해 책임지는 단위로 이루어진다. 이 행정 부서들이 의회에서 의결된 정책 사안을 집행·관리하는 방식으로 공공 행정이 이루어진다.

의회정치가 정책의 전반적인 목적과 방향 및 사회 개혁의 내용을 결정한다면, 구체적인 정책은 단위 의회에서 결정되며, 행정 조직은 결정된 정책을 효율적으로 집행하고 책임지는 역할을 담당한다. 특히 국민 생활과 밀접한 관계가 있는 복지 행정은 기본적으로 현장에서 이를 운용하는 지방정부에 상당한 자율성이 부여된다.

2. 단위별 행정 부서의 역할과 특성

1) 중앙정부

스웨덴의 총리는 일반적으로 연립정부의 다수당 대표가 맡는다. 그러나 헌법상으로 총리 임명권은 국회의장이 행사하며, 국회의장은 총선 이후 구성된 국회의 첫 회의에서 의원들이 선출한다.

스웨덴 행정부는 국가를 통치하는 최고의 기구로, 2010년 현재 총리실과 12개 부처, 그리고 유럽연합 대표부로 구성되어 있다. 그 밖에 공무원의 행정 업무를 보좌하는 행정장관실förvaltningsavdelningen이 있다. 모든 행정 사항은 총리와 부처 장관들로 이루어진 내각에서 결정되고 예산안, 법과 규정의 공고, 국제 관계 등을 담당하며 정책의 실질적 집행은 중앙정부의 산하 기구들에 의해 운영된다.

스웨덴 중앙정부는 비교적 작은 규모로 이루어져 있고, 정책을 집행할 때 직접적으로 결정권을 행사하지 않는다. 외무부를 제외한 나머지 부처는 1백 명 내외의 직원으로 구성되며 실질적 집행을 다루는 산하 기구(약 3백 개), 즉 청verk, 위원회styrelse 같은 행정기관과 공기업statligt ägda företag 등을 두고 관련 업무를 위임한다. 그리고 이들은 자율적인 집행 권한을 행사한다. 예를 들어 노동부Arbetsmarknadsdepartementet 산하에는 노동시장청AMV을 비롯해 10여 개의 행정기관과 위원회가 있다.

보건사회부 산하에는 사회보험청RFV(2005년 이후 명칭이 FKFörsäkringskassan로 변경되었으나, 이 책에서는 그대로 RFV로 쓴다)과 사회복지청Socialstyrelsen을 비롯한 15개 기관과 여러 개의 공사·연구소가 있다. 대표적인 공사로는 약국관리공사Apoteket AB를 들 수 있다. RFV에서는 각종 사회보험과 보조금 등 국민의 소득 보장에 관한 업무를 담당한다. 사회복지청은 사회복지 서비스 및 보건 의료에 관한 사안과 복지 제도의 지역별 균형 발전을 다룬다. 보건사회부는 산하 기구를 감독하는 동시에 지원·조정하는 기관으로서, 국회 입법 활동 및 보건·복지에 대한 예결 사항을 담당하기도 한다. 정부 산하 기구는 사업 추진 과정에서 자율적 결정 권한을 보장받는 한편, 정부가 제시한 기본 원칙과 기준은 반드시 지켜야 하는 의무를 지닌다.

한 부처에 여러 명의 장관이 있다는 점도 스웨덴 중앙정부의 특징이다. 보건사회부에는 사회장관Socialminister, 노인 및 보건 장관Äldre- och folkhälsominister, 사회보험장관Socialförsäkringsminister이 있으며 각 장관은 독립된 업무를 분장한다.

2) 광역 지방정부

스웨덴은 21개의 랜(한국의 '도'와 비슷한 범주) 가운데 동쪽 섬 도시인 고틀란드Gotland를 제외하고 20개 랜에 광역 지방정부인 란드스팅landsting을 이루고 있다. 'landsting'은 'land'와 'ting'의 조합이다. 앞서 살폈듯이 'land'는 스웨덴 고유의 지역을 뜻하며, 'ting'은 모임이나 의회를 가리킨다. 따라서 란드스팅은 '란드의 의회'를 의미한다. 란드스팅은 〈코뮨법〉kommunallagen에 의해 세액과 세율을 자율적으로 조정할 수 있는 조세 권한을 갖는다.

란드스팅은 중앙정부의 광역 행정 기구인 도위원회länsstyrelse와 혼동하기 쉬우나 이와는 별개의 지방정부로, 정치적 성격을 지닌 자치 행정 단위다. 도위원회가 중앙정부를 위한 산하 기관이라면 란드스팅은 도민에 의한, 도민을 위한 자치 기관이다. 따라서 도 단위의 국가적 정책위임 사안, 가령 건강과 의료 서비스 같은 정책이 란드스팅에서 결정된다.

란드스팅의 의원은 도민들의 선거에서 선출되며 국회와 마찬가지로 연립정부 형태를 취하는 것이 일반적이다. 란드스팅에는 상임위원회가 여러 개 있는데 각 위원회별로 행정을 담당하는 행정 기구를 두고 있다. 스웨덴에서 가장 큰 란드스팅은 스톡홀름 란드스팅으로 인구 약 2백만 명과 25개 코뮨이 속해 있다. 가장 작은 란드스팅은 약 26만 명이 속한 북쪽의 노르보텐 란드스팅이다. 이처럼 란드스팅 규모에는 편차가 크다.

란드스팅의 사업 가운데 가장 비중이 큰 분야는 사회복지 정책에서 주요 부분을 차지하는 국민 보건과 의료 서비스다. 1차 진료 기관에서 종합병원에 이르기까지 공공 의료 기관은 물론 민간 병원에 대한 감독과 지원도 담당한다. 두 번째로 큰 분야는 광역 단위의 교통 체계 구축과 미래의 교통 환경에 대한 장기 계획이다. 그 밖에 문화, 공공서비스, 도시 발전 계획, 환경 등을 담당한다. 그리고 관할 코뮨이 집행하는 정책 가운데 란드스팅과 연계가 있는 노인·장애인 정책 등에 관한 서비스를 지원하고 조정하는 역할도 한다. 고령화 사회를 앞두고 건강관리를 대상으로 한 예방의학 연구에 많은 투자를 할 수 있는 것은 바로 이 때문이다.

광역 단위에서 란드스팅 외에 시민에게 다른 서비스를 제공하는 행정 기구로, 15명으로 구성된 도위원회가 있다. 위원회 의장은 정부가 임명한 도지사landshövding이며, 도지사의 역할은 전통적인 란드스캅의 족장과 유사하다. 도지사를 제외한 14명의 행정 위원은 같은 랜(도)의 란드스팅에 의해 임명되며 변호사·건축가·사회복지사·과학자·경제학자 등 각 분야의 전문가로 구성된다. 도위원회의 주요 업무는 지역 발전을 위한 자연·환경·문화 보호 사업과 도민의 각종 인증서·면허증 발급 등이다. 한마디로 중앙의 국가 시책과 지방정부의 자치행정을 조율해 정책 사안이 지역 현장에서 제대로 이루어지도록 중앙정부의 '연장된 손'의 역할을 한다.

3) 기초 지방정부

스웨덴 전국에 코뮨이라 불리는 290개 기초 자치단체가 있다.● 코뮨은 란드스팅과 마찬가지로 관할 시민에 의해 선출되는 코뮨의회와 그 하부 조직으로 정치적 사안을 다루는 코뮨위원회kommunstyrelse, 이를 보좌하는 코뮨행정사무소kommunal förvaltning로 구분된다. 한국의 구청에 해당하는 코뮨행정사무소는 주민의 생활과 복지를 책임지며, 이를 위해 기초 단위별로 존재하는 RFV나 노동청의 지방 사무소와 협력 관계를 이룬다.

코뮨은 주민들의 일상생활과 밀접한 대부분의 복지 서비스를 책임진다. 즉, 아동과 청소년 돌봄, 노인 돌봄, 여성과 장애인 등을 위한 각종 복지 서비스를 제공한다. 또 어린이집부터 고등학교gymnasieskola까지 교육에 대한 책임과 주택 제공 및 주택 알선 서비스 등을 운영한다. 코뮨의 자율적 집행 권한과 조세 권한은 란드스팅과 마찬가지로 법에 의해 규정되는데, 코뮨이 담당하는 업무의 80퍼센트는 국회에서 결정된 정부 정책의 집행을 위임받아 수행하는 일이다.

각 코뮨은 자율적으로 서비스 방법을 결정하고 예산을 편성할 수 있다. 그러나 해당 주민의 분야별 사회권을 지킬 의무가 있으며 이에 대한 감독은 법이 정한 대로 중앙정부가 수행한다. 물론 주민은 4년마다 치르는 선거를 통해 집행부의 신임 여부를 결정할 수 있다.

〈표 3-1〉에서처럼 사회정책을 실행하는 체계와 과정은 정책 분야별로 중앙·광역·기초 정부의 역할과 업무 분장을 구분하고 있다. 중앙정부는

● 기초 단위에서도 내각제를 채택한 스웨덴에서는 정치·행정 기구를 엄밀히 구분하지 않고 코뮨이라고 통칭한다.

표 3-1 | 스웨덴 사회정책의 내용과 책임 부서

분야	정책	내용	책임 부서
소득 보장	노동시장 정책	고용, 교육, 직업훈련, 이전 보조, 지원 등	국가와 코뮨
	일반 사회보험	질병보험(+ 출산 보험), 산재보험, 노후 보장(연금)	국가
		실업보험 관리	비정부기구(노조)
	주택, 가족수당		국가와 코뮨
	기초 생활 보조 지원		코뮨
환경과 서비스	도시계획 및 환경 보호		국가와 코뮨
	건강 보호	위생 관리, 식품 관리, 수질 보호, 건강진단	코뮨
	주택 정책	건축 보조, 주거비 지원(자녀 부양 가족, 장애인, 노인)	국가와 코뮨
	가족 정책	아동 수당, 학교급식, 아동 돌봄, 학업 보조금 지원	국가와 코뮨
	여가 프로그램	청소년 센터, 각종 스포츠 장소, 옥외 수영(호수), 주민 센터 등	코뮨
	자문 활동 및 상담	사회문제, 가족 상담, 법률적 도움	국가, 란드스팅, 코뮨
돌봄과 서비스	보건 의료 정책	신체적·정신적 질병 치료와 재활, 예방의학	란드스팅과 코뮨
	돌봄 정책	어린이, 청소년 쉼터, 장애인, 알코올·약물 중독자, 노인 등을 위한 시설과 서비스	코뮨
	범죄자 돌봄		국가
보호	노동환경 정책		국가
	노동시간 조정		
	휴가		
	고용 보호		
	주거권 보호		

출처 : Elmér et al.(2000).

시대 변화를 반영하는 새로운 정책을 구성하고 입안해 전국적 관점에서의 복지 서비스 체계, 소득 보장, 일자리 창출 등을 책임진다. 광역 지방정부는 복지 예산의 가장 큰 부분을 차지하는 보건과 의료를 중점적으로 다룬다. 마지막으로 기초 자치단체는 교육과 복지 서비스, 주택 건설, 상하수도, 폐기물 처리 등 일반 생활과 밀접한 사업을 수행한다.

'코뮨'은 라틴어 'communis'에서 온 말로 '공동' 내지 '더불어 함께'라는 뜻과 함께 '공동체', '마을'이라는 의미를 지닌다. 이를 근거로 하여 스웨덴은 기초 자치단체를 '1차 코뮨'이라고 하며 광역 지방정부를 '2차 코뮨'이라고 부른다. 국민의 일상생활에 필요한 제반 복지 서비스와 의료 지원을 이 두 코뮨에서 책임지는 것은, 주민들이 당면한 실질적 문제를 해결할 수 있는 생활 정치가 이루어지려면 주민에게 좀 더 가까이 가야 한다는 스웨덴식 복지 철학 때문이다.

| 4장 |

아동 정책과 가족 정책
모든 아이는 모두의 아이

스웨덴의 아동 정책은 가족 정책의 한 부분으로 출산 후 18세에 이르는 연령대의 인구(아동)에 대한 철저한 사회적 보호를 내용으로 한다. 2008년 기준으로 스웨덴에 거주하는 18세 미만의 아동은 약 2백만 명으로 스웨덴 국민의 23퍼센트를 차지한다. 1966년 스웨덴은 세계 최초로 아동학대를 금지했으며, 모든 아동은 안정적이고 좋은 환경에서 보호를 받아야 한다는 아동 보호권 내용이 담긴 〈아동학대금지법〉lagen mot barnaga을 제정해 1979년부터 시행했다.

1993년부터 아동 옴부즈만BO, Barnombudsmannen제도를 도입해 스웨덴 아동의 권리와 이익을 보호하고 모든 분야에 걸쳐 유엔아동권리협약UN Convention on the Rights of the Child, 1989을 준수하도록 그 권한과 책임을 옴부즈만에게 부여하고 있다. 이런 제도에 따라 모든 스웨덴의 아동과 청소년은 권리를 동등하게 보호받고 부모의 소득수준과 상관없이 무상으로 교육받는다.

12세 미만의 아동 정책은 서비스와 돌봄을 중심 내용으로 하며, 1996

년 이후부터는 어린이집, 유치원 그리고 방과 후 학교fritidshem의 감독 기관이 보건사회부에서 교육부로 이전되었다. 그러면서 스웨덴 교육청은 아동복지 정책의 기본 목표를 다음 두 가지로 설정했다. 첫째, 모든 아동의 성장 발달이 육체적·지적·사회적으로 가장 원만하게 이루어질 수 있게 한다. 둘째, 국가는 자녀 양육과 부모의 직업·학업 생활을 어려움 없이 병행할 수 있도록 제도적·경제적으로 지원한다.

스웨덴에서 아동 정책은 가족 정책과 더불어 발전했으며 사회복지적 관점과 교육적 관점을 모두 포함하는데, 특히 부모와의 관계를 중요시한다. 이 장에서는 현재의 아동 정책이 스웨덴 모델의 하나로 발전되기까지의 변천 과정을 전반부에서 다루고, 출산과 양육을 위한 가족 정책을 후반부에서 설명한다.

1. 아동 정책

1) 아동에 대한 이해

(1) 빈곤 돌봄

1800년대 말 서구 유럽보다 뒤늦게 시작한 스웨덴의 산업화 과정에서 많은 인구가 농촌에서 도시로 이주했고 이로 인해 빈곤층의 가족해체 현상이 빈번히 발생했다. 한편 어린 자녀를 가진 홀로된 여성이 많았고 이 여성들에게는 소득을 확보하기 위한 경제활동이 필수적이었기에 가정에서의 육아 문제는 가장 심각한 사회문제 가운데 하나로 대두했다.

그런데 스웨덴은 근대 정부가 설립되기 이전부터 코뮨이 지역사회 문제를 담당하는 전통이 있었다. 이 같은 전통을 따라 심각한 사회문제로 대두한 육아 문제에 행정 개입을 시작했지만, 현실적 대안은 기초적인 구제 대책뿐이었다. 당시 코뮨은 육아 정책을 도입한 동기가 "아이들이 거지가 되지 않게 하기 위해서" 그리고 "노동 인력으로 사용하기 위해서"라고 기록하고 있었다.

1836년 최초의 유치원이 자선단체에 의해 설립된 이후, 1842년 국가는 의무교육 제도를 도입했다. 그러나 1900년 전후까지 빈곤층의 아이들과 노인들의 생계를 감당하는 곳은 주로 자원봉사 단체로, 스톡홀름 지역에만 2백여 개가 되었다. 빈곤 가정의 아동들은 아동수용소barnkrubba에 맡겨졌으며, 학교를 다니는 아이들은 방과 후 작업장arbetsstuga으로 보내졌다.

조그마한 처소에 마련된 작업장에서 이들은 목공예 같은 단순 수공업을 배우며 시간을 보내는데, 이런 프로그램은 이후에 직업을 갖게 하기 위한 직업 훈련의 내용으로 구성되었다. 운영은 대부분 자선단체나 독지가에 의해 이루어졌다. 스톡홀름의 빈곤 돌봄을 위한 민간 재단의 자선사업 예산은 연간 250만 크로나에서 2천만 크로나를 넘나들었는데, 그 당시 정부가 사용한 총예산은 350만 크로나에 불과했다.

그런 가운데 1912년 중앙정부가 유치원 운영에 정부 보조금을 지급하기로 한 결정을 계기로 스웨덴 육아 정책의 역사가 시작된다.

(2) 아동의 권리

1920년 기혼 여성의 법률적인 독립권이 인정되면서 아동에 대한 사회적 인식이 변화했고, 아동의 권리 또한 법률적으로 보장되었다. 이런 제도가 마련되기까지는 앞서 살펴본 대로 민간단체인 빈곤가족돌봄단체

Fattigvård나 사회복지사연합회CSA 등 적극적인 사회운동의 역할이 컸다. 이 두 단체는 빈곤 가정을 중심으로 아동과 노인 복지의 근간을 만든 대표적인 민간 조직이었다.

1932년 사민당이 국회 의석의 다수를 차지하게 되었다. 그러면서 그동안 사민당이 당론으로 주창해 왔던 '국민의 집' 이론을 구체화된 사회복지 정책으로 만들기 위한 여성 정책과 아동 정책의 개혁을 이끌어 냈다. 이에 따라 현금 보조금 제도를 실시하고 아동·모성 보호 센터를 증축했다. 초기 사민당 정부의 아동 정책 목표는 첫째, 아동 건강을 증진하고, 둘째, 자녀 부양 가족을 경제적으로 지원해 가족이 좀 더 안전한 생활을 누리게끔 하는 것이었다.

이와 같은 목표로 1937년 공적 사회보험에 가입한 여성들에게는 최초로 출산휴가와 휴가비가 지불되었고, 1940년 이후부터는 직업이 없거나 사회보험에 가입하지 않은 여성들에게도 일정액의 출산휴가비를 지급하는 보편적 제도로 발전했다. 1940년 초 전국 여성의 약 90퍼센트가 이 혜택을 받았다.

이와 더불어 아동 연금이 도입되었다. 특별히 어려운 가정의 아이들에게는 경제적 지원이 이루어졌고, 고아나 편모 가정 아동 및 장애 아동에게는 아동 연금이 지급되었다. 비록 연금 액수는 적었으나 국가가 이들을 돌본다는 의미에서 공공적 사회복지의 성격을 갖는 것이었다.

아동복지 정책이 공공적 성격을 갖게 하고 내실 있게 발전하도록 기여한 사람으로 특별히 알바 뮈르달과 무베리Moberg 자매●를 들 수 있다. 교

● 엘렌 무베리(Ellen Moberg, 1874~1955)와 마리아 무베리(Maria Moberg, 1877~1948) 자매는 1899년에 자신들이 운영하는 노르셰핑 탁아소에 두 번째 유치원을 설립했으며 이후

육학자 알바 뮈르달은 돌봄 차원에서 운영되던 유아원을 봉사자와 복지사들을 교육해 육아 교육으로 전문화시킨 인물이다. 엘렌 무베리는 교육적 내용이 보완된 어린이가든barnträdgård을 온종일 운영해 여성이 마음 놓고 직업을 선택하도록 하는 전일제 어린이집의 시초를 만들었으며 정부의 운영 보조금 지급을 끌어내는 데도 성공했다.

(3) "모든 아이는 모두의 아이"

스웨덴에서 1960년 전후는 산업 경제 발전이 가장 활발했던 시기로 여성 노동 인력의 수요가 급증했으며 동시에 저출산 문제에 대처하기 위해 아동 정책을 확대하고 어린이집을 증가시키는 것이 절실히 요구되던 때였다. 1960년 〈아동돌봄법〉barnavårdslagen이 도입된 것도 이런 맥락을 반영한다. 이 법이 제정되면서 이미 발생된 문제를 해결하고 복지 수요만을 충족하는 데 급급했던 '처방적 복지' 대신, '예방적 복지'라는 새로운 개념이 도입되었다. 여기에는 자녀 부양 가족을 안정시키기 위한 예방적 처방의 서비스를 확대하는 내용과 청소년들이 즐길 수 있는 놀이, 연극, 스포츠 등 방과 후나 휴일을 이용한 프로그램이 포함되어 있다. 이 법이 전국적으로 실효성을 거두기까지는 다소 시간이 걸렸으나, 1960년대 말 모든 코뮌이 이를 시행하여 보편적 아동 정책을 완성했다. 특히 1968년 정부는 아동복지조사위원회Kommission-Barnstugeutredningen를 구성하고 좀 더 구체화된 어린이집의 서비스 내용과 전국적 운영 계획을 완성하는데, 이 내용은 오늘날까지 아동복지의 방향과 서비스 프로그램의 근간이 되었다.

스웨덴에서의 유치(幼齒) 교육 발전에 지대한 영향을 미쳤다.

1970년대에 들어서면서는 아동 정책에 대한 사회적 이해가 포괄적으로 발전했다. 이 시기에 아동 정책의 근본이념으로 '국민의 집에 거주하는 모두의 아이'라는 인식이 자리를 잡았고, "모든 아이는 모두의 아이"alla barn är allas barn라는 표어가 전국적으로 확대되었다. 이에 어린이집이 늘어났고 아동 수당과 주택 수당bostadsbidrag 등 자녀 부양 가족을 위한 총체적 사회 개혁도 뒤를 이었다. 이 시기는 여성운동 또한 활발히 전개된 시기로 낙태의 권리 등 여성 권익과 관련된 가족 정책에도 많은 변화가 있었다.

아동복지 정책은 이후 1976년 유치원 운영에 관한 규정을 포함한 〈보육법〉lagen om barnomsorg의 개정으로 이어진다. 이는 1972년 팔메 총리가 사민당 여성 대회에서 "각 코뮨은 부모가 직장이나 학업 혹은 타당한 이유에 의해 자녀의 돌봄을 맡겨야 할 경우 이를 도와줄 의무가 있다"라고 했던 연설 내용을 법으로 담고 있다. 법이 이런 방향으로 개정된 것은, 1970년대 초 이미 어린 자녀를 가진 여성 가운데 절반이 직장 생활을 하고 있었기 때문이다.

이처럼 스웨덴의 보육 시설 가운데 오늘날의 어린이집은 1900년대 초기의 아동수용소에서, 방과 후 학교는 작업장에서 유래했다. 이처럼 사회 변화에 따라 아동복지가 추구하는 내용과 기본 가치의 변화를 언어의 변화에서도 엿볼 수 있다. 아동 정책의 목적이 보호와 감독의 뜻을 지닌 '틸쉰'tillsyn에서 돌봄, 서비스, 교육적 가치를 복합적으로 담고 있는 '옴소리'omsorg로 바뀐 것 역시 그런 변화를 반영한 것이다.

2) 사회 서비스의 유형과 특징

(1) 아동 보호 시스템 개혁

1980년대에는 여성의 노동시장 진출이 지속적으로 증가했고, 이에 따르는 사회적 책임 문제가 대두했다. 정부는 이에 대한 심층적인 조사 연구를 바탕으로 아동 정책의 개혁을 단행했고 이 결과 탄생한 것이 바로 개정된 〈사회서비스법〉socialtjänstlagen이다.

이 법에서는 아동과 청소년(15~20세)에 대한 사회적 돌봄과 정부의 의무가 대폭 강화되었으며 자녀 부양 가족에 대한 규정도 구체화되었다. 여기에는 1.5세 이상의 모든 영유아들의 사회적 돌봄에 대한 구체적 목표와 내용도 담겨 있다. 이에 따라 중앙정부는 어린이집과 새로 등장한 이른바 가정 탁아familjedaghem(다그마마dagmamma라고 불리기도 한다)로 불리는 사설 어린이집까지 국가 보조금을 지원하여 아동 돌봄의 유형을 다양화한다. 이 변화는 아동 정책 발전사에서 또 하나의 획을 긋는 성과라 할 수 있는데, 이제 공공 영역의 범주가 민간 영역까지 포괄하게 되었음을 의미하기 때문이다. 물론 민간 지원은 철저히 공익성을 기준으로 하며, 따라서 영리 기관은 대상에서 배재된다. 이처럼 개정된 〈사회서비스법〉에 따라 아동 돌봄을 담당하던 어린이집과 가정 탁아의 증가율이 10년 동안 거의 250퍼센트에 달했다.

1980년대 말의 출산율 증가는 아동복지가 발전하는 또 하나의 계기가 되었다. 스웨덴 국회는 출산율 증가에 따른 어린이집의 수요에 대비하여 코뮨의 책임을 강조하는 새로운 법안을 제정한다. 그 결과 어린이집 입소를 원하는 아동들에게 대기 기간 없이 자리를 배정받고 배정 시기를 선택할 수 있는 권한이 부여되었다. 현재 부모 모두 직업이 있거나 혹은 학업에 종사하는 가정의 아이들은 누구나 어린이집에 들어갈 수 있다.

2000년대 들어서 정부는 "일찍 시작할수록 성과도 빠르다"early start, early result라는 교육 이론을 적용해 양성 평등 교육을 학령 전 어린이집에서부터 시작하고 있다. 성인의 행동을 답습·모방하는 정도가 대단히 높은 영유아 발달의 특징을 감안하여 남자아이와 여자아이의 차이를 두지 않는 교육과정을 실행한다. 이를 위해 보육 교사의 양성 평등 교육을 강화했으며 주기적인 재교육도 성실히 진행하고 있다. 스웨덴의 어린이집에서는 흔히 '남자아이의 컵은 파란색, 여자아이의 컵은 분홍색'으로 구분하는 현상은 찾아볼 수 없다.

(2) 보육 시설의 유형과 특징

아동 돌봄 영역은 대체로 영유아 1세부터 12세까지의 보살핌을 의미한다. 시설의 다양성은 원칙적으로는 0세부터 허용되는 어린이집을 중심으로 초등학교grundskola('국민학교'와 '초등학교' 용어 차이는 212쪽 참조) 저학년(3학년)까지 지낼 수 있는 방과 후 학교 등이 이에 포함된다. 그러나 9세 이후의 아동이 방과 후 학교에 남아 있는 비율은 점차 감소해 2007년 현재 극소수(약 7퍼센트)에 불과하다.

어린이집의 종류는 크게 세 가지로 나뉘어 가장 대중적인 것이 어린이집이며(90퍼센트), 개인이 자기 집에서 자기 아이와 함께 다른 아이들을 돌보는 가정 탁아, 그리고 자유유치원öppen förskola 등이 있다. 1990년대 중반기에는 가정 탁아가 다소 증가하다가 2000년대에는 다시 전통적인 어린이집의 수요가 증가하고 있다. 스웨덴은 직장 탁아소가 아직 없는 것이 특징이며 최근에 직장 탁아소의 필요성을 주장하는 의견이 늘고 있다. 통계에 의하면 1~5세 영유아의 약 64퍼센트가 어린이집과 유치원을 이용하고 있다. 다음에서 스웨덴의 아동 돌봄의 유형을 학령 전과 후로 나누어 살펴본다.

　　① 학령 전 아동 센터
- 어린이집 : 보통은 출산휴가(480일)가 끝나면서 어린이집에 아이를 맡기거나 특별한 경우 0.5세부터 이용이 가능하다. 가장 보편적인 형태의 시설로 연중 내내 열려 있으며 이용 시간은 (부모가 요구하는 시간대로) 부모의 직업 여건에 따라 유연하게 적용된다. 이용비는 부모의 소득수준과 이용 시간에 따라 차등 부과된다.
- 자유유치원 : 주로 어린이집 자리를 확보하기가 어렵거나 돌봄 이외에 아이의 교육적 양육이 필요하다고 생각하는 부모가 선택할 수 있는 유형이다.
- 파트타임유치원deltidsförskola : 놀이학교lekskola라고도 하며, 5~6세의 아이들이 3시간 정도 머무를 수 있다.
- 가정 탁아 : 다그마마라고 하기도 한다. 자기 아이를 가진 어머니가 직장에 출근한 부모 대신 돌보는 곳으로 코뮨이 운영하는 탁아소를 보완하는 역할을 한다. 소규모로 운영되기 때문에 아동의 정서를 고려하거나 가까운 곳에서 어린이집을 찾지 못한 부모들이 선택한다. 대부분 농촌 지역이나 도시 교외 지역에서 흔히 볼 수 있다.

　　1980년대 초기에서 중반까지는 스웨덴의 베이비붐 시기였다. 이로 인해 탁아소 수요가 급증하면서 가정 탁아가 어린이집을 보완하는 대안으로 등장했다. 한때 선호도가 높아 증가하다가 1980년대 말 이후 다시 감소하기 시작해 2000년 현재 이를 이용하는 영유아(1~5세)는 전체의 11퍼센트 정도다.

이 밖에 부모 가운데 한 사람이 직장을 갖지 않아 쉬는 경우 아이를 맡기는 곳으로 열린유치원öppna förskola이 있다. 시간을 제한받지 않고 자유롭게 드나들 수 있으며, 부모는 유치원이 제공하는 교육 프로그램에 참여할 수도 있다. 이 유치원의 이용료는 무료이며 전국에 9백 개 정도가 있다.
　어린이집과 유치원의 직원은 육아 교사, 아동 보호사, 간혹 간호사로 구성된다. 그리고 가정 탁아는 운영 주체가 되는 어머니가 친 자녀를 같이 돌보는 것이 중요한 조건이다. 가정 탁아를 포함해 이 유형에 속하는 모든 아동 보호사는 단기간이라도 교육을 받은 자라야 하며, 방과 후 학교에는 교사와 자유시간 교사 등 아동 교육학 전공자가 종사한다.

② 12세까지의 아동 시설

- 방과 후 학교 : 직장에 다니는 부모를 가진 초등학교 3학년까지의 아동을 위한 서비스 센터다. 이 또한 연중무휴이며 아이가 학교 수업이 없는 오전 또는 오후에 가는 곳이다. 방학 기간에도 이용할 수 있다. 2000년 기준으로 6~9세의 어린이 이용률은 전국의 62퍼센트이며 10~12세 학생은 7퍼센트다. 비용과 이용 시간은 탁아소와 비슷하다. 방과 후 학교는 주로 학교와 아주 가까운 곳에 위치하며 학교 수업을 보완하는 프로그램과 아동 성장에 필요한 연령별 프로그램을 운영한다. 1990년대 말 방과 후 학교 수는 1990년대 초에 비해 3배나 증가해 33만2천 명에 이르렀다.
- 패밀리홈Familjehem 제도 : 과거의 위탁가정fosterhem에서 발전된 것으로, ① 보호자가 사망 등의 이유로 부재하거나, ② 부모의 알코올·약물 의존 정도가 심각해 정신적·신체적 상태로 미루어 볼 때 자녀를 양육할 수 없다고 판단되거나, ③ 부모와의 관계가 심각하거나 정신적·신체적 학

대 혹은 성추행 등의 위기 환경에 처한 아동·청소년들을 위한 집이다. 코뮨의 복지 사무소는 유아에서 18세 미만의 청소년들을 위해 적극적으로 개입한다. 위탁 신청은 부모의 동의와 서명을 우선으로 하며 부모의 결정을 원칙으로 하나 긴급 상황이라고 판단되는 경우 정부가 재량권을 행사할 수도 있다.

패밀리홈은 맡겨진 아동·청소년들이 생부모에게 돌아가는 것을 최종 목표로 하며 위탁 기간은 사례에 따라 필요한 만큼 정한다. 패밀리홈 운영자(위탁 부모)는 자격을 부여받은 만큼 양육 방식에 대한 자율권을 갖지만, 적법한 절차를 거치지 않고 임의로 위탁을 취소하거나 다른 집으로 위탁할 수는 없다. 코뮨은 음식, 옷, 학교, 여가 활동 등에 대해 아동 1인당 소요되는 표준화된 양육 경비를 토대로 경비와 일정액의 급여를 지급한다.

③ 특별 기구

- 임시보호소jourhem : 위기 상황에 처한 아동 청소년을 위해 운영된다. 단기 휴식처인 이곳에 맡겨진 아동·청소년은 전문가의 진단에 따라 집 또는 패밀리홈으로 보내진다.
- 개인 및 가정 멘토kontaktperson/familj 제도 : 장애아를 가진 가정 혹은 여타 어려움에 처한 부모의 부담을 덜어 주기 위한 제도다. 이 경우 멘토 역할을 하는 개인이나 가정은 한 달에 한두 번 의뢰받은 아동·청소년을 돌보거나 필요한 부분을 특별히 교육시키는 일을 맡는다. 예를 들어, 멘토는 사회성이 부족한 아이와 1주일에 한 번 따로 만나 계획된 프로그램을 이행한다. 가정 멘토는 주말처럼 짧은 기간을 이용해 자신의 집으로 데려가 숙박을 시키거나 여행 기회를 마련한다. 중중 장애의 자녀

를 둔 많은 가정이 이 혜택을 받는다.
- 패밀리 치료familjeterapi 제도 : 란드스팅과 코뮨이 협력적으로 운영하는 제도로 정신의학적 원인 및 사회 부적응으로 발생하는 가족 문제를 도와주며, 현재 스웨덴 사회의 약 10퍼센트를 차지하는 이민자 가족의 적응을 위해 가정상담소famijepedagogiska insatser가 운영되고 있다.

3) 아동 권리 존중과 참여

(1) 아동 옴부즈만제도와 아동권리협약 준수

스웨덴 정부는 1991년 이래 아동과 청소년의 권리를 보호하고 이들의 건강한 성장을 위해 아동 옴부즈만BO제도를 제정했다. 원칙적으로 18세 미만의 모든 스웨덴 아동과 청소년은 단독 옴부즈만을 가질 수 있으며 문제가 발생하는 즉시 옴부즈만의 도움을 받을 수 있다.

아동 옴부즈만은 스웨덴 정부가 비준한 유엔아동권리협약●을 기본으로 스웨덴의 아동과 청소년의 권리를 사회적 이해관계 속에서 보호하고 지키는 데에 목적을 둔다. 아동 옴부즈만은 정규 활동의 일환으로 아동·청소년의 새로운 문제나 의견을 파악하기 위해 학교나 여러 관계 조직과 협력 프로그램을 운영한다. 그리고 아동이나 청소년이 참여하는 정기적

● 1989년 11월 채택된 유엔아동권리협약은 전 세계 18세 미만 아동의 생존·보호·발달·참여의 권리 등 아동의 권리를 명시한 협약으로 아동을 보호 대상으로만 여기지 않고 권리의 주체로 인정하는 내용을 담고 있으며 2003년 현재 한국을 비롯해 191개 나라가 협약을 비준했다.

인 좌담회도 개최한다. 사회적으로 아동의 권리가 보호되게끔 교육과 홍보 사업을 하며 아동에 관한 논의와 토론의 장에 옴부즈만은 아동을 대표하여 참석한다.

옴부즈만 사무처는 아동·청소년과 좀 더 나은 소통과 대화를 할 수 있는 방법을 모색하고자 2003~05년 '아동의 소리를 듣자'Right to Be Heard라는 국제적 프로젝트를 주관했다. 이후 아동 옴부즈만은 아동생활환경지수 CCI, Children condition index 정보시스템을 구축해 아동들의 생활환경이 변화하는 추이를 관찰하고 문제점을 미리 파악한다. 아동 옴부즈만은 매년 아동에 관한 통계와 분석을 정부에 보고할 의무가 있다.

옴부즈만은 심지어 스포츠 활동에서 모든 아동들이 동등한 자존심과 자신감을 갖게 하기 위해 정부 보조금이 골고루 사용되는지를 감독하며 필요한 경우 수정을 요구한다. 그 밖에 어린이집, 등·하교 길 혹은 학내 등에서 학대, 폭력, 성추행 등을 당한 아동을 특별히 관리·보호하기 위해 아동-학생 옴부즈만BEO, Barn- och elev ombudet제도를 두고 있다.

(2) 운영 방식과 참여

스웨덴 아동 정책이 도입된 이래 아동에 관한 서비스 기관은 사회복지 정책의 일환으로 보건사회부 소속이었다. 그러나 1996년 이후 아동 돌봄은 교육적 내용이 강화되면서 교육부 산하로 이관되었다. 어린이집은 '아동을 보호하고 돌보는 일'을 넘어 아동 발달에 필요한 교육적 내용을 충실히 담는 곳이 되어야 하며, 이는 인간이 태어나면서부터 성장 속에 배움이 존재한다는 논리를 적용한 것이다.

한 어린이집이 운영되기까지 관련된 정부 부처의 역할과 기능은 분리되어 있는데, 중앙정부(교육부)는 방향을 설정하고 전국적 균형 발전을 도모하며 보조금을 지급한다. 어린이집을 포함한 아동 돌봄 시설에 관한 모든 행정은 〈교육법〉skollagen에 따라 코뮨이 담당한다. 코뮨은 운영·집행의 실질적 책임자로 자율권과 독립권을 갖는다. 그러나 이런 자율과 독립의 결과로 코뮨 간의 질적·양적 격차를 초래할 수 있어, 교육청은 제반 시설에 대한 감독 기관으로서 조사 연구 및 정책적 대안을 교육부에 제출한다.

1990년대 이후 스웨덴 정부는 목표 설정 및 성과 관리 시스템을 도입해 운영 효율성을 강조하고 있다. 아동 돌봄과 서비스 기관 운영에 대한 재정은 중앙정부의 보조금과 코뮨의 자체 예산 및 부모가 지불하는 탁아비로 충당한다. 코뮨의 총 아동복지 비용에서 83퍼센트는 조세에 의한 공공 예산이며 부모의 분담 금액은 17퍼센트에 해당한다. 아동복지 비용은 코뮨 전체 예산의 약 14퍼센트(4백억 크로나)에 해당한다.

아동복지 정책의 발전은 여성의 노동시장 참여율 및 양성 평등 문제와 밀접한 관계를 지니고 있다. 아동복지 정책은 스웨덴이 세계의 대표적 사회복지 국가라는 명성을 이루는 데에 큰 역할을 한 정책이기도 하다. 그러나 이에 참여하는 부모의 역할 역시 국가의 역할 못지않게 중요하게 고려되고 있다.

● **어린이집의 일과와 부모의 역할** | 사례

해셀비 빌라스타드(HV, Hässelby Villastad)는 거의 비슷한 2층 목조로 지어진 집들이 질서 있게 늘어선 전형적인 주거 마을이다. 탁아소는 걸어서 약 15분 거리에 있다. 바쁜 아침에는 승용차로 이동하고 퇴근길에는 걸어서 집에 갈 수 있는 거리다. HV 탁아소는 영아(1.5세 미만) 부서, 유아와 유치부가 있으며 제법 규모가 크다. 이 어린이집은 원장(유아교육 전문가), 유아

교육자, 보조원, 간호사 및 주방과 살림을 도와주는 직원들로 운영된다.

영유아는 어린이집 한쪽에 자리 잡은 공간으로 분리되어 큰 아이들로부터 방해를 받지 않는다. 그러나 2~3세의 유아실은 중간쯤에 위치해 하루에 한 번은 4~5세의 유아들과 실내외에서 어울린다.

4~5세의 유아기는 '보살핌'만이 아니라 사회성과 창의성을 자극하는 교육 프로그램이 중요한 시기다. 어린이집 교사는 한 사람이 유아(3~5세) 3명 미만을 돌보는 것을 원칙으로 한다. 간혹 선생이 결근해 어린이집에 무질서와 혼란이 발생할 때가 있다. 이럴 경우 코뮨 사무소는 임시 직원을 파견하는데, 이런 상황이 계속되자 원장은 학부모에게 상황을 알렸고 학부모 회의에서는 부모들 가운데 누군가가 보조 역할을 할 것을 결의했다. 아이들은 낯선 선생보다는 친구의 엄마나 아빠에게서 더 안정감을 찾을 수 있기 때문이다. 그리고 부모는 자녀가 머무는 현장(어린이집이나 학교) 방문을 법으로 정한 부모의 권리로 간주한다. 학부모들의 참여 기회는 이 외에도 점심 준비와 식사 시간 보조, 대청소, 정원 가꾸기, 소풍이나 시내 나들이 등이 있다. 그리고 부모 개개인의 가장 중요한 역할은 유치원의 선생·보육사와 밀접한 대화를 통해 자기 아이의 일과가 최대한 만족스럽게 진행되도록 협조하는 데 있다. 어린이집의 원장은 한 학기에 한 번 이상 연간 교육 프로그램을 보고하는 학부모 회의를 개최한다.

HV 어린이집 프로그램에는 자연과 어울리는 시간이 대단히 많다. 숲 속의 벌레나 지렁이의 움직임을 통해 생태 순환 체계를 느끼게 하며, 아이들과 함께 텃밭을 가꾼다. 그리고 도심지에 있는 구시가지(Gamlastan)를 방문해 물건 사는 것을 익히게 한다. 전철을 타면서도 공공질서를 지키고 여러 사람을 만나는 경험을 하게 한 뒤, 다음날에는 전날의 기억을 떠올려 그림으로 표현하게끔 유도한다.

5세가 되면 아이의 취미를 발달시키는 프로그램이 시행된다. 다수는 스포츠 종목을 선택하나 연극반도 있다. 그러나 연극반은 조금 떨어진 센터로 매주 이동해야 하는 어려움이 있다. 그럼에도 한 어린이를 위해서라도 직원 가운데 한 사람은 이를 돕는다.

 6세가 되는 가을 학기는 취학 전 학급(förskoleklass)에 참여하기 위해 시간을 나누어 어린이집과 HV 초등학교를 반반씩 다닌다. 오전 동안 초등학교 1학년의 과목 가운데 일부를 교실에서 참관하고 상급생들과 함께 공부를 체험한다. '취학 전 학급' 제도는 1990년대 초반에 도입되었다. 이것은 자유분방한 유치원의 분위기가 갑작스럽게 변화했을 때 겪을 충격을 완화하고, 가정 배경에 따른 입학 초기 교실의 학생 간 지적 수준 격차를 해소하는 데 중점을 두고 있다. 초등학교 시작부터 아동심리의 이해와 평등의 가치를 중요시한 것이다. 차이를 미리 완화해 집중력을 키워 주는 교육 방법으로 연간 525시간이 편성되어 있다. 취학 전 학급 시스템은 10년 가까이에 걸친 시험기를 거쳐 이제 전국적으로 시행되며 이를 '0학년'이라고 부른다.

2. 가족 정책

1) 가족 정책의 이해

 스웨덴에서 가족 정책에 대한 관심은 1920년대의 빈곤 가족에 대한 사회적 책임 문제와 1930년대의 출산율 저하에 따른 인구 감소 문제가 직접적인 계기가 되었다.

 앞서 언급한 바와 같이 사민당의 당론으로 주창해 왔던 '국민의 집' 정신을 기반으로 한 아동 정책과 여성 정책은 오늘날 가족 정책의 근간이 되고 있다.

1930년대 경제공황이 인구 감소를 초래한 이래 1940년대 이후부터 새로 도입된 가족 정책은 효과를 발휘하기 시작한다. 이에 직접적인 영향을 미친 사람들은 앞서 언급했던 교육학자 알바 뮈르달과 그의 남편인 경제학자 군나르 뮈르달Gunnar Myrdal 부부다. 이들이 출간한 『위기에 처한 인구 문제』Kris i befolkningsfrågan는 스웨덴 사회의 인구 감소에 대한 경제학적 분석과 그에 기초한 사회정책 개혁의 필요성을 논리적으로 제시했다. 그들의 주장은 스웨덴 사회에 커다란 논쟁을 야기했으며 영향력도 대단히 컸다. 정부는 인구위원회befolkningskommission를 구성했고, 가족 정책에 모성 보호에 관한 사항들이 새롭게 포함되었다(Antman 1996).

뮈르달 부부는 스웨덴 역사상 가장 널리 알려진 학자 부부다. 그들의 정치적 이념과 정책 제안은 1930년대 이후 스웨덴 사회복지 정책의 근간을 만들었으며 '국민의 집' 건설에 지대한 영향을 미쳤다. 군나르 뮈르달은 『아메리카의 딜레마』An American Dilemma(1944)와 『아시안 드라마』Asian Drama(1968) 등으로 유명하며 1974년 노벨 경제학상을 수상했다. 알바 뮈르달은 1982년 노벨 평화상을 수상했으며 『도시의 아이』Statsbarn(1935), 『여성의 두 역할』Women's Two Roles(1957) 등으로 유명하다.

뮈르달 부부가 제시한 가족 정책과 사회정책의 방향은 아동을 가족의 중심으로 인식하는 중요한 계기가 되었다. 그 결과 아동과 여성의 기본 권리를 사회적으로 보호하는 국가정책이 형성되는 데에 기여했다. 특히 출산 장려 정책은 가족 정책이 꾸준히 보완되고 발전하는 과정에서 효과를 발휘했으며 오늘날 인구를 증가시킨 주요 요인으로 인정받고 있다.

스웨덴 가족 정책에서는, 문제에 접근하는 관점이나 해결 방식이 포괄적이고 통합적이라는 점이 중요하다. 예를 들면, 출산을 모성만의 문제가 아니라 부모 모두의 사회생활과 가정생활 사이의 조화와 역할 분담 문제로 본다. 역할과 책임 분담이 합리적으로 이뤄질 때 출산으로 발생할 수 있는 경제적·문화적·사회심리적 문제를 최소화할 수 있다는 점을 고려했다.

스웨덴 정부는 반세기 동안 이런 관점에 따라 임신했을 때부터 자녀가 성인이 될 때까지 일차적 책임을 지는 부모를 지원하는 가족 정책과 사회보장제도를 발전시켜 왔다.

다음에서는 자녀를 둔 부모의 사회적 권리를 보장하고 소득 손실을 뒷받침하는 정책들을 살펴본다. 교육과 양성 평등에 대한 논의는 별도의 장에서 다룬다.

2) 소득 보장과 사회적 권리

(1) 임신과 출산

임신을 한 여성에게는 보건상의 보호와 사회적 보호가 동시에 이루어진다. 스웨덴의 〈노동환경법〉arbetsmiljölagen과 〈보건의료법〉hälso- och sjukvårdslagen에는 임신한 여성의 현재 업무가 육체적·정신적으로 임신에 피해를 줄 위험 요소가 있을 경우의 대책이 제시된다.

대책은 다음과 같다. ① 본인 의사에 따라 새로운 직장 혹은 안전한 대체 업무로 전환된다. ② 출산 예정일 60일 이전부터 출산휴가를 이용할 수 있다. ③ 전문의가 임신부의 건강 상태가 위험하다고 판정할 경우 기간에 상관없이 상병傷病 휴가를 가질 수 있다. 상태에 따라 전일제 혹은 3/4, 2/4, 1/4 시간제 가운데 선택할 수도 있으며 휴가 기간에는 시간제의 종류에 따라 상병 급여가 지급된다(상병 급여는 9장 참조). 임신 휴가 급여는 출산 급여와 마찬가지로 월 평균 소득의 약 80퍼센트를 받으며 출산

전 10일을 제외하고 최대 50일까지의 급여가 지불된다.

아이를 원하는 불임 부부에 대한 의료적 돌봄은 란드스팅이 별도로 지원하며, 그 밖에도 입양할 경우에는 정부 보조를 받는다.

(2) 출산휴가와 급여 보장

1974년 부모 보험föräldraförsäkring이 소개된 이래 출산휴가 기간은 수차례 개정을 거쳐 늘어났다. 2002년 이래 출생한 아이부터 적용되는 출산휴가 기간은 480일이다. 이 휴가 기간은 부모가 나누어 사용하되, 어느 한쪽도 60일 미만으로 사용해서는 안 된다. 출산휴가 기간에는 출산 급여를 받는다. 부성●은 출산을 계기로 10일의 임시 출산휴가를 가질 수 있으며, 출산휴가비와는 별개로 10일에 해당하는 급여를 받는다(쌍둥이일 때는 20일, 세쌍둥이일 때는 30일의 임시 휴가가 제공된다). 이는 아이의 출생을 함께 책임지고 산모를 돕는 목적으로 마련된 것인데, 만약 도와줄 생부가 없을 경우 대체 인력(친인척)을 쓸 수 있다. 또한 부모는 자녀가 8세 혹은 초등학교 1학년에 달할 때까지 출산휴가의 일부를 나누어 사용할 수 있으며, 그 밖에도 직장에서 근무하는 시간을 4분의 1까지 단축할 수 있다. 스웨덴 정부가 출산휴가 기간을 대폭 증가시킨 것은 영아를 돌보는 부모의 책임을 강화하는 한편, 영아의 성장 발달에 필요한 부모와의 밀접한 관계를 강조하기 위해서다.

출산휴가의 대상은 대부분 모성이나, 이런 사회적 관념과 사회 문화를 바꾸기 위해 2008년 6월 이후 양성 평등 보너스제jämställdhetsbonusen를 도입

● 본문에서 '부성/모성'이라는 용어는 '아버지/어머니'와 같은 의미로 쓰였다.

해 부성의 참여 일수 증가를 유도하고 있다. 연중 출산휴가 일수가 많은 쪽에 더 큰 세금 감면 혜택을 주고, 부모의 휴가 일수가 동등할 때 가장 많은 세금 보너스를 준다는 내용이 양성 평등 보너스제의 주요 내용이다. 그러므로 이 제도는 어느 한쪽이 출산휴가를 갖는 동안 다른 쪽은 정상적인 직장 생활을 계속할 것을 전제하며, 이런 전제가 대개 임금이 높은 남성의 세금 감면을 적용하는 방식으로 작동된다는 점에서 남성의 참여를 적극적으로 유도하는 제도로 이해될 수 있다. 세금 감면액은 연소득 신고 이후 국세청에서 받는다. 사회보장 사무소는 이를 위해 매년 2월 초까지 각 출산 가정에 신청서를 보내고, 3월 1일까지 신청하도록 홍보한다.

출산 급여는 원칙적으로 아이의 출산과 함께 부모가 일시적으로나마 직장을 떠나야 하는 데서 오는 소득 손실을 보장해 주는 제도다. 일명 '부모 급여'라고도 칭하는 이 급여 제도에 따라 출산휴가 전 기간에 걸쳐 급여를 받을 수 있는데, 2010년 현재 출산휴가 480일 동안 지급되는 급여는 세 가지 기준으로 계산한다. ① 연소득수준(사회보험제도에서 가장 중요한, '상병 급여' 계산을 위한 소득 신고는 모든 보험에 사용된다), ② 기본 수준, ③ 출산 전 소득이 없었던 부/모를 위한 최저 수준(2010년 기준으로 1일당 180크로나 지급)으로 나뉘어 계산된다. 480일 가운데 390일은 평균 소득의 약 77.6퍼센트(2009년 기준)*에 해당되는 급여를 받으며 그 외 90일은 과거 보장 기간이라고 일컬어 하루에 기본 급여(2010년 기준 180크로나)를 받는

● 2009년 국세청에 보고된 연소득이 24만 크로나인 경우를 예로 들어 출산 급여를 계산하는 방식을 설명하면 다음과 같다.
  ◆ 240,000 × 0.97 = 23만2,800크로나
  ◆ 232,800 × 0.8 = 18만6,240크로나(연소득의 77.6퍼센트)
  ◆ 186,240 ÷ 365 = 510.24 크로나/일(하루 지불 급여 510크로나)

다. 부모가 아이를 공동으로 돌볼 경우 240일씩 연소득에 의해 계산된 급여를 받을 수 있으며 480일을 혼자 사용하는 편모·편부에게는 일정한 급여가 지불된다. 그리고 출산 급여에는 소득 상한선을 두었다(2010년 현재 소득 상한선은 연소득 42만4천 크로나로, 소득이 그 이상이더라도 이를 기준으로 계상된다).

쌍둥이를 출산한 부모는 180일의 휴가를 더 받을 수 있다. 그리고 아이를 입양한 경우 입양 부모는 출산 부모와 똑같은 책임과 권리를 부여받는다. 해외 입양 시 입양 비용 지원과 입양한 날로부터 5일 혹은 10일의 휴가와 급여를 받을 수 있다. 단, 스웨덴국제입양사무소MIA, Myndighet för internationella adoptionsfrågor나 재판소의 승인을 받아야 입양할 수 있으며, 그 대상은 10세 미만 아동에 한한다.

(3) 임시 부모 휴가

12세 미만의 자녀가 질병에 걸려 돌봐야 하는 경우 부모 가운데 한 사람은 임시 부모 휴가(간병 휴가)를 신청할 수 있다. 그리고 아동을 동반하는 병원 방문일kontaktdagar을 포함하여 아동 간병 기간에, 출산 급여와 같은 성격으로 소득 손실을 보상받을 수 있다.

간병 휴가는 연간 120일까지 허용되나 60일 동안만 간병 급여가 지불된다. 1주일까지는 의사의 진단서가 필요하지 않으나, 간병 기간이 그 이상일 때는 의사의 진단서가 첨부되어야 한다. 간병을 위한 휴가는 전일 혹은 시간제(최소 1/8일)로까지 사용할 수 있다.

장애아를 가진 가정에는 특별법이 적용된다. 자녀가 장애를 입었거나 장기적 질병으로 6개월 이상 특별한 보호와 간병이 필요한 부모는 간병 휴가 급여가 아닌 돌봄 수당vårdbidrag을 받는다. 이것은 만 19세까지 해당되며, 이 또한 부모가 나누어 사용할 수 있다. 그 밖에 장애 가정은 특별 진료 비용, 도구 구입비, 장거리 교통 요금 등을 위한 특별 보조금을 받을 수 있다.

그러나 최대 21세까지(특수 고등학교를 다니는 장애아라면 23세까지)의 장애아를 자식으로 둔 부모는 〈장애인서비스법〉LSS, lagen om stöd och service till vissa funktionshindrade에 의해 자녀 보조를 위한 임시 간병 휴가와 급여(출산 임시 휴가와 같은 금액)를 받을 수 있다. 〈장애인서비스법〉에 따라 (16세까지의) 장애아를 가진 부모는 특별 교육 기간이나 어린이집에서의 초기 적응 기간을 위해 연간 10일간의 방문일을 유급휴가로 받을 수 있다.

장애아의 증상에 따라 목욕이나 식사 등을 위해 주 20시간 이상 도우미가 필요하다고 인정될 때 사회보장 사무소는 도우미 파견을 도와준다. 그리고 일반 교통수단을 이용할 수 없는 장애아와 함께 사는 부모는 자동차 구입에 들어가는 비용에 대한 보조금을 받을 수 있으며, 장애인 자신은 차량을 본인의 장애에 맞춤해 개조하는 데 드는 비용을 받을 수 있다.

(4) 자녀 수에 따른 아동 수당과 주택 보조

1947년 아동 수당 제도의 도입은 보편적 사회정책을 만든 두 번째 중요한 계기다. 1935년에 65세 이상 노인이라면 누구나 일정 금액을 받을 수 있게 제정된 기초 연금과 마찬가지로 이 아동 수당 역시 보편주의에 입각하여 지급된다. 이에 따라 국가는 부모의 소득과 상관없이 (이민 가족을 포함해) 스웨덴에 거주하는 모든 아동들에게 일정액의 아동 수당을 받을 권리를 보장하고 있다. RFV는 '아동 수당'allmänna barnbidraget이라는 명칭에 '공공'allmän이라는 용어를 붙여 보편성을 강조하고 있다.

아동 수당은 아동의 권리를 보호하는 사회적 원칙을 바탕으로 출생 등록이 되는 순간부터 자동적으로 주어지며 매월 20일 일정하게 지급된다. 이것은 자녀의 연령이 16세에 달할 때까지, 혹은 9학년의 특수학교special-skola가 끝나는 시점까지 부모 가운데 한 사람이나 보호자에게 지불된다. 만약 부모가 반반씩 아이를 양육한다면 이를 나눌 수도 있다. 자녀가 1명 이상이면 두 번째 아이부터는 다자녀 수당이 자녀 수에 따라 비례적으로 적용된다. 아동 수당 지급이 끝난 16세 이상의 자녀가 현재 고등학교를 다니고 있는 경우 아동 수당에 해당하는 학업 수당이 학생 본인에게 자동적으로 지불된다. 사회보험 급여도 과세 대상이지만 아동·학업 수당만은 예외다.

2009년 기준 아동 수당은 1명인 경우 1,050크로나인데 2명이면 2,200크로나[1,050×2 + 100(추가 수당)], 3명이면 3,604크로나[1,050×3 + 454(추가 수당)], 4명이면 5,514크로나(추가 수당 1,314), 5명이면 7,614크로나(추가 수당 2,364), 그리고 6명이면 9,714크로나(추가 수당 3,414)를 받는다. 아동 수당은 생활비용을 감안해 자녀 수가 많을수록 금액이 커지며 이는 정부의 과표에 따라 계산된다.

자녀가 있고 소득이 낮은 가정은 주택 보조금을 받을 수 있다. 주택 보조금의 크기는 소득, 매월 지불하는 관리·운영비나 임대료, 주택 크기, 함께 거주하는 18세 미만의 자녀 수에 따라 결정된다. 보조금이 필요하다고 생각되는 부모는 우선적으로 신청할 수 있는데 소득 신고 등 주어진 조건을 투명하게 신고해야 하며, 해당 주택에 주민등록이 되어 있어야만 한다. 변동 사항이 생기면 즉시 신고할 의무가 있으며, 이를 어겼을 경우 특히 소득이 상승한 가족의 경우라면 이미 받은 보조금에서 해당 금액을 반납하게 하는 등 제재가 강하다. 자녀를 가진 부모가 학업을 계속할 경우도 학비 보조금studiehjälpen을 받을 수 있는데 보조금에는 학자 대출금 외에 순수한 학비 보조금과 자녀 수에 따른 특별 보조금이 주어진다.

3) 자녀 양육과 부모의 책임

스웨덴은 자녀가 18세(성인 나이)가 되기까지 혹은 고등학교 재학 중이라면 21세까지 자녀 양육에 대한 부모의 책임과 의무를 법으로 정하고 있다. 이를 근거로 부모는 이혼 혹은 별거할 경우 자녀를 양육하지 않는 쪽에서 양육비를 지불해야 한다. 이 양육비는 양육을 담당한 쪽을 보상한다기보다, 자녀에게 보상하고 이들이 누려야 할 성장 환경을 유지하는 것을 목적으로 한다. 금액은 부모의 경제 수준에 따라 정해지며 양육비는 매달 지불되는 것을 원칙으로 한다. 만약 지불 의무가 있는 부성·모성이 이를 어겼을 경우 기초 단위의 사회보험 사무소는 양육비를 선지불하고, 해당인의 급여에서 원천징수한다. 양육비를 지불할 수 없는 경우는 사회보험 사무소가 우선 책임을 지며 이후 해당인에게서 징수한다.

이혼 갈등 혹은 양육에 관한 갈등이 스스로 해결되지 않는 가정을 위해 코뮨은 전문 상담원을 지원하여 자녀를 중심으로 한 해결안이 도출되도록 돕는다. 이에 필요한 비용은 무료다.

한편 사회 서비스 규정socialtjänsten 가운데 가장 중요한 가정 법률 사항은 혼외 자녀에 대한 법률적 보호다. 정부는 특히 부성이 책임을 회피하거나 확실하지 않은 경우 이를 조사해 부성을 찾도록 도와 아이의 아버지임을 분명히 하는 동시에 자녀 양육비 금액을 명시하고 지불을 강제화한다. 물론 실업 상태에 있거나 경제적인 어려움을 겪는 경우는 앞서 설명한 바와 같이 RFV에서 일차적 책임을 진다.

자녀에 대한 친권, 즉 양육권이 기본 권리로 인정되는 것은 스웨덴에서도 마찬가지다. 그러나 양육권은 부모의 입장에서보다 아동의 권리를 보호하는 측면이 강해 부모가 알코올이나 약물 중독 상태에 있거나 성적 추행과 사회적 범죄 등을 범해 아동의 양육 환경이 위험하다고 판단되면 그 부모는 〈아동양육법〉lagen om vård av unga에 따라 양육권을 부분적 혹은 전면적으로 박탈당할 수 있다. 이 경우 자녀는 패밀리 홈에 위탁되기도 한다.

4) 가족 정책의 행정

(1) 전달 체계

스웨덴의 가족 정책은 여러 부처로 나뉘어 시행되나 주거지역을 중심으로 통합 운영된다. 자녀 양육에 대한 교육적 내용은 어린이집에서부터 고급 연구 과정까지 교육부가 담당하며, 양육에서 발생하는 소득 손실을 보전하고 사회적 권리를 보장하는 제반 서비스는 보건사회부 소관으로 RFV가 맡는다. 중앙정부는 정책에 관한 가이드라인을 설정하고 입법 활동에 주력하며 자녀 양육에 대한 실질적 서비스와 행정은 지방자치단체가 관할 정부로서 총체적 책임을 진다.

각 마을마다 있는 어린이집과 도서관, 학교 외에 가정상담소, 청소년 심리 상담소 및 치료 센터, 아동 극장 및 놀이 공간, 스포츠 공간 등은 코뮨이 관장하며 사회보험 사무소와 고용 센터는 RFV와 고용지원청AF이 맡으나 이는 또한 란드스팅이 운영하는 홈닥터와 진료 센터, 아동 진료소, 모성 진료소 등과도 연계된다. 그리고 다양한 주체가 운영하는 각종 성인 교육 센터가 있다.

담당 소관 기관이 흩어져 있더라도 가족이나 개인이 이에 대한 불편을 거의 느끼지 못하는 것 또한 스웨덴 전달 체계의 특징이다. 스웨덴의 전달 체계는 한곳에서 모든 것이 이루어지는 '원스톱 서비스'라기보다는, 처음 문제를 담당한 기관에서 이와 연관된 다른 기관을 알선하고 서비스가 자동적으로 이어지게 해주는 개념이다. 사람을 중심으로 기록이 담긴 '서류'가 움직인다. 통합적 서비스가 상승효과를 내는 것을 원칙으로 하며 이런 문제를 도와주는 단위가 소규모 지역 단위 중심으로 운영되는 것도 특징이다.

(2) 가족 정책의 방향

스웨덴 인구 증가의 변화는 다음과 같다. 1900~20년 사이 연평균 약 3,900명의 증가를 보이다 1920~40년 사이 약 2,300명으로 증가 폭이 대폭 저하되었다. 그러나 뮈르달 부부의 정책적 제언이 제시된 이후 가족 정책이 일정한 성과를 가져오고 이민자 수 역시 증가하면서 1950년대 인구 증가 폭이 최고 연 6,700명까지 오른다.

인구수는 1940년 약 640만 명에서 1950년 7백만 명에 이르며 1960년 이후 계속적으로 증가하여 1970년 8백만 명, 1980년대 베이비붐과 함께 약 850만 명으로 증가했으며 2009년 12월 현재는 930만 명이 넘는다. 스웨덴은 유럽 사회에서 보기 드문 인구 증가 속도를 보이고 있는 나라다. 이런 결과는 가족 정책의 발전과 밀접한 관계가 있다고 많은 학자들은 지적한다. 룬드 대학Lunds universitet의 오케 엘메르Åke Elmēr 교수는 스웨덴의 가족 정책에 대한 기본 관점과 방향을 다음과 같이 요약한다(Elmēr et al. 2000, 89-92).

① 인구정책에 관한 관점

경제적 생활환경이 출산율 감소에 미치는 영향을 고려할 때, 인구 감소는 연령 집단별 인구구조의 불균형을 초래할 뿐 아니라 노동력을 감소시키는 등 사회 발전에 매우 큰 영향을 미친다. 따라서 무엇보다도 이런 악순환의 위험을 예방해야 한다.

② 사회정의의 측면

자녀가 여럿인 가족의 양육비 부담이 그렇지 않은 가정보다 월등히 높다는 것은 사회정의의 측면에서도 옳지 않다.

③ 국가 발전을 위한 효율성

복합적인 운영 체계와 첨단 생산 체계의 특성을 지닌 현대사회는 장기간의 수준 높은 교육을 거친 인력을 필요로 하고 있다. 여기에 소요되는 교육비용을 가족과 사회가 공동으로 부담할 때, 국가와 사회가 발전하는 데 큰 효과를 거둘 수 있다.

④ 양성 평등 사회 지향

양성 평등 사회는 부성과 모성이 동등한 일자리를 얻을 기회를 갖는 동시에 가정에서의 역할이 동등하게 분담되어야 함을 지속적으로 요구하고 있다.

| 5장 |

노인 정책과 연금제도
안정된 노년의 삶

스웨덴은 세계 3위 안에 드는 초고령사회다. 2008년 현재 65세 이상의 노인 인구는 전체 인구(925만6,347명)의 약 18퍼센트다. 노인 인구는 계속 증가해 2050년 23퍼센트 이상이 될 것으로 예측한다. 이미 80세 이상 인구는 65세 이상 인구 가운데 43퍼센트를 차지하며 2050년에는 2000년에 비해 그 수가 배로 증가할 것으로 예측한다. 스웨덴의 노인 인구 비중은 유럽연합 국가에서도 가장 높은 편에 속한다. 2008년 평균 기대 수명은 남성 79세, 여성 83세로 1900년에 비해 남성은 24년, 여성은 26년 증가했다. 이런 고령화 추세로 2030년에 이르면 평균연령이 남성 82.1세, 여성 85.2세에 달할 것으로 추산하고 있다. 스웨덴 사회복지청의 "국민 건강 보고서"Folkhälsorapport는 국민들의 장수에 영향을 미친 주요 요인으로 스웨덴의 보건 정책을 들고 있으며, 그로 말미암아 5년마다 수명이 1.5년씩 연장되었다고 보고하고 있다(SALAR 2009, 13).

사람이 노령에 달했을 때 겪는 문제들은 어느 사회나 공통적이다. 이를 세 가지 측면에서 정리해 볼 수 있다. 첫째, 경제적으로 생활을 유지할 수 있게 해주는 소득 보장 문제다. 둘째, 여생을 보낼 거처를 구하는 문제다. 셋째, 신체적 변화와 퇴행으로 말미암아 일상생활을 해나가기 불편해진 거동을 돌보는 문제다.

다른 유럽 국가에 비해 스웨덴 노인 정책이 월등하게 발전할 수 있었던 것은 노인 문제를 접근하는 방법이 독특했기 때문이다. 우선 노인에 관한 문제를, 사회복지 정책이 논의되던 19세기 말부터 가족 내의 문제에서 사회적 문제로 전환했다. 그리고 개인의 '생애 주기'적 관점에 그치지 않고, '가족'의 관점과 사회적 관점에서 좀 더 포괄적이고 종합적인 노인 문제 해결책을 시도했다. 스웨덴의 노인 정책은 한편으로 노인의 경제 문제, 서비스 문제, 거주 문제와 같은 실생활 문제를 중심으로 발전해 왔으며, 다른 한편 광역 정부와 기초 정부의 상호 보완적 행정 체계를 통해 포괄적인 효과성을 도모해 왔다. 노인 정책은 시대 변화와 수요에 따라 여러 차례 대규모 개혁이 단행되었고 특히 1990년대 이후에는 서비스와 연금 개혁의 새로운 시대를 맞는다.

스웨덴 노인 정책과 연금제도와 관련해, 이 장의 전반부에서는 사회적 보호 프로그램이 변천해 온 경로와 논쟁, 이에 해당하는 주요 기관과 인물 등을 소개한다. 연금 정책은 이 장의 소득 보장 부분에서 종합적으로 소개되나, 1990년대 이후 가장 중요한 정치적·정책적 과제로 떠오르고 있는, 연기금AP fond의 지속 가능성 문제는 이 장의 후반부에서 별도로 다룬다.

1. 노인 정책

1) 빈곤 사회의 돌봄 정책

(1) 〈구빈법〉과 초기 대응

오늘날 노인 정책의 근간은 1847년에 제정된 〈구빈법〉fattigvårdslagen에서 찾아볼 수 있다(Antman 1996). 19세기 전후의 빈곤 문제는 다른 유럽 국가에서 볼 수 있는 것과 마찬가지로 〈구빈법〉으로 다루어져 왔으며 〈구빈법〉 개정과 함께 빈곤 문제에 대한 대책도 점진적으로 발전해 왔다. 빈곤층의 구제 대상은 집에 남아 있는 노인과 아이들로, 우선 굶주림을 해결하고 병자가 발생하면 이를 도와주는 것이 대부분이었다. 그러나 노인 문제는 19세기 말경 노인 인구가 증가하면서 독립된 사회문제로 대두된다.

스웨덴의 노인 정책은 노인 문제를 단순히 재정을 지원하거나 서비스를 제공하는 차원에서 접근하는 방식을 넘어, 인본주의를 바탕으로 해결책을 모색해 왔다. 특히 누가 노인을 책임질지가 정책적 논쟁의 초점이 되었다는 것은 주목할 만하다. 그것은 매우 일찍이 이에 관한 사회 책임론의 필요성이 대두했다는 것을 말해 주기 때문이다. 이 시기에 스웨덴 정부는 노인에 대한 책임 소재를 이미 법으로 정했다.

사회법이 미비하던 19세기 이전에는 노인에 대한 책임을 가족과 교회가 담당했다. 19세기 중반에 이르자 노인에게 필요한 물질적 책임을 지방정부가 담당했다. 그러나 광역 정부와 기초 단위에서 적절히 대응해야 한다는 규정 외에 시행과 관련된 특별한 조처가 마련되지는 않았다. 스웨덴에서 노인 정책이 사회적 문제로서 공감대를 형성하고 국가가 이를 수용한 데는 대중운동의 활약에 힘입은 바가 대단히 컸다.

〈구빈법〉에 따라 소수의 코뮨들은 빈곤 노인들이 모여 살 수 있도록 '처소'fattigstugor를 처음으로 제공했다. 이 처소는 주로 남녀 노인들이 함께 거주하고 이에 필요한 최소 장비만을 갖춘 협소하고 열악한 집이었다. "10여 명의 노인들이 칸막이를 치고 살았고, 오직 하나 있는 벽난로가 집 안의 빛을 비쳐 주는 등불이자 방을 덥혀 주는 유일한 보배였다"라고 헬레나 베리만Helena Bergman은 당시의 상태를 기록했다(Bergman 1993). 그러나 이런 처소조차 수요를 충족하지 못했으며 모든 코뮨이 이를 제공한 것도 아니었다.

1850~1900년 사이 스웨덴 전체 인구는 약 48퍼센트가 증가한 반면 65세 이상의 노인 인구는 156퍼센트나 증가했다. 이런 현상은 노인 돌봄 문제가 얼마나 심각했는지를 보여 준다.

(2) 최초의 보편적 노령연금

산업화가 진전되면서 농촌에서 도시로의 급속한 인구 이동 현상이 발생했다. 이에 따른 가족해체 현상은 노인 문제에서 또 하나의 중요 요인이 되었다. 농경 사회의 대가족이 산업사회의 핵가족으로 변화하면서, 결국 농촌에 홀로 남게 된 노인 문제는 심각해졌다. 이는 의지와 도덕의 문제를 넘어 현실적으로 가족이 알아서 해결할 수 없는 문제가 되었다. 그동안 지방정부에만 맡겨 왔던 '노인과 빈곤'에 대한 문제는, 이 시기에 각 정당과 국회에서 논쟁적 이슈로 등장했다.

1884년 자유당 의원 아돌프 헤딘Adolf Hedin에 의해 사회보험의 필요성이 제기된 이래 마침내 1913년 노령 인구의 빈곤 문제를 해결하기 위한 수단으로 국회는 우선 노령연금 제도lag om allmän pensionsförsäkring 도입에 대한 합의를 이끌어 냈다. 이 연금제도는 67세 이상 혹은 장애를 입은 사람이라면 누구나 정부의 재정적 지원을 받을 수 있다는 내용을 담고 있다. 연금 급여는 보험 원칙에 근거해 지급되었지만 대다수 국민의 연금 급여액은 여전히 실생활을 유지하기에 미흡했다. 그러나 국가가 모든 노인을 대상으로 재정적 지원을 한다는 의미에서, 〈구빈법〉의 성격과는 근본적으로 구별되는 최초의 보편적 복지 제도였다. 당시의 사회·문화적 환경을 고려하면, 여성이 남성과 차별되지 않고 동등한 노령연금 대상자가 되었다는 사실도 의미가 컸다. 이 노령연금은 1935년 급여액이 상승하면서 많은 부분이 보완되었으며 명실 상부한 기초 연금으로 개혁되었다. 일부 전문가들은 1913년 연금제도의 도입을 보편주의적 복지 정책의 시초로 보고 있다(Ståhlberg 2004, 41).

(3) 대중운동과 비영리단체

스웨덴 복지 정책의 발전에서 대중운동과 비영리단체의 활약을 지나칠 수는 없다. 빈곤 노인 문제가 한 가족의 문제에서 지방자치단체의 문제로, 더 나아가 국가 차원의 의제로 확대·발전되기까지 호소력 있게 빈곤 문제에 관한 전국적 여론을 상기시킨 대표적 단체로 CSA와 스웨덴빈곤가족돌봄협회Svenska fattigvårdsförbundet가 있다.

CSA는 박애 정신으로 불우이웃 돕기를 시작한 봉사 단체들의 전국 연합체로 1903년 6월 설립되었다. 설립 초기 이들은 '빈곤가족을 돕는 사람들'Fattigvårdsfolket이라는 이름으로 스톡홀름을 중심으로 활동했다. 초기의 CSA는 사업의 기본 목표를 사회 여론화를 통해 많은 사람들의 관심을 일깨우는 데에 두었으며 정부에 대한 로비 작업을 중요한 운동 전략으로 삼았다.

이들은 1906년 스웨덴빈곤가족돌봄협회를 설립해 박애 단체와 자원봉사 단체를 중심으로 현장 방문을 실시하고, 직접 서비스를 제공했으며 이를 전국적 봉사 운동으로 발전시켰다. 이런 활동의 결과로 스웨덴 정부는 지역사회 문제를 지역 시민 혹은 봉사 단체와 연합하여 해결하고, 이에 필요한 지역 조직을 구성할 것을 내용으로 하는 조례를 발표했다. 이런 제도적 결실을 맺는 데 스웨덴빈곤가족돌봄협회의 역할은 대단히 컸다.

이들은 노동문제를 제외하고는 사회적 약자들의 모든 생활 문제를 다루었다. 당시 이들은 '빈곤'의 개념을 '사회적 질병'으로 정의하고 결코 개인 문제가 아니라고 역설했다. "이 병은 심지어 사회적 강자에게까지 전염될 수 있고, 이미 빈곤 상태로 전락한 시민들은 또 다른 시민에게 이를 전염시킬 수 있어서 결국 전 사회를 위협할 수 있다"라며 사회적 책임론을 강하게 피력했다. 이 시기에 빈곤가족을 돕는 자선단체들은 〈구빈법〉의 개정을 강력히 요구하고 나섰다.

CSA는 1918년 〈구빈법〉 개정안이 통과되는 데 막중한 역할을 했다. 개정된 법에 따라 국가가 양로원ålderdomshem을 전국 단위로 설립하는 계기가 마련되었다. CSA는 양로원이 갖추어야 하는 프로그램의 내용도 요구했다. 이는 전통적인 구제 방식을 일정 한도로 유지하면서도 인본주의를 바탕으로 한 돌봄 프로그램을 갖는다는 것이었다. 이 프로그램은 당시로서는 매우 발전된 것이었으며 좀 더 선진화된 노인 돌봄 센터를 준비하는 계기가 되었다. 빈곤 노인에게 물질적 지원뿐 아니라 수발을 거드는 것도 중요했기 때문에, 이것이 오늘날의 노인 복지 프로그램이 통합적으로 운영된 시초라고 볼 수 있다. 현재도 CSA는 스웨덴 복지 분야의 가장 큰 비정부기구NGO 가운데 하나로 활약하고 있다.

CSA가 만들어지기까지에는 두 여성의 역할이 컸다. 1903년 초기 스톡홀름 출신 두 여자, 예르트루드 클린트베리Gertrud af Klintberg와 에르다 메이에르손Gerda Meyerson은 산책길에서 각자의 일상적인 직업에 관한 이야기를 나누다가 우연히 당시의 사회적 상황과 어려움을 토로하게 되었다. 산업사회의 이면에 감추어진 빈곤층의 실생활이 얼마나 심각한지, 누가 이를 감당해야 하는지 등을 이야기하게 된 것이다. 과연 이 문제를 어떻게 다룰지의 물음이 CSA를 조직하는 발단이 되었다. 이들은 당시 주류를 차지하던 노동운동이 이런 사안을 끌어안기에는 역부족이라고 판단한 한편, 정부의 관료주의가 외면한 사회 저변의 문제를 해결하려면 이를 누군가가 여론화해야 한다는 데 의견을 모았다.

이들이 생각한 초기 대응책은 제일 먼저 빈곤의 심각성을 보이는 전국조사를 실시하고, 이 조사가 미칠 사회적 효과에 초점을 맞추어 이를 대변할 대표자들을 조직하는 데 있었다. 그동안 산발적으로 운영되어 온 크고 작은 자선단체 혹은 집단 사이에 연계망을 만들고, 1903년 2월 18일 마침내 각 단체와 집단의 대표를 모으는 데 성공한 이들은 첫 번째로 조직 위원회를 구성한다. 이를 시작으로 같은 해 6월 3일 CSA가 창립된다. CSA의 초기 회장은 신학자이며 당시 자유당 국회의원을 지낸 에른스트 벡크만Ernst Beckman이 선택되었으며 선구자의 역할을 맡았던 이 두 여성은 이사로 참여해 실질적인 조직 운영에 참여했다.

그 가운데 메이에르손은 사회복지사로 홀로 된 저소득층 모성 노동자

● CSA는 현재 아동보호연합체와 알코올·약물보호협회(CAN), 그리고 대부분의 복지사들이 가입되어 있는 SACO 등 11개 다양한 협의체를 회원으로 하고 있으며 주로 사회복지 정책 발전에 관한 각종 세미나, 조사와 연구 프로젝트를 운영하고, 다른 한편 개도국의 빈곤 문제 해결에도 기여하고 있다. 그 밖에 노인 당사자 중심으로 만들어진 대표적인 단체들은 연금수령자전국조직(PRO)과 스웨덴연금수령자협회(SPF)로 각각 정치적 성향의 차이를 지니며 노인복지 정책 발전에 영향을 미치고 있다.

를 위한 모임을 조직·운영했으며 훗날 본인 자신이 청각 장애자가 되자 청각장애인협회를 창설·운영하는 등 민간 차원에서 적극적으로 사회복지 운동을 전개하고, 여러 신문 논단에 많은 글을 썼다.

(4) 선별주의에서 보편주의로

1939년 정부는 당시 공급된 양로원만으로 주택 수요를 충족할 수 없어 새로운 유형의 노인 아파트pensionärshem 혹은 서비스 홈servicehus을 증축했다. 이미 1935년 기초 연금 개혁에 따라 노인들의 생활수준은 전반적으로 향상되었으며 이들은 이제 보호 대상만은 아니었다. 정년퇴직한 노인 수가 증가하면서 주거 문화의 변화를 요구하는 흐름이 발생했고 이런 변화를 감안해 좀 더 독립적이면서 개인 생활이 보장되는 자립형 노인 아파트가 출현했다. 일반 아파트 형태이기는 하지만, 한 건물 안에 의료 서비스는 물론 청소와 쇼핑 등을 도와주는 서비스 체계를 갖추었다. 이 아파트에 거주하는 노인들은 코뮨이 제공한 주택에 세입자가 되는 방식으로 임대료를 지불한다. 그러나 정부는 주택 수당 제도를 도입해, 소득 수준이 낮아 월세를 내기 어려운 노인에게 부족분을 보조해 주었다.

초기의 양로원은 경제적 생활수준이 몹시 낮고 친인척 연고가 거의 없는 독거노인을 대상으로 하여 재정을 지원하는 동시에 수발을 제공했던 반면, 노인 아파트는 개인의 특성과 사생활을 보장하며 노인 중심의 편의 시설을 갖춘 공동체형 주거 공간이다. 두 형태의 양로원 모두 1970년대까지 양적·질적으로 꾸준히 발전해 왔다.

1942년 중앙정부의 사회서비스위원회Socialvårdskommittén에서는 또 다른 형태의 노인 수발 프로그램으로 '재가在家 복지'에 대한 원론적 논의가 시작되었다. 그리고 1950년대 보건사회부 장관 군나르 스트랭●은 이를 노인만이 아닌 도움이 필요한 모든 가정에 적용하는 포괄적 재가 복지 지원책으로 확대했다. 재가 복지 제도가 문제 제기 단계에서 실제로 실행되기까지는 한 스웨덴의 작가의 외침이 있었다.

이바르 루 요한손Ivar Lo-Johansson은 노인들이 질병 혹은 노령을 이유로 익숙한 집을 떠나 '양로원'으로 옮기는 것은 지극히 비인도적 발상이라고 선언하며 재가 서비스의 당위성을 알리는 캠페인을 대대적으로 시작했다. 캠페인의 여파로 스웨덴 적십자사는 저학력 실업 여성을 동원해 초기에는 독거노인을 대상으로 방문 서비스를 시행했다. 이후 적십자사는 이 서비스를 체계적이고 조직적인 재가 서비스 프로그램으로 발전시켰다.

스웨덴 정부는 심각한 사회문제일수록 서둘러 정책을 도입하기보다는 이에 앞서 전국 실태 조사와 전문적 연구를 시작하는 관행이 있다. 재가 서비스 문제에서도 다년간의 조사 연구가 실시된 끝에 '모든 사람을 위한' 사회서비스제도allmännyttig socialtjänslagen 도입에 관한 합의가 이루어졌다. 1956년 노인 돌봄 정책에서 노인의 긍지와 자율권이 보장되는 다양한 서비스를 지원하는 정책이 마련되었고 재가 서비스와 노인을 위한 가사 도우미가 직업으로 인정되었다. 그러나 각 코뮨의 예산은 수요를 충족하기에는 부족한 수준에 머물렀다.

이 단계에서 중요한 특징은 노인 문제의 사회적 책임에 관한 합의가 이루어졌다는 점이다. 이제 노인 문제는 가족이 혼자 감당하는 것이 아니라 국가가 우선적으로 책임을 진다는 원칙 아래, 모든 노인들이 골고루 혜택을 받도록 보편주의와 평등주의에 입각한 노인복지 정책으로 해결을

● 군나르 스트랭(Gunnar Sträng)은 제2차 세계대전 이후 사민당의 핵심 정치가로 40여 년간 국회의원, 1951~55년 보건사회부 장관, 1956~76년 재무부 장관을 지냈다.

모색한 것이다. 1920년대 '국민의 집'으로 시작되었던 사회복지 제도는 1968년 국가 책임을 명시한 노인복지 정책의 법률적 효력이 발휘되면서 보편주의를 완성하게 된다.

1965년에서 1975년까지 노인 인구는 약 4배로 증가했고 동시에 양로원 등 시설 외에서 재가 서비스를 받는 노인은 전체 노인의 15퍼센트에서 23퍼센트로 증가되었다. 이와 동시에 다양한 형태의 양로원을 포함한 노인 센터와 서비스형 아파트 등은 물론이고, 란드스팅이 운영하는 종합병원의 노인 병동과 소규모의 노인 전문 병원 또한 증가했다.

이 시기에 사회복지 정책의 근간을 만든 대표적인 정치가로 두 사람을 꼽을 수 있다. 1920년대 '국민의 집'을 제창한 페르 알빈 한손 총리와 당시 사회부 장관을 지낸 구스타프 묄러다. 한손이 계급 타파와 사회복지 이념을 정치 세력과 결부한 인물이라면 묄러는 분배 정책을 통해 보편주를 실현할 수 있게 한 공로자다.

묄러는 1924~51년 4번이나 사회부 장관을 지냈고 재무부 장관도 지낸 바 있다. 그는 당시 빈곤 돌봄의 한계를 지적하며 사회에 미치는 생산적 효과를 고려한 소득 재분배 정책안을 점진적으로 추진할 것을 당론으로 제시했다. 묄러는 당시 모든 여론이 집중된 노인 문제를 해결하는 데 그치지 않고 모든 사회 구성원의 시민권이 보장되는 사회를 구상했다. 양로원 제도는 오직 빈곤 돌봄의 형태로 빈곤 노인층만을 대상으로 하는 협의의 선별적 복지 정책이라는 점을 지적하고, 이를 넘어서서 모든 노인이 골고루 혜택을 받을 수 있는 사회보험제도socialförsäkringsystem를 구축하자고 주창한 이도 묄러였다.

또한 심각한 사회문제로 부상한 육아 문제에 대한 정부의 본격적인 개입 역시 1930년대에 사회부 장관을 지낸 묄러에 의해 이루어진다. 묄러가 주창한 분배 정책은 1935년 기초 연금 개혁이 성공하는 데에 이론적 배경이 되었으며 보편적 사회정책이 제도권 안으로 뿌리를 내리게 했다. 더 나아가 뮐러의 주장은 가족 정책과 주택 정책 개혁 등을 통해서 국가가 시민의 기본 생활을 보장할 의무와 시민들이 쾌적한 생활을 누릴 권리에 대한 국가 책임의 범주를 확대했다. 그 결과 빈곤 돌봄에 의지한 노인 수는 1947년 16퍼센트에서 1950년 7퍼센트로 감소되었다. 뮐러의 재분배 이론은 선별적 빈곤 돌봄에서 보편적 '사회 돌봄'으로 정책 개념을 변화시킨 동시에 빈부 격차가 줄어들어 복지국가의 실질적 성과를 가져온 성공 사례가 되었다.

2) 에델 개혁

1970년대 노인복지의 특징은 노인 돌봄 서비스와 의료 서비스를 연계해 운영했다는 점이다. 그 후 1980년대는 〈사회서비스법〉이 개정되면서 서비스 내용이 대폭 강화되었다. 동시에 이를 시행하는 각 코뮨의 자율권과 책임이 강화되었으며, 국가는 노인 정책의 목표를 구체화해 〈사회서비스법〉 제1조에 다음과 같은 사항을 명시했다. "국가가 제공하는 사회서비스는 사회·경제적 면에서 모든 사회 구성원의 절대적인 안정성을 보장해야 하며, 모든 노인은 균등한 생활 조건과 환경을 보장받아야 한다."

이 규정에 따라 돌봄이 필요한 노인이라면 누구든지 각자 처한 어려움의 정도와 상관없이 재가 서비스를 받을 수 있는 선택의 자유가 주어졌다. 중병을 앓거나 거동이 불편한 노인은 양로원이나 서비스 홈으로 이사를 권고받았던 과거와는 달리, 평상 생활을 유지하며 재가 서비스를 받을 수 있게 되었다. 노인 서비스 시설 및 서비스로는 양로원, 다양한 서비스 홈, 노인 요양원sjukhem, 장기 환자를 위한 요양 병원, 종합병원의 장기 병돔långvård, 재가 서비스 등이 있다. 그리고 이를 책임지는 당국은 코뮨과 란드스팅이었다. 이는 노인복지 정책이 정상화 원칙principle of normalization에 입각해 한층 더 강화된 인본주의를 내용으로 한 것임을 보여 준다.

이후 정부가 실시한 또 한 번의 장기적 노인 정책 연구는 1987년 초 최종 보고서로 발표되었으며 이 보고서를 근간으로 전반적인 돌봄 시스템의 변화를 내용으로 한 에델 개혁Ädelreformen이 1992년부터 시행된다.

(1) 사회적 배경과 문제점

1992년 85세 이상의 노인 인구(16만1천 명)는 1975년(8만3천 명)에 비해 두 배로 증가했다. 그동안 노인 정책의 빠른 대응에도 노인 인구 증가에 따른 복지 및 의료 서비스의 공급 총량과 수요 총량의 간극은 점점 더 커졌고, 1980년대 정상화 원칙에 의한 서비스의 질적 향상은 예산을 급증시켰다. 이에 스웨덴 정부가 이끌어 온 노인 정책의 비전과 계획은 많은 차질을 빚었고, 노인 정책의 미래를 재조정해야만 하는 상황에 직면했다.

당시의 스웨덴 노인복지 정책은 중앙정부 차원의 연금제도를 제외하고도 2개의 지방정부 소관으로 운영되어 왔으며 두 범주의 제도권으로 나뉜다. 한 부분은 〈보건의료법〉에 따라 란드스팅의 소관이며 다른 한 부분은 〈사회서비스법〉에 따라 코뮨이 책임 주체가 된다. 그리고 중앙정부는 국가 보조금을 통해 열악한 란드스팅이나 코뮨을 뒷받침해 전국적인 균형을 유지한다. 지방정부는 각각 독립된 조세 권한을 지니며 모든 정책의 예산과 집행을 자율적으로 운영한다. 1990년대 초반 스웨덴 노인복지 예산은 GNP의 약 18퍼센트를 차지했는데, 이 가운데 60퍼센트가 연금 지급 총액이었다. 그리고 사회복지 총예산의 3분의 1이 노인을 위해 쓰인다. 따라서 노인복지 정책에 소요되는 예산은 중앙정부는 물론 지방

정부 살림에 가장 큰 비중을 차지했는데 향후 양적·질적으로 지속 가능한 노인복지를 실현할 방법으로 새롭게 제시된 것이 에델 개혁이다.

이원화된 노인 돌봄 제도가 안고 있던 문제점들은 다음과 같다. 첫째, 노인 당사자가 느끼는 심리적 충격이다. 양로원을 포함해 종합병원의 장기 병동과 노인 요양원은 거동이 불편하거나 의료적 보호가 필요할 때 마지막 생애를 보내는 거처의 개념으로 이해되어 왔으며 제도에 의해 이곳으로 옮기라는 결정이 내려진 노인들은 자신이 회복할 가능성이 없다고 여겨 심리적 충격을 받곤 했다.● 둘째, 노인의 특성상 사회 서비스와 의료 서비스가 통합적으로 운영되어야 함에도 이를 반영하지 못한 점이다. 한 노인을 두고 청소, 세탁, 식사 제공 등 생활에 필요한 일반 서비스는 코뮨이 관할하고, 의료 서비스는 란드스팅이 담당한다. 이원화에 따른 폐단은 환자에게만 국한되지 않았다. 양로원 및 서비스 홈 관리 책임자도 두 정부의 관료 체계를 거쳐야 한다는 점에서 낭비와 비효율성이 적지 않았다. 셋째, 서비스 우선순위에서 밀려난 이른바 차상위 계층에 속한 노인들에 대한 서비스가 부재했다. 시설로 보내질 정도는 아니나 이따금 도움이 필요한 노인들이 방치되는 경우 쉽게 건강이 악화된다. 이는 당사자의 문제만이 아니라 전체 사회의 사회·경제적 관점에서 값비싼 비용을 치러야 하는 문제로 비화되었다.

이 외에도 스웨덴 보건 의료 제도의 재정 적자는 시스템 유지의 위기 상황을 예고했다. 1990년대 초기 스톡홀름 란드스팅이 조사한 바에 의하

● 필자는 유학 시절 이따금 양로원 등에서 여러 차례 아르바이트를 하면서 노인들이 실의에 빠진 모습을 경험한 바 있다. 양로원 노인들의 삶에 대한 체념은 언론에 자주 등장하는 소재이기도 했다.

면, 노인 한 사람의 생애 마지막 1년 동안 소비한 병원 비용은 일반 환자에 비해 3배나 높았으며, 종합 병동의 병상 잠식률 또한 대단히 높아 또 다른 병원 체계 문제를 야기했다. 지속적으로 증가하는 노인 인구와 늘어나기만 하는 의료 비용은 코뮨뿐만 아니라 란드스팅의 의료 재정에도 위협적인 요소였다. 스웨덴의 정치가와 행정가들은 당면한 시스템 개혁을 가장 시급한 시대적 과제로 받아들였다.

(2) 개혁의 방향과 프로그램

에델 개혁은 스웨덴 노인 정책의 역사 이래 구조적으로나 내용적으로 가장 광범위한 변화를 담고 있다. 첫째, 구조적 변화로 란드스팅의 고유 업무이던 노인에 관한 보건 의료 사업이 코뮨으로 이관된 점이다. 둘째, 재가 복지 서비스의 양적 증가 추세 속에서 노인들의 삶의 질을 향상하는 데 '인본주의'를 강조하여 탈시설화 정책에 역점을 둔 점이다. 에델 개혁의 궁극적 목표는 노인 정책의 질적 향상과 효율성을 동시에 추구한 것이었다.

에델 개혁으로 긍정적 변화가 많이 나타났다. 우선 스톡홀름에 거주하는 65세 이상 노인들이 사망 전 1년 동안 종합병원에 입원하던 기간이 대폭 감소했다. 에델 개혁 이전(1989년)과 이후(1993년)의 입원 일수는 평균 95일에서 53일로 절반 가까이 줄어들었다. 개혁 이전 종합병원에 의뢰된 노인 환자 가운데 재가 의료 서비스로 전환한 환자는 약 21퍼센트나 된다. 그리고 노인들의 건강 증진과 기대 수명 또한 상승하는 추세를 보인다. 정부의 "국민 건강 보고서"는 이를 뒷받침하고 있다.

노인 전문 요양원을 비롯하여 대부분의 노인 관련 기관들은 이제 코뮨의 행정단위에 속하며, 코뮨은 광역 지방정부(란드스팅)와 협조해 환자 중심의 통합 서비스를 운영한다. 에델 개혁 이후 도입된 대표적인 새로운 프로그램은 다음 두 가지다.

첫째, 개인 중심의 종합 프로그램 방식이다. 현재 운영하는 통합 재가 서비스 내용을 더욱 과학화·개인화한 것이다. 이것은 노인들의 하루 일과를 보살피는 프로그램으로 강도가 약한 운동, 재활 프로그램, 문화·여가 활동 등을 내용으로 하며 개개인이 이를 따르도록 권장하고 이를 서비스 요원이 보살핀다.

둘째, 새로운 방식으로 운영되는 데이케어 센터다. 센터는 식사와 커피, 가벼운 진료와 치료, 문화 활동을 제공한다. 자기 집에서 따로 살아가는 노인들이 소외당하지 않고 함께 모여 일상을 누리게 하는 것을 목표로 한다. 작은 공동체 가족을 운영하는 방식도 있다. 작은 집단으로 노인들을 나누고 봉사자(서비스 요원)들이 음식을 준비해 가족과 같은 분위기에서 식사를 제공하는 것이다. 서비스 방식은 코뮨마다 다양하며 서로 창의적인 방법을 개발하고자 애쓴다.

스웨덴의 노인들은 이사하는 빈도가 비교적 낮다. 한집에 오래 사는 것을 선호하는 문화적 전통을 따르기 위해서만이 아니라 고령 노인들의 심리적 안정을 위해 전문가들도 이사를 권장하지 않는다. 에델 개혁은 노인 개인의 존엄성을 존중하고 보통 젊은 사람과 차이 없이 사는 정상화 원칙을 현실화한 사례라고 볼 수 있다. 에델 개혁은 고령화와 시대적 변화에 따른 복지사회의 문제를 해결하는 한편, 스웨덴 특유의 인본주의와 보편주의의 틀을 고수하고 있다.

(3) 운영 주체의 변화와 시장주의

역사적으로 공공사업이 상업적으로 운영된 경험이 거의 없는 스웨덴은 새로운 도전에 직면했다. 1993년 전국의 코뮨 가운데 절반가량이 성과 중심의 운영 방식을 도입했으며 정부가 운영하던 대부분의 양로원과 서비스 홈 등이 민영화되었다. 코뮨은 수요에 대한 계획과 평가에 집중하고, 현장에서의 실질적 서비스는 민간 회사에 위탁하는 형식이다. 모든 것은 계약에 의해 이루어지며 성과 평가에 따라 재계약이 가능하다.

이런 방법은 민간 회사의 경쟁을 자극해 서비스를 질적으로 향상하고자 채택되었다. 코뮨은 관할 지역의 노인을 돌보기 위한 '의뢰자'가 되며, 민간 회사는 정부 사업을 위탁받은 사회 서비스 '제공자'가 된다. 그리고 노인 수발을 위한 바우처 시스템도 도입했다. 그 결과 1994년 노인과 장애인을 돌보는 사회복지사의 절반은 사설 서비스 회사 소속 직원들로 전환되었다. 또한 민영으로 운영되는 홈닥터와 그와 유사한 진료소도 증가했으며, 서비스 인력 관리와 교육 등도 기업화된 기관에서 운영되는 경우가 급증했다.

그러나 위탁 업체에는 사회적 기업이 많다는 점을 유념할 필요가 있다. 예를 들어 의료 사업 등 전문 기관을 제외한 서비스 업체로 대표적인 회사로는 장애인 사회적 기업 삼할Samhall AB이 있다. 삼할은 코뮨과 밀접한 관계 속에서 노인 센터의 청소, 세탁, 쇼핑, 도시락 배달 등 많은 부분을 위탁 사업으로 진행하고 있다.

당시의 정부 보고서에 따르면, 민영화된 서비스 방식에 익숙하지 않았던 스웨덴 사회는 이런 시장화 경향이 실제보다 더 큰 충격으로 다가왔다. 그러나 전체적으로 볼 때 노인 정책을 집행하는 책임 주체는 여전히 기초 지방정부 코뮨이다. 정부와의 협약에 따라 운영되는 민영 서비스 센터는 10퍼센트에 불과하며, 대다수는 정부가 운영하고 있다. 개인 병원 및 서비스 기관일지라도 모든 서비스 비용은 조세를 기반으로 코뮨이 지원한다. 이런 점은 여타 유럽 국가에서 나타난 민영화의 성격과는 많이 다르다. 이 제도는 재정적 책임을 다하고 좀 더 효율적으로 성과를 관리하는 시장 메커니즘을 받아들이면서도 복지국가라는 정체성을 유지하는 사례로 장단점을 지닌다.

2008년도 노인복지 예산은 약 918억 크로나다. 대부분의 총예산은 조세를 기반으로 한 코뮨 예산과 중앙정부의 보조금이며 개인의 부담률은 4퍼센트에 불과하다. 전체 예산 가운데 민간 회사·기관이 제공하는 의료 및 사회 서비스 비용은 약 10퍼센트를 차지한다.

3) 주거 정책

(1) 탈시설화와 맞춤형 주거

스웨덴 노인들이 거처하는 형태의 변화는 앞서 간략히 설명했다. 에델 개혁 이후 스웨덴 노인 주거 정책의 기본 목표는 최대한 노인들이 '자기 집'에서 마지막까지 삶을 영위할 수 있도록 돕는 데에 있다. 이는 탈시설화를 의미하며 노인 특성에 맞게 주거 정책이 여타 서비스 정책과 통합해 운영되는 것을 내용으로 한다.

1967년 이후 주택 정책에 관련된 제반 업무 또한 코뮨으로 이양되어 노인에 관한 종합적 계획을 세우는 데 코뮨이 담당하는 권한과 책임은 막중해졌다. 각 코뮨은 주택을 양적으로 증가시켰을 뿐 아니라 질적으로도 대상에 따른 맞춤형 주거 정책을 발전시켰다. 1985년 〈주택법〉 bostadsför-sörjningslagen 제정은 주택 발전을 가속화했고, 이후 장애인과 노인층에 대한 맞춤형 주택 구조 개선이 활발히 진행되었다. 누구든 집 안에서 생활하며 겪는 불편한 점을 최소화할 수 있도록 집을 개조하는 것이다. 예를 들어,

층계가 있는 집에는 리프트를 달고, 휠체어가 다닐 수 있게 문지방을 제거하며, 넘어지지 않도록 벽 손잡이를 설치하는 것들은 모두 전문가가 결정하며 이에 따라 부분적으로 재건축한다. 물론 시각 장애인이나 청각 장애인을 위한 개조도 수반된다. 부엌에서 사용하는 병따개처럼 노인들의 불편한 손놀림을 보조할 기구를 갖출 수 있도록 코뮌이 지원한다는 사실도 덧붙일 만하다.

스웨덴에서 대부분의 노인들은 일반 주택에 산다. 2006년 현재 65세 이상의 노인 가운데 약 94퍼센트가 개인 아파트나 정원이 딸린 가옥에 거주하며 이 가운데 절반은 자기 명의의 일반 주택이다. 물론 고령으로 갈수록 이 비율은 감소한다. 이런 노인 주택은 대체로 모든 기능이 갖추어진 현대식 구조로 도시 중심에 위치한다. 특히 80세 이상의 노인 가운데 양로원 대신 개인 집이나 아파트에서 독립적으로 생활하는 수가 증가하고 있으며 2005년 현재 밤낮으로 수발을 해야 하는 전문 요양원 등에 거주하는 80세 이상 노인은 16퍼센트에 달한다. 스웨덴 정부 보고서에 따르면 65세 이상 노인들의 건강 상태는 1970년대 이래 세계에서 상위권을 유지하고 있다.

(2) 주거 환경과 건강

주거 환경은 국민 건강에 중요한 역할을 한다. 현재 스웨덴에서 노인들이 선택할 수 있는 집의 종류는 노인의 건강 상태와 취향에 따라 다양하다.

앞서 언급한 바와 같이 최근 각 코뮌은 노인들의 건강관리를 위해 맞춤형 운동 프로그램을 적극적으로 권장한다. 노인이나 장애인은 전문가가 제공하는 운동 프로그램을 가지고 맞춤형 운동을 한다. 대부분의 노인들은 운동을 제대로 하지 못해 더 큰 화를 입는다. 이런 운동 사고를 예방하고 노인들의 건강을 유지할 목적으로, 코뮨은 모든 노인들이 운동 프로그램에 참여하게끔 대대적인 홍보를 하고 있다. 또한 이 방식은 질병 치료와 관리의 목적으로도 중요하게 사용된다. '일일 활동 프로그램'은 외부적 자극과 재활이 필요한 정신적 장애를 가진 노인 및 치매 환자를 위해 중요하게 활용되고 있다. 치매를 포함하여 노인의학이 세계에서 가장 발달한 나라 가운데 하나가 스웨덴이다. 이에 대해서는 정부 기관 외에 재단에 의한 연구와 교육도 활발하다. 스웨덴 왕실의 실비아 왕비가 설립한 '실비아헤멧트'Silviahemmet는 대표적인 예다. 이는 알츠하이머병 환자를 위한 재활 교육과 종사자 교육 및 치매 예방과 치료를 위한 연구 센터로 세계적으로 유명하다.

(3) 통합 사회 서비스

에델 개혁의 노인 정책은 의료 서비스와 사회 서비스가 하나로 통합된 사회 보호 정책이다. 서비스 행정 체계는 과거보다 간소화되어 수혜자 중심으로 운영되며 서비스와 진료 보장을 규정하고 있다. 코뮨은 소속 거주 노인의 건강상 문제나 돌봄이 필요할 경우 신청 이후 1주일 이내에 도움을 받을 수 있도록 보장하며, 1차 병원에서 진단서를 발급받은 이후 2, 3차 병원에서 특별 전문의의 진료를 받는 것(수술 등 포함)은 90일 이상 기다리지 않게 한다.

이처럼 제도가 변화하면서 노인들이 마지막 생애의 모습을 바꾸고 있다. 사망이 임박한 경우 과거에는 집에서 병원으로 옮겨지던 것이 이제는 그 반대 현상으로 나타났다. 설사 입원 중이라도 집에서의 마지막 시간을 위해 퇴원하며 마지막 서비스를 집에서 주문하는 노인이 증가하고 있다.

노인들의 일상생활에서 중요한 요소 가운데 하나는 교통 서비스färdtjänst

에 관한 것이다. 법이 정한 정상화 원칙은 여기에서도 중요하게 작동된다. 이를 기반으로 거동이 불편한 노인과 장애인도 그렇지 않은 사람들과 똑같이 자유롭게 일상 활동을 영위할 수 있어야 한다. 따라서 노인 및 장애인을 위한 교통 서비스는 〈사회서비스법〉 내용의 한 부분을 이룬다. 1974년 교통 서비스를 위한 중앙정부의 보조금이 책정되었고, 이는 코뮨별 차이 없이 전국적인 정책으로 보편화되었다.

〈교통서비스법〉lagen om färdtjänst의 내용도 확대 강화되어 "거동이 불편한 노인과 장애인은 시간과 목적지에 상관없이 일반 택시나 특별 장치가 장착된 서비스 차량을 주문할 수 있는 권리"가 명기되었다. 정부가 발부한 교통 서비스 '권리증'을 받은 자는 교통수단을 자유롭게 주문할 수 있다. 1973~75년 사이 권리증의 수는 3배로 증가했다. 1994년 전국의 65세 이상 노인의 24퍼센트가 이를 이용할 수 있었는데, 80세 이상의 노인이 대개 이에 속한다. 2006년 현재 대중교통을 이용하기 어려운 80세 이상의 노인 가운데 반 이상이 이를 이용한다.

4) 노후 소득 보장

노인에 관해 지금까지 설명한 모든 서비스가 코뮨에 의해 운영되어 왔다면 소득 보장에 대한 사회보험제도는 중앙정부의 RFV가 관장한다. 오늘날 스웨덴의 정년퇴직 연령은 65세이지만, 67세 혹은 70세까지 일을 계속하는 것을 권장한다. 65세를 기점으로 하여 경제활동으로부터 정년퇴직을 했다면 65세 이상의 모든 노인은 연금 수령자 생활을 한다. 스웨덴 사람이면 누구나 받을 수 있는 공적 노령연금의 종류는 2000년 노령연금 개혁 이후 크게 세 가지로, ① 소득 연금$_{IP,\ Inkomstpension}$/보조 연금$_{TP,}$

Tilläggspension, ② 프리미엄 연금(주식형 연금)PP, Premiepension, ③ 보장 연금GP, Garantipension 등이다. 오늘날의 스웨덴 사람들에게는 연금제도에 의한 공적 연금 외에 개인연금 저축도 노후의 경제활동을 영위하는 데에 한몫한다.

1992년 자료(당시 연금제도는 소득 연금/보조 연금, 기초 연금으로 구성되었다)에 의하면 노인 약 150만 명이 기초 연금을 수령했고, 소득 연금 수령자는 약 122만 명이다. 또한 45만 명가량이 지방정부가 제공하는 주택 보조금과 보조 연금을 받았다. 이 시기의 연금 등에 의한 평균 월 소득은 10만8천 크로나다. 이 가운데 남성 노인과 여성 노인의 차이가 큰 편인데, 남성 13만9천 크로나에 비해 여성 평균은 8만4천 크로나다. 특히 독신 노인과 부부 혹은 가족이 있는 노인 사이에 소득 차이가 심한데 독신 노인의 다수는 여성 노인으로 이루어져 있다. 같은 시기의 '실제 소비 가능 소득수준'은 복수 가족의 경우 10만2천 크로나이며 독신 가구는 8만4천 크로나인 것을 볼 때 노인 부부 가정이 훨씬 여유로운 경제생활을 누린다는 사실을 알 수 있다.

물론 노인 집단의 소득수준은 전체 인구의 평균 수준에 비교하면 조금 낮은 편이다. 1990년 초를 기준으로 18세 이상 인구의 평균 소득수준은 스웨덴 사회가 정한 1990년의 최저 생계 수준에 비해 1.88배다. 연금 수령자의 평균 소득수준을 같은 방법으로 비교하면 독신 노인의 경우 1.42배이며 노인 부부 가정은 1.7배를 보인다. 노인 부부의 경우는 국민 평균 수준과 큰 차이가 나지 않는다. 또한 이를 기준으로 독신 노인의 경우를 일반 국민 가운데 독신 청년층이나, 자녀를 가진 편부모 가정과 비교할 때 비등한 수치가 나옴을 볼 수 있다.

SACO의 월간지 『유섹』JUSEK은 2009년 12월 16일 기사에서 연금 수령자 가운데 상대적 빈곤 비율이 일반 국민의 빈곤 비율과 비슷하거나 오히려 조금 낮은 편이라고 설명한다. 따라서 사회 구성원의 다른 집단과 비교했을 때 노인층의 상대적 생활수준은 2000년대 이후에도 크게 변함이 없음을 알 수 있다. 특히 노인, 즉 연금 수령자 가운데 최저생계비 미만에서 기초 생활 보조금을 별도로 받는 노인은 거의 없다. 소득 보장 제도에 따라 소득 연금이 모자라는 노인들은 보장 연금으로 부족분을 충당하기 때문이다.

2. 연금제도 : 변화와 개혁

2006년 사회보험 예산은 GNP의 약 15.4퍼센트에 달했으며(2006년 기준 4,364억 크로나) 이 가운데 노령연금 보험은 전체 사회보험 예산의 약 50퍼센트를 점하고 있다. 따라서 사회보험 가운데 노령연금이 차지하는 비중이 가장 크기에 이 제도의 유지·발전, 때로는 수정이 사회정책의 핵심 과제다.

1913년 공적 노령연금 제도를 도입한 스웨덴은 1935년 모든 국민을 대상으로 기초 연금을 보편화하고 이후 소득 비례에 입각한 ATP 제도를 운영해 왔다. 도입한 지 90여 년이 지나 21세기에 접어들면서 스웨덴은 새로운 연금제도 개혁에 박차를 가했다. 오늘날의 스웨덴 연금은 높은 소득 보장과 사회계층 간의 소득 재분배를 근간으로 하며, 적극적 노동시장 참여를 이끌어 내는 수단으로도 이해된다는 특징을 지닌다.

그동안 스웨덴의 연금제도는 기본적으로 국민 모두에게 일정액이 지불되는 기초 연금 및 소득에 연동되는 ATP의 복수 체계에 더해, 보충 연금pensionstillskott, 장애 연금, 유족연금 등으로 구성되는 다층 체계를 이루고 있었다. 2000년 개혁 이후의 연금제도는 보장 연금GP, 소득 연금IP, 주식형 연금인 프리미엄 연금PP이 있다. 연금제도를 쉽게 이해하기 위해 개혁 배경을 살펴보면, 크게 두 가지를 들 수 있다. 첫째, 초고령사회로 진입하는 동시에 세계화의 영향 아래 제반 경제 상황이 변화했고, 특히 성장률이 둔화되어 연기금이 고갈될 위험이 커졌다는 점, 둘째, 연금 정책을 활성화해 국민들이 노동시장에 참여하도록 적극적으로 유도하는 한편, 구제도가 안고 있는 불공정성을 개선할 필요가 있다는 점 등이다.

이런 논의를 바탕으로, 다음에서는 연금 정책의 역사적 변화, 개혁된 연금제도의 내용 소개 및 기금 고갈 방지 대책을 위한 자동 균형 장치를 자세히 살펴보고자 한다.

1) 노령연금의 보편화

스웨덴 사회보험제도의 역사는 1884년 독일의 오토 에두아르트 레오폴트 비스마르크Otto Eduard Leopold Bismarck의 사회보험 정책에 영향을 받아 노동자 중심의 산재와 노령 보험의 필요성을 국회에서 논의하면서 시작했다. 이후 약 30년이 지난 1913년 노령 인구에 대한 소득 보장책으로 노령연금 제도가 세계 최초로 소개되었다.

(1) 기초 연금

빈곤 문제를 해결하기 위해 1913년에 제정된 초기 연금제도는 보험 원칙을 근거로 하여 지급되었다. 그러나 대다수의 국민이 받는 연금 급여 수준은 대단히 낮아 실질적으로 소득을 보장한다는 의미를 살리지는 못했다. 이후 1935년 이를 보완하고 평등을 강화한 〈기초연금법〉folkpensioneringslagen 개정이 이루어진다. 기초 연금은 전 국민을 대상으로 일정액을 동등하게 보편적 지급하는 것으로, 이를 통해 급여 수준이 생활수준에 맞게 현실화되었다. 1946년에는 유족연금이 포함되면서 보편적 연금제도가 더욱 풍부해졌다.

1930년대 초기 소득에 의한 노령 연금액의 수준은 일반 산업 노동자 임금(납세 이후 금액)의 9퍼센트였다. 20년 후인 1950년대에는 본인 최종 임금의 50~70퍼센트로 급상승했다. 그러나 소득에 의한 연금 수급 대상은 전 노인 인구의 30퍼센트 미만이었고 나머지 72퍼센트의 노인은 정부가 지원하는 기초 연금에 의존했다. 따라서 전 국민을 대상으로 한 기초 연금 개혁은 국민 다수의 소득을 보장한다는 큰 의미를 지닌다. 기초 연금 재정은 국가 예산에서 충당되었으며 67세 이후 소득과 관계없이 스웨덴 국민은 누구나 동등한 금액을 받을 수 있다. 이것은 도시 노동자와 농민의 격차, 그리고 남성과 여성의 간격을 뛰어넘어 사회적 합의를 이끌어낸 역사적 사건이자, '국민의 집' 이념이 맺은 주요 결실의 하나로 인정되고 있다.

(2) 부가 연금

1950년대 노동시장 참여율이 급상승했고, 특히 여성의 노동시장 진출이 활발해지면서 정부는 1959년 기초 연금에 이어 또 하나의 연금제도, 즉 고용 기간과 소득에 비례한 부가 연금 ATP, Allmän Tilläggspension 제도를 도입했다. 공무원에게는 이미 소득 연금이 책정되어 있었다. 사민당은 직업을 가진 모든 사람들이 공정하게 소득 연금을 받을 수 있도록 연금 납부를 의무화해 재분배 효과를 높이는 데 역점을 두었다. 스웨덴 노령연금 제도에서 두 번째로 획기적인 이 연금제도는 사민당이 이룬 사회정책 가운데

'보석'이라고 칭할 만큼 중요했고, 그런 만큼 많은 논란의 대상이 되어 왔다. 사민당은 ATP 납부를 '의무화'해 재분배 효과를 높이는 데 역점을 두었다.

ATP의 연금 액수는 소득 보장 원칙을 바탕으로 생애 근로 기간에서 소득이 가장 높았던 15년간 임금을 표준으로 계산하되, 근로 기간이 30년 미만일 경우에는 연금 전액에서 부족한 햇수를 감액하여 계산한다(이하 '15/30년 제도'라고 한다). 보험료 납부는 사용자 부담(복지 기여금)으로 이루어졌다. 재분배 원칙을 기반으로 부과하는 방식을 채택했고, 기금 관리는 연기금 공사를 두고 이윤을 최대로 창출하는 방식으로 기금을 관리한다. ATP에 의한 급여 수준은 전 소득의 50~70퍼센트가 되었으며, 이는 주로 중산층에게 유리하게 작동했다.

또한 노후 생활의 편차를 줄이기 위해 정부는 1969년 보충 연금을 도입해 ATP가 전혀 없는 사람이거나 혹은 소액 수령자를 대상으로 보충 연금을 지급했다. 이에 속하는 수급자는 대부분 여성과 이주 노령자였다. 이 외에도 1952년에 이미 〈코뮨법〉에 의해 기초 연금 수급자를 주 대상으로 주택 수당이 지급되었다.

2) 사회 변화와 연금 개혁

(1) 정치·경제적 배경과 과정

독일의 '어젠다 2010'과 프랑스의 '어젠다 2006' 등 경제협력개발기구 OECD 국가들이 앞을 다퉈 연금제도의 개혁을 서두른 것은 고령화 사회가 도래하는 데 따른 절박함에서 비롯한다. 앞서 밝혔듯이 스웨덴 연금제도의 개혁을 이끌어 낸 중요 요인은 다른 OECD 국가들과 마찬가지로 노령인구 급증과 국내외 사회·경제적 변화에 따른 연기금 고갈 문제에 대응하는 것이었다. 다만 스웨덴이 여타 국가보다도 일찍 서둘러 전략을 마련하고자 부심했던 것은 1992년의 심각한 경제 위기가 영향을 미쳤을 것으로 보인다.

당시 스웨덴은 경제성장률이 2퍼센트 미만에 그칠 정도로 둔화되었고, 2퍼센트 미만이었던 실업률이 8퍼센트 수준으로 급증하면서 사회복지 재정을 유지하는 데 어려움을 겪었다. 이와 동시에 고용 관련 각종 보험 등 사용자의 의무적인 복지 부담이 논란의 대상이 되기 시작했다. 이런 사회·경제적 환경은 1992년 스웨덴 현대 정치사에 한 획을 긋는 보수 진영 3당의 연립정부가 등장한 변화와 무관하지 않다.● 당시 보수 연립정부는 사회복지 정책의 많은 분야에서 민영화와 자율화를 주창했으며, 이는 연금 문제에서도 마찬가지였다.

노령연금 제도의 개혁 논쟁은 1990년대 초반부터 시작되었으며 높은 사회적 관심을 이끌어 냈다. 각종 매스컴의 기사와 학자(전문가)들의 주장은 이 문제에 대한 국민들의 관심을 불러일으켰고, 이익 단체, 특히 노동조합의 서로 다른 의견들은 흥미롭고 열띤 논쟁을 불러일으켰다.

이 과정에서 각 정당의 상층부에서는 추구하는 이념이 달랐음에도 일찌감치 개혁 방향에 대한 합의를 도출해 낼 수 있었다. 하지만 당시 야당이었던 사민당은 이런 합의 탓에 당내 내분까지 겪어야 했다. 사민당은

● 1992~95년의 보수 진영 연립정부는 보수당을 중심으로 자유당과 농민당으로 구성되었으며 사회정책 방향 변화에 지대한 영향을 미쳤다. 당시 총리는 보수당 당수인 칼 빌트였고, 자유당 당수 페르 알마크(Per Ahlmark)는 보건사회부 장관을 맡았다.

ATP 제도를 사회복지 정책의 '보석'이라고 자부해 왔다. 그러나 이 제도가 임금 계층 간 소득재분배 효과를 충분히 발휘하지 못한다는 비판에 대해서는 답변이 궁색했다. ATP는 근로 기간 가운데 15년을 기준으로 하기 때문에 임금 변동에 큰 굴곡 없이 40년, 50년 장기근속을 한 저임금 소득자보다 짧지만 15년간 고임금을 받은 사람에게 더 유리하다. 대다수의 노동자가 LO의 생산직 노동자였던 시대에는 별 문제 없었으나 지식사회로 접어든 이후, 특히 TCO와 SACO 조합원의 수가 증가하면서 불평등이 심화되었다. 결국 계층 간 연금이 불공정하게 산정된 셈이다. 이는 사민당이 추구하는 이념과 모순되었고, 노동시장 참여를 유도하려는 애초 의도에도 미흡한 것이었다.

사민당여성위원회Socialdemokratiska Kvinnoförbundet는 저소득층에 불리한 15/30년 제도의 폐지를 적극적으로 찬성했으며, LO 또한 내심 반기면서도 단지 프리미엄 연금 도입 안은 반대했다. 그러나 TCO은 적극적으로 개혁안을 반대했다. 보수당은 초기에 프리미엄 연금 9퍼센트 선 및 강제 가입의 폐지, 그리고 가입자와 사용자의 연금액 납입 비율을 5 : 5로 하는 안을 제안했는데 이에 대해서는 모든 노조가 반대했다.

사민당은 당원의 다수를 차지하는 두 노동조합연맹(TCO와 LO)의 입장 차이가 커서 초기에 많은 어려움을 겪었다. 그러나 이런 갈등을 통해 ― TCO는 강하게 반발했지만, LO는 암묵적으로 호응했다 ― 결과적으로는 보수당이 내세운 일부 사항을 제외한 전반적인 부분에서 사민당의 뜻을 관철할 수 있었다. 임금 계층 간의 재분배 원칙을 고수해 온 사민당은 이상적 모델로 알려진 ATP 제도의 문제점을 이 개혁을 통해 조용히 해결하는 데 성공한 셈이었다.

개혁 법안의 모든 구체적 내용은 국회에 제출하기에 앞서 5개 정당 대표로 구성된 연금 개혁 작업반PAG, pension arbetsgruppen에 의해 준비되었다. 이 작업반에는 정당 대표 외에 경제·법률 전문가, 특히 RFV 전문가가 참여해 개혁 법안을 만드는 역할을 주도했으며, 이 개혁 법안은 1994년 의회에서 85퍼센트의 지지를 얻어 마침내 개혁의 기본 방향이 결정되었다. 마침내 1998년 구체적 개혁 내용(합의안)이 담긴 노령연금 개혁 법안이 의회에서 의결되었다. 신법의 적용은 1999년을 시험 기간으로 하여 2000년부터 시행되었고 그 가운데 보장 연금 부분은 2003년부터 시행되었다.

이 개혁 과정에서 정당 이외에 중요한 역할을 한 집단으로는 노동조합연맹(대표적으로 LO와 TCO)과 스웨덴의 여러 독특한 행정기관들을 들 수 있다. 특히 공적 연금에 관련된 제반 행정의 주무 기관인 RFV는 오래전부터 미래의 기금 유지 불안전성의 문제를 제기해 왔고, 개혁 법안의 중심을 이루는 기금의 균형 장치를 활용할 이론적·기술적 수단을 제공했다.

(2) 개혁 연금제도의 내용

① 노령연금의 종류와 규정

구 연금제도가 기초 연금과 부가 연금ATP을 중심으로 보충 연금, 장애 연금, 주택 수당, 유족연금 등으로 구성되었던 데 반해, 새 제도는 연금의 최저를 보장하는 보장 연금GP, 소득 연금IP, 프리미엄 연금PP으로 구성되었다.

새 제도에는 조기 연금, 장애 연금, (부분적으로) 유족연금이 노령연금 범주에서 분리된다는 내용도 포함되었다. 이 연금들은 여전히 일반 예산에서 지출되며 사회 안전망 기능을 지속하나, 노령연금 성격에서 분리되었다는 점에서 비판 여론도 있다.

- 보장 연금 : 모든 국민에게 안정적인 노후 생활을 제공한다는 대전제 아래 이전의 기초 연금을 폐지한 대신 보장 연금을 도입했다. 이는 구 연금법과는 달리 매년 연금의 기본급 수준을 정하고 소득 검증에 의해 행해진다. 보장 연금 지급액은 미혼 독신자의 경우 물가연동기준액prisbas-belopp●의 2.13배로, 2004년 현재 월 7,144크로나이며(1938년 이전 출생자에 한하며 그 이후는 다소 낮을 수 있다) 부부 생존 시는 이보다 조금 낮게 책정된 1인당 6,365크로나를 받는다. 여기에 생활비 수지 검증에 의해 주택 수당, 장애 연금 등이 추가되는데 이런 연금들은 다른 범주의 보장 제도에 포함된다. 보장 연금은 조세에 의한 일반 예산으로 충당된다.
- 소득 연금 : 소득에 비례하는 연금 보험료는 총소득의 18.5퍼센트다. 이 가운데 소득 연금은 16퍼센트이며 프리미엄 연금은 2.5퍼센트를 차지한다. 소득 연금에서 국가는 "보험료 천 원은 곧 천 원의 연금"이라는, 이른바 '연금권' 보장을 원칙으로 한다. 연금 계산에서 사용되는 소득 개념은 일반 종합소득 가운데 새 연금법에 의해 계산된 별개의 소득, 즉 '연금을 기초로 한 소득'●●을 뜻한다. 따라서 스웨덴 국민과 경제활동을 하는 영주권자는 누구나 이에 준한 소득 신고와 보험료 납부의 의

- ● 매년 정부에 의해 결정되는 기준액(basbelopp)은 스웨덴의 각종 보험료를 계산할 때 사용되는 중요한 기준 수치 개념이다. 이 가운데 '물가연동기준액'은 소비자물가지수에 따라 매년 변동되며 보장 연금, 보조 연금 등을 계산할 때 사용된다(3만9,300크로나, 2004년). 임금연동기준액(inkomstbasbelopp)은 물가 변동을 감안한 임금지수에 따라 계산되며, 연금 상한선을 계산할 때 사용된다(4만2,300크로나). 그 밖에 1938년생과 1954년생의 연금을 계산할 때 사용되는 '제2 물가연동기준액'이 있다(4만1백 크로나).
- ●● '연금을 기초로 한 소득'(pensionsgrundande inkomst)은 개인의 연간 총소득(임금 및 출산·육아, 병가, 실업보험, 병역 등 사회보험으로 받은 수혜액)에서 연금 보험료를 제한 나머지 금액을 말한다. 고소득자의 경우 연금의 상한선까지만 이에 속하고 나머지 소득 금액은 일반 소득세 범주에 속한다.

무를 지닌다.

소득 신고는 상한선을 두고 그 이상의 수입에 대해서는 연금 산정에서 제외한다. 이 상한선은 임금연동기준액의 7.5배로 2004년 연 31만 7,250크로나(월 2만6,400크로나)다. 면제된 소득액은 일반 소득 신고로 전환해 이 부분은 소득자가 조세 납부의 의무를 진다. 이 점 또한 새로운 규정으로(구법에서는 조세 납부 의무가 없었다) 고소득자에게 재분배 원칙을 적용한 것이라 볼 수 있다. 이때의 상한선은 임금 상승 정도에 의해 매년 결정된다(구법은 물가 변동률을 기준으로 한다).

소득의 18.5퍼센트에 달하는 연금 납부액은 사용자와 본인이 부담한다. 과거와는 달리 본인 부담이 임금의 7퍼센트(조세를 포함하면 8.3퍼센트의 가치)로 증가하는 반면 사용자 부담은 10.21퍼센트로 감소했다. 과거 산출 방식에 따르면 본인이 1퍼센트를 부담하고, 사용자가 나머지를 부담했다. 그리고 소득의 18.5퍼센트인 보험료 가운데 16퍼센트는 그해 연금 수급자의 급여로 사용되며 나머지 2.5퍼센트는 프리미엄연금관리공단PPM, Primiepensionsmyndigheten에 적립된다. 예를 들어 A라는 노동자가 납입한 실제 보험료는 그해 B라는 연금 수령자를 위해 사용되었으나 A의 연금 계좌에는 연금 급여액이 누진적으로 추산 기록된다. 이 계좌를 명목확정갹출계좌NDCA, Notional Defined Contribution Account라 하며, A가 정년퇴직하면 여기에 쌓인 금액을 매월 연금으로 환산해 받는다. 이것을 명목확정갹출NDC, Notional Defined Contribution 방식●이라고 일컫는다. 앞에

● 명목확정갹출 방식은 특성상 실제 기금이 적립되지 않는 상황에서 연금 가입자 개인의 보험료 기여액 및 추산된 연금 급여액이 기록되는 것으로 명목확정기여 방식이라고도 한다. 매년 누적되는 기록상의 연금 급여액이 연금 수급권을 보장하는 국가의 책무가 된다.

서 언급한 2.5퍼센트는 프리미엄 연금제도에 따라 개인 계좌에 실제로 저축된다. 따라서 연금 가입자는 2개의 '연금 저축 계좌'를 갖는 셈이다.

스웨덴의 경우 가입자의 소득 연금 적립 기간은 평균 22년이다. 이에 대한 이자는 은행과 같게 하되, 그 계산은 국민소득 증가율과 비례한다. 그러나 새 제도의 특징인 기금 유지 자동 균형 장치에 의해 연초 고정된 비율로 금액을 조정한다.

- 프리미엄 연금 : 소득의 2.5퍼센트인 보험료는 2003년 연금 개혁법에 따라 설립된 PPM으로 옮겨지고 이 돈은 가입자가 직접 선택한 주식 투자에 쓰인다. PPM은 주식 이윤의 변동과 함께 저축되는 총액을 가입자에게 매월 보고한다. 가입자는 스웨덴 국가에 등록된 주식회사 663개 가운데 최고 5개까지 선택할 수 있다.

그러나 주식회사 선택을 회피하는 이른바 '수동적' 가입자들(초기 약 90퍼센트)에게 해당되는 투자처는, 새로 설립된 제7 펀드 회사가 알아서 정한다. 이 기금은 장기적으로 시장 변동에 덜 민감한 부문에 투자해 비교적 낮은 이윤을 추구하는 대신 안전성에 중점을 두고 있다.

PPM은 연금 가입자가 연금 수급 연령(61세부터 70세까지 본인의 자유 선택)이 되면 해당 주식을 매도해 연금으로 지불하며 이에 필요한 모든 관리와 서비스를 책임진다. 이 제도가 갖고 있는 특징은 개인이 투자한 주식에 따라 이익(때로는 손해)의 크기가 다르다는 점이며 부부간에는 이 주식의 소유권 이동이 가능하고 이윤을 나눌 수도 있다. 프리미엄 연금제도는 적립식 주식 저축 형태를 띤 사보험 성격이 강한 연금제도다.

이 밖에 새로운 제도가 도입되는 데 따른 혼동을 막고자 사용되는 보조 연금이 있는데, 이것은 구법에서의 기초 연금과 ATP를 통합한 개념으로, 특히 연금 수급자·가입자 가운데 중간 노령층을 위해 사용되는 과도

기적 연금 계산 방법이다. 1938년부터 1954년 사이에 출생한 가입자들에게 구법에서의 ATP와 기초 연금을 통합 계산해 소득 연금에 준하는 연금 급여 수준이 되게 하는 보충 연금 역할을 하고 있다.

스웨덴의 국민 노령연금 제도에서 소득 연금과 보장 연금 외에 특이한 것으로 협약 연금avtalspension이 있다. 이것은 사용자와 노동자 사이에 노사 협약이 체결되면서 시행된다. 노사 협약이 되어 있는 직장이라면 공히 연금에 관한 협약이 포함된다. 이 협약 연금은 임금의 3.5퍼센트 내외로 이루어지며 국민의 다수가 이에 가입된 상태다. 사용자가 자동적으로 연금을 납부하므로, 연금 총액 계산 시 이에 대해 인식하지 못하는 국민이 많다. 따라서 노령연금 보험료는 사실상 총소득의 약 22퍼센트가 되는 셈이다. 연금 급여 총액은 소득 연금과 프리미엄 연금에 더하여 협약 연금의 보너스를 받는 셈이다. 그 밖에 고소득자를 위한 특별 보너스 형태의 연금 방식이 있으나 이는 소수에 국한된다.

2003년 개혁 연금 원칙은 출산휴가·병역·학업 기간의 모든 공적 부조를 소득으로 간주해 그 일부분을 연금 납부로 저축하며, 이는 체계적으로 자동 수행된다. 소득 연금의 크기에도 영향을 미치는 이런 방식으로 "보험료 천 원은 곧 천 원의 연금"이라는 소득 연금의 의미를 최대한 살린다.

② 노령연금의 분포

스웨덴의 65세 이상의 노령 인구는 2003년 기준으로 전체 인구의 약 16.6퍼센트이며 현재 노령연금 수급자는 〈표 5-1〉과 같다. 〈표 5-1〉에서 소득 연금과 프리미엄 연금 수급자 수가 적은 것은 새 제도의 역사가 짧기 때문이며, 65세에 근접한 노인층이 비교적 이 범주에 속한다. 이 두 집단에서 흥미로운 점은 남녀 차이가 크지 않다는 사실이다. 그 반면 보장

표 5-1 | 연금 종류에 따른 연금 수령자 수와 평균 연금 급여액 (단위: 크로나, 2003년)

	연금 수령자 합계	보장 연금(GP)	소득 연금(IP)	보조 연금(TP)	프리미엄(PP)	평균 연금 급여액
남	713,446	189,513	54,777	690,230	35,595	11,547
여	918,437	699,317	49,192	750,587	35,340	8,189
합계	1,631,883	888,830	103,969	1,440,817	70,935	9,659

주: 연금 수령자 합계에는 노령자 보조 정책 대상자(주거 보조 등)와 61세 이후 퇴직자도 포함된다.
출처: RFV(2003).

연금 수급자 가운데 여성의 수가 압도적인 것은 과거 여성의 경제활동 참여가 저조했음을 보여 준다. 현재에 가까울수록 경제적으로 독립적이며 소득이 있는 여성이 증가했음을 보여 주는 것이다.

③ 연령에 따른 수급 방법

연금 수급 연령은 연금 종류에 따라 유연성을 지닌다. 보장 연금은 만 65세가 되어야 받을 수 있는 반면, 소득 연금은 본인 요청에 따라 61세부터 받을 수 있으며 연금 수급은 25퍼센트, 50퍼센트, 75퍼센트, 혹은 100퍼센트를 선택할 수 있다. 그러나 연금 지급이 61세부터 이루어졌을 경우 자연히 일반 정년퇴직 연령인 65세 때부터 수급하는 액수보다는 적은 연금을 받는다. 정년퇴직 연령은 65~67세 가운데 본인이 선택할 수 있으며 소득 연금은 본인이 신청하면 지급되는데, 단 수급 대상자가 신청하지 않은 경우 대상자가 70세가 되면 국가는 자동적으로 연금을 지불한다.

과거에는 여성의 수명이 남성보다 길었기 때문에 같은 조건을 갖춘 여성의 경우 월별 연금 급여액이 남성보다 적었으나 신법에서는 이런 불공정성이 수정되었다. 이는 여성에게 유리한 혜택을 부여한 동시에 재분배와 평등 원칙을 살린 것이라고 볼 수 있다.

구제도와 새로 도입된 연금제도의 특성과 연금 지급액 계산 방식이 크게 다른 점을 고려했을 때, 새로운 제도는 연금 수령자 대상 연령에 따라 차등적으로 적용된다. 예를 들면, 출생 연도가 1938년 이전인 수급자는 이전 제도의 규정을 따르며, 1938년부터 1953년까지의 출생자는 전 제도와 새 제도 사이의 절충된 규정을 따르고, 1954년 이후 출생자는 새로운 제도의 적용을 받는다.

(3) 재정과 기금 유지

① 연금 산정

세대 간의 재분배 원칙에 의거한 소득 연금의 재정은 보험 가입자의 보험료(16퍼센트 소득 연금)로 충당되기에, 연금 납부액과 급여 수준을 매년 계산하고 조절하는 일은 매우 중요하다. 개혁안은 연금 크기의 결정을 과거 '물가' 중심에서 '임금' 중심으로 변경했다. 임금 증가율을 미리 예측해 이에 준한 연금을 '선계산'하고 그해 말 '후조정'하는 방식을 사용한다.

국가 전체의 연금 급여 수준의 크기는 그해 보험료 납입 총액을 기준으로 물가 변동과 경제성장률 등을 반영해 결정된다. 가입자 개인이 받을 수 있는 급여 수준은 본인이 지불한 연금 보험료 총액을, 평균수명과 적립금 이자를 감안한 이른바 '나눔값'delningstal● 으로 나눈 액수가 된다. 연 이자는 임금 상승률과 물가지수로 결정되며 2004년도의 연 이자는 1.6퍼

● 나눔값이란 연금 수급 개시로부터 잔존 평균수명과 그동안의 이자율(1.6퍼센트)을 감안해 계산한 값으로 연금 크기를 계산할 때 사용한다. 코호트(cohort)별로 계산하며 성별에 관계없이 같은 값을 사용하는 것이 새 제도의 특징이다.

센트였다.

$$\text{연금 급여액} = \frac{\text{연금 납부 총액}}{\text{나눔값}}$$

예를 들어, 65세로 정년퇴직을 한 P씨는 올해부터 연금을 받는다. 국세청에 납부된 그의 생애 보험료 총액은 180만 크로나다. 이를 RFV에 의해 제시된 2004년도 나눔값 16으로 나누면 P씨의 연금은 연 11만2,500크로나로, 매달 9,375크로나를 받게 된다. 이것이 소득 연금이다. RFV의 또 다른 예시에 의하면, 만약 P씨의 소득 기간이 40년이 넘었다고 가정할 때, (경제성장률 2퍼센트 수준 유지 시) ATP 제도에 의한 연금 급여액은 소득의 약 50퍼센트인 반면, 새 제도에 의하면 10퍼센트가 증가된 60퍼센트 수준이 된다.

보장 연금은 물가연동기준액(3만9,300크로나)의 약 2배로 2004년도 월 보장 연금은 독신자의 경우 약 6,975크로나다(1938~54년생). 그러나 소득 연금이 물가연동기준액의 3.07배(1만54크로나; 미혼 독신자)와 2.72배(기혼자)를 넘게 되면 보장 연금 수급 범위에서 제외된다. P씨는 소득 연금 급여가 1만54크로나 미만이 되므로 추가로 보장 연금을 받을 권리가 있다.

$$D_n = \frac{1}{12 \times L_n} \sum_k \frac{1}{1.016^{k-n}} \times \sum_x (\frac{L_k}{1.016^{x/12}} + \frac{L_{k+1} - L_k}{1.016^{x/12}} \times \frac{x}{12})$$

D_n : n생년도의 나눔값
n : 61, 62, 63 …
k : $n, n+1, n+2$ …
L_k : k연도의 잔존평균수명
x : 0, 1, 2, …, 11

P씨와 같은 차상위 계층에 대한 배려 정책에 주목할 필요가 있다. 특히 경제활동을 적극적으로 권장하는 새 연금법의 목적이 손상되지 않도록 일한 만큼의 차이를 계산하는 방식을 채택했다. 그러나 아직도 저소득층과 무소득자 사이의 연금 차이가 미약해 노동에 대한 유인 제도가 손상될지 모른다는 우려도 있다(Ståhlberg 2004, 47).

연금 급여 수준에서 나눔값을 어떻게 결정할지가 중요한데 구 연금법에서는 여성과 남성의 나눔값에 차이를 뒀다. 따라서 평균수명이 높은 여성은 나눔값의 차이 때문에 같은 조건에 있는 남성보다 연금액이 낮았다. 새 법은 이를 수정해 동일한 나눔값으로 계산된 같은 급여액을 지급한다.

② 균형 장치의 자동화

연금 개혁의 핵심은 기금 안정을 위한 연금 수지 조절의 균형 장치이며, 이 방식은 고령화나 경제 불황과 같은 외적 위협에 영향 받지 않고 연금 정책의 기본 틀을 유지하고자 도입되었다.

연기금의 균형 유지는 자산tillgångar과 부채skuld라는 개념을 빌려 계산된다. 연금제도 운영에서 '자산'은 연금 가입자로부터 불입된 기금을 말하며, '부채'는 연금권을 가진 가입자에게 지불해야 하는 연금액으로 규정된다. '자산'을 결정하는 요소로는 경제활동 구성 내용, 사망률, 회전 기간, 보유 기금의 이익금 등이며, '부채' 계산에는 임금 지표와 평균수명 연령

● 회전 기간은 전 인구적으로 계산했을 때 보험료가 들어오고 나가는 흐름이 가장 왕성한 기간을 의미한다. 이는 연령별 경제활동 내용과 사망률에 따라 변화되기 때문에 매년 계산된다. 2004년의 회전 기간은 보험료 기여 기간 22년에 지급 기간 10년을 더해 32년이다. 다른 나라들의 연금제도와 비교할 때 대단히 특이한 방식이다.

이 사용된다. 이 제도에서는 자산과 부채의 관계를 항상 균형으로 유지하는 것을 목적으로 한다는 점이 중요하다. 이를 등식으로 표시하면 자산이 부채보다 크거나, 최소한 같아야 한다. 따라서 균형값*이 1.00 이상이 되는 것을 목표로 한다.

$$균형값 = \frac{보험\ 자산 + 보유\ 기금}{부채}$$

균형값이 1.00을 넘으면 시스템이 안정적이라고 보며 1.00 미만이면 시스템의 위험을 나타낸다. 이는 매년 계산되며 그 결과 균형값이 1.00 미만이 될 경우 자동적으로 새로운 계산 방법**이 작동하는데, 평균임금을 현 경제 상황에 맞추어 하락시켜 연금액, 즉 부채 부분이 하향 조정되는 방식이다. 임금 상승률과 물가지수 등에 의해 결정되는 연금 급여액이 호경기에는 자동으로 상승하므로 증가분이 가입자 모두에게 배분되고, 불경기에는 감액분에 따른 부담을 가입자 모두가 지게 된다. 이런 계산으로 연금 급여 총액(부채)이 회전 기간(약 32년) 동안 부족하지 않도록 매년 반복해 계산·조정하여 안전성을 도모한다. 〈표 5-2〉는 2002년과 2003년도의 자산과 부채의 변화에서 균형값이 지닌 의미를 보여 주고 있다.

여기에서 주시해야 할 점은 증감이 미치는 긴 기간인데, 이런 증감 효과는 퇴직 이후 연금이 지급되는 기간 외에 총 연금보험 가입 기간에 적용

---

* 균형값을 계산하는 항목 가운데 '보험 자산'은 수급된 보험료 총액에 회전 기간(32년)을 곱한 값이다.
** 균형값이 1.00 이하일 경우 소득 지표(inkomstindex)에 균형값을 곱해 새로운 지표를 만들어 부채를 재조정하는 방식.

표 5-2 | 2003년 연금제도의 결과 (단위 : 10억 크로나)

	2003년	2002년	변화 정도	증감률 (%)
연기금	577	488	89	18.3
보험료	5,465	5,293	172	3.3
합계 자산	6,042	5,780	262	4.5
연금 부채	5,984	5,729	256	4.5
이익금	58	52	6	11.9
균형값	1.0097	1.0090	0.0007	0.1

출처 : RFV(2003).

되므로 결과적으로 연금 급여액의 증가를 기대할 수도 있다. 이는 구제도(확정급여 방식defined benefit system)가 미래에 기금이 고갈될 위험을 무릅쓰고 그 부담을 다음 세대에 전가했던 데 반해, 새로운 제도는 누구라도 자신이 지불한 총 기여금을 보장받게 한다는 기본 원칙을 담고 있다. 연금 재정의 증감분에 대해서는 현재의 기여자와 수령자 모두가 부담하는 방식으로 형평성을 고려하면서 연기금의 안정성과 수익성을 동시에 추구했다.●

명목확정갹출 제도는 기여금 총액이 연금 급여 총액이 되는 것을 원칙으로 한다. 국가는 국민의 연금권을 보장하기 위해 수지 균형을 유지할 절대적 책임이 있다.

(4) 연기금 관리 공사(AP Fond와 PPM)

새로운 연금제도 도입은 연금 관리 공사의 변화도 가져왔다. 스웨덴은

● 이와 같은 경우, 한국의 연금제도와 같은 확정급여 방식 원리에 의하면 호경기 동안은 이미 결정된 금액(예 : 소득의 50퍼센트 혹은 60퍼센트)만을 받는 반면, 노령 인구 증가와 불경기가 계속되면 자연적으로 기금이 고갈되므로 '고부담 저급여' 현상이 거듭 초래된다.

5개 연기금 관리 공사에서 소득 연금을 관리하고 있다. 제1 펀드 회사에서 제4 펀드 회사까지는 이른바 보유 기금 관리 공사로 칭한다. 성격이 크게 다르지 않은 이 공사들은 세대 간의 재분배 원칙을 기준 삼아, 들어온 연금보험 기여금과 지출되는 연금 급여를 직접 운영·관리한다. 그리고 매년 연기금 수지의 균형(균형값)을 맞추기 위해 최대한 높은 이윤을 창출하고자 애쓴다. 여기에서 말하는 보유 기금은 연금이 들어오는 총액과 나가는 총액의 차이에서 유보된 금액을 말하는데, 연금을 지급할 때 보험료가 부족할 경우 누적된 보유 기금을 사용한다. 따라서 이 기금은 미래를 위한 보고寶庫의 성격을 띠므로, 4개의 공사는 기금을 적절히 보전하고 이윤을 창출하는 데 전력을 기울여야 한다. 공사는 보유 기금을 장·단기에 걸쳐 투자하며, 투자처를 투자 규모 순으로 보면 주식, 이윤 창출 상품(예를 들어, 토지나 신용 등), 외환(3개월 단위) 등이다.

그러나 다섯 번째 펀드 회사(제6 펀드 회사라고 칭한다)●는 앞서 설명한 2개 공사와 성격이 다르다. 이 공사에서 운용되는 기금은 좀 더 장기적으로 확실한 이윤을 창출하고 경제성장을 도모하는 것을 목표로 하며 주로 중소기업에 투자된다.

프리미엄 제도 도입과 함께 가입자 개인이 주식회사를 직접 선택하지 않은 연금 납입금(2.5퍼센트)은 자동적으로 새로 설립된 프리미엄 연금기관 산하의 펀드 회사(제7 펀드 회사)에서 관리·운영한다. 이 공사는 이윤율을 낮게 유지하는 반면, 안정적인 장기 투자에 중점을 둔다.

● 제1 펀드 회사(Första AP-fonden), 제2 펀드 회사(Andra AP-fonden), 제3 펀드 회사(Tredje AP-fonden), 제4 펀드 회사(Fjärde AP-fonden), 제6 펀드 회사(Sjätte AP-fonden), 제7 펀드 회사(Sjunde AP-fonden)가 있고 '제5 펀드 회사'는 없다.

6개의 펀드 회사는 각각 정부 산하의 공사로, 결과에 대한 감사와 RFV의 감독을 받는다. 그러나 기금 운영은 자율적이며 여느 사기업과 마찬가지로 독립적인 이사회에 결정권이 있다. 제1~제4 펀드 회사의 이사회 구성은 이사장을 포함해 각각 9명으로 노동조합과 경영자총연맹에서 각각 2명씩 추천하며 나머지 이사는 정부가 임명한다. 제6 펀드 회사는 이사가 5명에 불과할 정도로 규모가 작아, 벤처 회사의 성격을 띤다. 제7 펀드 회사는 이사가 10명이기는 하지만 역시 규모가 작은 편이다.

제6 펀드 회사를 제외한 기금 관리 공사들의 기금은 대부분 주식, 공채, 외환, 토지, 기타 이윤 창출의 전망이 있는 상품에 각 공사의 성격에 따라 단기적 혹은 장기적으로 투자된다.

인구가 적은 국가에서 연기금 관리 공사를 여러 개 둔 이유는 경쟁을 통해 기금 관리의 효율성을 높이고 연기금을 여러 곳으로 분산해 안전성을 유지하려는 것이다. 이 기관들의 직원은 매우 적은 편이며 소수 전문가 중심으로 운영된다는 특징을 보인다. 보험제도 운영에 들어가는 행정비용은 기금에서 충당한다.

3) 연금 개혁의 특징과 함의

개혁 이전의 연금제도가 계층 간의 재분배 원칙을 기본으로 했다면, 새 제도는 명목확정갹출 방식에 의한 세대 간의 재분배 원칙을 기조로 한다. 개혁된 연금제도의 특징은 다음과 같다. 첫째, 노령연금이 장애 연금이나 유족연금 등과 분리되어 보험적 성격이 강조되었다. 둘째, 생애 총 소득에 기초한 연금 급여액을 결정하고, 차상위 계층을 배려하는 등 노동 유인이 강조되었다. 셋째, 연금 급여를 산정할 때 평균 연령과 실질임금 및 물가지수에 연동해 경제 상황을 고려한 적정 수준을 유지하고 있다. 이 가운데서도 기금 고갈을 방지하는 기술은 스웨덴의 연금제도 개혁 내용 가운데 가장 독특하고 핵심적인 것이라고 할 수 있다.

소득의 16퍼센트를 적립하는 명목확정갹출 방식과 2.5퍼센트를 펀드에 투입하는 확정기여연금FDC, financial defined contribution 방식을 병행하는데 전자를 통해 안정성과 지속성을 추구한다면, 후자에서는 수익성에 무게를 둔다. 확정기여연금 방식은 사보험적 성격이 강해 다수 국민들에게 비판받기도 하지만, 여전히 의무 가입 원칙을 적용하고 국가가 기금 운영의 주체라는 점에서 스웨덴식이라고 평가할 수 있다.

스웨덴의 연금 개혁 이후 스웨덴이 지금까지 지녀 온 주요 복지국가 원칙들, 즉 소득 보장 원칙과 보편주의적 분배 정의 원칙에 대한 중대한 의문이 제기되었다. 기초 연금이 폐지되어 보편주의가 약화된 점과, 프리미엄 연금제도가 도입되어 연금제도 성격이 사회보장의 의미에서 개인 보험으로 바뀐 점 등이다. 그러나 다른 한편 개혁 제도는 구제도가 안고 있었던 남녀 차이 및 생산직 노동자와 사무직·전문직 노동자 사이에서 빚어졌던 불공정성을 해소해 재분배 원칙을 강화했다. 그 결과 30년 이상 저임금을 받아 왔던 노동자와 시간제 노동을 하는 여성 노동자는 새 제도 덕분에 연금 급여가 상승했다. 그리고 각종 사회보장 급여가 소득으로 간주되어 기여금이 적립되는 점은, 특히 출산휴가와 관련해 남녀의 기회 평등을 장려하는 도구가 되기도 한다. 물론 프리미엄 연금제도를 도입해 시장 원리를 강화하고, 개인 선택의 자율성을 강조한 점은 앞으로도 논쟁적인 연구 과제가 될 것으로 보인다.

그러나 아무리 시장주의적 성격이 사회보장제도의 내용에 삽입되었더라도 북유럽식 사회정책은 여전히 '미국식' 방향과는 다르다. 에스핑-안데르센은 시장화라는 큰 변화를 추구하면서도 일차적 사회 안전망으로서 공공성을 갖추고, 공적 영역을 부분적으로 확대해 소득재분배의 기본 철학을 유지하려는 노력을 봤을 때, 새로운 변화를 신자유주의적 시장화라고 단정할 수는 없다고 말한다.

이처럼 연기금 고갈 문제를 해결하는 방식은 유럽은 물론 일본과 중국에서도 주목받고 있으며 ATP 제도 도입 이후 국제적인 연구 대상이 되고 있다. 이미 일부 유럽 국가들(이탈리아·폴란드·리투아니아·러시아 등)은 스웨덴 개혁 모델을 자국 모델에 반영하고 있다. 한국도 이와 유사한 문제를 안고 있다는 점에서 기초 연금제도의 개혁 방향에 대한 개방된 논의는 대단히 중요하다. 현시점에서 스웨덴 개혁 모델은 다음과 같은 함의를 지닌다.

첫째, 정확한 통계와 계산을 기본으로 한 연기금 운용의 균형 유지 방법은 안정성과 수익성을 비교적 동시에 보장한다. 한국의 현행 제도에 내재한, 미래 세대의 부담은 증가하고 급여는 축소되는 문제점을 감안할 때, 기여 방식(확정 기여 방식)과 균형 유지 장치에 대한 심도 깊은 연구 분석은 중요한 시사점을 제공할 수 있다. 둘째, 스웨덴의 연금제도가 '시장화'에 적응하면서도 일차적 사회 안전망으로서 공공성을 유지하고, 공적 영역을 부분적으로 확대해 소득재분배의 기본 철학을 유지한 점이다. 따라서 스웨덴의 개혁 제도는 공적 연금제도가 지녀야 할 공공성·안정성·수익성 모두를 갖추고 있다고 평가할 수 있다.

공적 연금제도의 유지는 고령사회를 대비해 노령 인구의 빈곤화를 방지하고, 개인의 노후 생활을 보장하며, 분배 정의에 기초한 사회 통합을 모색하기 위한 사회정책의 기본이 되어야 한다. 그러나 제도 개혁은 이념적 잣대만이 아니라 실효성과 효율성을 동반해야 한다. 이런 면에서 스웨덴 개혁 모델이 향후 시대적 도전을 성공적으로 극복해 21세기 복지국가의 새로운 전형을 창출할지에 관한 관찰과 연구는 지속되어야 한다.

| 6장 |

장애인 정책
완전한 참여, 완전한 평등

스웨덴에서는 인구 5명 가운데 1명꼴로 기능적 저하에 따라 스스로 일상 생활을 유지하기에 어려움을 겪는 것으로 본다. 이들을 '기능적 손상을 입은 사람' 혹은 '기능이 저하된 사람'funktionshindrad이라고 칭하며 1994년 이래 '장애인'handikappad이라는 개념은 사용하지 않는다(이 글에서는 이해를 돕기 위해 때로 장애인이라는 용어를 사용한다). 스웨덴에서 장애인 수가 어느 정도인지를 말하기는 어렵다. 스웨덴은 이에 대한 명확한 기준을 두고 있지 않다. 그러나 1998년 정부 조사 자료에 의하면 15~75세 사이의 중증 장애인을 같은 집단 인구의 8퍼센트가량으로 보고 있으며, 2009년 스웨덴 보조공학연구소Hjälpmedelsinstitutet는 기능적 손상에 따른 사회 서비스 수혜 대상자가 약 130만 명(14퍼센트)이 된다고 했다. 한편 유럽연합 보고서는 유럽 인구 가운데 장애인 수를 약 3,700만 명(10퍼센트)으로 추정한다. 이런 수치로 볼 때 유럽의 여타 국가에 비해 스웨덴의 장애인에 대한 규정은 좀 더 관대하다고 볼 수 있으며, 장애 분류에서도 장애 원인이 선천적이든 후천적이든, 혹은 노령에 의한 것이든 상관하지 않는 포괄주의적 자세를 볼 수 있다.

2000년대 들어 장애인 정책의 궁극적 목표는 '완전한 참여'와 '완전한 평등'에 있다. 따라서 스웨덴 어느 곳이라도 장애를 가진 사람이 접근하지 못하는 장소가 없어야 하며 어린이집 입소에서부터 모든 분야의 사회적 참여에서 공정한 기회가 박탈되지 않도록 이들을 보호하고 있다. 차별옴부즈만DO, Diskrimineringsombudsman이 이들의 인권을 보호한다. 오늘날 이런 장면은 스웨덴 복지국가 건설 과정에서 나타난 보편주의와 평등주의에 입각한 사회정책의 결과다. 그러나 장애인이 다른 사람과 마찬가지로 정상적인 생활을 누려야 한다는 정상화 원칙이 장애인 정책의 기본적 가치로 자리 잡은 데에는 1백여 년에 걸쳐 조직적으로 발전해 온 장애인 단체와 운동의 역할도 크다. 다음에서는 장애인 정책의 발전사와 제도적 장치 및 서비스 전달 체계와 노동시장 진입을 위한 사회적 기업의 운용 등 장애인 정책의 실제와, 장애인 단체와 운동의 역사 및 실체를 살펴보기로 한다.

1. 장애인 정책

1) 목표와 특징

장애인 정책은 모든 사람은 동등한 가치를 지니며, 동등한 권리가 보장된다는 원칙에서 출발한다. 정부는 '참여'와 '평등'이라는 정치적 목표를 실현하기 위해 장애인의 사회적 접근성을 최대한 보장하고자 애쓰며 이를 위한 투자를 행하고 있다. 사회적 접근성을 보장한다는 것은 장애인의 일상생활이 유지되는 주거 환경, 노동과 교육에 대한 권리, 특별 서비스와 보조 등이 법과 사회 문화 속에서 보장되는 것을 의미한다.

스웨덴 장애인 정책의 특징은 장애를 가진 사람과 사회구조 및 환경 사이에서 발생되는 문제를 해결하려는 데에 있다. 다시 말해, 장애를 가진 개인을 돕는 것에 초점을 맞추는 것이 아니라 그를 둘러싼 환경과 조건 속에서 과연 이들이 정상적으로 생활할 수 있는지에 중점을 두며, 장애인이 자신의 일상생활을 스스로 관리하고 영유할 수 있도록 이에 필요한 제반 사항과 프로그램을 마련하는 데에 집중한다.

장애인 정책을 다루는 또 하나의 관점은 장애인에 대한 이해가 보건과 사회 서비스 영역을 넘어서 스웨덴 사회의 주류에 수용되어야 한다는 것이다. 이제 장애인은 사회 서비스 대상이 아니라 사회 주류의 하나로 이해되어야 한다는 것이다. 이런 관점은 정책 구상, 법안 구성, 법률 적용의 모든 면에서 찾아볼 수 있으며 스웨덴식 보편주의를 확인할 수 있는 부분이기도 하다. 스웨덴은 한국과 달리 장애인에 관한 법률이 별도로 마련된 것이 아니라 일반법으로 이를 포용한다. 장애를 입은 사람에 대한 지원은 〈사회서비스법〉, 〈보건의료법〉, 〈교육법〉 등에서 규정하고 있으며, 전문적 서비스가 필요한 중증 장애인에 대해서는, 예를 들면 지능 장애인을 위한 〈장애인서비스법〉 등을 도입해 보완하고 있다. 1980년에 제정된 〈사회서비스법〉은 과거의 〈아동돌봄법〉, 〈알코올중독자돌봄법〉 nykterhets-vårdslagen, 〈사회보조법〉 socialhjälpslagen 등을 대체한 것으로, 특정인에 대한 보호 관리라는 선별적 돌봄 정책에서 보호와 도움이 필요한 모든 시민을 위한 보편적 돌봄 정책으로 전환했으며, 이는 장애인에 대한 사회적 인식과 이해를 전면적으로 바꾸었다. 이런 정책을 시행하기 위해 스웨덴은 중앙 정부를 비롯한 광역 지방정부(란드스팅)와 기초 자치단체(코뮨)가 역할을 분담하고 있으며 장애의 특성에 맞추어 서로 상이하게 연결된 전달 체계를 갖추고 있다. 장애를 가진 한 사람을 위해 세 단위의 정부가 모두 관여한다.

2) 보편성을 이룬 주요 정책과 제도

(1) 보편적 의무교육 도입

스웨덴 사회복지의 정상화 원칙은 노인 정책에서 그랬듯이 역시 장애인 정책의 기본 원리를 이룬다. 정상화 원칙에 따라 장애를 지닌 사람이 다른 사람과 동등하게 생활할 기회는, 어린 시절부터 다른 사람과 더불어 정상적으로 살아가는 것을 주요 내용으로 하여 1960년대부터 정책적으로 제공되었다. 1962년의 〈교육법〉 개정으로 모든 코뮨은 장애를 가진 아동들의 의무교육 과정을 일반 학교에서 이수하게 했다. 이는 보편주의 원칙을 제도화했을 뿐 아니라 현실화한 것이다. 스웨덴 교육에서 보편적 의무교육이 시행된 지 이미 120년이 지났다. 그러나 이전까지는 대부분의 장애인들이 시설에 의한 특수교육 혹은 분리 교육을 받아 왔다. 초기의 이런 시설들이 공공 정책으로 발전되기까지, 그리고 새로운 변화를 모색하는 단계에 이르기까지 상당한 시간이 걸렸다. 특정한 장애 집단을 위한 특수 시설은 그나마 많은 장애인들에게 교육의 기회를 주어 왔고, 이런 면모도 복지국가의 한 부분이었다고 긍정적으로 평가할 수 있다. 그러나 이후 이런 시설들은 점진적으로 폐쇄되었다. 1962년 최초로 도입된 장애인 정책에서의 통합화와 정상화 원칙은 1970년대까지 스웨덴 보편주의 복지 정책을 완성하는 데 중요한 역할을 했다. 이와 동시에 어린이집 입소에 관해서도 장애 어린이에 대한 정상화 원칙이 적용되었으며 1994년 어린이집이 교육부 산하로 이관된 이후로는 〈교육법〉에 따라 더욱 강화되었다. 다만 특별한 환경과 보조가 필요한 장애 어린이, 예를 들면 청각 장애 어린이, 시각 장애 어린이, 중증 지능 장애 어린이 등의 경우를 위해 예외적으로 특수학교 시스템을 유지하며 〈장애인서비스법〉에 의해 특별 보조가 제공되었다. 2008년 정부는 특수교육을 위한 기관Special-pedagogiska skolmyndigheten을 설치해 특수교육에 관한 지속적인 발전과 교육 방법을 연구하며, 현장에서 필요로 하는 제반 요구 사항을 충족하려는 노력을 지원하고 있다.

(2) 당사자 중심의 결정권 행사

스웨덴에서의 보편적 복지 제도는 장애인을 포함한 모든 시민에게 해당되며 이에 더해 중증 장애인을 위한 새로운 특별 프로그램이 마련되었다. 1994년에 시행된 〈장애인서비스법〉은 보조적 지원책 및 이와 관련해 가장 광범한 프로그램을 담고 있다. 이 법은 일반 지능 장애인 외에 시각·청각 장애인 및 〈사회서비스법〉이 미처 포괄하지 못하는 모든 장애인을 대상으로 한다. 이 개혁 프로그램의 주요 내용 가운데 하나는 장애인 당사자가 개인적으로 조력을 받을 권리를 행사할 수 있다는 것이다. 중증 장애인들에게 이는 혁명적 효과를 갖는 것이었다. 이들은 각종 보조와 서비스를 통해 일상생활에서 학업·직업·가정을 영위할 수 있는 결정권을 갖게 되었고, 전에는 존재하지 않았던 새로운 삶을 누리게 되었다. 또한 〈장애인서비스법〉은 장애인이 필요로 하는 서비스를 위해 코뮨과 란드스팅, 그 밖의 관련 기관이 마련해야 할 공동 프로그램에 대한 책임과 의무를 명시하고 있다. 사회복지청, 교육청, AF, 주택청, RFV에 이르기까지의 모든 관련 기관은 한 사람의 중증 장애인을 위한 지원 방법과 프로그램을 마련한다. 이후 정부는 이들에 대한 재활 프로그램을 강화했다.

(3) 장애인 옴부즈만제도

앞에서 언급한 정부 기관 외에 장애인 개인의 권리를 보장하기 위한 가장 중요한 기관은 장애인 옴부즈만HO, Handikappombudsman이다. 1993년 유엔이 발표한 "장애인의 기회 평등에 관한 기본 규칙"은 스웨덴 장애인 정책의 초석이 되었다. 1994년 스웨덴은 유엔의 장애인 기준과 부합되는지를 감독하고 장애인의 사회 접근성을 확대·발전시키기 위해 장애인 옴부즈만제도를 도입했다. 장애인 옴부즈만은 독립된 정부 기관이며, 4개의 차별 금지법을 기준으로 장애인이 일터, 어린이집, 초등학교부터 고등학교 및 전문 대학 과정에서는 물론 쇼핑몰이나 주택지처럼 일상적인 공간에서도 차별을 받지 않도록 감독하고, 차별 행위가 발생하면 이를 제지할 권한을 갖고 있다. 장애인 옴부즈만은 2009년 1월 이후로 차별 옴부즈만으로 통합되면서 명칭이 바뀌었고, 이후 장애인 인권 보호가 더욱 강화되는 방향으로 감독과 처벌의 내용 및 범위가 확장되었다.

(4) 차별 금지법 도입

1999년 스웨덴 국회는 노동시장에서의 장애인 차별 금지를 내용으로 하는 새로운 법을 통과시켰다. 차별을 금지하는 일반적인 규정은 오래전부터 있어 왔으나 "장애인에 대한 차별 금지"라고 명시한 것은 처음이다. 이런 규정은 노동시장에 진출하려는 장애인에게 적극적으로 문호를 개방하겠다는 의미로, 산업계와 기업체는 이를 위한 준비를 모두 새롭게 할 의무를 지니고 있음을 뜻한다. 이는 동시에 장애인 직업 훈련과 이에 필요한 재활 정책을 강화하는 기회가 되었다. 정부는 특별 조사단을 구성해 이런 정책을 원활히 시행하기 위한 행동 계획을 세웠다.

3) 국가 행동 계획 발표

스웨덴 국회는 2000년 "환자에서 시민으로"라는 장애인 정책에 관한 국가 행동 계획Den nationella handlingsplanen을 채택했다. 이 행동 계획은 장애인 정책에 대한 근본적이고 혁명적인 발상의 전환을 이룬다. 과거의 정부는 장애인 정책을 주로 사회문제와 복지 사안 중심으로 접근했으나, 오늘날에는 민주주의와 인권을 강조하며 시민적 관점을 중시한다. 이제 스웨덴은 모두에게 열린 사회로 한 걸음 더 나아갈 기회를 맞았다.

국가 행동 계획은 "첫째, 모든 사람들은 모든 사안 처리나 결정 과정에서 우선적으로 장애인의 입장에서 생각한다. 둘째, 스웨덴 사회의 모든 분야와 장소는 장애인을 기준으로 한다. 셋째, 장애를 가진 사람은 우선적으로 존중되어야 한다"라는 세 가지 원칙을 기본으로 한다. 정책 입안자들도 가능한 모든 측면에서 모든 시민들이 받아들일 수 있는 사회를 만들기 위해 광범하고 포괄적인 해결책을 도입하는 것을 목표로 하고 있다. 이는 집단마다 다른 해결책을 제시하는 방식을 대체하는 것으로, 재정적 측면에서도 효율성을 동반한다고 보고 있다. 이런 목표를 추구하는 과정에서 민주주의와 인권은 모든 분야의 기준이 되고 있다. 장애인이 다른 사람과 똑같이 살 수 있는 통합 사회의 목표를, 당시의 보건사회부 장관 라르스 엥크비스트Lars Engqvist는 장애인 입장에 입각해 이렇게 표현한다.

비전

- 나는 모든 사람이 드나드는 문을 함께 사용한다.
- 나는 특별한 문을 통하거나 우회해서 갈 필요가 없다.
- 좋아하는 사람을 보고 싶다면 언제든 갈 수 있다. 지원 차량이 그 시간을 결정하지 않는다.
- 혼자서 버스를 이용할 수 있으며 정류장 알림 소리를 듣고 스스로 판단해 하차한다.

이에 스웨덴 정부는 장애인 정책을 달성하기 위해 다음 사항에 중점을 둔다.

국가 목표

1. 다양성을 기본으로 한 사회 공동체
2. 모든 연령의 장애인이 완전히 참여하는 사회 구축
3. 장애를 가진 남성과 여성 사이의 평등 증진
4. 장애물을 발견하고 제거하는 것
5. 차별을 방지하고 퇴치하는 것
6. 장애 아동부터 장애 청소년·성인에 이르기까지 독립적·자율적인 삶에 대한 희망을 갖게 하는 것

이를 종합하면 모든 공공 행위와 정책 입안 과정에 장애인 관점이 포함되어야 한다. 공공 기관들은 기관의 목표·행동·정보를 모든 장애인, 특히 시각 장애인이 접할 수 있도록 공개해야 하며 공무원들은 장애에 대한 이해를 넓히기 위해 사전 교육을 받아야 한다. 추호라도 공무원의 무지나

부당한 처우로 말미암아 장애인이 시민으로서의 권리를 행사할 기회가 박탈되어서는 안 된다. 또한 스웨덴 정부는 2006년 12월에 채택한 유엔의 "장애인 권리에 관한 협약"에 참여하고 있다. 이 협약을 비준한 다른 국가들과 같이 스웨덴은 국내법이 장애인을 차별하지 않을 것을 보장하고 있다. 그리고 협약은 표준과는 달리 법적인 구속력을 지니고 있기 때문에 스웨덴 정부는 이런 권리를 보장하기 위한 새로운 입법을 준비하고 있다.

2. 완전함을 이루는 협력과 행정 체계

국가 행동 계획이 사회 현장에서 실행되고, 장애인 주류화라는 궁극적 목표를 달성하기 위해 정부는 특별 기관을 두고 포럼·세미나 등을 열어 정부와 장애인 단체가 토론하고 정보를 교환하며 각자가 수행할 역할과 기능을 강조하고 있다. 다른 한편 스웨덴에서 장애인 단체가 수행하는 역할은 매우 중요해, 정부의 특별 기관 3개와 장애인을 대변하는 장애인 단체가 사각형을 이루어 완전한 협력 관계를 추구한다. 정부의 특별 기관으로 민관 협력을 위한 LSS위원회 LSS-kommittéen, 차별 예방과 법 이행을 도모하는 차별 옴부즈만, 정부 기관을 감독하는 한디삼 Handisam이 있고, 장애인을 대변하는 기구로 전국장애인총연맹 HSO이 있다. 다음에서는 이 기관들을 소개하며 각각의 역할과 기능을 살펴본다.

1) 특별 서비스 위원회

1994년에 제정된 〈장애인서비스법〉의 집행 위원회(LSS위원회)는 특정한 기능적 손상을 가진 사람들에 대한 보조와 서비스를 담당한다. 또한 장애인이 비장애인과 똑같은 대우를 받기 위해 지속적으로 변화·개선되어야 하는 사회적 현황과 문제 및 장애인의 요구 사항들을 조사하며 이와 관련해 새로운 제안을 정부에 제출한다. 위원회는 조사 활동을 통해 장애인을 위한 한층 더 공학적이며 윤리적인 특별 조치가 필요하다는 결론을 냈으며, 이에 정부는 2008년 〈장애인서비스법〉의 내용을 강화했다. 정부 보고서는 특히 예산 배정의 중요성을 다음과 같이 강조했다. "장애를 가진 모든 사람이 개인의 특성에 따라 필요한 보조와 도움을 받아 자기 생활을 영유할 수 있게 한다. 따라서 개인 보조원 및 대리인, 이동 지원, 보조 도구 제공, 수화 교육 및 활용 등의 다양한 지원을 통해 이 사람들이 독립적이고 적극적으로 살아가게 하는 데 이 법의 목적을 둔다. 이를 위한 국가의 세출예산은 장애인 정책에서 매우 중요한 부분이다." 그 결과 〈장애인서비스법〉은 일부 중증 장애인을 중심 대상으로 삼았던 초기 안보다 서비스 대상을 확대했으며, 특히 서비스 내용을 전문화해 장애를 가진 개인을 중심으로 관련 기관의 협력 프로그램이 밀접하게 연계되도록 정부의 역할과 기능을 강화하고 있다. 2009년 〈장애인서비스법〉에 의한 서비스를 받은 자는 2008년에 비해 약 3퍼센트 증가했다. 특히 장애인 차별 금지법이 발효된 이래 사회 구석구석에서 장애인이 자유자재로 접근할 수 있는 편의 시설과 교통수단은 물론 보고 듣고 읽으며 표현할 수 있는 장애 보조 공학과 정보·통신 기술의 발전에 힘입어 세계적인 장애인 정책 모범 사례를 만들고 있다.

2) 한디삼

한디삼은 장애인 정책의 집행 결과를 종합적으로 관리하며 2006년 장애인 옴부즈만 산하의 국가접근성센터Det nationella tillgänglighetscentret와 발달장애위원회SISUS를 통합해 설립된 정부 기관이다. 한디삼은 정부가 정한 장애인 규정을 모든 기관이 제대로 지키고 있는지를 감독하는 한편, 장애인의 접근성이 보장되도록 공공 기관은 물론 민간 기관에까지 장애인에 관한 정보와 필요한 지원을 제공한다. 또한 한디삼은 여러 기관 간의 협력과 조정이 필요한 사안을 관리·조정한다. 그 밖에도 사회 각 부분에서의 장애인 접근성에 대해 미처 발견되지 못한 새로운 사안들을 지속적으로 조사·연구한다. 이 결과에 따라 장애인 편의에 관한 새로운 규정을 제안하고 그 실행을 책임진다. 한디삼은 장애인 정책 수행을 위한 대표적 기관이라고 할 수 있다.

3) 차별 옴부즈만

스웨덴은 장애로 인한 차별을 금지하는 법률 조항●이 4개 있다. 1999년 '장애를 가진 사람들의 직업 생활에서의 차별 금지에 관한 법', 2002년 '대학에서의 학생에 대한 평등한 처우에 관한 법', 2003년 '상품과 용역 거래 시에 적용되는 차별 금지법', 2006년 '학교와 취학 전 교육기관에 적용되는 장애 아동에 관한 차별 금지법'이 각각 제정되었다.

● 이는 단독 법안이 아니라 제시된 연도에 추가 제정된 법률 조항이다.

차별 옴부즈만은 스웨덴 법이 정한 인권 보호와 차별 금지 조항, 유엔이 정한 장애인 권리 협약이 반드시 지켜지게 하는 법률 기관이다. 차별 옴부즈만은 일상생활 혹은 직장 등에서 장애인의 차별에 대한 예방과 시정에 관한 규정을 이행할 것을 지시할 수 있으며, 관련 기관은 특별한 이유가 없는 한 이에 따르거나 적어도 이행계획서를 제출해야 한다. 장애인이나 장애 아동을 가진 부모가 장애인이기에 차별 대우를 받았다고 생각할 때 차별 옴부즈만에 신고할 수 있다. 차별 옴부즈만은 사안에 대한 조사에 따라 규정상 부당한 처우였다고 판단할 때 시정 지시를 내릴 수 있다.

4) 장애인 운동과 HSO

　스웨덴의 대중운동 가운데 장애인 운동은 노동운동, 여성운동, 교육운동과 함께 1800년대 중반부터 매우 활발했다. 1860년대 말 청각장애인 협회를 중심으로 조직된 장애인 전국 조직은 1940년대에 정식으로 출범했으며 여타 운동이 시민의 기본권을 주장한 것과 같은 맥락에서 장애인 운동도 스웨덴 민주주의 형성에 한몫했다. 장애인의 노동권 획득을 가장 중요한 이슈로 삼아 시작된 장애인 운동은, 점차 정상화 원칙에 기반을 두고 모든 영역에서 장애인들이 독립적인 개인 생활을 영위할 수 있게 할 것을 주장하는 장애인 권리 운동으로 발전했다.

　HSO는 대표적인 스웨덴 장애인 운동 단체의 연합체로, 전국의 각종 장애인 단체를 회원으로 한 비영리단체다. 이들의 주된 목표와 임무는 장애인의 접근성이 완전히 실현될 수 있도록 최대한 사회 전반에 영향을 미치고 사회 문화를 변화시키는 데 있다. 이들은 '장애인'이라는 단어가 감춰진다는 이유로 조직명을 약칭하지 않는다. HSO는 43개 회원 단체로 구성되어 있으며 총 회원 수는 50만 명이 넘는다. 그 외 광역 단위와 기초 단위에 독립된 장애인 연합 조직이 있으며 총연맹은 이들과도 밀접한 연계를 갖는다. HSO에 속한 조직들은 각자의 경험과 정보를 교환하는 한편, HSO도 자체 연구 활동을 수행해 정부 정책에 관한 가이드라인을 제공한다. 산업자원부 소속인 비노바VINNOVA나 교육부 산하의 연구 위원회를 거쳐 장애인 연구 사업을 신청할 수 있으며, 그 밖에도 각종 재단으로부터 연구 지원을 받는다. 이들의 연구 활동 수준은 매우 전문적이어서, 때로 정부의 연구를 대행하기도 한다. 50개 정도의 장애인 단체가 국가의 활동 지원금을 받고 있으며 각 장애인 단체를 활성화하기 위한 2010년도 정부 지원금은 1억8천만 크로나다. 대부분의 단체는 구성원의 장애 유형에 따라 조직되어 있으며 이들 가운데 많은 조직은 청소년 분과를 두고 있고 몇몇 조직은 특히 아동과 가족에 중점을 두고 있다.

   1백여 년의 운동 역사를 지닌 이런 조직체들은 스웨덴의 장애인 정책 발전에 지대한 영향을 발휘해 왔으며, 현재도 각 분야에서 주요 역할을 담당한다. 이 조직들은 장애인들의 처지와 상황을 담은 보고서를 통해 정책 입안자들에게 핵심적인 정보를 제공한다. 또한 이들은 자기 회원들의 요구와 개선책을 제시하는 동시에 사회 여론을 형성하는 데도 크게 기여한다. HSO는 유럽장애인포럼EDF, European disability forum의 영향력 있는 조직체 가운데 하나로 유럽 전 지역에 걸쳐 있는 장애인 회원 약 5천만 명의 인권을 향상할 공동 과제를 추진하고 여론화를 수행하는 방식으로 개별 국가의 장애인 정책에 영향을 미친다.

5) 장애인 서비스 행정조직

스웨덴 정부는 공공 정책에 관한 한 일반적으로 중앙정부와 지방정부의 책임 분야를 나누고 있으며 특히 정부 산하 기관이 집행 업무의 실질적 책임을 진다. 각 단위의 정부와 기관은 각자 맡은 역할과 기능에 주력하나 상호작용을 극대화하기 위해 힘쓴다. 장애인 정책을 둘러싼 각 정부기관의 분리된 역할과 기능을 간추리면 다음과 같다.

- 정부와 국회는 주로 입법 활동을 통해 장애인 정책의 가이드라인을 정한다. 스웨덴 입법은 전반적인 내용만을 규정하고, 정부 정책의 방향이나 목표만을 제시한다는 특징을 보인다. 이에 대한 실행 책임을 가진 광역·기초 자치단체들은 정책을 해석하고 집행하는 과정에서 상당한 재량권을 행사한다.
- 정부 산하 기관은 교육·보건·고용을 포함한 개별적인 영역에서 국가적 의무를 수행한다. 이들은 특정한 영역에서의 발전 속도를 제고하며 기존 정책과의 일관성을 유지하는 데 힘쓴다. 장애인 고용에 관해서는 AF와 장애인 사회적 기업 삼할과의 협력 아래 집행이 이루어진다. 여기에서 정부는 제한된 노동력을 보유한 사람을 고용하는 기업가에게 보조금을 지급한다. 그 밖에 장애인들은 사회보험 기관에서 자신의 생계를 유지하거나 장애 탓에 발생하는 추가 비용을 충당하기 위한 다양한 형태의 경제적 지원을 받는다.
- 광역 지방정부는 보조 기구, 청각 장애인을 위한 통역 서비스, 특별한 장애를 가진 개인을 위한 치과 진료를 포함한 보건 의료를 담당한다. 국가 행동 계획 실행 이후 장애인에 대한 재활 프로그램*이 대폭 증대되었다. 특히 코뮨과 연계하여 장애인에 대한 개인 건강관리 프로그램

을 제공하며 보건 의료와 재활에 관한 책임을 진다.
- 지방정부는 고등학교까지의 교육과 주거 관련 서비스와 현금 지급 등 제반 사회보장 서비스를 최종적으로 책임진다. 서비스 내용에는 개인 보조원 제공, 정신적 장애인을 위한 대리인과 교통 편의 제공, 장애 입양 가족에 대한 보조금 지급 등이 포함된다. 그 외 RFV가 제공하는 각종 공공 부조를 통해 실생활에서 일반과 차이가 없도록 돕는다.

3. 장애인 공공 부조와 실제 상황

1) 소득 보장과 공공 부조

(1) 장애 수당과 보조원 수당

누구든지 병이나 육체적·정신적 기능 저하로 일상생활, 직장 생활, 학업 과정에서 제삼자의 도움이 필요하거나 장애 때문에 특별한 비용이 필요할 때 장애 수당 handikappersättning을 받을 수 있다. 보통 전문의가 1년 이상

- 재활과 관련해 'habilitation'이란 선천적으로나 육체적·정신적 기능이 발달되기 이전에 장애를 입은 사람을 위한 재활을 뜻한다. 통상적으로 재활을 'rehabilitation'이라고 표기하는데, 're'가 그 전의 온전한 상태로 돌아간다는 것을 의미하기 때문에 사고나 병인에 의한 후천적 장애의 재활은 'rehabilitation', 선천적 장애의 재활은 'habilitation'으로 구별한다. 이는 주로 스웨덴 장애인 복지 재활 프로그램에서 쓰이는 개념으로, 스웨덴에서는 의학적인 재활 프로그램의 내용에 따라 하빌리테링(habilitering)과 리하빌리테링(rehabilitering)을 구분해 사용한다.

표 6-1 | 장애 정도에 따른 장애 수당 (2010년 기준)

장애 정도	금액/연
36%	15,264크로나
53%	22,472크로나
69%	29,256크로나

주 : 금액은 매년 물가지수에 따라 정부가 정하는 물가연동기준액에 의해 정한다. 2010년 기준액은 4만2,400크로나다. 이 기준액은 모든 사회보장 관련 수당과 연금 등에 사용된다.
출처 : 사회보험청.

의 도움이 필요하다고 진단할 때 장애 수당을 받을 수 있으며 대상 연령은 19~65세까지다. 장애 수당은 장애의 정도와 종류에 따라 세 가지 등급으로 나뉜다.

중증 장애인은 위생 관리와 식사, 옷을 입고 벗는 행동 및 다른 사람과의 의사소통 등 기본적인 활동에 도움이 필요할 때 보조원을 활용할 수 있다. 이런 경우 보조금이 지급되며 수령자의 연령에 제한을 두지 않는다. 2010년 현재 수당 액수는 시간당 252크로나이며, 특별히 전문 보조원이 필요할 때는 최고 282크로나까지 지원된다. 보조원 선택은 장애인 당사자나 그 가족이 개별적으로 정할 수 있다. 보조원에는 코뮨이 제공하는 보조원, 장애인 단체에 속한 보조원 등이 있다. 보조원 전문 교육은 코뮨 예산을 사용하되 장애인 단체가 담당하기도 한다. 그 외 보조 도구 지원금, 특별 장치를 갖춘 컴퓨터 설치나 주택 개조 및 추가 비용이 들어가는 특별한 음식 등에 쓰이는 보조금도 신청할 수 있다. 웬만한 보조 도구는 코뮨에서 무상으로 대여된다. 스웨덴은 장애인 보조 도구 개발 및 보조 공학 발전을 위해 연구소를 두고 있다. 스웨덴에서 생산된 장애인 보조 도구 물품의 실용성과 품질은 세계적으로 유명하다.

(2) 장애 아동 돌봄 수당

장애 아동이나 장기 질병을 앓고 있는 아동을 돌보는 부모나 같은 역할을 하는 이들은 돌봄 수당을 받을 수 있다. 6개월 이상에 걸쳐 특별한 돌봄이 요구되는 아동이 대상이며, 갓난아이부터 19세(19세가 되는 해의 6월)까지의 자녀를 가진 부모가 신청할 수 있다. 장애 아동 돌봄 수당은 부모가 제공하는 노동에 대한 대가와, 장애 탓에 발생한 비용을 보상한다는 의미를 지닌다. 따라서 수당은 전일제 혹은 3/4, 2/4, 1/4 시간제의 노동일에 대한 수당과 부가 비용을 합한 것이 된다. 장애 정도가 심해 전일 보호가 필요할 경우, 2008년의 전일 수당은 월 8,542크로나였으며 이에 필요한 보조 물품에 관한 비용은 별도로 지불된다.

(3) 승용차 구입 보조금

대중교통을 스스로 이용하기 어려운 사람이나 중증 장애아를 가진 부모는 승용차 혹은 오토바이를 구입할 때 보조금을 지급받을 수 있다. 보조금에는 (승용차를 구입하기 위한) ① 기초 보조금, ② 조달 보조금, ③ (차량 구조 변경을 위한) 구조 변경 보조금, ④ (운전면허증 취득을 위한) 교육 보조금 등 네 가지 종류가 있다. 승용차는 적어도 9년 이상 사용할 수 있을 정도의 품질이 보장되어야 하며, 장애 유형에 따라 맞춤형 차를 구입할 수 있다. 이에 대한 보조금을 받기 위해서는 사전에 RFV 지역 사무소에 신청하고 승인을 받아야 한다.

2) 장애인 교육과 노동시장 참여

오늘날 스웨덴의 장애 유형은 이동 장애, 시각·청각 장애, 언어장애, 읽기·쓰기 장애, 알레르기, 천식 등으로 분류된다. 모든 장애인은 자신의 주택에 거주하며, 대부분의 장애 아동들은 가족과 함께 자기 집에서 생활한다. 또한 대부분의 장애 아동과 성인들은 일반 정규학교를 다니고 있으나, 다만 청각 장애, 심한 이동 장애, 학습 장애가 있는 학생들을 위해 특수 형태의 교육이 제공된다. 최근 정부는 시각 장애와 여타 장애를 복합적으로 가진 학생이나 중증 언어장애를 가진 학생들을 위한 특수학교를 설립하고자 한다.

스웨덴의 〈교육법〉은 어디에 살든, 어떤 종류의 장애가 있는지와 상관없이 모든 아동들에게 동등한 질의 교육을 제공해야 하고, 학교생활에서 특별한 도움을 필요로 하는 학생들에게 반드시 그 도움을 제공할 것을 명시하고 있다. 현재 스웨덴 장애인의 교육성과는 흥미 있는 결과를 보여준다. 중학교까지의 의무교육 이후 고등학교 진학률은 장애를 가진 학생이 그렇지 않은 학생보다 약간 높다. 대학 진학률은 아직 낮은 편이나 이 또한 증가하는 추세다.

앞에서 소개한 국가 행동 계획의 가장 중요한 기본 목표는 장애인의 완전한 노동시장 참여다. 교육은 노동시장과 밀접한 관계를 갖기에, 스웨덴 정부는 이 두 분야를 통합적으로 다룬다. 1999년에 제정된 '장애를 가진 사람들의 직업 생활에서의 차별 금지에 관한 법'은 중증 장애인 고용 촉진을 강화한 것으로 고용주에게 정부 기관과 밀접하게 협력할 것을 요구한다. 대부분의 장애인은 AF의 개인별 프로그램에 따라 근로 능력 측정, 직업훈련, 직업 안내 등의 지원을 받으며, 노동시장 진입이 어려운 장애인들은 우선적으로 사회적 기업 삼할에서 훈련 과정을 거치거나 삼할에 취업하는 것이 장려된다. 다른 한편 기능이 부족한 장애인을 고용한 사업주에게 '임금 보조금'을 지원해 쌍방의 편의를 도모한다. 2009년 현재 장애인의 실업률은 전체 인구의 평균 실업률보다 약간 높은 편이다.

4. 사회적 기업 삼할

세계적으로 명성이 자자한 삼할은 장애인을 위한 스웨덴식 사회적 기업이다. 이 회사는 장애를 가진 사람들이 노동을 통해 자아 발전을 도모하는 데 중점을 둔다. 1960년대에 직업훈련 형태로 시작되어 1980년 국가 기업으로 설립되었다. 스웨덴 정부가 삼할의 소유자로 총체적인 책임을 짊어지나, 민간에 의한 주식회사 형태로 운영된다. 삼할은 사회적 수요가 있으며 시장에서 판매될 만한 상품과 서비스를 생산한다. 생산 유형은 제조, 조립과 패킹, 창고 및 물류 사업, 토지와 건물 유지, 청소, 노인을 위한 각종 서비스 제공, 외식업 등이며 이는 시대 환경에 따라 조금씩 변화하며 발전하고 있다. 삼할은 현재 전국 각지에 250개 자회사를 두고 있으며 고용 인원은 약 2만1천 명으로 연간 총 70억 크로나 상당의 매출액을 올리고 있다.

1) 설립 목표와 특성

삼할은 장애를 가진 개개인이 주어진 일을 완수하는 과정에서 자기 능력을 개발하고 발전시키는 데 기본 목표를 둔다. 이 과정에서 자신감을 고취하고 나아가 일상생활을 의미 있게 보낼 수 있게끔 돕고자 한다. 또한 삼할에서 훈련된 장애인이 일반 노동시장으로 되도록 많이 이전해, 정상화와 사회 통합을 이루는 것을 목적으로 한다. 스웨덴 정부는 삼할이 매년 다음과 같은 의무 사항을 이행할 것을 요구하고 있다.

- 반드시 일정 수의 장애인을 고용할 것
- 고용 인원 가운데 일정 비율의 훈련된 장애인이 삼할 밖의 일반 직장으로 전환되게 할 것
- 적어도 40퍼센트 이상의 중증 장애인, 즉 정신적 장애를 가졌거나 복합 장애를 가진 사람을 고용할 것
- 회사의 재정 균형을 이룰 것

특히 주목할 것은 삼할에서 40퍼센트 이상의 중증 장애인을 고용할뿐더러, 장애인이 삼할만이 아니라 일반 노동시장으로 옮겨 가 비장애인들과 통합되는 형태를 지향한다는 점이다. 그들이 일반 노동시장으로 이전해 발생한 삼할의 일자리는 새로운 장애인 구직자에게 주어진다. 이런 고용 방식은 많은 나라의 사회적 기업에서는 찾아보기 힘든 것으로 삼할만의 특수성이라고 할 수 있다. 모든 일의 유형과 성격이 장애인 특성에 맞추어져 있다는 점도 삼할의 특징이다. 일하는 시간과 속도, 일의 양 등도 의학적 진단을 반영해 정해진다. 장애에 따른 보조 도구 또한 완벽하게 갖추고자 함은 물론이다.

2) 직업을 통한 자기 개발 및 기술 발달

앞에서 언급한 바와 같이 삼할의 궁극적 목표는 장애인 개인이 일하면서 능력을 발달시키고 증진하는 데 있다. 채용·발달·전환이라는 세 가지 구성 요소가 연계되어 지속적으로 개인 발달이 이루어진다. 또한 동기부여, 기술 습득, 직업훈련과 사회성 향상 등의 과정을 통해 장애인이 자신감을 획득하는 것을 최고의 목표로 한다.

구직 장애인은 노동 고용 센터를 통해 삼할에 소개된다. 삼할은 소개된 장애인에게 적성 및 능력 평가와 초기 훈련 과정을 거치게 한 후 맞춤형 일을 결정하고, 이에 필요한 보조 환경을 마련하며, 전체 작업 과정에 사회 공학적 방법을 동원해 기술 향상을 도모한다. 삼할은 누구나 장기적으로 삼할 밖의 사회로 나갈 수 있다는 목표를 세우고 강한 의지를 북돋우기 위해 '의지와 능력 모델'willingness and ability model을 사용한다. 본인 자신의 능력을 단계적으로 재평가하여 '이겨낸다!'Våga vinn, '조금만 더!'Våga mera, '전진!'Våga gå vidare이라는 단계적 목표를 제시하고 이를 달성하도록 이끈다. 현재 삼할에서 일하는 직원들의 장애 유형은 지체 장애인이 60퍼센트를 이루며 나머지는 정신적 장애인과 약물 장애인으로 구성되어 있다. 2006년도 삼할의 성과는 다음과 같다.

- 여러 유형의 정신적 장애인과 복합 장애인을 포함한 중증 장애인을 44퍼센트 고용했다.
- 삼할 밖 다른 회사나 기업으로 전환된 장애인이 1,044명에 달해 전환율 5.25퍼센트를 달성했다.
- 순 매출액 72억1,800만 크로나와 순이익 9,600만 크로나를 달성했다.

3) 삼할의 변모

삼할은 일찍이 1960년대에 장애인 고용을 위한 직업훈련 기관으로 설립되었다. 당시에는 코뮨, 란드스팅, 노동시장위원회AMS, 광역노동위원회 등에 의해 운영되었으며 전국에 총 370개 공장이 있었다. 출범 당시 고용 인원은 총 2만7천 명으로 이 가운데 장애인은 2만1,400명이었다. 이 공장들은 1970년대 후반까지 스웨덴 각지에서 산발적으로 운영되어 효율성이 떨어졌고, 시스템도 잘 관리되지 못했다. 이런 문제점을 극복하기 위해 1980년 정부는 재단 형태의 사회적 기업을 설립하면서 전국의 모든 공장을 삼할 산하로 귀속시켰다. 현대식 주식회사 형태는 1992년에 이루어졌으며 삼할의 소유자는 국가이지만, 민간에 의해 운영되는 자율적 경영 방식을 갖추고 있다. 다만 국가가 제시한 요구 사항을 매년 이행하는 것을 전제로 한다.

삼할에 고용된 직원은 점진적으로 증가해, 설립한 지 10년이 지난 1990년에는 3만4백 명으로 전성기를 이루기도 했다. 그러나 이 숫자는 다시 감소하여 오늘날에는 2만2천 명에 불과하다. 동시에 비장애인의 수 또한 상당히 감소하여, 1980년 약 5,400명이었던 데 비해 오늘날에는 1,800명에 불과하다. 설립 이래 현재까지 일반 노동시장에 진출한 장애인은 약 2만5천 명이다. 1980년대 초의 이런 전환율은 연간 1퍼센트를 상회하는 정도였다. 이 비율은 점차 증가하여 1988/89년에는 5.4퍼센트로 높아져 삼할의 목표 달성률이 정점에 달했다. 1990년대에서 2004년에 이르는 기간의 전환율은 2.2~5.7퍼센트로 편차가 크다. 1993년 정부는 최소 기준으로 전환율 3퍼센트를 요구했으며 2000년에는 이 수준이 다시 5퍼센트로 상향 조정되었다.

4) 경영과 파트너십

삼할은 장애인에게 특수 고용을 제공하면서도 경영 차원에서 수지 균형을 달성하기 위해, 다양한 일반 기업체는 물론 지방정부와의 파트너십이 강하다. 삼할은 장애인 고용 작업장을 창출한다는 설립 목표에 따라 전체 목표, 즉 여러 유형의 장애인에 맞춤해 운영해야 한다는 어려움이 있다. 그리고 작업 훈련을 단순화하고 여러 사람에게 과제를 나누어 적절한 생산 속도를 유지할 수 있고 경영 철학을 갖추고 창의적 방법을 동원해야만 한다. 삼할은 개인에 할당되는 작업량을 줄이고, 작업환경에서 발생할 수 있는 위험을 최소화해야 한다. 또한 직업 숙련도를 증진하는 한편 시장과의 접촉을 원활히 해야 한다. 이런 경영 개념은 노동시장 정책의 일환으로, 스웨덴 노동시장 정책 가운데 장애인의 직업훈련과 취업을 우선시하는 정부의 노력을 보여 준다.

삼할은 제조업 및 서비스 산업체에 주요 파트너 업체가 있다. 서비스 분야에서의 대표적 사업은 각종 위탁 사업과 청소와 시설 관리 사업 등을 들 수 있다. 삼할은 고객 회사의 현장에 직접 인력을 배치해 작업반 및 종업원을 관리한다. 코뮨이 운영하는 노인 센터에서 서비스를 제공하기도 한다. 이것은 최근 들어 성장 속도가 가장 빠른 영역으로 실버타운이나 양로원의 청소와 세탁 및 노인들을 위한 쇼핑과 도시락 배달 등 고령화 사회에 맞춤한 성장 시장이다. 그 밖에도 삼할은 대형 주방 시설을 갖추어, 스웨덴 전통 음식을 조리해 데우기만 하면 먹을 수 있는, '햇반' 같은 유형의 도시락을 생산해 동네 슈퍼마켓까지 진출하고 있다.

삼할의 제조업 생산 분야는 마치 산업 공단처럼 운영된다. 스웨덴 시장에서의 파트너 기업으로는 볼보Volvo, 사브-스카니아, 에릭손, 이케아 같은 대기업을 들 수 있다. 삼할은 이런 기업체에 하청 업체로 참여해 주문된 물품을 공급하는데 기술의 전문성과 생산품의 품질을 인정받고 있다. 삼할은 약 50개의 제조업 공장을 갖고 있으며 기계 엔지니어링, 전기 엔지니어링, 전자 및 공학 기기, 축전지, 표면처리, 조립, 다양한 포장 기술 등 다양한 분야를 취급한다. 또한 생산, 개발, 물류 처리 과정에서 특수한 맞춤형 상품을 해당 업체에 납품하며 그 외 의료기기, 이동 통신, 자동화 가구 등 새로운 시장에도 진출하고 있다.

스웨덴의 장애인 정책은 여타 사회정책 분야와 마찬가지로 보편주의 원리에 따라 설계·운용되고 있다. 보편적 복지 정책은 이 분야에서 정상화 원칙으로 나타나고 있으며, 이는 장애인이 사회의 모든 영역에 접근하고 참여하여 장애인·비장애인의 구분 없이 모든 사람이 동등한 삶의 질을 누리고 같은 경험을 가질 기회를 국가와 사회가 보장하자는 것이다. 따라서 교육·노동·주거 및 다른 모든 영역에서 장애인·비장애인의 통합 사회를 형성해 차별 사회가 발생할 소지를 원천적으로 제거하자는 것이 스웨덴 장애인 정책의 목표라고 할 수 있다.

| 7장 |

여성 정책
양성 평등으로 완성되는 민주주의

스웨덴은 2000년에 채택된 유럽연합의 리스본 전략* 발전 프로그램의 일환으로 2009년 10월 15~16일 양일간 유럽연합 컨퍼런스를 스톡홀름에서 개최한 바 있다. 이 회의의 목적은 "유럽연합 국가의 지속적인 경제성장을 위해 '양성 평등'이 얼마나 중요한 변수인가를 강조하기 위한 것"이었으며, 회의에서는 양성 평등이 인간의 기본 권리인 동시에 경제성장과 고용 창출에 미치는 영향이 긍정적이라는 점 등이 논의됐다.

그리고 당면한 경제 위기를 극복하기 위한 해법의 하나로 양성 평등 과제가 제시되었다. 한 사회의 1인당 국민소득 증가는 고용률 상승과 깊

● 리스본 전략(Lisbon Strategy) : 유럽연합의 지속 가능한 경제성장과 고용 증가를 목표로 한 공동의 과제로, 2010년까지 여성 고용률 60퍼센트, 남성 고용률 70퍼센트 달성을 목표로 하고 있다. 이에 따라 매해 국가별 전략 보고서가 제출되고 컨퍼런스가 개최된다.

은 상관관계가 있음을 전제로 할 때, 여성의 경제활동 참여가 고용률 상승과 고용 창출로 이어지면서 선순환적 경제 효과가 발생한다는 것을 구체적 사례를 제시해 설명한 것이다. 이런 사례에 입각해 각국은 가족 정책의 중요성을 간과해서는 안 된다는 점도 강조되었다.

스웨덴은 양성 평등을 지향하는 민주주의가 잘 발달된 국가, 여성의 사회적·정치적 지위가 세계에서 최상위에 속하는 국가로 잘 알려져 있다. 2009년 현재 여성의 정치 참여율(여성 국회의원 비율) 47퍼센트, 20~64세 사이의 여성 노동시장 참여율 75퍼센트, 1주일에 한 권 이상의 책을 읽는 여성이 50퍼센트(남성 30퍼센트)나 될 정도로 사회 전체의 교육 수준 등이 높다. 스웨덴은 경제정책과 가족 정책을 동시에 중요시하는 사회 가치관을 오랫동안 발전시켜 왔다. 아동 돌봄이나 가사노동에 대한 남녀의 동등한 책임 등 제도적·정책적인 면에서 여타 유럽 국가들에 비해 괄목할 만한 내용을 갖고 있다.

그럼에도 스웨덴에서 양성 평등의 문제는 여전히 해결되어야 할 주요 과제로 남아 있으며 이를 위한 여성운동도 활발하다. 거의 완벽에 가까운 듯이 보이는 스웨덴 양성 평등은 주로 법률적·제도적 장치가 마련되어 이루어졌다고 이해되기 쉬우나, (알려지지 않은) 여성들의 노력과 조직적·전략적 활동이 있었음을 간과해서는 안 된다. 이 장에서는 스웨덴 여성들이 약 1백 년에 걸쳐 벌여 온 주요 여권운동을 소개하며, 이에 관한 사회적 배경과 조직 구성, 정치적 결단으로 이어지기까지 주요 사건과 인물, 그리고 오늘날 여성 정책의 실제를 소개하려 한다.

1. 스웨덴 사회와 여성운동

스웨덴의 여성운동사는 서유럽과 미국의 여성운동과 맥을 같이한다. 서유럽에 비해 경제적으로 낙후했던 1800년대 초·중반기, 여성은 대부분 노동과 가사를 동시에 짊어지는 비참한 생활에 허덕거려야 했다. 이런 사회적 환경 속에서 시작된 여성운동의 과정은 어느 유럽 국가 못지않게 험난했다. 스웨덴의 여성운동은 크게 3개의 역사적 테마로 나뉘며, '3개의 파도'로 설명할 수 있다. 제1의 파도는 1880년대 말에서 1920년대까지 투표권 운동이 중심이 된 여성해방운동 시기다. 제2의 파도는 1900년대 중반기 제2차 세계대전 이후 여성들의 세계를 '가정'으로 국한한 사회 환경에 도전해 가장 획기적인 사회 개혁을 이끌어 낸 시기다. 제3의 파도는 1990년대 이후 새 천년을 맞이하면서 발생했다.

1) 제1의 파도 : 여성의 참정권 운동

(1) 사회적 배경

스웨덴에서는 1718년에 이미 상류계급 여성들에 한해 투표권이 부여되었다. 그러나 그 수는 전체 여성의 30퍼센트 미만이었으며 더욱이 이들의 초기 투표 참여율은 매우 저조했다. 선거가 반복되면서 여성들의 정치적 관심은 점차 높아졌고, 참여율도 상승했다. 이런 현상은 남성 사회에서 여성 투표권에 대한 부정적 여론을 불러일으켜, 결국 1758년 지방선거를 앞두고 코뮨의회는 여성을 선거에서 배제하는 결정을 내린다. 그 이후 1771년 헌법이 개정되면서 여성 선거권은 완전히 박탈되었다. 여기에서 드러나는 흥미로운 사실은 초기 여성에게 주어진 투표권이 여권 존중의 일환이 아니라 남성 위주 상류층의 장식에 불과했다는 것이다. 이 시기에 투표권이란 '성인권' 행사를 의미했기 때문에 선거권이 박탈된 모든 여성은 성인으로서 재산권이나 자식에 대한 친권 행사 역시 불허되었다.

스웨덴의 초기 여성운동은 1800년대 중반기 영국과 미국의 선거권 운동suffrage•과 맥을 같이하나 서유럽에 비해 약 반세기 늦게 시작되었다. 스웨덴의 여성 선거권 운동은 존 스튜어트 밀John Stuart Mill이 제시한, 여성의 권리가 남성의 권리와 차이가 있을 수 없다는 이론(Dahlström 1971, 171)을 바탕으로 여성들의 관심을 모은 가장 중요한 의제가 되었다. 다만 선거권에 대한 사회 계급적 입장 차이는 초기 여성들을 계급적으로 분리시키는 원인이 되었다. 당시 남성들의 선거권 역시 소득과 재산에 따라 상류계급에만 차별적으로 주어졌으며 이런 계급사회의 폐단에 대항하는 일반선거권투쟁협회SARF의 활동이 활발했다.

(2) 여성참정권전국연합 구성과 투쟁

스웨덴 최초의 여성 조직으로 알려진 것은 1892년 여성 노동자들이 설립한 스톡홀름일반여성클럽Stockholms allmänna kvinnoklubb이다. 이 단체는 같은 해 사민당에 합류해 정당 내 여성 조직을 구성했다.•• 그리고 1902년 자유당의 여성 당원들과 여성 참정권을 위한 연합 조직을 구성해 여성 참정권 운동이 시작된다. 다음 해 6개 단체가 합류하고, 1903년 보편적 선거권

• 영국과 미국의 여성 선거권 운동은 1860년대에 시작되었다. 노르웨이와 핀란드에서도 스웨덴보다 일찍 시작되었다. 그리고 국제여성선거권연맹(IWSA)은 1904년에 설립되었다.
•• 사민당의 여성위원회는 1920년이 되어서야 정식으로 발족했다.

쟁취를 위한 여성참정권전국연합LKPR이 창립된다. LKPR은 스웨덴 역사상 가장 큰 여성 조직으로 중앙과 지방에 피라미드 형태의 조직을 갖췄으며 국제적 연계도 이어갔다. 이 연합은 최대 1만7천 명의 회원을 모았으며 3백 개의 지역 조직을 구성했다. 1911년 IWSA 총회가 스톡홀름에서 개최될 만큼 LKPR의 규모와 운동의 열기는 국제적으로도 유명했다.

LKPR은 국제 총회를 개최하면서 더욱 강화되는 계기를 마련했고, 전국적인 캠페인, 표어, 가두집회, 엽서 보내기 등 다양한 방법으로 참정권 운동의 당위성과 여성해방을 부르짖었다. 미국과 영국의 여성들은 납세 반대 운동 등 과격한 방법을 사용했지만, 스웨덴 여성들은 계몽적이고 온건한 운동 방식을 따랐다. 여성의 선거권 획득은 여성이 성인과 시민으로 인정받는 것이며, 여성 개발은 스웨덴 사회의 정체성을 발전시킨다는 논리를 전개했다.

한편 1909년 남성의 보편적 선거권과 피선거권이 제도화되면서 국회는 1912년 처음으로 남녀의 평등 선거권 안을 상임위 의제로 채택했다. 그러나 의회 내 다수를 차지한 보수당이 이를 부결시켰다. 7년 후인 1919년 5월, 마침내 '모든 여성은 남성과 동등한 자격으로 선거에 참여할 수 있다'는 보편적 선거권이 실현되었다.

(3) 참정권 운동이 가져온 여권신장과 민주주의

1919년 지방선거를 시작으로 스웨덴 여성들은 선거권을 행사했으며, 이어 1921년 국회의원 선거를 계기로 완전한 참정권이 이뤄졌다. 여성은 남성에 비해 12년을 더 기다려야 했던 것이다. 그러나 1921년 국회의원 선거에서 여성은 투표권을 행사했을 뿐 아니라 사상 최초로 5명의 국회의원(상원 의원 1명과 하원 의원 4명)이 선출돼 여성 정치 참여의 역사적 첫장을 열었다. 여성의 투표 참여율은 선거권을 가진 여성의 47퍼센트(남성 60퍼센트)였다. 한편 여성 국회의원은 하원에 사민당 2명, 자유당 1명, 보수농민당 1명, 상원에 자유당과 사민당이 공동 추천한 1명으로 구성되었다. 이와 동시에 기혼 여성의 성년은 21세, 미혼 여성은 25세로 정해졌으며, 〈혼인법〉은 남성과 여성의 동등한 관계를 명문화했고, 여성은 남성의 성을 쓰게 했다.

모든 여성에게 선거를 통한 정치 참여의 길이 열려 여성의 선거권 투쟁은 성공적으로 일단락되었다. 이는 여러 유럽 국가보다 조금 뒤늦게 성취된 것●이기는 하지만, 이 운동이 영국이나 미국에서보다 약 반세기 뒤늦게 시작된 점을 감안할 때 여성 선거권 투쟁은 비교적 짧은 기간에 목적을 달성했다고 평가할 수 있다. 이 과정에서 여성운동은 선거권 쟁취 이외에 여성의 교육 기회 확대와 경제적 자립권을 동시에 요구했다. 1921년 '재정 자립권'을 획득하면서 여성도 독립적으로 경제권을 행사할 수 있게 되었다.

조직적으로 가장 큰 LKPR은 1921년 이후 해체되었고 대부분의 회원은 프레드리카-브레메르-협회●●로 옮기는 한편, 연합체의 지도급 인사들은 스웨덴여성시민연합Svenska kvinnors medborgarförbundet을 조직했다.

LKPR 설립 이후 약 15년의 투쟁 기간에는 자유주의와 사회민주주의

● 다른 유럽 국가와 미국에서 여성이 선거권을 전면적으로 획득한 해는 다음과 같다. 핀란드(1906년), 노르웨이(1913년), 덴마크(1915년), 캐나다(1918년), 독일·오스트리아·폴란드·체코슬로바키아(1919년), 헝가리(1920년), 미국(1920년; 대통령 선거권), 영국(1928년), 프랑스(1944년), 이탈리아(1946년).

●● 프레드리카-브레메르-협회(FBF) : 1884년 소피 레이온휴브드-아드렐스파레(Sophie Leij-onhufvud-Adlersparre)에 의해 설립된 페미니즘 운동 및 여성해방운동 단체다.

간의 이념적 갈등으로 조직이 해체될 뻔한 위기도 있었다. 선거권 자격이나 참정권 내용 문제를 두고 어디까지 여성을 참여시킬지를 두고 의견 차이를 빚어 여러 차례 내분과 첨예한 갈등이 야기되곤 했다. 그러나 결과적으로 전 과정을 통해 여성을 계몽하고 교육 효과를 높이는 결실을 거두었다. 운동이 여성을 깨어나게 한 덕분에, 복잡한 선거 규정을 처음 경험하면서도 여성은 남성보다 성숙한 시민 의식을 발휘했다. 여성의 참정권 운동은 스웨덴 사회의 민주주의가 발전하고 성숙하는 데 크게 기여했다. "이 민주주의의 과정은 여러 면에서 정치의 게임 규칙을 바꿔 놓은 무혈혁명"이라고 평가받고 있다(Rönnbäck 2009).

2) 제2의 파도 : 여성의 사회권 운동

(1) 사회적 배경

1960년대 발생한 세계적인 두 번째 여성운동의 파도는 미국에서 전 세계로 퍼져 나갔다. 제2차 세계대전 기간에 직장을 가졌던 여성들은 전쟁 직후 참전했던 남편들이 돌아오자 가정으로 되돌아가야 했다. 사회는 여성의 역할을 순종적인 어머니의 상으로 한정하며 여성의 직업 생활을 용납하지 않았다. 이런 사회적 인식이 당연시되던 1950년대, 시몬 드 보부아르●의 『제2의 성』은 여성들의 침묵을 부조리에 항거하는 함성으로

● 시몬 드 보부아르(Simone de Beauvoir) : 프랑스 작가로 실존주의자, 사회이론가, 여성학자이며 사르트르와의 계약 결혼으로 유명하다. 『제2의 성』(*Le Deuxième Sexe*)에서 여성은

바꾸는 계기를 만들었다.

또한 아시아와 아프리카에서 식민지 해방운동이, 중남미에서 정치적·사회적 해방운동이 발생했고, 선진사회에서도 자유·인권·평등 문제를 기치로 내건 진보적 운동이 활발했다. 이에 더해 1960년대 미국의 흑인 해방운동과 베트남전쟁에 대한 반전운동은 전 세계적 이슈로 확산되었다. 이를 계기로 1960년대 말 미국의 다양한 여성 단체는 여성해방운동Women's Liberation Movement을 중심으로 연합했고, 이를 바탕으로 1970년대 초 세계적인 여성해방운동 파장을 일으켰다. 사회정의 문제에 민감한 스웨덴 사회는 이런 흐름에 강한 연대 의식을 표명했으며, 이후 사회적 불평등과 양성 불평등에 관한 문제 제기가 폭발적으로 증가했다.

(2) 사회적 논쟁과 여성의 역할

여성에 대한 전통적 이해는 여전히 편견에 찬 것이어서 당시 전쟁을 겪지 않은 스웨덴까지도 여성들의 직업을 바라보는 시선은 무시와 인정의 이중성이었다. 1960년대 직장 여성 대부분은 반일 혹은 시간제 노동을 할 수밖에 없었다. 당시 어린 자녀를 맡길 수 있는 탁아소 시설은 수요의 5퍼센트를 충족하는 데 그쳤고, 결과적으로 육아 부담은 여성이 감당할 수밖에 없었기 때문이었다. 또한 낙태 금지로 침해받는 여성들의 자기 결정권과 이로 인한 다양한 기회의 제약은 당시 수많은 여성들의 반발을 불러일으켰다. 1961년 여성 작가 에바 무베리●가 저술한 『여성의 제한

항상 역사적으로 남성이라는 정상적인 성으로부터 이탈된 또 다른 성으로 규정되어 왔다고 비판한다. 이 책은 1949년에 출간되어 전 세계적인 명성을 얻었다.
● 에바 무베리(Eva Moberg, 1932~) : 여성 문제와 평화 문제에 대한 사회적 영향력을 발휘한

적 자유』는 여성의 역할에 대한 사회적 논쟁을 촉발하는 강력한 계기가 되었다. 그로부터 2~3년 후 정치인·지식인·기자 등으로 구성된 여성 20명은 그룹 222Grupp 222를 조직해 양성 평등 문제를 해결하기 위한 행동 계획서를 작성했다. 이것은 1970년대 사민당이 이끄는 스웨덴 정부가 양성 평등 정책을 수립하는 직접적인 계기가 됐으며 정책 자료로 활용되기도 했다.

(3) 진보 여성운동의 출범

제2의 파도에 등장한 여성운동은 공동체 문제를 향해 대중의 동력을 동원하는 기회를 만들었으며 또 다른 운동 단체가 탄생하는 동기를 제공했다.

1968년 웁살라 대학에서 '여성의 역할'을 다룬 한 세미나는 8명의 여성에게 특별한 영감을 불러일으켰다. 당시 여성 문제의 권위자로 알려진 카린 베스트만 베리Karin Westman Berg 교수가 진행한 세미나에 영향을 받은 8명의 여성은 이후 그룹 8Grupp 8이라는 진보적 여성운동 단체를 조직한다. 그리고 그룹 8은 서서히 전국적 조직으로 성장하며 지회를 조직하는 데 성공했다. 그때까지 여성운동 지도자들이 중산층 지식인 중심이었던 것과 대조적으로, 이 조직은 30~40대 직장 여성이 주류를 이루었으며, 이들은 가정과 직장에서 이중 역할을 감당하는 당사자들이었다. 스톡홀름을 거점으로 시작된 그룹 8의 탄생은 스웨덴 제2기 여성운동의 초석을 이룬다.

스웨덴 여성 작가이며 극작가다. 대표적 저서로 『여성의 제한적 자유』(Kvinnans villkorliga frigivning), 『여성과 인간』(Kvinnor och människor) 등이 있다. 그 외 다수의 동화책과 희곡집을 출간했다.

여성에게 이중 부담을 지우는 사회적 불공정성에 대한 반발은 점차 격화됐고, 이에 대항하는 여성도 늘었다. 특히 여성의 낮은 임금에 불만을 가진 진보적 여성들의 움직임은 노동운동에서 거의 '봉기적' 성격으로 발전했다. 산업 현장의 저임금 여성 노동자뿐 아니라 병원 업무나 비서직 등 서비스 현장에 종사하는 여성 노동자들도 직간접적인 영향을 받아 계급 문제와 여성 차별 문제를 동시에 제기했다. 한편 이와 별도로 이주 여성 노동자들은 1970년 전후 국제 여성조합을 조직했다. 전통과 역사를 지닌 기존 여성 조직들, 즉 FBF와 사민당여성위원회는 일부 지역에서 새롭게 등장하는 진보 여성운동에 합류하면서 어린이집 증축 문제, 성추행에 관한 조사, 여성 실업자 문제 등을 다뤘다.

1972년 3월 8일 세계 여성의 날을 맞아 그룹 8과 스웨덴 여성좌파협회 주최로 최초의 대대적인 시위가 스톡홀름의 한 고등학교 야외 광장에서 벌어졌다. 스웨덴에서 가장 큰 일간지 『DN』 Dagens Nyheter은 다음날 기사에서 당시 광경을 이렇게 쓰고 있다. "수천 명의 군집 속에서 터져 나온 여성의 함성과 노래는 귀를 의심할 정도였다. 스웨덴은 역사상 처음으로 가장 큰 여성들의 군집을 경험했다." 이날 여성들은 "일자리 창출과 노동환경 개선, 탁아소 증대, 자유 낙태, 국제적 연대"를 소리 높여 외쳤다. 그리고 4월 그룹 8의 시위는 '여성의 사회권'을 요구하는 시위행진으로 이어진다. 1천여 명의 시위대가 촉구한 내용은 "노동 : 노동력의 보조적 존재로 사용되는 여성관 철폐", "탁아소 : 경제 상황에 좌우되는 아동 돌봄 정책 반대", "교육 : 저임금 유지 수단의 여성 직업 반대" 등이다. 일반 여성 노동자들의 현실 개선을 외친 이들은 여성 문제를 다룬 전시회장(현대미술관 Moderna museet)까지 행진했다. 그리고 같은 해 11월 전국 26개 지역에서 집결한 진보적 여성들은 첫 번째 전국 총회를 개최했다. 이때 사용한 주제는 '여성' KVINNA으로, 단순명료한 상징성과 호소력으로 큰 효과를 거두었다고 전해

진다(Schmitz 2009). 이 주제는 이후 국제적으로도 널리 사용됐다. 시위, 전시회와 컨퍼런스 등이 조직되고 일련의 체계화된 프로그램은 여러 형태의 출판 사업으로 이어졌다. 소책자와 소개지 등의 교육·홍보 자료가 전국으로 확산됐으며, 당시 현장 여성의 소리를 담은 여성 잡지도 급속도로 보급됐다.

그룹 8 중심의 1970년대 여성운동은 스웨덴 전역에 다양한 여성 단체가 만들어지는 계기가 되었다. 당시 여성 단체의 조직 현황을 정리해 보면, 1968년 5월부터 1979년까지 그룹 8은 가장 남쪽의 말뫼에서 가장 북쪽의 키루나Kiruna까지 골고루 분포된 30개의 지방 집단을 조직했다. 그리고 25개 도시에서 자발적 여성 집단이 새로 출현했는데, 예컨대 루레오여성회Kvinnogruppen i Luleå, 여성연맹Kvinnoligan, 스웨덴여성좌파협회Svenska kvinnors vänsterförbund, 일하는여성Arbetarkvinnor, 여성센터Kvinnocentrum, 여성의집kvinnojour, 동성애자집단Lesbisk front 등을 들 수 있다. 이렇게 다양하고 전문화된 프로그램 내용은 여성 문제를 좀 더 구체화했고, 이슈를 정책으로 발전시켰다. 이런 여성운동은 결과적으로 1980년 양성 평등 옴부즈만JämO, Jämställdhetsombudsman제도가 도입되는 계기를 만들었다.

(4) 여성운동의 변화

1980년대 여성운동은 직장 현장 여성 조직 결성으로 이어졌고, 다른 한편 반핵·평화운동으로 발전했다. 『여성의 두 역할』의 저자로 잘 알려진 알바 뮈르달은 1962~70년 국회 상원 의원(사민당)을 지내면서, 1962~73년 제네바 군축회의의 스웨덴 단장을 지냈다. 이 시기에 뮈르달은 다른 동맹국과 더불어 초강대국들의 군비경쟁을 적극적으로 반대했으며 스웨덴 외교정책에 많은 영향을 미쳤다. 동시에 반핵운동의 여론화와 평화운동에 앞장섰고, 원자력발전 기술이 핵무기를 개발하는 데 활용될지 모른다고 우려해 1980년 스웨덴에서의 원자력발전소 운용에 대한 찬반 국민투표를 이끌어 낸 인물이기도 하다. 이런 평화운동 업적을 인정받아 알바 뮈르달은 1982년 노벨 평화상을 수상했다. 알바는 항상 평화와 여성해방을 주제로 한 사회적 토론에 앞장섰고, 양성 평등의 문제를 학문적으로 접근했다. 알바는 또한 국제전문직여성협회IFBP와 세계대학여성협회IFUW 등에 기여한 바가 크다. 1980년 이후 여성운동은 대학가에 전파돼 여성연구자포럼Forum för kvinnliga forskare 이 조직됐다. 대학가 외에도 여성에 관한 학습 서클은 도처에 출현했으며 ABF의 교육 프로그램에도 여성학이 포함됐다. 이 시기 그룹 8에서 출간한 『자유, 평등, 자매애』Frihet, jämlikhet och systerskap와 『여성과 성』Kvinnor och sex 등은 수많은 여성들에게 애독됐으며, 사회적으로 여성 평등 가치관을 형성하는 데 지대한 역할을 했다. 이렇게 여성운동은 노동 현장에서부터 대학 연구실을 거쳐 정치 무대에 이르기까지 양성 평등을 위한 사회 개혁과 세계 평화를 위한 반전운동으로 전개되었으며, 진보 성향 남성의 많은 호응과 동조를 끌어냈다.

(5) 제2기 여성운동의 특성과 제도 개선

제1기 운동이 비교적 동질적이었던 것과 달리 1970~80년대 스웨덴 여성운동의 지향점과 이념은 다양했다. 일부 여성 단체들이 여성 학대, 성폭력, 동성애 차별 등을 중심 의제로 제기한 반면, 다수의 여성 단체들은 여성의 인권과 사회권을 내용으로 낙태 허용, 피임에 대한 사회 책임론, 직업 세계에서의 동등한 임금 문제 등을 다뤘다. 이 시기 여성운동은 스웨덴 사회의 정치·경제 제도 개혁에 초점을 맞췄으며 이후 양성 평등 사회를 구현하기 위한 제도적 기초를 다졌다고 할 수 있다. 이를 정리하면 다음과 같다.

① 노동조건 개선

1970년대 여성운동의 핵심 사안은 노동조건 개선 문제였다. 병원과 산업 현장의 여성 노동자들을 시작으로 여성이기에 겪어야 했던 억압과 피해에 관한 문제를 제기하며 개선을 요구했다. 여성 단체는 1971년 9월 8일 당시 남성 중심의 LO와 SAF를 초청한 공개 토론회를 개최해 여성의 낮은 임금과 업무의 과중함을 폭로했다. 이 자리에서 직장 노동 후에 감당해야 하는 가사노동을 감안해 여성 노동자에 대한 전일제 임금에 6시간 노동제를 요구했다. 이런 움직임은 정부가 저임금에 대한 심도 깊은 조사를 실시하게 하는 데 목적을 두었으며 이후 상당한 성과를 거둔다.

② 여성 노동자의 권리 주장과 여성 실업 문제

여성의 노동시장 참여율은 1960년대 38퍼센트에서 1970년대는 60퍼센트로 대폭 증가했는데 이 가운데 40퍼센트는 시간제·파견제 형태였다. 이런 비정규직 여성 노동자 가운데 특히 유아를 둔 편모 가정의 경제 문제가 심각하게 대두했다. 여성들은 필요할 때만 사용되는 여성 노동력은 노동의 가치가 무시된 '완전한 착취'라고 선언하며 개선책을 요구했다. 이들은 "여성, 누구의 이익을 위한 것인가?"라는 전단을 대대적으로 배포하고 시위를 벌이기도 했다. 여성 실업 문제는 그룹 8을 중심으로 전국적으로 제기됐으나 때때로 좌절에 봉착했다.

③ 탁아소 설립

1960년대에 7세 미만의 자녀를 가진 직장 여성은 약 30퍼센트였으나 1970년대 말경에는 80퍼센트로 급증했다. 노동시장이 활성화되면서 여성 노동력이 증가하자 탁아 문제가 심각해졌다. 여성운동은 '좀 더 많은 그리고 좀 더 질 높은 어린이집'을 요구했다. '모두를 위한 어린이집'이라는 구호는 1972년 스웨덴에서 처음 개최된 3·8 세계 여성 대회를 비롯한 모든 행사와 시위에 등장했다. 이에 정부는 어린이집조사위원회를 구성해 1968년부터 4년에 걸쳐 조사 연구를 시행하고, 그 결과를 바탕으로 탁아와 유아 교육 기능을 동시에 강조한 어린이집을 보급하기 시작했다. 이때부터 "모든 아이는 모두의 아이"라는 육아의 사회적 책임과 인식이 보편적으로 자리 잡았다. 1975~85년 사이 어린이집은 약 7만2천 개에서 33만 개로 증가했다. 제2기 여성운동은 탈산업사회의 변화에 따른 가족 정책 발전에 지대한 영향을 미쳤다.

다음 인용문은 제2기 여성운동 초기인 1972년 4월 현대미술관 전시회장 벽에 게시된 글이다. 전시 기간 한 달 동안 1만3천여 명이 읽었고, 스웨덴 역사상 가장 강렬하게 사회적 영향을 끼친 전시회로 평가되고 있다.

> 당신이 처한 환경에 대해 이야기하십시오. 그러면 당신의 문제가 개인 문제가 아니라 많은 사람의 문제라는 것을 알게 될 것입니다. 당신의 코뮨과 직장 등에서 여성이 얼마나 차별받고 있는지를 살펴봅시다. 탁아소의 형편은 어떠하며 얼마나 많은 병원이 통증 없는 출산을 위해 노력합니까? 우리는 다수입니다. 함께 갑시다. 그리고 함께 합시다. 우리는 모두가 필요합니다(Schmitz, 2009).

1960~70년에 많은 정치적 단체가 조직됐고, 진보 성향의 많은 여성운동 단체 역시 이 시기에 출범했다. 각 정당의 여성위원회도 다른 여성 조직과 함께 혹은 독자적으로 여성 문제를 정치화했다. 이 단체들은 사회적 캠페인과 대규모 행동을 벌이고, 출판물을 통한 지적 논쟁에서 주도적 역할을 했다. 대표적으로 FBF가 있다.

프레드리카-브레메르Fredrika-Bremer, 1801~65는 작가이자 자선 사업가로 스웨덴 여성해방운동의 선구자다. 지금도 대학 연구 논문의 주제가 될 정도로 여성운동사에서 중요한 인물이다. 1856년에 출간된 저서 『헤르타』Hertha는 결혼을 거부하고 성인으로서 정체성을 갖고 싶은 여성의 욕망을 묘사한 책으로, 독립된 주체인 여성의 권리에 대한 열띤 논쟁을 불러일으켜 스웨덴 국회를 떠들썩하게 했고 국제적으로도 유명해졌다. 이를 배경으로 1884년 소피 레이온휴브드-아드렐스파레는 브레메르의 정신을 살린 여성운동을 지속하기 위해 FBF를 설립했다. 그리고 로사리 루스Rosalie Roos와 함께 발간해 온 스웨덴 최초의 여성 월간지 『가정』Hemmet(1859~85년)을, 1913년부터 『헤르타』(프레드리카-브레메르의 저서 제목을 인용)로 변경해 다양한 여성과 교육 문제를 다루었다. 스웨덴 여성운동에서 중요한 역할을 한 이 간행물은 1999년에 종간됐다. FBF는 약 130년 동안 수많은 여성 교육용 자료를 펴내고, 여성 교육 프로그램을 중심으로 여성 재단을 설립했다. 현재도 스웨덴 사회 양성 평등 문제와 정책 개발에 선구적 역할을 하며 장학 사업과 교육 사업, 그리고 젊은 청소녀의 자신감을 훈련하는 '청소년과 평등'이라는 멘토 프로그램을 전국적으로 운영하고 있다. FBF는 스웨덴에서 정치적·종교적으로 독립된 가장 큰 여성 재단이다.

3) 제3의 파도 : 여성운동의 정치화

(1) 여성운동의 성숙

1990년대 여성운동은 제2의 파도처럼 특별한 동기나 사회적 사건에 의해 전개되기보다는 제2의 운동의 연장선상에 있다고 볼 수 있다. 여전히 해결되지 않은 여성의 기본권 문제와 양성 평등에 대한 주장을 사회적 여론화에서 정치적 여론화로 발전시킨 점이 이 시기 운동의 성격을 특징짓는다. 여성들은 대규모 시위나 모임 등 외적으로 표출되는 방식 대신 사실과 논리성이 담긴 간행물, 책, 미디어를 매개로 한 논쟁을 중심으로 운동을 이끌었다. 대체로 조용해 보이는 시기였지만, 여성운동은 '여성주의' 부흥 시대를 열어 갔다.

1970~80년대 거센 여성운동에 직면한 남성 중심 정당들은 페미니즘을 자처하거나 친 여성 정책을 경쟁적으로 내놓았다. 서유럽에서는 이에 만족하지 못한 여성들이 마침내 여성들에 의한 여성 정당을 출범시키는 새로운 역사를 만들어 내기도 했다. 아이슬란드의 크벤날리스틴kvennalistinn은 여성을 대표하는 세계 최초의 정당으로, 이 정당은 국회의원과 최초의 여성 대통령을 탄생시켰다. 이 현상은 당연히 스웨덴의 여성 정당 운동에도 영향을 미친다. 이 시기의 페미니즘은 양성 평등 문제 외에 동성애자와 성 전환자에 대한 사회적 차별과 불이익 문제를 기본적 인권의 관점에서 부각시켰다.

(2) 여성 정치 네트워크

스웨덴에서 페미니즘을 자당의 정체성으로 주장하는 여러 정당이 내놓은 여성 정책을 두고 여성들 간에 논쟁이 뜨거웠다. 시대적 흐름에 편승한 의례적인 선거용 정책에 반발한 한 여성 집단은 1994년 총선을 약 3개월 앞두고 여성 정치 네트워크를 결성했다. 기자 출신의 마리아-피아 보에티우스Maria-Pia Boëthius, 학자 출신의 아그네타 스타르크Agneta Stark와 에바 비트-브라트스트룀Ebba Witt-Brattström 등이 공동 대표를 맡았다. 당시 양성 평등 문제를 근본적·제도적으로 해결하지 못하는 기존 정당을 강하게 비판하면서 스웨덴 사회를 뒤흔든 이 조직의 명칭을 그대로 옮기면 보조스타킹Stödstrumporna으로, 여성운동의 연대를 강조한 것이다. 이들은 정치적 공직의 50퍼센트 비율 여성 할당, 남성과 동등한 임금제, 폭력으로부터 여성과 아동 보호를 중요 의제로 제기했다.

1994년 총선을 앞두고 이들은 각 정당과 본격적인 협상에 돌입해, 자신들의 안을 받아들이지 않을 경우 여성 정당을 독자적으로 출범시켜 선거에 직접 참여하겠다고 선언했다. 당시 분위기를 보면 진보적 여성들이 기존 정당에서 이탈할 가능성이 충분했기에 이들의 제안은 특히 진보 정당에 무시할 수 없는 위협이었다. 사민당과 좌파당은 의원 후보 명단의 순번에 여성과 남성 후보를 번갈아 배치해(격순번제) 50퍼센트의 여성 의원을 배출한 첫 사례를 만들었다. 여기서 나아가 이들은 선거기간 동안 국회와 정부에 참여한 여성들이 여성 문제를 제대로 다루는지, '허울뿐인 허수아비' 역할만 하는지를 살피는 비판적인 감시자 역할까지 수행해 언론의 집중적인 관심을 받았다. 총선 이후 여성 국회의원 비율은 약 43퍼센트까지 상승했고, 여성이 장관직의 절반을 차지하는 성과를 만들었다.

한편 1990년 창당된 진보 여성들의 여성정당Kvinnopartiet은 언론의 주목을 받지 못했고, 1994년 총선에서 참패한 후 해체되었다.

(3) 현존하는 여성 단체

2009년 현재 스웨덴에서 활동 중인 대표적 여성 단체는 약 26개다. 잘 알려진 FBF와 그룹 8을 비롯해 여성의집, 여성영화인협회, 평화여성, 여성경영자협회 등이다. 이 가운데 이미 소개한 단체를 제외하고 새로운 유형의 대표적인 단체를 소개한다.

① 스웨덴여성의집전국연합

스웨덴여성의집전국연합ROKS은 스웨덴 거주 여성과 청소년을 남성의 학대와 폭력에서 보호하는 단체들의 연합체다. ROKS는 각 지역의 피해 여성 보호소를 운영하는 한편, 여성 피해자를 보호하는 수준을 넘어 남성 폭력을 근본적으로 예방할 목적으로 1984년 설립된 연합 조직이다. 정치적으로 독립적인 민간단체로, 정부 보조금은 프로젝트 중심으로 받고 있다(2004년 정부 보조금은 약 1,140만 크로나다). 2004년 현재 ROKS에는 전국적으로 130개 회원 단체와 86개 보호의 집이 소속돼 있다. 대부분 가정이나 사회에서 폭력과 협박에 시달리며 삶의 위협을 당하는 여성을 보호하며, 비슷한 상황에 처한 여자아이들도 보호의 집을 찾는다. ROKS는 남성의 폭력이 표면적으로 드러나지 않아도 위험이 존재한다고 판단할 때는 과감히 개입해 조사를 실시하고 예방·제재 조치를 취한다. 그리고 남성 위주 문화와 전통적 편견을 타파하는 교육을 실시하고 컨퍼런스 및 출판 사업을 전개하며, 언론을 통해 사회 여론을 조성하거나 각종 프로그램을 운영해 정부 시책에 영향을 미친다. ROKS는 정부가 인정하는 레미스 기관*이다.

1996년 이후 ROKS에서 16개 지방조직이 분리돼 스웨덴여성·청소녀의집전국연합SKR이라는 또 하나의 전국연합이 등장한다. 사업 내용은 대체로 ROKS와 비슷하나 ROKS가 남성 직원을 완전 배제한 반면 SKR은 남성 직원을 채용한다.

② 페미니스트이니셔티브

페미니스트이니셔티브FI는 2005년에 설립된 진보 성향의 여성 단체로 정치 참여를 목적으로 한다. 이들은 아직도 여성 문제가 정치적 선언에 불과하며 가부장적 사회 문화가 양성 평등을 저해해 이를 변화시키려면 정치적 참여가 불가피하다고 선언한다. 1988~2006년 좌파당 당수를 지낸 구드룬 쉬만Gudrun Schyman을 대표로 FI는 2006년 총선에서 국회, 광역 지방정부, 기초 자치단체, 유럽연합 선거에 참여했으나 의석을 얻지는 못했다. 2009년 유럽연합 선거에서 이전보다는 득표수를 높였지만 최소 기준 4퍼센트를 채우지 못했다. FI는 스웨덴 역사상 선거에 참여한 첫 여성 정치 조직체로, 여성 정당의 성격과 가치를 인정받고 있다.

4) 여성운동, 근대화의 가교

스웨덴의 여성운동은 빈곤국에서 부유한 복지국가로 발전한, 1백여 년에 걸친 근대화 과정에서 나타난 사회적 변화를 잘 반영하고 있다. 약 40년에 걸친 제1기 여성운동을 통해 여성의 선거권 쟁취를 이루며 사회

● 레미스 기관(Remissinstans) : 특정 사안에 관한 전문적 지식과 경험을 갖고 있는 단체・기관으로 한 정책이 결정되는 과정에서 자문 혹은 의견을 제시해 좀 더 합리적인 법안이 되도록 돕는다. 레미스 절차는 스웨덴의 가장 대표적인 민주주의적 통치 방법의 하나로 인정받는다.

적 인간으로서 기본적 권리를 얻어 냈다고 할 수 있다. 가족 정책이 발달하고 여성이 본격적으로 노동시장에 참여했던 시기에 형성된 제2기 여성운동은 여성의 사회적 권리와 불평등, 평화 문제를 주요 쟁점으로 삼았다. 스웨덴이 복지국가의 황금기를 이루었던 시기에 양성 평등을 위한 제도적 틀을 구축하는 성과를 냈다. 선거와 정당에서 여성의 정치적 도전이 본격화된 시기에 형성된 제3기 여성운동은, 압축적으로 말하자면 정치적 양성 평등을 추구하는 선진적 정치 문화를 실현했다. 스웨덴의 여성운동은 출발할 때부터 여타 유럽과 북미의 여성운동 흐름과 때로는 함께 때로는 독자적으로, 그러나 꾸준하고 적극적으로 연대해 가며 자국의 사회문제를 하나씩 풀어 나갔다. 스웨덴 여성들이 보인 운동 방법과 조직 및 전략적 지혜 속에서 스웨덴 특유의 성격을 확인할 수 있다. 시대와 노동시장의 환경이 변화하는 양상에 대응할 이론과 방법을 끊임없이 만들어 온 것이다. 양성 평등이라는 근본 목표에 대한 도전은 그에 걸맞은 성과를 내며 오늘도 계속되고 있다.

2. 양성 평등 정책과 사회

1) 양성 평등 정책

스웨덴 차별 옴부즈만은 양성 평등이란 '여성과 남성에게 동등^{jämlikhet}한 권리를 보장하는 것'이라고 정의한다. 사회 구성원은 누구나 모든 분야에서 동등한 기회와 권한 및 의무를 갖는다. 스웨덴은 양성 평등 문제를 다룰 때와 일반적인 사회적 개념으로 평등을 표현할 때 용어를 달리한다. 전자는 동등한 위치와 위상을 뜻하는 '엠스텔드헤트'jämställdhet로, 후자는 상태를 뜻하는 '엠리크헤트'jämlikhet로 구분한다. 양성 평등이라는 개념에 이미 미래의 정치적 결과를 암시하고 있는 것이다.

스웨덴 정부는 양성 평등 정책의 목표를 이렇게 설명한다. "양성 간의 경제적·사회적 평등을 위해 지속적으로 제도의 변화를 추구하고, 개인 삶에 영향을 미치는 모든 여건과 정책을 결정하는 데에 남성과 여성이 동등하게 참여할 수 있도록 사회 문화를 바꾸겠다는 목표를 설정한다." 또 남성과 여성의 권한이 동등할 때 정의로운 민주사회로 발전할 수 있다고 보고 "양성 평등은 인간의 지적 성장과 창조적 환경을 만들기 때문에 경제성장에 직접적인 영향을 미치는 중요 요소"라고 정의한다. 양성 평등에 관한 스웨덴 정부의 정책 방향과 목표는 다음과 같다.

- 여성과 남성은 시민으로서 동등한 권리와 영향력을 행사한다는 것을 원칙으로 한다.
- 개인의 경제적 독립성을 보장하기 위한 모든 여건(교육과 임금)을 동등하게 한다.
- 가사와 아동 돌봄에서 남녀는 동등한 책임과 의무를 갖는다.
- 여성과 남성의 육체적 존엄성을 동등하게 존중하여 여성에 대한 남성의 폭력을 금지한다.

정부는 이런 목표를 세우고 양적·질적인 평등을 동시에 강조하며 각 행정기관에 모든 분야의 양성 평등에 대한 실태 보고서를 매년 제출하게 한다.

양성 평등에 관한 주무 부서는 현재 통합평등부Integrations- och jämställdhetsdepartementet이며, 그 산하에 있는 양성평등위원회Jämställdhetsenheten가 실질

적으로 정책을 집행한다. 1954년부터 존재한 양성평등장관은 초기 내무부에 소속되었다가 노동부를 거쳐 현재는 통합평등부에 속해 있다. 그리고 1980년 양성 평등 옴부즈만이 설립돼 사회 현장에서 발생하는 불평등 사례에 대한 처방 및 예방책을 마련한다.

옴부즈만 사무처의 법률적 역할과 기능은 첫째, 〈양성 평등법〉을 준수하게끔 하는 사회적 감찰 기관 기능이다. 둘째, 옴부즈만 개개인은 법률가이며, 스웨덴 시민이나 집단이 특정 권력기관으로부터 불이익을 당할 경우 〈양성 평등법〉에 준해 정당한 권리를 찾아 주는 대리인 역할을 한다. 셋째, 양성 평등에 관련된 교육을 실시하고, 조사·연구 등을 펼치는 프로젝트를 운영한다. 양성 평등 옴부즈만이 담당하던 기능은, 2009년 1월 이후 장애인 옴부즈만과 통합된 차별 옴부즈만에서 수행한다.

스웨덴 정부는 이런 내용을 중심으로 구체적인 전략과 행동 계획을 마련하고 실천하기 위해 2010년 양성 평등 정책 예산으로 4억 크로나를 책정했다.

2) 남녀평등의 현실과 실제

대중운동이 요구하는 사항과 정부가 지향하는 정책 사이에는 항상 괴리가 있게 마련이다. 이를 감안해도 대중의 의견이 얼마나 잘 반영되는지는 해당 국가의 민주주의 수준을 재는 잣대가 된다. 스웨덴에서 1970년대 (제2의 파도) 여성운동의 핵심 요구 사항은 전반적인 사회 개혁이었다. 가족 정책을 개선하고, 노동시장에서의 양성 평등을 달성하며, 특히 여성 노동을 질적으로 향상할 근본 대책을 수립하는 한편, 여성에 대한 사회적 보호를 보장하라는 주장 등이 대표적이었다.

표 7-1 | 사회 주요 분야에서 여성과 남성의 참여율 변화

	연도(년)	여성(%)	남성(%)	비고
노동시장 참여율	1970	60	90	
	2007	81	87	
분야별 고용률	1970	42 / 58	21 / 79	빗금 앞은 공공 부문을, 뒤는 민간 부문을 의미
	2007	50 / 50	18 / 82	
양성 평등을 이루는 직장 분포율	1970	7	4	
	2007	18	15	
정치 참여율 (국회의원 수)	1973	15	85	
	2007	47	53	
정부 기관 임원 비율	1986	17	83	공공 기관의 이사회
	2006	47	53	
어린이집 이용 비율	1972	12		자녀 보유 가정 중심
	2007	86		
남성의 출산휴가 참여율	1974	–	0	1974년 보편적 출산휴가 도입
	2007	–	21	
출산휴가일	1974	180일		
	2006	480일 가운데 부성 60일 의무		

출처: SCB(2007).

약 30년이 지나 스웨덴의 가족 정책과 노동시장 정책은 눈에 띄게 변화했다. 〈표 7-1〉은 스웨덴 통계청이 제출한 양성 평등 성과 보고서를 간추린 것이다. 주요 분야에서 확인되는 여성과 남성의 양적 분포와 가정 내 남녀 역할의 변화 정도를 한눈에 보여 준다.

평등 수준이 가장 높아진 것은 정치·행정 분야다. 여성의 정치 참여율 47퍼센트는 세계에서 가장 높은 수준이다. 국회 의석수는 각 정당마다 다르나 진보 정당의 경우 50퍼센트가 넘는다. 공공 기관의 임원 수도 절반에 가깝다. 자녀를 가진 여성들에게 가장 반가운 것은 사회적인 아동 돌봄 수준이 높아지고, 특히 질적으로 신뢰할 수 있게 되었다는 점이다. 전국의 1~6세 아동 가운데 코뮨이 운영하는 어린이집을 이용하는 비율이 1972년 12퍼센트에서 2007년 86퍼센트로 증가한 것은 관련 제도가 대대

적으로 혁신되었음을 뜻한다. 1974년 최초로 180일의 유급 출산휴가가 도입됐는데, 2006년에는 480일로 확대되었을 뿐 아니라, 부부 가운데 한쪽은 의무적으로 60일 이상의 육아 휴가를 사용하게 했다. 그러나 2007년 남성의 출산휴가 사용률은 21퍼센트로 아직도 저조해 이를 개선해야 한다는 과제가 남아 있다.

노동시장 참여율은 여성이 1970년 60퍼센트에서 2007년 81퍼센트로 증가했으나, 남성은 90퍼센트에서 87퍼센트로 다소 감소했다. 이는 여성이 활발히 노동시장에 진출했음을 의미한다. 분야별 고용률을 보면 여성은 2000년대 이후 공공 분야와 민간 분야가 고르지만, 남성은 민간 분야에 더욱 치중(82퍼센트)되었다. 스웨덴 여성 노동정책의 주요 목표 가운데 하나가 전통적인 '여성 직장' 또는 전형적인 '남성 직장'이라는 개념을 타파하는 것이다. 가령 어린이집 같은 서비스 직종은 여성 일자리라는 고정관념을 깨는 것이다. 성별 비율이 60 : 40이고, 동일노동 동일임금을 지급하는 직장을 양성 평등이 실현되었다고 간주한다. 〈표 7-1〉에서 양성 평등이 이뤄진 직장은 2007년에도 낮은 수준이지만, 1970년대에 비하면 남녀에 대한 차별적 직장 관념이 조금씩 무너지고 있음을 알 수 있다.

스웨덴 여성의 노동시장 진출 비율은, 교육 수준 및 계층에 차이가 있다고 해서 크게 달라지지 않는다. 이는 대부분의 유럽 국가에서는 고등교육을 받은 여성이, 여성경제활동인구의 다수를 차지하는 것과 뚜렷이 구별된다. 여기에서도 평등주의와 보편주의 원리가 끼친 긍정적 영향을 확인할 수 있다. 그러나 남성과 비교할 때 여전히 사회·문화적인 불평등이 존재하며 이는 스웨덴 사회가 앞으로 해결해야 할 과제다. 직업 생활 이외에 가장 중요한 일을 조사한 결과 여성은 자녀 돌봄을, 남성은 정치적 활동이나 조합 활동을 들어 지금도 자녀 돌봄이나 집안일이 여성의 몫임을 보여 준다. 남성들의 출산휴가(부모 휴가) 사용률이 21퍼센트에 머무르는 것은, 남성들이 민간 부문의 직장을 선호하는 현상과 무관하지 않을 수 있다. 직업군에서도 여성은 아동 돌봄 같은 대인 서비스 직업(96퍼센트)에 주로 종사한다. 아직도 78퍼센트의 여성은 전통적으로 여성의 직업으로 인식되는 분야에 종사하고, 85퍼센트의 남성은 남성의 직업으로 인식되는 분야에 종사한다. 현재 여성의 평균 임금은 남성의 약 93퍼센트이고, '여성 직장'의 임금은 다른 직장보다 낮은 수준이다.

2000년대 들어와 여성 최고경영자CEO 또는 관리 책임자 수는 공공 기관을 중심으로 보면 남성과 균등한 분포를 보인다. 2007년 공공 기관의 남성 CEO는 42퍼센트다. 그러나 민간 부분에서는 77퍼센트를 차지하고, 공기업의 CEO 또한 대부분 남성이다. 여성은 행정과 서비스 분야에서는 앞서거나 비등한 분포를 보이나, 경쟁과 시장 논리가 지배하는 기업 분야에서는 남성이 압도적이다. 이는 남녀 사이의 소득 격차로 이어지고, 소득 연금을 산정하는 데 직접적인 영향을 미치며, 현재 여성의 기대 수명이 길고 홀로 사는 여성이 많다는 점을 고려하면 경제적 불균형과도 무관할 수 없다. 다른 한편, 범죄자 수는 남성이 90퍼센트 이상으로 월등한 데 비해 독서나 문화 프로그램에 참여하는 빈도는 여성이 앞선다. 강화된 양성 평등 프로그램은 교육제도 안에서 부분적으로 좋은 결과를 낳고 있다. 대학 진학도 여성이 60퍼센트를 차지하고 있다. 성인학교Vuxenutbildning에 다니는 학생의 다수가 여성이고, 대학원에 진학하거나 박사 학위를 취득한 사람의 절반가량이 여성이다.

2000년대 이후 스웨덴 정부는 양성 평등 정책을 강화해 어린이집의 모든 프로그램에 양성 평등을 의무적으로 적용했다. 유치원 교사를 대상으로 한 양성 평등 교육을 강화했고, 아동이 처음부터 모든 태도나 느낌에서 성을 차별적으로 인지하지 않도록 주의를 기울이고 있다. 예를 들면 '남자아이의 컵은 파란색, 여자아이의 컵은 분홍색'과 같은 표현이나 행위를 금지하고 있다. 그리고 의무교육 과정에서 작업 과목 가운데 수놓기, 바느질, 뜨개질, 목공예, 철공예 등 모든 과목에 모든 아이들이 동등하게 참여할 것을 의무화했다. 이 과정에서 옴부즈만은 사회교육 프로그램과 여론 조사에 따른 문제점을 분석해 적절한 행동 계획을 제시하고, 각 부처는 정부가 발표한 실행 계획에 따라 현황을 보고하며 이를 바탕으로 발전 계획을 세우고 있다.

3) 여성의 정치 참여와 선거제도의 의미

유럽연합 보고서에 따르면 스웨덴의 여성 정치 참여율이 높은 원인은 선거제도에 있다. 2006년 선거에서 여성 의원 비율은 전체 국회의원 349명 가운데 165명으로 47.3퍼센트, 광역 지방의회(란드스팅)는 47.6퍼센트, 기초 지방의회(코뮨의회)는 42.3퍼센트로 모두 세계 최상위권이다.

유럽연합 보고서의 지적대로 스웨덴 여성이 이렇게 활발히 정치 무대에 진출한 배경을 두 가지로 요약할 수 있다. 첫째는 정당 명부 비례대표제도다. 비례대표제에서는 여성 정치인들이 정치자금 문제와 개인적 경쟁에서 상대적으로 자유롭기에 유리하다. 둘째는 후보 명단의 성별 격순 번제다. 주요 정당의 후보 명부에서 여성 할당 50퍼센트를 쟁취하기까지 오랜 시간이 걸렸다. 여성 활동가들은 정당 안에서 양성 평등 명부가 작성되도록 노력해 결국 이를 당헌 및 당규에 반영하는 데 성공했다. 〈표 7-1〉에서 볼 수 있듯이 1973년과 2007년을 비교하면 의회에서 여성 의원의 비율은 3배 가까이 증가했다. 스웨덴은 1998년 선거에서 처음으로 선호 투표를 받아들였다. 선호 투표란 명단 가운데 특별히 선호하는 사람을 표시해 득표율이 소속 정당의 총득표 수의 8퍼센트가 넘으면 의원이 될 수

표 7-2 | 2006년 선거 이후 스웨덴 국회의 여성 비율

정당	여성		남성		여성 할당률	합계
사민당	65명	50.0%	65명	50.0%	50.0%	130명
보수당	42명	43.3%	55명	56.7%	-	97명
중앙당	11명	37.9%	18명	62.1%	-	29명
자유당	14명	50.0%	14명	50.0%	40.0%	28명
기독당	9명	37.5%	15명	62.5%	-	24명
좌파당	14명	63.6%	8명	36.4%	50.0%	22명
녹색당	10명	52.6%	9명	47.4%	50.0%	19명
합계	165명	47.3%	184명	52.7%	-	349명

출처: SCB(2007).

있는 제도로, 주로 후보 명단 하위에 배치되는 여성 후보들에게 유리하게 작용한다.

정당별 여성 할당 비율을 비교하면 사민당, 좌파당, 녹색당은 50퍼센트를, 자유당은 40퍼센트를 약속했다. 보수당과 기타는 고정된 할당 비율은 없었는데 2010년 총선을 앞두고 보수당이 여성에게 40퍼센트를 할당하기로 결정했다.

〈표 7-2〉는 비례대표제를 채택한 스웨덴 선거제도 안에서 각 당이 당규에 명시한 할당 여부와 여성 국회의원 비율을 보여 준다. 50퍼센트의 할당제를 당규로 정한 정당은 여성 국회의원이 모두 50퍼센트 이상이고, 그렇지 않은 정당은 그 이하다. 주목할 부분은 좌파당(63.6퍼센트)과 자유당(50.0퍼센트)의 여성 의원 수가 규정된 할당 인원을 10퍼센트 이상 넘어섰다는 점이다. 이는 그저 할당제 범위만을 지키는 데 그치지 않고, 인물 중심의 경쟁에서 여성이 선발된 것을 의미한다.

〈표 7-3〉은 각국의 선거제도 방식에 따른 여성 의원의 비율을 보여 준다. 12위까지 국가들은 전적으로 혹은 혼합적으로 비례대표제를 채택하고 있다. 여성의 정치 참여도는 선거제도와 직접적인 상관관계에 있음을

표 7-3 | 선거제도와 여성의 의회 참여도

순위	국가	여성 의원 비율 (%)	선거제도
1	스웨덴	40.4	비례대표제/혼합
2	노르웨이	39.4	비례대표제
3	핀란드	33.5	비례대표제/혼합
4	덴마크	33.0	비례대표제
5	네덜란드	31.3	비례대표제
6	사칠리아	27.3	비례대표제
7	오스트리아	26.8	비례대표제
8	독일	26.2	혼합
9	아일랜드	25.4	비례대표제
10	아르헨티나	25.3	비례대표제
11	모잠비크	25.2	비례대표제
12	남아프리카공화국	25.0	비례대표제

주 : 1996년 기준으로 여성 의원 비율이 25% 이상인 국가를 대상으로 했다.
출처 : 유럽연합 의회 보고서(1997).

보인다. 스웨덴에서처럼 비례대표제는 여성이 국회에 진출할 수 있는 유리한 환경을 제공하고, 정당의 여성 할당제는 민주주의를 지향하는 양성평등이 자리 잡게 한다. 반대 사례로는 여성 국회의원 비율이 10퍼센트 미만인 프랑스(1995년 6퍼센트)가 있다. 프랑스의 가족 정책 내용과 수준은 다른 유럽 국가와 비슷하다. 그러나 선거제도는 대부분의 서유럽 국가와 달리 한 후보자만 선택하는 결선 투표제로 다수 득표자가 당선되고, 이런 제도에서 여성의 정치 참여율은 저조하다.

스웨덴 여성운동의 특성은 성性 문제를 여성의 삶과 사회적 관계 속에서 해결하려 한 점이다. 정치·경제·교육적 환경에서 균등한 기회와 대우를 주장했고 가족 문제, 특히 출산과 육아에 대한 사회적 편견에 정면으로 도전했다. 이것은 여성만을 위한 것이 아니라 사회적 약자 일반에 대한 권리 주장이기도 했다. 여권을 신장하기 위해 아동의 권리를 먼저 보호하는 전략을 수립하고 관련된 제도를 개선하는 데 앞섬으로써, 여성들이 사회정의를 실현하고자 하는 모습을 보였다. 오늘날 스웨덴 여성운동은 국제적 이슈, 특히 저개발국 여성의 노동 착취와 성매매 문제에 적극적인 관심을 보이며 유럽연합이 당면한 최대 과제인 경제성장과 일자리 창출을 양성 평등 관점에서 접근하고 있다. 스웨덴은 세계 최초로 성매매 금지법을 통과시키고, 가장 활발한 여성의 정치 참여를 이끌었으며, 양성 평등 옴부즈만제도를 만들어 냈다. 스톡홀름 대학교 알프레드손 달레프 Alfredsson Dahllöf 교수는 스웨덴의 여성운동을 이렇게 정리한다. "참정권은 비교적 늦게 실현됐으나 스웨덴 여성들은 항상 스스로를 조직화하는 데 뛰어난 능력을 보였다. …… 스웨덴에서 강력한 여성운동이 없었다면 양성 평등도 없었을 것이다."

| 8장 |

교육 정책
모두에게 열린 배움의 힘, 균등 사회의 길

스웨덴의 교육제도는 국가가 운영하는 공교육을 기반으로 유치원부터 대학까지 교육과 연구의 경제적 부담을 개인이 지지 않는 보편주의적 사회 정책의 하나로 자리 잡고 있다. 공교육제도는 의무교육과 선택적 자유교육으로 나뉜다. 의무교육은 만 7세부터 16세까지, 즉 초등학교 과정부터 중등학교 과정까지의 기초 과정을 뜻한다. 의무교육 범주에는 9년의 초·중등학교와 사미족을 위한 사미 학교sameskola, 장애인을 위한 특수학교 등이 포함된다. 그리고 선택적 자유교육 형태로는 고등학교, 특수 고등학교, 예술 학교, 코뮨이 운영하는 성인학교, 지적 장애인을 위한 특수 성인학교 등이 있다. 그 밖의 공교육에는 고등 교육과정으로 일반 종합대학universitet과 공과대학·의과대학 등의 전문대학이 포함된다. 스웨덴에서 공교육 개념은 국가가 재정을 부담하는 것을 기본으로 고등학교 과정까지의 교육 자료와 급식 및 그 밖의 모든 부수적인 비용에 대해서 학부모가 일체의 부담을 지지 않음을 뜻한다. 이 장에서는 주로 사회복지적 관점과 관련된 기초 교육과정에 중점을 두고 스웨덴 교육의 특징을 제한된 범위 내에서 소개한다.

1. 교육을 통한 기회균등

사회복지 제도에서 가장 중요한 원칙의 하나는 모든 사람이 균등한 기회를 제공받는 것이다. 스웨덴에서 기회균등의 원칙은 무엇보다 교육 기회의 영역에 적용되고 있다. 스웨덴 정부는 〈교육법〉에서 "모든 아동과 청소년은 성, 지역(국가), 신체적 특성, 사회·경제적 조건과 관계없이 교육을 받을 수 있는 동등한 권리"가 부여됨을 강하게 명시하고 있다. 다른 한편, 국가는 모든 아동과 청소년들이 지적·정서적으로 건강한 성인이 되는 데 필요한 교육 기회를 제공할 의무가 있음을 강조한다. 또한 〈교육법〉은 성인에 대해서도 교육 기회를 보장하는 동시에 각 코뮨은 주민을 위해 항상 성인학교를 운영해야 한다고 명시하고 있다. 교육부는 교과과정에 대한 책임을 지지만, 대학을 제외한 모든 학교의 제반 운영 책임은 코뮨에 있다. 스웨덴의 기초 교육제도는 이미 1200년경에 시작되었고 고등학교 이상의 교육제도는 1600년대에 비로소 발전되었다. 1477년에 설립된 웁살라 대학은, 스웨덴은 물론 북유럽에서 가장 오래된 대학으로 알려져 있다.

1) 기초 의무교육 제도

1800년대 초 인구가 증가하고 빈곤이 악화되면서 대두한 사회문제는 스웨덴 정치인과 사회 지도층 사이에서 가장 중요한 논쟁의 대상이 되었으며 특히 의무교육제 도입에 관해서는 찬반이 극명하게 나뉘었다(Landquist 1963). 1842년 스웨덴 국회는 마침내 국가에 의한 4년제 국민학교 의무교육 제도를 최초로 도입했다. 1882년 6년제로 확대된 이래 지역별로 점차 7년제, 8년제 등의 시험 단계를 거쳐 1950년부터 9년제 의무교육이 전국적으로 운영되었다. 이런 변화에 따라 학교 명칭 또한 국민학교에서 단위학교enhetsskola를 거쳐 초등학교로 개칭된다. 1962년 개정된 9년제 초등학교의 교과 내용은 평등과 균등한 기회 제공이라는 보편주의적 성격을 강조하고 있으며, 스웨덴에 거주하는 7세부터 16세까지의 아동을 국적, 신체적 부자유, 종교의 차이와 상관없이 일반 학교에 다닐 수 있게 하여 보편화 이론과 정상화 원칙을 실현했다. 그러나 정도가 심한 정신지체 장애인을 위해서는 별도의 초등학교 과정을 운영하며, 청각 장애 아동과 시각 장애 아동들을 위한 특수학교가 운영된다. 모든 초등학교는 의무교육제로 운영되며 모든 아동은 법률로 규정된 기간에 일반 초등학교 교과 내용과 동일한 교육을 받는 것을 원칙으로 한다.

(1) 유치 교육

유치원은 1800년대 중반 민간에 의해 시작되었고 1944년 이후 정부 보조금이 어린이집(당시 탁아소)과 유치원에 지급되면서 공공성을 지니게 되었다. 1976년부터 6세에 이른 모든 아동들은 최소 주 15시간의 취학 전 교육을 받을 수 있도록 유치 교육förskola을 공교육화했으며 어린이집이 대폭 증가했다. 정부는 그동안 보건사회부 소속으로 되어 있던 어린이집의 책임 부서를 1996년 교육부로 이전해 돌봄과 교육의 통합적 의미를 강화한 동시에 그동안 보조금을 지급해 왔던 유치원 과정을 무상으로 전환했다. 유치 교육은 어린이집과 유치원의 통합 형태로 볼 수 있으며 이에 대한 프로그램과 내용은 교육부의 종합 교육과정을 따른다. 현재는 연간 525시간(주간 15시간)을 유치기의 교육과정으로 진행한다. 그리고 1998년 이른바 학령 전 학급을 두어 초등학교 입학을 앞둔 아동들을 준비시키며 훈련한다. 이를 0학년이라고도 부른다. 이 0학년은 의무 과정은 아니나 각 코뮨은 이를 원하는 모든 아동에게 자리를 제공할 의무를 지닌다.

(2) 9년제 초등학교

스웨덴의 초등학교 입학 연령은 6세부터 8세 사이(대부분 7세)로 아동의 성장 발달 정도에 따라 정할 수 있다. 코뮨이 운영하는 공립학교와 민간이 운영하는 사립학교 가운데 자유롭게 선택할 수 있다. 9년간의 기초 교육을 3단계로 나누어 초급 단계(1~3학년), 중급 단계(4~6학년), 고급 단계(7~9학년)로 구분해 교과과정을 운영한다. 스웨덴 기초 교육과정에는 점수나 등급에 의한 성적 평가가 없다. 학교 성적은 오직 종합 결과로 나타나며 8학년 2학기(봄) 말과 9학년 1학기(가을)에 작성된다. 교과과정은 가을 학기와 봄 학기로 진행되며, 8월 중순 혹은 말에 시작해 그 다음 해 6월 초·중순에 종료된다. 학생이 16세가 되는 9학년 봄 학기까지만 의무 교육의 강제성이 있다.

1990년대 초기 학교 제도에 대한 대대적인 변화와 개혁이 있었는데 그 가운데 학교 배정이 지역제에서 선택제로 바뀐 것이 가장 중요하다. 과거에는 주거지 권역 내에서 정해진 학교를 갔지만, 이제 지역과 상관없이 학부모와 학생이 학교를 선택할 수 있다. 이에 따라 기초 자치단체는 학생 1인당 연간 15만 크로나를 계상해 학교에 예산을 지급한다. 이는 의료 제도에서 환자 수에 따라 예산이 편성되는 것과 같은 방식이며, 보수 정부 아래 추진된 '선택의 자율화'라는 시장주의 개혁정책의 산물이었다. 동시에 이 시기부터 사립학교가 유례없이 증가했다. 이런 문화에 익숙하지 않은 스웨덴 사회는 매우 큰 충격을 받았으며, 찬반을 둘러싼 사회적 논쟁은 아직도 계속되고 있다. 공립이든 사립이든 학교 선택권이 학생에게 주어졌고, 학생을 유치해야 하는 학교 간 경쟁으로 교육의 질적 향상을 유도할 수 있다는 점을 이 개혁의 장점으로 들 수 있다. 반면에 부유한 코뮨에서만 사립학교가 증가하는 현상은 교육에서의 사회적 격차를 확대해 결과적으로 보편주의 원칙을 훼손할 우려가 있다는 점은 단점으로 꼽힌다.

2009년 현재 교육청이 인정한 사립학교는 전체의 약 14퍼센트에 달하며 여기에 다니는 아동들은 전체의 약 4퍼센트에 달한다. 따라서 여전히 코뮨이 운영하는 공립학교가 스웨덴 학교의 절대다수를 이룬다. 사립학교의 종류에는 일반 개인이 설립·운영하거나 주식회사의 형태를 띤 학교가 가장 많다. 그 다음으로 종교적 특수학교가 전체 사립학교의 약 10퍼센트를 차지하며 발도르프 학교와 국제학교, 극소수의 기숙학교가 있다. 교육청이 인정한 사립학교의 예산은 학생 수에 따라 정부에 의해 지원되는 대신 모든 교과과정의 운영은 교육청의 방침을 준수해야 한다.

초등학교의 학생 수는 평균 2백 명 이내이며 교사 한 사람당 10명 내외의 학생을 담당한다. 교장이 행정적으로 인접 지역의 분교도 담당할 수 있으며 대부분 초급 단계 학교와 중급 단계 건물이 다르게 설계되었거나 완전 분리되어 있어 안정적 분위기를 유지한다. 특히 고급 단계 학교는 주로 다른 곳에 독립적으로 존재한다.

지금까지 설명한 일반 학교 외에 의무교육에 포함되는 학교로는 사미족을 위한 사미 학교, 지적 장애아를 위한 별도의 학교와 시각·청각 장애인을 위한 보조 시설을 갖춘 특수학교가 운영된다. 장애 아동을 위한 교육은 통합 원칙을 우선시하나, 본인의 선택과 적응 능력의 정도에 따라 학교 종류가 결정된다. 코뮨은 특수학교에 다니는 아동들을 위해 별도의 방과 후 학교를 운영하며 등·하교를 할 때 특별 차량을 제공한다.

이 장 앞부분에서 설명한 것처럼 유치원에서 대학까지의 모든 경비는 국가 예산으로 충당되며 학부모는 자녀의 전 교육 기간 동안 학비를 부담하지 않는다. 특히 이 기간에는 급식과 교재는 물론 노트·연필·지우개나 수업에 필요한 모든 준비물이 무상으로 제공된다. 또한 초등학교는 지역 보건소와 연계해 학생들의 예방접종과 기본적 치과 진료를 정기적으로 시행한다. 치과 진료 결과 전문적 교정과 고도의 기술을 요하는 치료를 해야 하는 경우 18세까지는 국가가 책임을 진다. 여타 보건 의료는 사회보험제도에 따른다.

2. 기초 교육과 아동 발달

1) 단계별 교육과정

교육청은 단계별 교육목표를 제시하고 이에 따라 성과를 측정할 수 있도록 교과과정을 구성하고 학교의 등급 기준을 관장하며 일반적인 권고를 전한다. 이런 기본 방향과 틀 속에서 각 학교는 교육목표를 달성할 수 있는 교과과정, 교육 방법, 구체적 교육 내용을 결정한다. 때로는 인접 구역의 학교끼리 이를 공동으로 결정하고 학교마다 다양하게 시도한 내용에 대해 서로 평가해 주기도 한다. 다음에서는 단계별 교육의 특성을 살펴본다.

(1) 초급 단계(lågstadium)

초등학교 1학년부터 3학년까지의 초급 단계에서 가장 중요한 것은 우선 학교생활에의 적응이다. 동시에 자아 발견과 집단에 대한 협동심을 키우는 일을 핵심 목표로 둔다. 이와 함께 교육청은 3학년까지는 사물에 대한 분석 능력을 키우는 데 교육목표의 중점을 둔다. 이를 위해 2009년 처음으로 3학년까지 갖추어야 할 일정 수준의 산수와 스웨덴 어에 관한 일제 고사를 실시했다. 다른 나라와 비교할 때 스웨덴에서는 초급 단계에 학생들이 마음껏 뛰어놀 수 있는 자유 시간이 많고, 숙제는 거의 없다. 대부분의 학교에서는 이 기간 3년 동안 되도록 같은 교사가 학생을 담당하게 한다. 한 학급에 담임교사 외에 보조 교사와 상담원, 간호사 등이 있다. 이들은 학생들과 자주 접촉하며 학생 개개인에 대한 관찰을 중요시한다. 초급 단계 학생들은 학교 일과가 끝난 후 대부분 방과 후 학교로 옮겨 자유 프로그램을 계속한다. 방과 후 학교는 대체로 학교 안에 있거나 인근에 있어 어렵지 않게 이동할 수 있다.

- 1학년 : 기본적으로 읽기와 쓰기 및 더하기·빼기 등을 중심으로 교과과정이 구성된다. 그 외 학교 적응 및 등·하교할 때 필요한 교통안전을 가르친다.
- 2학년 : 긴 글 읽기, 곱하기·나누기 외에 별자리를 배우며 자연 생태계를 체험한다.
- 3학년 : 악기를 배울 기회를 제공한다. 이는 전통적인 공교육의 하나로

음악 예술의 감수성을 일찍부터 골고루 키워 주기 위해서다. 피아노를 제외한 악기는 대부분 학교에서 제공(임대)하며 악기별로 2~4명 단위의 소그룹을 나누어 매주 음악 교사를 만난다. 피아노 훈련은 교사가 학생의 집을 방문하며 인근 지역 학생 두세 명과 함께하는 경우도 있다. 그 결과 스웨덴에서 기초 교육을 받은 아이들이면 누구나 악기 하나를 다룰 수 있게 된다. 최근 교육과정이 변경되면서 학생들에게 일제 고사가 시행된다.

(2) 중급 단계(mellanstadium)

4~6학년의 중급 단계에서는 사춘기에 접어든 학생들이 외국어를 익히고 다른 나라에 대해 배우는 기회를 갖는다. 영어 교육이 시작되며 6학년 때 제2외국어를 선택한다. 그리고 스웨덴부터 시작해 유럽과 세계의 지리를 배우며 해당 지역의 사회문제를 접한다. 실험을 통한 과학 체험도 시작된다. 창의성을 키우고 배려심을 싹틔우는 교육이 이루어진다.

- 4학년 : 대부분의 학교에서 영어 교육을 시작한다. 영어 교육은 일상생활에서의 회화를 중심으로 해 아이들이 재미를 느끼게끔 하려 애쓴다. 스웨덴 지리와 역사가 교과 과목으로 추가된다. 그리고 4학년 가을 학기에 실시되는 전국 체스 대회는 전국의 학교가 모두 참가하는 축제로 유명하다.
- 5학년 : 스웨덴 지리 교육에 이어 유럽의 지리와 사회를 배운다. 국어(스웨덴 어)·영어·수학에 대한 일제 고사가 5학년 봄 학기에 진행된다. 이것은 학생 개인에 대한 테스트라기보다 학교 교과과정을 평가한다는 의미가 크다. 교육의 지역적 편차와 교육 방법, 학교 시스템 등을 분석

하고 발전적 대안을 모색하는 기회가 된다. 또한 "우리 5학년"Vi i femman 이라는 대회에서 펼쳐지는, 전국의 5학년 학생들이 지식과 지혜를 견주는 경기는 텔레비전을 통해 생중계된다.
- 6학년 : 제2외국어를 배우며 유럽 지리를 넘어 세계 지리를 배운다. 지리 과목 내용은 해당 지역의 사회 전반을 포괄한다. 6학년은 초등학교 과정을 마무리하는 단계로 대부분의 과목은 지적인 기초 훈련과 신체적 생존 능력을 향상하는 수영, 스키, 오리엔테이션 등으로 구성되어 있다.

(3) 고급 단계(högstadium)

한국의 중학교 과정에 해당하는 고급 단계는 대부분 초·중급 단계가 이루어지는 공간과 독립된 건물에서 진행된다. 이 과정에서 제3외국어를 배우며 스칸디나비아 언어(노르웨이 어와 덴마크 어)도 익힌다. 이 과정에서는 사회 체험에 중점을 둔다. 또한 기초 과정 교육 전반에 대한 자기 성적을 평가받고 고등학교 진학을 준비한다. 기존 방식과 달리 7~9학년을 통합 교육하는 학교도 증가하는 추세다.●

- 8학년 : 우선 직업 실습 기간을 1~2주간 갖는다. 이는 8학년에서만 하는 것은 아니나 대부분의 학생들은 이 시기를 선택한다. 그리고 8학년 2학기부터는 의무 교육과정에서의 첫 번째 성적표를 받는다. 성적 평가

● 7학년은 고급 단계 시작 과정에서 제3외국어 시작 등 모든 과목이 전문화되는 것 말고는 특이 사항이 없어 생략했다.

는 세 가지, 즉 좋음G, Godkänd('통과'의 의미), 더 좋음VG, Väl godkänd, 아주 좋음MVG, Mycket väl godkänd 가운데 하나다. •

- 9학년 : 5학년에 이어 다시 일제 고사가 있으며, 9학년이 끝날 때 마지막 성적표를 받는다. 이 마지막 성적표에는 8학년부터 시작해 세 번에 걸쳐 시행된 시험의 성적을 합산한 뒤 그 평균 점수가 담긴다. 만약 이 세 가지 성적 가운데 어느 하나라도 합격 기준에 미달한(낙제를 의미한다) 학생은 별도로 다루어진다. 9학년은 기초 교육의 마지막 과정으로 고등학교 진학 방향을 설정하고 그에 따라 과목을 선정한다. 스웨덴에서는 만 15세에 청년 세례를 받는 전통이 있다. 스웨덴 가정의 아동들은 대부분 2~3주간 기숙하며 교회 교육을 받고 루터교회의 전통에 따른 세례식을 치르며 이는 성대한 가족 행사로 학교에서도 중요한 행사로 취급된다.

2) 실효성과 통합을 추구하는 교육

스웨덴 교육제도의 특징은 인종과 사회적 출신 성분에 상관없이 성장기에 있는 모든 어린이와 청소년에게 시작부터 동등한 기회를 갖게 하는 것이다. 이와 관련해 교과과정은 학생들에게 실생활에서 활용할 만한 실질적인 도움을 주는 것을 목적으로 한다. 교사는 답을 가르쳐 주는 것이 아니라 스스로 문제를 해결할 수 있도록 이끈다. 학생들이 독창성과 자발

• 2010년 교육청의 교육개혁 내용에는 세 가지 성적 표시 방법 대신 A~F까지의 여섯 단계를 사용하며 낙제(Fail)가 포함될 예정이다.

성을 발휘하도록 격려한다. 체육 활동에서는 혼자 신체를 단련하거나 자기만의 기능과 재능을 연마하기보다, 다른 사람과 협동하며 함께 조화를 이루는 능력을 배우게 한다. 그리고 전 학년에 걸쳐 실시되며, 학년이 높아질수록 기술 수준이 높아지는 공예 과목은 모든 아이들에게 대단히 인기가 높다. 남녀 차별 없는 바느질과 뜨개질, 제빵 그리고 목공예나 철공예를 통해 생활 속에서 성차별 의식을 극복하게 만든다. 특히 양성 평등 교육을 시행하려는 국가의 의지가 강해, 모든 교사는 양성 평등 교육과정을 반드시 거친다. 이는 유아교육 현장(어린이집)에서부터 실현되고 있다.

(1) 영어 교육과 국어 교육이라는 두 마리 토끼

스웨덴 어가 영어와 유사한 언어 계열에 속하기 때문에 한국의 상황과 일률적으로 비교할 수는 없으나, 9년제 초등학교를 졸업한 학생들의 영어 실력은 어느 유럽 국가에 비해서도 탁월하다. 예를 들어, 초기 단계의 영어 교실에서 〈반짝반짝 작은 별〉Twinkle, Twinkle, Little Star이나 〈우리 승리하리라〉We Shall Overcome와 같은 노래를 영어와 스웨덴 어로 번갈아 부르면서 자연스럽게 외국어를 익힌다. 또한 생활 속에서나 혹은 영화를 보며 영어를 익히는 기회를 마련한다. 스웨덴에서는 외국 텔레비전 프로그램이나 영화를 상영할 때 대부분 원어를 그대로 두고 자막을 넣는 방식을 사용한다. 6세 이상이 볼 수 있는 영화와 애니메이션은 대부분 자막 처리를 한다. 영화 내용을 통해 영어를 배우고, 자막을 보며 스웨덴 어를 읽는 기술을 훈련한다. 일부 학교의 5학년 국어 교육은 외국영화를 볼 때 자막 속도에 맞춰 읽는 능력을 기준으로 목표를 정한다.

9학년까지 영어 교육의 최종 목표는 영어만으로 자기 의사를 정확히 표현하고 어느 집단에서도 소외되지 않고 참여할 수 있는 언어 구사력과 정보 획득 능력을 갖추는 것이다. 이해력을 높이고, 의사 및 감성 표현을 자연스럽게 할 수 있게 하며, 소설을 읽고 글을 쓰는 것도 익숙해지게끔 가르친다. 교육청이 제시한 영어 교육의 목표는 다음과 같다.

- 영어를 통해 말과 글로 의사 표현을 할 수 있어야 한다.
- 어떤 상황에서든 상대방이 한 말을 알아들을 수 있어야 한다.
- 토론이나 집단 회의에 적극적으로 참여할 수 있어야 한다.
- 어느 정도 수준의 소설이나 연설 등을 이해할 수 있는 능력을 키우고, 영문으로 된 정보가 필요할 때 영문 편지를 작성해 요청할 수 있을 정도로, 영어가 언어 수단인 사회에서 보통 사람으로 살아가는 데 필요한 수준의 영어 구사 능력을 갖추어야 한다.

(2) 위기 상황 극복과 협동 정신을 키워 주는 체육

스웨덴에는 호수와 숲이 많다. 약 1만 개의 호수가 있는 스웨덴에서는 물에 빠질 위험도 그만큼 크다. 이런 경우에 대비해 수영이 필수과목이다. 이미 유치원 때부터 훈련해 초급 단계에서는 50미터 이상을 헤엄칠 수 있어야 하며, 고학년이 되면 '옷을 입고 수영하기'도 필수 과정이다. 높은 바위 위에서 옷을 입은 채 다이빙을 하고 수영으로 헤엄쳐 나오는 연습도 한다. 또한 깊은 숲 속에서 길을 찾는 훈련으로 '오리엔테이션'(숲 속에서의 길 찾기 대회)이라는 체육 종목이 만들어졌다. 모든 학교는 이를 의무적으로 시행하며 학생들을 훈련한다. 위기를 극복할 목적으로 스웨덴에서 처음 시작된 이 종목은 현재 세계적인 스포츠 경기 종목이 되었다. 스키와 스케이트 또한 같은 맥락에서 누구나 쉽게 즐길 수 있는 대중적 스포츠가 되었다. 이 과정에서 누가 일등을 했는지는 관심을 갖지 않는다.

(3) 통합 교육을 통한 정체성 확립과 사회참여

1962년의 〈교육법〉 개혁은 정상화 원칙을 따르는 통합 교육을 이끌어 냈다. 학교 과정에서 특별한 보조나 도움을 필요로 하는 학생을 위해 특별 보조 프로그램을 운영한다. 특히 육체적·정신적 이유 등으로 말미암아 학교 과정을 정상적으로 따라가지 못하는 학생들은 이런 도움을 받게 되는데, 개인 특성을 고려한 완전 맞춤형 도움이 제공된다. 초등학교와 고등학교 과정에는 오래전부터 이민자 가족의 자녀나 일정 기간 스웨덴에 거주한 외국인 자녀를 위해 특별히 모국어 교육반이 운영된다. 동시에 두 언어를 습득해 자기 정체성을 유지하고, 언어를 통한 지적 능력을 발전시키는 데에 그 목적이 있으며 결과적으로 이는 학생들이 안정된 학교생활을 누리는 데 도움이 된다. 모국어 교육반에서는 모국어를 배우는 일과 모국어를 통해 배운 과목을 학습하는 일을 병행한다. 2008년 교육청의 보고서에 따르면 모국어 교육반 학생들의 평균 성적이 일반 학생들보다 더 우수하다. 미래에 이들의 적극적인 사회참여 활동을 기대할 수 있으며 이는 사회 통합을 위한 밑거름이 될 것이다.

스웨덴의 차별 금지법은 학교 전 과정에 적용되므로 누구든지 차별로부터 보호를 받을 수 있다. 아동 옴부즈만은 차별적 사례나 사건이 발생했을 때 적절한 대응 조치를 취한다. 이처럼 학생들의 다양성이 차별의 근거가 되지 않게 하는 사회 통합 정신이 교육 현장에서 실현된다.

3. 선택적 교육과정

1) 고등학교

오늘날 9학년 의무교육을 받은 대부분의 학생들은 고등학교에 진학한다. 고등학교는 16~20세까지의 젊은이들이 자신이 입학할 연도를 선택할 수 있는 재량권을 허용하고 있다. 고등학교 입학 자격은 초등학교 9학년 때 성적이 스웨덴 어, 영어, 수학에서 '좋음'G 이상이어야 한다. 고등학교 교과과정 기간은 3~4년이며, 고등학교 교과과정이 계열별로 분류되어 입학 전에 계열을 선택하는 것이 스웨덴 고등학교의 특징이다. 이런 계열들로는 전국적 국가 프로그램, 특별 프로그램, 성적이 미달된 학생을 위한 개인별 맞춤형 프로그램, 국제 고등학교 프로그램이 있다. 전국적 국가 프로그램은 대체로 학문적 이론 연마를 위주로 하며, 이는 다시 사회과학 계열과 자연과학 계열로 분류되어 그 아래 17개 분야가 있다. 대부분 대학 진학을 염두에 둔 학생들이 선택한다. 특별 프로그램은 체험과 훈련을 중심으로 특별한 재능이나 관심 분야의 직업 능력을 키워 나갈 수 있게 한다. 이 계열의 학생들에게는 고등학교 졸업 후 직업을 선택하게 돕는 후속 산학 프로그램이 마련되기도 한다. 물론 선택한 계열은 학업과정 가운데 자유롭게 변경할 수 있다. 정부는 이미 고등학교 입학 시점부터 학생으로 하여금 자신의 미래에 대해 심사숙고하는 훈련을 시키는 것이다. 부모나 주위 사람들에 의해 수동적으로 자신의 미래를 선택하지 않도록, 학생들에게 방법의 상담 기회를 제공한다. 고등학교 입학 자격을 갖추지 못한 학생일지라도 다시 입학 자격을 갖출 수 있는 다양한 기회가 주어진다. 예를 들어 낙제한 과목의 재시험을 다음 학기에 치르거나, 여름 특별반의 보충수업을 통해서도 재시험을 치를 수 있다. 그리고 앞서 소개한 개인별 맞춤형 프로그램을 선택해 고등학교 과정 안에서 문제를 해결할 수도 있다.

　국제 고등학교 프로그램은 영어로 진행되는 코스로 스웨덴 외에 1백여 국가에서 같은 프로그램을 공유한다. 그리고 노르딕국가고등학교협약Nordiska gymnasieavtalet에 따라 노르딕 국가 가운데 어디에서든 고등학교 과정을 다닐 수 있다. 노르웨이·덴마크·핀란드 등에서 교과 과목을 이수하거나 과정을 전환하는 것이 허용되며 교육비를 포함해 가족의 생활비까지 모국의 조건과 같은 수준으로 보조받을 수 있다(2008년 기준). 그리고 16세부터 20세까지의 고등학교 과정 혹은 유사한 과정을 다니는 모든 학생에게는 학업 보조금이 매달 지급된다. 이는 16세 이전까지 부모에게 지급되는 자녀 수당에 해당되는데, 16세부터는 본인에게 직접 지급된다.

　스웨덴은 전통적으로 고등학교 졸업에 큰 의미를 부여한다. 고등학교 과정을 마쳤다는 것은 사회인으로 생활하는 데 필요한 상식과 학문 실력을 갖추었다는 뜻으로 '학생'● 자격증이 부여된다. 한 개인의 성장 단계에서도 고등학교 졸업은, 아동이 성인이 되는 시점이 된다. 모든 사회복지 혜택에서 아동의 기준을 (특별한 경우를 제외한다면) 18세 혹은 고등학교 졸업까지로 하는 것도 이런 맥락에서다. 따라서 고등학교 졸업을 성대히 치르며 전국의 시가지가 졸업 축제로 떠들썩한 것도 스웨덴 문화의 특징이다.

● 학생(student)이란 원래 라틴어에서 온 말로 열정을 가지고 활발한 참여 활동을 통한 배움의 기회를 추구하는 사람(studens, genitiv studentis, presens particip av studeo)을 뜻하며 영미권에서는 고등학교 졸업 이후의 대학생을 일컫는다. 스웨덴에서 '학생'은 고등학교 과정을 마치고 전문적으로 학문을 추구할 수 있는 자격을 말한다.

2) 성인학교와 평생교육

스웨덴 교육의 가장 중요한 특징의 하나가 나이와 상관없이 평생 동안 제도 교육을 받을 수 있다는 점이다. 성인학교가 바로 이를 위한 것이며 이를 일명 '콤북스'komvux라고 부른다. 콤북스는 각 코뮨이 운영하며 초등학교 후반부 과정부터 고등학교 전 과정까지 마련되어 있다. 고등학교 과정을 중퇴해 이후 대학 입학을 위한 과목을 이수할 필요가 있거나, '학생' 자격을 얻고 싶을 때 성인학교를 찾을 수 있다. 또한 대학 전공을 전환하거나 계열상 필수과목을 보완할 때도 콤북스가 제공하는 자연과학이나 사회과학 혹은 정보·통신 교육 등을 수학할 수 있다. 학교 입학 자격에는 제한이 없으나 각자의 수준에 따라 시작되는 학급이 정해질 수는 있다. 특히 외국인 학생이나 성인의 경우 이런 과정을 거친다. 외국 유학생이 스웨덴의 대학 과정을 따라가기 힘들 때 언어 훈련과 스웨덴 사회에 대한 이해를 높이는 기회로 성인학교가 적극 추천된다. 그리고 장애인을 위한 특수 콤북스도 같은 내용으로 운영되어, 장애 탓에 특수학교를 다닌 성인도 고등학교 과정까지 다시 배울 수 있는 기회를 제공받는다.

정부는 1997~2002년에 성인학교의 교과목을 청년 실업자, 특히 고등학교 과정을 마치지 않은 젊은이들을 위해 대폭 증가시켰으며 그 수준도 높였다. 콤북스는 노동교육청과 연계해 취업을 목적으로 하면서부터, 고등학교 과정보다 전문화된 과목을 다루기도 한다. 또한 지방의 형편에 따라 일부 대학 과목도 운영하여 지역 안에서 필요한 전문 과목을 이수할 수 있는 기회까지 제공한다. 콤북스 과정의 학비는 모두 무상이며 교육 준비 자료도 대부분 무상이다. 재원은 코뮨이 조세로 조달한다.

3) 종합대학과 전문대학

현재 스웨덴 대학은 대부분이 국립으로 전국에 47개의 종합대학과 전문대학이 있다. 47개 대학은 14개 종합대학, 22개 전문대학 및 그 외 10여 개 사립대학으로 구성되며, 사립대학은 주식회사 형태와 재단 형식으로 설립된 학교로 구분된다. 사립으로 운영되던 웁살라 대학(1477년 설립)과 룬드 대학(1666 설립)이 1852년에 국립화되면서 국립대학의 역사가 시작되었다. 여성의 대학 진학은 1873년에 비로소 허용되었다. 대부분의 유명 대학은 1800년대 말과 1900년 초에 설립되었으며 카로린스카 의과대학Karolinska institutet은 1810년에 시작되어 1900년에 박사과정까지 설치된 전문 의과대학으로 확대·발전되었다.

스웨덴 대학은 학부 과정 이후 연구를 계속할 수 있는 대학원과 박사과정이 설치된 학문 중심의 종합대학과, 공과대학·의과대학·예술대학 등의 전문대학으로 나뉜다. 카로린스카 의과대학과 왕립 공과대학Kungliga Tekniska högskola은 박사과정과 연구 과정을 갖춘 전문대학이라는 점에서 차이가 있다. 그 밖에 스톡홀름에 있는 상과대학Handelshögskola은 형태가 다른 단과 대학이다. 그리고 1980년대 후반부터 1990년대에 걸쳐 각지에 종합대학 분교가 설립되었다.

스웨덴 대학의 특징은 전국적으로 골고루 분포되어 있고, 대학 수준의 편차가 없으며, 학비가 없다는 점이다. 대학생이 되면 부모로부터 자립해 생활에 필요한 모든 비용을 독립적으로 조달하는 문화가 있다. 정부는 학생보조중앙위원회Centrala studiestödsnämnden를 두고 소득이 없는 학생들이 원활히 학업을 유지할 수 있도록 일정액의 학비 지원금을 대출해 준다. 이 지원금에는 두 가지 내용, 즉 학업 보조금과 학자 대출금이 포함된다. 학자 대출금은 졸업 후 취직을 하면 자동적으로 분할 환수된다. 2010년 현재 전일제 학생에 한해 학비 지원 금액은 월(4주) 8,140크로나인데 이 가운데 2,696크로나가 보조금이며 5,444크로나는 대출 금액이다. 시간제 학생은 전일제 학생이 받는 금액의 최고 75퍼센트까지 지원 대출금을 받을 수 있다. 지원 대출금은 54세까지 신청 가능하며, 25세 이상의 학생은 별도로 자녀 수당(자녀가 있는 학생)과 특별 수당을 신청할 수 있다. 이 지원금은 해외 유학 시에도 신청할 수 있으나 금액은 다르게 조정된다. 스웨덴에 거주하는 외국 유학생도 지원금을 신청할 수 있다.

고등학교 졸업 후 3년 이내에 대학 진학의 길을 선택하는 수는 전체 졸업생의 3분의 1이 조금 넘는 43퍼센트에 불과하다(Skolverket 2002). 대학 입학 자격은 고등학교 최종 종합 성적이 대학 입학 자격 기준 이상에 도달하면 부여된다. 그 자격 기준이란 정해진 과목들의 90퍼센트 이상에서 최저 성적인 '좋음'을 받는 것이다. 물론 도시에 따라서나, 전공과목이 무엇인지에 따라 경쟁을 거쳐 입학하기도 한다. 특히 직장 생활을 했던 사람들에게는 이를 고려한 입학 기준이 적용되기도 한다. 고등학교 졸업 후 많은 젊은이들은 약 1년간 사회 경험 혹은 외국 경험을 쌓는다. 직장에서 일정한 경험을 쌓은 다음 직업에 필요한 공부를 보완하는 늦깎이 대학생도 많다. 대학 입학은 언제나 문이 열려 있고 전공을 바꿀 기회 또한 콤북스를 통해 제공되기 때문에 서두를 필요가 없다. 더욱이 나이와 상관없이 학업 기간 동안 재정적 지원을 제공하는 제도가 마련되어 있다는 점도 진학 선택의 유연성을 뒷받침한다. 한국처럼 대학 입학 하나로 인생이 좌우되는 일은 찾아보기 힘들다.

스웨덴에서의 교육부 행정 체계는, 아동·청소년 교육 분야를 담당하는 교육부 장관utbildningsminister과 대학과 연구 분야를 담당하는 대학·연구부 장관Högskole- och forskningsminister으로 이원화되어 있다. 교육부 장관은 어린이집부터 초등학교·고등학교·직업학교·성인학교 등 대학 과정 이전의 모든 교육 분야를 담당한다. 교육부 장관은 아동과 청소년의 교육과 안전, 재정 지원을 책임진다. 교육부 산하에는 실질적으로 업무를 담당하는 다수의 위원회와 교육행정을 책임지는 기관이 있는데 교육청이 대표적이다. 대학·연구부 장관은 스웨덴 전역의 47개 대학교와 전문대학을 책임지며 모든 연구에 관한 제반 업무를 관장한다. 또한 대학·연구부 장관 산하에는 대학생들의 재정 지원과 개인 문제 등을 도와주는 대학청과 학생보조중앙위원회 외에도 국가연구위원회를 비롯한 기관과 위원회가 있다.

스웨덴 교육제도는 유럽 및 세계가 변화하면서 역시 많은 변화를 겪고 있으며, 집권 정당의 성향에 따라 사립 교육기관의 허용이나 성적표의 등급 문제를 두고 새로운 논쟁이 벌어지기도 한다. 그러나 교육의 기본 틀에서는 여전히 보편성과 평등을 유지하고 있다. 전 교육과정에서 시행되는 무상교육과 평생교육이라는 개념은 모두에게 언제든 제도 교육을 받을 기회를 제공한다. 사회적 취약 계층이나 신체적·정신적 장애를 가진 학생에게도 통합 교육을 제공하는 〈장애인서비스법〉과, 외국 배경을 가진 학생(현재 전체의 10퍼센트 이상)의 모국어 교육 등도 스웨덴 교육의 특징으로 꼽힌다. 전인적 교육, 보건 의료와 안전, 실생활과 연관된 창의적 교육은 인적 자원을 육성할 뿐만 아니라 사회 통합을 이루는 기반이 된다. 그리고 인본주의적 인간 교육은 개인·사회·자연의 조화와 상생을 추구하는 선진적 사회관계의 토대를 이룬다.

| 9장 |

보건 의료 정책
국민 건강과 환자 중심의 의료 제도

스웨덴의 공적 의료 제도는 약 1백 년의 역사를 가지고 있다. 1860년대 랜 란드스팅Län landsting이 발족된 이래 광역 지방자치단체가 관할 시민에게 의료 서비스를 제공할 책임을 지고 있었다. 스웨덴에서는 국민 건강과 의료 제도를 운영할 책임을 일찍이 분권화해 광역 단위별로 광역 지방정부(란드스팅)가 맡고 있으며, 1990년대 이후 노인에 대한 의료 서비스는 기초 지방자치단체(코뮨)가 맡고 있다. 중앙정부의 보건사회부 등은 법률에 의거해 전국적 차원에서 의료 제도의 균형 발전을 도모하며, 이에 따라 각 란드스팅과 코뮨을 감독·조정하는 기능을 맡고 있다.

보편적 공공 의료 제도는 1955년부터 모든 국민을 위한 의료보험 제도가 시행된 이후 상병수당 지급과 함께 본격적으로 발전했다. 이후 1982년 〈보건의료법〉에서는 의료 서비스의 포괄성과 보편성이 더욱 강조되었다. 이 법에서는 모든 공적 보건 서비스의 목적을 '전체 국민에게 동등한 조건으로 양질의 보건 의료'를 제공하는 것이라 규정했다. 이 법은 1980년 보편성이 강화·확대된 〈사회서비스법〉과 맥락을 같이하면서 의료 서비스와 사회 서비스가 만나는 지점을 이룬다. 또한 이 법은 광역 지방정부가 해당 지역 주민에게 양질의 보건 의료 서비스를 제공하게 하는 것에 더해 '건강 증진'을 위한 노력까지 부과하고 있다. 광역 지방정부는 보건 의료 제공에 관한 모든 책임을 질 뿐 아니라, 건강 증진, 질병 예방에 대한 책임까지 진다.

스웨덴의 사회복지 제도에서 중추적 역할을 하는 보편적 의료 제도는 1980년대 말부터 재정적 어려움에 직면했다. 이로 인해 1992년 에델 개혁을 위시해 대대적인 구조 개혁을 단행하게 된다. 의료 제도 재정 문제는 비단 스웨덴뿐 아니라 미국을 비롯한 유럽 복지 선진국이 당면한 공통 문제였으며, 이를 극복하기 위해 스웨덴은 부분적으로나마 민간 의료 및 경쟁의 개념을 도입했다. 이 장에서는 주로 개혁과 변화를 중심으로 사회적 배경, 내용, 개혁 이후의 스웨덴 의료 체계를 평가하고, 끝으로 의료보험 제도를 소개한다.

1. 보건 의료 정책

1) 의료 제도의 분권화

스웨덴의 의료 제도는 중앙정부, 란드스팅, 코뮨의 3단계로 나뉘어 그 역할과 기능이 상이하게 조직되어 있다. 가장 중요한 책임 단위는 광역이며, 스웨덴의 광역 단위는 전국에 20개의 랜 란드스팅과 고틀란드로 행정 구분이 되어 있고, 6만~190만 명의 인구가 분포되어 있다. 고틀란드는 한 개의 코뮨으로 이루어진 작은 섬이지만, 다른 광역 지방정부에서 이루어지는 모든 의료 업무도 맡고 있다. 고틀란드를 제외한 20개 지역의 란드스팅이 담당하는 제반 업무의 90퍼센트가 보건과 의료에 관한 일이며, 각 란드스팅은 의료 제도의 운영에서 책임성과 자율성을 가진다.

스웨덴의 공공 의료 제도는 기본적으로 무상으로 운영되나 환자는 의료 기관을 방문할 때 정해진 기본 진료비를 지불해야 한다. 진료비는 란드스팅에 따라 차등적으로 정해질 수 있으나 중앙정부는 〈보건의료법〉에 따라 진료 비용에 상한선을 두고, 이에 관한 전국적 균형을 유지해 의료 제도의 보편성과 형평성을 보장한다. 중앙정부는 의료 관련 교육과 의료 서비스의 전국적 균형 조정 등 〈보건의료법〉에 의거한 감독 기관의 역할을 수행한다. 국가 수준의 보건 의료 조직은 다음과 같다. 보건 의료 영역에 대한 전체 책임은 보건사회부가 맡는다. 그 밖에 사회복지청, 보건의료책임위원회HAS, 국가보건의료기술평가위원회SBU, 의약품급여위원회LFN, 의약청Läkemedelsverket, 란드스팅과 코뮨 등이 있어 분야별로 의료 업무를 관리한다. 한편, 약국에 대해서는 약국관리공사가 의약품의 도매 및 소매 운영권을 독점하고 있고, 의약품의 국가 전체 유통을 유지하면서 약국의 수와 위치를 결정하고, 모든 병원의 의약품 처리를 관리하며 약국도 운영하고 있다.

기초 행정단위인 290개 코뮨은 노인에 대한 사회 서비스와 의료 서비스를 통합적으로 제공하는데, 이는 장애인에 대해서도 마찬가지다. 이것이 기초 자치단체인 코뮨이 의료와 관련하여 수행하는 독자적 역할이다. 코뮨은 란드스팅의 감독을 받지 않으며, 독립적 기초 단위로 의료에 관한 프로그램을 협력적으로 운영하고 있다.

2) 의료 서비스의 조직과 전달 체계

의료 서비스 이용은 1차에서 3차로 나눌 수 있으며, 지역사회에서 제공되는 1차 의료 서비스를 거쳐 전문 병원이나 종합병원(병원 의료 서비스)으로 이어진다. 전통적으로 1차 의료 서비스 이용도가 낮은 스웨덴에서는 1990년대의 의료 개혁 이후 지역 단위에서 홈닥터 시스템(주치의 제도)을 운영하며 1차 의료를 강화하기 위해 노력했고, 지역 주민에게는 1차 의료 기관인 진료소와 2차 의료 기관인 병원을 선택할 수 있는 권한이 주어졌다. 주민은 누구나 특정 진료소 혹은 홈닥터를 선택할 수 있다. 진료소는 의사, 간호사, 심리 상담사 등을 기본으로 하여 팀으로 운영된다. 지역에 독립적으로 운영되는 물리 치료소는 의사 진단서가 첨부된 의뢰 환자만을 상대하게 되어 있다. 마을 단위를 중심으로 한 지역 센터는 아동 진료소, 산모 진료소, 청소년을 위한 패밀리 상담소를 필수적으로 갖추어야 한다. 마을 단위란 도시의 경우 대개 전철역 한 구간에 해당한다. 1990년대 이후 1차 의료 기관인 진료소가 민영화되어 현재 민영 진료소의 수는 전체 진료소(약 1,100개)의 25퍼센트인 3백 개 정도를 차지한다. 그러나 이들은 란드스팅과의 협조 체계 속에서 란드스팅의 위탁 혹은 계약 형태로 운영되기 때문에 광역 정부의 실제적 통제 아래 있으므로 공공 의료 성격은 여전하다.

24시간 운영되는 응급 진료와 전문 치료를 담당하는 종합병원은 전국에 70개가 있으며 각 란드스팅이 독립적으로 운영한다. 그 밖에 내·외과의 각종 분야를 갖추고 수준 높은 전문성을 보유한 '대학 종합병원'은 스웨덴 전국에 8개가 있는데, 중앙정부가 정한 6개 의료 권역별로 분포되어 있다. 대학 종합병원은 환자 진료 외에 의학 관련 교육(의사 교육)과 연구를 수행한다. 노벨 의학상 심사로 세계적으로 유명한 카로린스카 대학병원Karolinska universitetssjukhuset은 스톡홀름에 있고, 그 외 7개 대학병원은 예테보리, 웁살라, 룬드, 말뫼, 린셰핑Linköping, 노를란드, 외레브로Örebro에 있다.

란드스팅은 매년 모든 광역 단체 시민의 건강과 진료에 관한 계획서를 만들어 각 병원 및 진료소와 구매 계약을 맺는다. 이때 란드스팅은 구매자로 의료 서비스를 매입하는 측에 속하며, 진료소와 병원은 의료 서비스 제공자가 된다. 란드스팅은 시민을 위한 구매 계약을 맺고 매년 진료 성과를 평가하는데, 이에 따라 재계약 여부를 결정한다. 이런 계약관계 설정 및 의료 공급에 대한 책임성 강화는 1990년대 이후 의료 제도 개혁의 핵심을 이룬다. 즉, 정부 소유의 공공 의료 기관을 기본으로 하되, 광역 지방정부의 통제 아래 일부 민영 의료 공급자를 허용해 기존 공공 의료 체계의 장점을 유지하는 한편, 공급자 간의 경쟁을 통해 의료 제도의 전반적인 효율성을 향상하자는 것이다. 이런 개혁을 통해 환자의 권리는 전반적으로 강화되었다. 한편, 정부는 국가진료보장제도nationell vårdgaranti를 도입해 '0-7-90-90 규칙'을 실시하고 있는데, 이는 1차 의료 접근은 지체 없이, 의학 검사가 필요한 일반의 접촉은 7일 이내, 전문의 상담은 90일 이내, 진단 후 치료는 90일 이내에 실시할 것을 정부가 보장한다는 것이다. 또, 각 란드스팅은 신뢰위원회förtroendenämd 고발 센터를 설립해 의료 서비스에 불만이 있는 환자가 쉽게 민원을 제기할 수 있게 했다.

3) 의료 재정과 병원비

스웨덴의 보건 의료 제도를 운영하는 총비용은 GDP의 약 9퍼센트이며, 이 비율은 1980대 이후 같은 수준으로 안정적으로 유지되고 있다. 스웨덴 보건 의료 재원의 일차적인 원천은 세금이다. 광역 지방정부와 기초 자치단체는 비례 소득세 징수권을 가지고 있고, 그 외 수입은 정부 보조, 본인 부담금, 사회보험 등이다. 란드스팅에 따라 조금씩 다를 수 있으나, 재원은 란드스팅의 세입이 약 71퍼센트, 중앙정부로부터의 보조금이 16퍼센트, 그리고 기타 수입 10퍼센트로 이루어지며, 환자의 진료비는 전체 비용의 3퍼센트에 그친다(2005년). 중앙정부의 보조금과 교부금은 중앙정부가 소득세와 간접세로 거둬들인 것을 재원으로 하며 보조금은 상당 부분 의약품 급여 제도에 등재된 의약품의 보상을 위해 지불되고, 교부금은 지역 간 보건 의료의 형평성을 유지하기 위해 지방정부 간 자원을 재분배하는 역할을 하는 데 지불된다.

그러나 스웨덴은 공공 의료 제도를 택하고 있지만 환자에게 일정 금액을 방문 진료비로 지불하게 한다. 예를 들어, 진료소 방문 시 100~150크로나를 내며, 종합병원 전문의에 대한 예약 진료와 응급 진료는 진료소보다 방문 진료비가 비싸며 그 금액은 란드스팅에 따라 조금씩 다르다. 환자가 입원했을 경우 입원비는 식비를 포함해 1일 80크로나를 넘지 않으며, 그 밖의 치료비는 부과되지 않는다. 이런 비용도 병원을 자주 찾는 일부 환자들에게는 부담이 크므로 병원 진료비·입원비의 총액 상한선 제도를 두고 있다. 이 제도에 따르면 병원비 총액은 부분적인 치과 진료비를 포함하여 연간 9백 크로나가 상한선이며(초진 일의 방문 진료비 제외), 약값은 연간 1,800크로나를 넘어서는 안 된다(2009년 현재). 아무리 큰 수술을 받았더라도 연간 병원비와 약값은 2,700크로나(2009년 기준 약 45만 원) 이내인 셈이다. 한편, 환자는 의료보험에 의한 상병수당이 지불된다는 점을 염두에 두어야 한다. 이 외에도 정부는 보조 도구 및 기타 장치가 필요할 때 환자가 지불하는 비용을 1,800크로나로 한정하며, 특별히 다른 도시나 장거리의 진료가 요구될 경우 여행 비용의 상한선을 1,400크로나로 책정해 초과 비용은 정부가 부담한다.

표 9-1 | 보건 의료 서비스 조직도

구분	중앙정부		지방정부	
	보건사회부	코뮨/란드스팅 연합회	20개의 란드스팅	8개의 대학 종합병원 65개의 종합병원 1천 개의 진료소
	사회복지청		290개의 코뮨	재가 서비스, 요양원과 사회 서비스(노인과 장애인)
책임 분야	• 법안 제정 • 감독 • 성과 평가		• 재정 • 조직 • 집행과 책임	

출처 : Swedish Institute(2007).

4) 통합 서비스

스웨덴 노인의학의 발달은 다른 선진국에 비해 앞서가는 편이다. 1991년 이전까지 노인들은 란드스팅의 책임 아래 노인 장기 병동에서 여생을 보내게 되어 있었다. 의료 진단 결과 소생 가능성이 없다고 판단될 때 환자는 일반 병동에서 장기 병동으로 옮겨졌는데, 이곳은 수개월 내지 1년 이상을 입원하는 환자가 많았다. 그러나 고령 인구가 증가하면서 의료 비용이 급증했고, 다른 한편으로 '죽음을 기다리는 병동'이라는 이미지가 고착돼 비인도적 사회문제로 대두되기도 했다.

이런 문제를 개선하기 위해 1992년 에델 개혁이 도입되었다. 노인 정책을 다루는 부분에서 설명한 바와 같이 에델 개혁은 자택에서 평상시와 같은 생활을 유지할 수 있도록 하는 청소, 빨래, 식사 보조 등과 같은 사회 서비스 프로그램과 건강관리·의료 서비스를 통합해 코뮨과 란드스팅이 지역 단위별 환자 중심의 통합 서비스를 운영하는 것을 내용으로 한다. 이제 노인의 질병 치료와 수발 서비스를 구분한 이원 체제는 일원 서비스 체제로 전환되어 코뮨이 단독으로 종합적인 책임을 지게 되었다. 일부 예외가 있지만, 란드스팅의 전문 노인 병원은 모두 코뮨 소속으로 이관되었다.

에델 개혁과 의료 개혁 이후 간호사의 역할과 책임 범주가 확대·강화되었다. 지역 단위별로 간호사들은 아동의 건강관리와 예방, 학교 진료소, 노인 의료 서비스, 바우처 제도* 등을 총괄하는 책임을 지며, 노인과 장애인 보조 도구 신청 등 행정 업무도 담당한다. 현재 코뮨에 소속된 간호사와 보조사들은 란드스팅에 소속된 이들보다 훨씬 많다. 이런 개혁 제도의 내용을 관리하기 위한 책임 기관으로 정부는 스웨덴기초단체및광역정부연합회SKL를 두었다.

5) 제도 개혁과 스톡홀름 모델

1990년대 초기 의료 제도의 개혁은 의료 서비스의 효율성을 향상하는 데 초점을 두었다. 스톡홀름 모델Stockholmsmodellen은 이런 의료 제도 개혁을 전국적으로 시행하기에 앞서 약 3년간 시범 운영된 모델 사업을 말한다. 각 란드스팅별로 독립적으로 운영되는 스웨덴 의료 제도의 내용을 스톡홀름 모델을 소개하는 것으로 대신한다.

스웨덴의 의료 제도는 공공 의료 서비스에 의한 의료 복지의 천국 같은 인상을 주곤 한다. 그러나 그 이면에는 행정 편의주의에 따른 관료화와 수술 대기 환자의 증가 등 효율성의 저하로 인한 문제가 상존했다. 한 예로 유난히 독감이 유행하는 긴 겨울 동안 복도에 놓인 침대가 병상으로

● 바우처 제도란 노인·장애인·산모·아동 등 돌봄이나 서비스를 필요로 하는 사람에게 일종의 이용권을 발급해 서비스를 받을 수 있게 하는 제도다. 스웨덴의 경우 이 제도는 서비스를 받는 사람이 돕는 사람을 자유롭게 선택할 수 있게 하려는 목적도 갖는다.

변했으며, 이런 모습을 스웨덴 전 사회가 텔레비전 등을 통해 목격한 일이 있었다. 스웨덴 사람들은 문화적으로 이런 현상을 용납하지 못한다. 시민들이 그보다 더 크게 불만이었던 것은 주거지역별로 지정된 구역 병원 제도였는데, 이는 환자의 병원 선택권을 제한한 것이었다. 한때는 A지역에 사는 사람이 B지역에서 사고를 당했을 때 환자가 속한 A지역의 병원까지 이송되는 일까지 있었다. 또 다른 문제로는 의료 제도 운영에서의 재정난을 들 수 있다. 정부 차원에서는 재정 문제가 개혁의 가장 중요한 동기로 작용했다.

스톡홀름 모델은 1991년부터 부분적으로 시행되어 오다가 1993년 입법화되면서 전면적으로 시행되었다. 스톡홀름 모델은 ① 란드스팅 내에서의 권한과 책임의 이관, ② 란드스팅의 모든 건물 및 시설에 대한 소유권과 재정 책임의 변화, ③ 종합병원에 대한 새로운 지원 정책 및 지원 방법에 대한 내용을 주요 골자로 한다.

스톡홀름 모델의 규칙과 기본 원칙은 란드스팅 내에서 각 기관들의 역할과 기능을 강조하면서 그 책임을 분명히 하는 것이다. 이 모델 구조에서 가장 핵심이 되는 개념은 '구매자', '의료 서비스 제공자', '환자'다. 구매자는 란드스팅(광역 의회)이 되며, 제공자는 병원이다. 그리고 이 두 기관의 관계에서 중심은 환자다. 개혁이 시행되기 전에 모든 병원은 정부 산하 기관이라는 관료적 이미지가 강했으며, 치료 방법 또는 이용 병원을 환자가 선택할 여지는 거의 없었다. 이제 병원은 병원 운영에 대한 재정적 책임을 짊어져 적극적으로 서비스를 제공하는 책임 주체가 되었다. 구매자인 란드스팅은 매년 환자 수와 진료 내용에 따라 구매 금액을 정하고, 계약된 병원에 이를 지불한다. 이제 각 병원으로 하여금 새로운 계약을 체결하기 위해 양질의 의료 행위와 의료 서비스를 제공하도록 경쟁을 유도하게 된 것이다.

(1) 스톡홀름 모델의 방향

기본적으로 스톡홀름 모델이 추구하는 목표는 다음과 같다.

- 환자들의 병원 및 진료의 선택권 보장
- 의료 서비스의 질적 향상
- 진료 및 치료의 연속성 유지
- 환자의 병원 접근성 확대
- 국민 건강의 증진
- 병원의 생산성 증가
- 의료 기관 직원들의 결정 권한 확대

(2) 1994년 이후 의료 제도의 구체적 목표

스톡홀름란드스팅보건의료위원회Stockholms läns landsting Hälso- och sjukvårdsstaben가 발표한 의료 개혁 프로그램은 다음 세 가지로 요약된다.

첫째, 스톡홀름 광역시 종합병원의 구조 개혁과 재정 절감이다. 스톡홀름 란드스팅은 1993년 3억 크로나, 1994년 6억 크로나, 1995년 10억 크로나를 절감한다는 목표를 세웠다. 이런 내용에는 수술 계획을 엄격히 세워 입원 기간을 단축하고 새로운 수술 기법인 1일 수술day surgery 방식을 확대해 일반외과 수술 환자의 병상을 30퍼센트 감축하는 것이 포함되어 있다. 다른 한편, 구체적으로는 노인 전문 병원을 코뮨 산하로 이관하고 종합병원을 전문적 치료에 국한해, 그동안 노인 병동에 들어갔던 막대한 비용을 절감하는 방법 등이 담겨 있다.

둘째, 1994년부터 일부 주거지역에서 시도되었던 홈닥터 시스템을 스톡홀름 전역으로 시행하는 것이었다. 홈닥터 시스템은 개인 혹은 가족이

한 의사를 선택해 같은 의사의 진료를 꾸준히 받을 수 있게 하는 것으로 담당 의사(주치의)는 환자의 문제를 깊이 이해할 수 있으며 서로 긴밀한 인간관계가 형성된다는 장점이 있다. 의사와 환자 간의 충분한 대화는 그동안 스웨덴 사회에서도 바람직한 것으로 여겨졌다. 이제 환자는 1년에 한 번 홈닥터를 선택할 수 있는 권리가 보장되며, 특별한 경우에는 연중이라도 바꿀 수 있다. 란드스팅은 홈닥터 시스템 설립에서 자율성과 공정한 경쟁을 원칙으로 했다. 홈닥터 시스템은 클리닉 진료 외에 이른바 국민병이라 불리는 천식과 알레르기, 고혈압, 당뇨, 관절 질환 등의 성인병에 필요한 진료에 대해서는 전문가와 간호사로 구성된 진료 팀이 란드스팅과 계약을 맺고 개인별 지속 관리와 그룹 단위의 교육을 집중적으로 시행하는 프로그램을 도입했다. 홈닥터는 근거리에 한해 방문 진료도 해야 한다. 란드스팅의 재정 지원 규모는 홈닥터가 연간 돌볼 지역 주민의 규모에 따른다.

셋째, 경쟁 프로그램을 도입해 운영 방식을 부분적으로 민영화했다. 정부에 의한 공공 의료 제도의 획일적 운영체제에서 벗어나 1994년 이후부터 란드스팅 의료 사업의 20퍼센트는 경쟁을 거쳐 선발된 민간 회사에 위탁하는 전략적 프로그램이 도입되었다. 이를 통해, 관료화로 말미암아 저하된 효율성을 높이는 동시에 의료 제도를 향상할 수 있을 것으로 기대했다. 광역시 정부는 민간 회사와의 제한된 계약을 통해 의료 서비스의 질 관리와 균형 발전을 도모하고 환자의 권리를 보장하는 '자율과 균형'을 새로운 가치로 도입했다. 초기의 민간 회사 위탁 경영은 교육과 병원의 보조 프로그램 분야에서 시작해 점진적으로 확대되었으며, 후기에는 이 방식이 노인 병원 중심의 전문 클리닉, 심리 상담 클리닉, 혹은 다양한 종류의 클리닉이 밀집된 진료소 등으로 확대되었다. 이후 전국의 란드스팅은 다소 차이는 있으나 스톡홀름 모델을 모방했으며, 중앙정부는 홈닥터 시스템과 노인 병동의 이전 등 스톡홀름 광역시가 개발한 방식을 의료 제도의 기본 틀로 제도화했다.

(3) 환자의 선택권과 자율권

스톡홀름 모델에서 가장 중요한 가치는 환자를 이 모든 개혁 프로그램의 중심에 둔다는 것이다. 이 개혁 프로그램을 진행할 당시, 홍보용 구호는 '환자 중심'Patient i centrum이었다. 개혁에 대해 이해 당사자들이 일차적 거부반응을 갖게 되는 것은 스웨덴에서도 예외가 아니었으나, 개혁의 목적이 환자의 자율권과 권리를 확대하려는 것임을 역설해 시민들로부터 긍정적인 반응을 끌어낼 수 있었다.

스톡홀름 모델은 홈닥터 시스템 외에도 종합병원 방문 시 진료 대기 시간, 의사 면담 시간, 동일 질병에 대한 동일 의사 진료, 후속 방문에 대한 안배 등 병원이 환자를 대하는 태도 전반에 대한 변화를 개혁 프로그램 속에 담고 있었다.

환자가 누리는 선택의 자유는 다음과 같다.

- 환자가 같은 범주의 진료 수준에서 진료 의사를 마음대로 선택할 수 있으며, 모든 정보를 제공받을 권리가 보장된다.
- 환자는 지역 진료소(1차 의료)를 선택할 자유가 있으며, 담당 의사 또한 중간에 교체할 수 있다(보통 1년에 한 번 선택하고 있다).
- 종합병원에 입원할 때에도 수술이나 기타 치료에 적합한 병원을 선택할 수 있다.
- 광역시 범위 안에서 민간 의료 기관을 선택할 수도 있다. 단, 민간 의료 기관은 란드스팅에 의해 인허가를 받았거나 계약이 체결된 병원에 한

한다.
- 만약 환자가 거주 지역 외의 다른 광역시 단위 병원을 특별한 사유로 원했을 경우, 이를 허용하나 그 병원까지의 교통비용은 본인이 부담한다 (다른 광역 지역 병원에 대한 환자의 선택권 보장).
- 정부는 환자가 선택한 지역 진료소나 종합병원에 의료비를 지급한다. 달리 표현하면, 정부의 의료 비용은 환자를 따라다닌다. 따라서 병원이 최선의 의료 서비스를 제공하고 진료의 질을 높여 환자가 자기 병원을 떠나지 않게 하려는 것이 이 모델의 핵심이다.

(4) 질 높은 진료의 보장

스톡홀름 란드스팅은 이 개혁의 경제 논리가 결과적으로 진료의 질적 저하를 초래할 위험을 막기 위해 진료의 질적 보장을 의무화하는 의료 보장 규정 vårdgarantin을 만들었다. 개혁 첫해 제한적 범위의 진료 항목을 중심으로 적용한 사항은 다음과 같다.

- 관상동맥 질환에 대한 진단과 치료
- 무릎과 고관절 수술
- 백내장 수술
- 담석 질환 수술
- 탈장脫腸 수술
- 전립선 비대증 수술
- 여성의 요실금
- 자궁 탈출증
- 보청기

중년 이상의 남녀에게 흔히 생기는, 전문 치료가 필요한 외과적 진료 항목이 이에 속하며 의료 보장 규정에 따라 ① 상기 질병에 해당하는 환자는 자신이 선택한 병원에 진료 요청이 등록된 날로부터 3개월 이내에 수술을 받을 수 있는 권한이 보장된다. ② 의뢰를 받은 병원이 대기 환자가 많아 정해진 기간 내에 수술 및 진료를 할 수 없을 경우 해당 병원은 반드시 란드스팅 지역 사무소에 보고해야 한다. 이를 접수한 지역 사무소는 즉시 다른 병원에 의뢰해 관련 환자가 3개월 이내에 치료를 받을 수 있게 해야 한다. ③ 만약 ②가 이루어지지 않았을 경우, 환자는 스스로 스웨덴 전역에서 병원을 자유롭게 선택할 수 있으며, 그 비용은 환자가 속한 란드스팅 지역 사무소가 지불한다.

(5) 행정 시스템과 진료비 보상 제도

스톡홀름 광역시는 26개 코뮨으로 이루어져 있으며, 약 190만 명이 살고 있는, 스웨덴에서 가장 큰 도시다. 그러나 의료 제도를 중심으로 하면 20개 코뮨과 스톡홀름 코뮨 내의 14개 의료 구역으로 구성되며 총 160만 명의 인구를 대상으로 한다. 이렇게 구분된 의료 구역의 의료 행정 주체는 소속 코뮨들과 협력한다.

SLSO에 고용된 인원은 2009년 현재 약 1만3천 명으로 8백 개의 다양한 서비스 센터에서 일한다. 하루 평균 심리 상담을 제외하고 1차 의료(진료소)를 이용하는 환자는 약 7,535명이다. 환자를 찾아가는 방문 진료는 3천 회이며, 전문 의사가 책임지는 돌봄 센터는 6,300명의 환자를 돌본다. 1,700명 이상이 재활 센터를 방문하고, 유아 진료에 2,500명, 임산부 서비스 센터 등에 3,300명이 방문한다. 그리고 2,400여 명의 성인 정신과 환자, 5백 명의 아동 정신과 환자를 돌본다.

방문 진료 대상자는 감기 등 가벼운 질병에 걸린 환자 외에 통증 환자도 포함된다. 노령 환자 진료를 위해 질병 예방 및 재활 프로그램까지 마련되어 있으며, 특히 지속적인 연구를 통한 치매 환자 프로그램이 비교적 잘 발달되어 있다. 스웨덴 의료 서비스에서는 재활 치료가 중요하게 여겨지는데, 그 가운데에서도 하빌리테이션, 즉 환자 스스로 기능을 회복할 수 있도록 돕는 방법에 많은 투자를 하고 있다.

진료비 보상 제도란 란드스팅과 병원이 소비자·구매자와 제공자라는 관계를 맺고 '환자를 따라가는 돈'이라는 방식을 통해 진료에 대해 정부가 보상하는 것을 말하는데, 이는 보건 의료 제도 개혁 내용 가운데 가장 핵심적인 것이다. 란드스팅은 시민(환자)의 만족도를 측정하고 이에 따라 병원 측과 매년 계약을 갱신해 양질의 진료를 보장할 수 있게 된다.

1992년 처음으로 환자 위주의 진료비 보상 제도가 실시되었다. 첫해에는 우선 4~5종의 진료 과목, 즉 일반외과·정형외과·비뇨기과·산부인과 그리고 안과에서는 백내장 수술에 한해 제도를 시행했고, 그 다음 해부터 종합병원의 모든 진료 과목으로 확대 시행했다. 보상은 모든 진료 행위에 대해 란드스팅 정부가 정한 과표로 계산되는데, 이 과표는 포괄수가제DRG, Diagnosis Related Group 시스템을 기반으로 구성되었다. 이후 대부분의 광역 정부는 진료비 보상 제도로 1차 의료에서는 인두제를, 그리고 병원 의료에서는 포괄수가제를 적용해 의료 공급자와 구매 계약을 체결했다.

(6) 의료 제도 개혁의 평가

스웨덴의 의료 개혁에 대한 평가는 다양하다. 과거 복지국가에서 사용하지 않던 낯선 개념과 역할 분담을 내용으로 하고 있으며, 효율성과 경쟁 메커니즘을 중시한다는 점이 정치적 논란의 대상이 되기도 했다. 그러나 여타 국가에서 나타났던 민간 병원 제도와는 뚜렷이 구별되는 몇 가지 중요한 차이가 있다. 우선 란드스팅이 소유한 공공 병원이 압도적 다수를 차지하며 민간 병원은 극소수다. 민간 1차 의료 기관의 증가가 눈에 띄나 그 수 또한 전체의 25퍼센트에 국한된다. 란드스팅과 협약된 민간 의료 기관은 공공 의료 기관과 마찬가지로 조세를 통해 조달된 정부 재원으로 운영되며 정부가 정한 규정을 따라야 하므로 환자에 대한 공공성은 여전히 유지되고 있다. 바뀐 모습에서 유념할 만한 가장 중요한 점은 개혁을 추진했다고 해서 환자의 부담이 증가하지 않았다는 것과, 보편적 의료보장 시스템이 여전히 작동되고 있다는 사실이다. 종합하면 스웨덴 의료 개혁은 공급의 효율성 측면에 중점을 두고, 1차 의료 기관의 역할과 기능을 강화하면서, 종합병원의 비용 절감을 유도했다. 동시에 추가 비용의 투입 없이도 의료 체계의 질적 향상, 관료가 아닌 환자 중심의 행정, 병원 경영의 합리화가 이루어졌다. 1990년대 이후 이루어진 스웨덴 의료 개혁은 이런 의미에서 긍정적으로 평가할 수 있겠다.

2. 의료보험 제도

스웨덴의 의료보험 제도는 보건사회부 산하 RFV가 관리하는 사회보험의 하나다. RFV가 관리하는 사회보험에는 중앙정부 기금만으로 재원이 조달되는 보험 급여(아동 수당, 주택 수당, 유자녀 가족수당, 장애 수당 등), 사회보험료와 중앙정부 기금으로 재원이 조달되는 다섯 가지 보험 급여(부모 보험, 의료보험, 산재보험, 유족연금, 노령연금)가 있다. 의료보험은 두 가지 보험 기능을 수행한다. 첫째, 소득 손실에 대한 보상 기능으로 책임은 세 주체가 분담한다. 둘째, 치과 진료와 처방 의약품에 대한 보조금을 지불하고, 고비용 의료비 보호 제도 아래 진료비와 약제비 각각에 대한 상한제를 실시하며 초과 비용을 지원하고 있다.

1) 상병으로 인한 소득 손실 보전 제도

스웨덴의 의료보험 제도에 관한 법은 1947년에 제정되어 1955년 전 국민을 포괄하는 보편적 의료보험 제도가 시행되었고, 1962년 국민 모두를 대상으로 하는 〈종합사회보험법〉이 제정되었다.

여기에 근거해 스웨덴 시민권 소지자 혹은 거주 등록을 마친 외국인은 공공 사회보험에 가입할 자격이 인정되며, 이런 자국민 혹은 외국인은 무상 의료 서비스 혜택뿐만 아니라 질병으로 노동이 일시 혹은 장기간 중단될 경우 임금·소득 손실을 보전받는다. 병가 급여 및 수당 제도는 스웨덴 국가가 제공하는 사회보험의 중요한 혜택에 속한다. 병이 발생한 첫날부터 누구에게나 병가 급여를 받을 권한을 부여하는 것이 병가 보험의 원칙이다. 그러나 1991년 이후 상병 중 발생하는 소득 손실에 대한 책임을 세 주체가 분담하는 책임 제도를 도입했다. 우선 첫날 혹은 1일 병가는 본인이 부담하며, 2일부터 14일까지는 고용주가 부담한다. 그 외에는 RFV가 총체적으로 책임을 진다. 고용주에게 부담하게 하는 것은 고용주로 하여금 노동자의 건강에 대한 책임 의식을 갖고 관심을 기울이게 하려는 의미가 크다. 단, 특별한 질병으로 인해 반복적인 병가를 요하는 환자를 위해 연간 병가 회수가 10회를 넘어가면 11회부터는 첫날에 대한 본인 부담금을 RFV가 부담한다. 병가를 요구할 수 있는 상태란 질병으로 근로를 할 수 없을 정도로 기력이 저하되어 병원 방문이나 집에서 휴식을 취할 필요가 있는 상태를 말한다. RFV는 필요하다면 언제라도 전문의의 진단서를 요구할 권리가 있다.

(1) 병가 급여 수급권

한 달 이상의 고용계약이 체결된 사람은 입사 첫날부터 병가 급여 수급권이 부여된다. 그러나 1개월 미만의 고용 체결자는 14일을 연속적으로 근무했을 경우에만 병가 권한을 행사할 수 있다. 고용주는 노동자의 병가 기간에서 2일째 되는 날부터 14일까지 근로 급여 대신 병가 급여sjuklön를 임금에 비례해 지불한다. 고용주가 책임지는 병가 일수는 최대 13일이 되는 셈이다. 상병 일수가 1주일 이상이면 반드시 의사의 진단서를 제출해야 하며, 병이 발생한 첫날 결근 사실을 고용주에게 통보해야 한다.

질병이 심각하여 결근이 14일 이상 지속될 때 15일째부터는 RFV가 책임을 진다. RFV 지방 사무소는 계속되는 병가 일수에 대한 현금 급여sjukpenning를 지급하며, 장기 병가일 경우 월 1회 혹은 2회 본인의 의사에 따라 지급한다. 14일 이상의 병가는 고용주가 21일 이내에 이를 RFV에 신고해야 한다. RFV는 기본적으로 병가 급여에 대한 보장 책임이 있다. 병가 급여를 수급할 자격이 없는 사람이나, 고용주와 병가 급여 지급 여부에 대해 분쟁이 발생했을 경우, 당사자는 RFV 지방 사무소에 이를 신고할 수 있으며, 보험청은 자격 여부를 판단해 급여를 지불한다. 또한 보험청은 고용주 본인이나 실직자의 병가 급여를 취급한다. 단, 고용주의 경우는 건강보험 기여금을 지불한 사람에 한하며, 실직자는 실직 후 3개월 이내 고용 사무소에 구직 등록을 한 사람에 한해 급여 자격이 주어진다. 만약 2개 이상의 직장에서 소득이 있을 때, 본인이 고용주인 한편 다른 곳에 고용되었을 경우, 혹은 부분적 실직자 등은 고용주가 지급하는 병가 급여와 보험청이 지급하는 현금 급여를 동시에 받을 수 있다.

(2) 병가 급여의 수준

병가 급여의 크기는 대체로 소득의 80퍼센트(2009년 현재)다. 단, 고용주의 경우는 계산 기준이 다르다. 여기서 주의할 점은 국가가 모든 사람의 소득 손실에 대한 책임을 똑같이 지지는 않는다는 점이다. 국가는 국민 모두를 위해 고소득자에 대한 사회보장의 한계와 저소득자에 대한 최소 보장의 기준을 두고 이를 병가 급여에 적용한다. 다시 말하면, 고소득자의 병가 급여에는 소득의 80퍼센트가 아니라 상한선을 두어 그 이상은 수급하지 못한다는 사회적 합의를 적용하고 있다. 이 제도는 오랫동안 지켜졌는데, 2010년 1월부터 적용되는 최고 소득 기준액은 31만8천 크로나로 연소득이 이 금액 이상 되는 사람은 월 병가 급여 금액이 2만1,200크로나 이상을 넘지 못한다. 반면 최하 소득의 연간 기준액은 1만2백 크로나로 저소득자의 병가 급여는 최소 월 680크로나까지 보장된다. 그 밖에 노동조합원은 조합과 고용주와의 협약에 따라 10퍼센트가량의 수당을 더 받는 경우가 많다. 물론 노동조합의 종류에 따라 다소 차이는 있으나 대부분이 소득의 90퍼센트를 보상받는다고 볼 수 있다.

(3) 상병 기간과 급여의 다양성

RFV가 지불하는 병가 급여의 기간은 일차적으로 364일을 기준으로 한다. 그러나 특별한 경우에는 연장 신청이 가능하며, RFV의 심의에 따라 연장 여부가 정해지는데, 최장 기간은 산업재해를 제외하고는 550일(약 1년 반)이다. 364일이 넘으면 급여 수준은 75퍼센트로 감소된다. 장기 환자의 경우 연령에 따라 병가 기간이 1년이 초과할 경우 조기 연금자로 변경되어 급여가 연금으로 전환될 수도 있다. 처방에 따라 국내외로 요양여행이 필요할 때 이에 필요한 경비를 보조받을 수 있으며, 재활 프로그램에 드는 비용과 재활 치료를 받는 기간 혹은 시간도 병가 처리가 가능하다. 그리고 예방적 약물 치료를 위해 병가를 받을 수 있으며, 장기 기증 시 발생할 수 있는 장기간 결근에 대해서도 보호받을 수 있다.

실직 상태라도 병가 급여를 받을 수 있으며, 최대 급여액은 (실직 수당에 준하는) 하루 486크로나다. 학업 중이라도 병가 신청은 가능하며, 그 실직 상태 이전 혹은 학업 중의 소득에 비례해 병가 급여를 받을 수 있다. 더욱이 학자금을 대출받아 대학을 다닌 경우 장기 질병 탓에 학업 진도가 부진했다면 대출금에 대한 반환 금액이 감면될 수도 있다.

2) 재활 정책과 프로그램

재활 정책은 의료적 치료뿐만 아니라 사회성 치료 혹은 노동환경 속에서의 치료 등 다양한 치료 방법을 통해 질병·건강 상태를 회복시켜 정상적인 직장 생활 또는 원만한 사회생활로 복귀할 수 있도록 돕는 것을 목적으로 하고 있다. 1990년 RFV는 질병으로 인한 사회 이탈자를 최소화하기 위한 연구를 발표했으며, 이 결과 재활 치료의 필요성이 대폭 강조되었다.

RFV는 재활에 관한 종합적인 관리와 감독을 하며, 고용주는 노동자의 재활 프로그램에 대한 일차적 책임을 진다. 그리고 당사자는 이에 성실히 임할 의무가 있다. 고용주는 〈노동환경법〉의 기준에 따라 재활에 관해 다음과 같은 조직적인 계획을 갖추어야 한다.

- 병가를 낸 노동자와의 정규적인 접촉 및 재활 수요 조사
- 이에 필요한 관계 기관과의 접촉
- 재활 과정에 대한 참여와 조정
- 맞춤형 노동조건 확립 등

노동자의 재활에 필요한 모든 보조 도구 및 기타 비용은 RFV가 부담하며, 재활 기간에는 병가 처리가 되어 소득의 80퍼센트를 급여로 받을 수 있다.

사회보험제도에 의한 모든 급여와 소득도 과세의 대상이며, 이런 소득의 총액은 소득 연금에 합산되므로 연금 수령 시 크지는 않지만 이중으로 이득을 본다. 병가 급여와 그 수준은 노동조합과 SAF 및 정부가 격렬하게 논쟁을 벌였던 사안이며, 스웨덴 사회보험의 역사에서 중요한 의미가 있다.

보론에서 소개하는 바와 같이 스웨덴 의료보험 제도는 작은 제본 업소의 노동운동에서 시작해 국가에 의한 보편주의적 제도로 확립되는 흥미로운 역사를 지니고 있다. 1955년부터 시행된 보편적 의료보험 제도는 스웨덴의 사회보장제도가 세계에서 가장 보편적 성격을 지닌 복지 시스템으로 발전하는 중요한 계기였으며, 복지국가의 근간을 이룬다. 스웨덴 복지 제도의 특징은 시민사회에서 시작된 운동이 공공 영역으로 확대되었다는 것인데 이를 국가적 이념으로 발전시킨 것은 이를 추동한 노동운동, 농민운동, 정치 세력과 기업 및 광범한 사회계층 사이의 연대적 합의다. 이 연대적 합의의 내용 속에는 사회정의, 평등, 보편주의가 기본 이념으로 자리 잡고 있으며, 오늘날까지 이런 정신은 사회와 시대의 변화에도 불구하고 기본적으로 살아 있다.

전 세계적 경제 위기로 말미암아 시작된 스웨덴의 의료 개혁 과정은 민영화와 경쟁적 요소의 도입이라는 특징을 갖는다. 그러나 개혁의 내용

을 자세히 살펴보면, 의료의 공공성을 견지하는 가운데 효율성 향상을 위한 의료 공급 체계의 혁신을 추진했으며, 그 중심에는 환자의 권리라는 인본주의에 대한 강조가 놓여 있었고, 환자의 재정적 부담은 늘지 않았다. 스웨덴의 의료 개혁에서 견지된 기본 원칙은 존엄, 연대, 효율이었으며, 그렇기 때문에 비용 절감, 효율성, 환자의 선택권, 민간 의료 공급자 허용 등의 시장적 의료 개혁 속에서도 형평성이 훼손되지 않고 양질의 의료보장 체계를 유지할 수 있었던 것이다. 스웨덴 의료 재정의 공공성은 지난 15년간 '전체 의료비 가운데 공공 의료비의 비중'이 평균 85퍼센트 수준을 꾸준히 유지했고, 민간 보험 가입자는 전체 인구의 2.3퍼센트에 불과하다는 점에서 매우 두드러진다.

그래서 1990년대의 시장적 의료 개혁과 복지국가 제도의 일부 조정에 대해 사회복지학자 유아킴 팔메는 "사적 영역을 확대한 국가 중심의 복지국가"Nation-Based Welfare State라고 설명하며(Palme 2003, 162), 스웨덴 복지국가에 대해 공공성과 보편성이 여전히 살아 있음을 강조했다.

| 보론 |

대중운동이 '키운' 스웨덴 사회보험제도

스웨덴 복지국가의 발달사를 소개할 때 대부분은 제도 변화만을 다룬다. 그러나 스웨덴 사회복지 발전의 또 하나의 특징은 대중운동의 적극적인 참여다.

근대 산업사회로의 전환기에서 심각한 빈곤 시대를 겪었던 스웨덴 사회는 복지국가로 자리매김하기까지 대중의 자발적인 연대 운동과 서비스 활동을 통해 강한 동력을 얻었다. 대중운동의 시선에서 사회보험의 역사를 살펴보면, 대중운동이 사회보장제도로 발전한 예가 다양하다는 사실을 발견하게 된다. 그 가운데서도 스웨덴의 보편적 사회보장제도로 이어진 질병보험 운동은 가장 중요한 사례로 꼽힌다.

(1) 제본 노동자들의 '깡통 보험'

스웨덴의 보험 운동은 1700년대 스톡홀름의 한 서책 제본 업소에서 출발했다. 초기 운동은 병에 걸려 생활이 어려워진 동료를 돕기 위해 작은 깡통에 동전을 모았다가 병문안할 때 전달하는 형태였다. 이는 드나드는 사람들에게 이른바 '출입세'를 받는 방식으로 발전했다. 그리고 1754년, 상병 동료를 돕는 일이 체계화돼 제본소 중심의 '질병과 장례 대책 사무소'가 만들어졌다. 이것이 오늘날 질병보험의 시작으로 평가되는 최초의 보험 사무소다.

이후 참여 회원의 폭이 넓어지면서 산업도시인 예테보리에 중앙 사무소가 만들어졌다. 초기 노동자 중심의 자율적 회원제로 운영되던 질병보험 사무소sjukkassa는 1800년 중반 약 1백 개로 늘어났고, 산업화가 궤도에 오르는 1800년대 말 공익적 기구로 면모를 갖추며 본격화됐다.

(2) 혼란을 극복하는 바람직한 정부의 개입과 제도화

이렇게 민간 차원에서 들불처럼 일어나는 보험 운동을 정부와 국회가 주목한 끝에, 1891년 〈보험사무소지원에관한법〉 lagstiftningen om sjukkassor이 제정되었다. 이 법률을 근거로 정부 규정을 따르는 질병보험 사무소에 운영 보조금이 지급됐다.

그러나 모든 과정이 순탄하지만은 않았다. 우후죽순처럼 늘어난 크고 작은 사무소가 1910~20년 무렵 심각한 사회문제로 등장했다. 이에 정부와 국회가 '효율적이고 제도적인 관리'에 나섰다. 1931년 국회는 〈질병보험사무소에관한법〉 sjukkasselag을 제정하고, 중앙 사무소와 지방 사무소의 행정 체계와 역할에 대한 구체적 규정을 마련했다. 이에 따라 중앙 사무소는 전국 지방 사무소에 대한 관리 감독과 자문 역할을, 지방 사무소는 보험료와 상병에 대한 수당 지급 등의 업무를 담당했다. 이를 통해 시민에 의한 자발적 보험 사무소가 정부 지원 지방 사무소를 운영하면서 기금(보험료)에 의한 보험금 지급 업무를 맡는 식의 전국적 행정 체계를 갖추었다. 전국 지방 사무소는 5백여 개에 달했고, 회원의 병가 보험기간은

90일까지 확대됐다. 당시 코뮨은 1913년 제정되고 1935년 개혁으로 보편화된 〈기초연금법〉에 따라 관련 서비스를 담당했기에, 한 지역에서 정부 운영 연금 서비스와 정부 지원을 받는 민간 운영 질병보험 서비스로 이원 체제가 수립됐다.

(3) 역사적인 의무 보험제 도입과 RFV 설립

1947년 스웨덴 국회는 또 한 번 획기적인 결정을 내렸다. 그동안 민간이 독립적으로 운영해 온 질병보험 사무소의 업무와 체계를 그대로 인수해 공공 보험으로 전환하는 보편적 의료보험 제도를 도입해 1955년부터 시행하기로 한 것이다. 그리고 실행 중인 기초 연금 행정 체계와 단일화했다.

이어 1962년에는 전 국민을 포함하는 〈종합사회보험법〉이 제정되었으며, 다음 해 코뮨이 담당해 온 기초 연금 업무와 질병보험 업무는 지방보험 사무소로 이관되었다. 질병보험 규정은 소득 보장 원칙을 바탕으로 정비되었다. 질병보험 사무소라는 명칭도 사회보험 사무소로 변경됐다. 전국적 전달 체계는 1961년 설립된 보건사회부 산하 RFV를 중심으로 랜(광역 단위)과 그 아래 코뮨 단위에 수백 개의 지역 사무소를 둔 피라미드 형태로 운영돼 왔다(2005년 이후 조직 개편과 부분적 명칭 변화가 이루어졌다). 거의 2백 년에 걸친 질병보험 운동은 이렇게 국가 사회보험제도로 안착되었다.

대중운동은 때로는 정책의 싹을 틔우는 촉매제이자, 정치 세력들의 결단을 이끌어 내는 윤활유였고, 스웨덴 사회보장제도를 형성하는 실질적인 동력이었다. 제안자인 대중, 문제 속에서 사회정책을 발굴하고 제도화하는 정치가들, 이들의 소통과 합의가 성장의 토대가 되었던 것이다.

| 10장 |

주택 정책
모든 국민을 위한 살기 편한 집

주택 정책Bostadspolitiken이란 삶의 가장 기본 요소인 의식주 가운데 하나인 주거를 다루는 사회정책인 동시에, 건설을 통해 고용을 창출하고 경기를 부양하는 경제정책의 일환이다. 주택을 둘러싼 건축양식은 문화적 유산을 만들기도 하며, 주택이 자연의 순환 체계를 가능하게 하는 생활 속의 기본단위라는 점에서 환경·생태적 중요성도 간과할 수 없다. 그러나 이 모든 관점의 중심에는 사람이 있기에, 주택 정책은 가족 복지에 관한 문제로 연결된다. 스웨덴의 주택 정책은 보편주의를 기반으로 사회정책과 경제정책이라는 두 가지 측면에서 발전되었다.

1. 주택 정책에 대한 이해

1) 주택 정책의 주요 요소

(1) 기본 이념

주거 생활은 사회가 책임져야 하는 국민 삶의 중요한 부분으로 '개인', '가정', '공동생활'의 근본을 이룬다. 따라서 '주택 건축'은 시장의 투자 대상 이상의 것이며, '집'이란 재산 가치 혹은 사회 서비스 대상 이상의 것이다. 이런 가치를 보호하기 위해 세입자를 위한 '주거권 보호'besittningsskydd 규정이 시작되었다.

(2) 가족과 위생

가족 정책의 관점에서 집은 건강 보호, 정서적 안정, 경제성이라는 의미를 지닌다. 이런 관점은 1950~60년대 기초 교육의 발전과 아울러 일찍이 아동에 대한 사회적 관심을 끌어내는 원동력이었으며 스웨덴의 아동 정책, 육아 서비스, 부모를 위한 각종 보험 정책이 발달되는 모든 과정과 직접적인 관계를 갖는다. 특히 최근 이슈가 되고 있는 천식과 아토피성 질환 등 주거 환경이 국민 건강에 미치는 문제 역시 주택 정책의 주요 고려 대상이다.

(3) 사회·경제적 관점과 일자리 창출

주택은 경제적 자산 가치이며 부를 축적하는 대상이기도 하다. 반면에 주택 시장은 가격이 급격히 변동하면서 경제적 혼란을 야기하며, 비어 있는 집들은 자원 낭비와 자본손실의 부정적인 효과도 초래한다. 이런 현상은 국가의 개입 및 조정이 필요한 이유가 된다. 경제 위기 때마다 주택 건설이 일자리 창출과 경기 부양의 주요 수단으로 등장하는 것은 세계적인 추세이기도 하다.

(4) 문화·환경적 관점

그 외 문화·환경적 관점을 들 수 있는데 건축양식은 일상생활에서의 에너지 사용, 쓰레기 처리, 소음, 내부 공간 활용도, 문화적 가치, 개인의 특성 등을 고려하는 내용을 담아야 한다.

2) 삶의 단계와 주택

스웨덴 사람들은 18세가 되거나 고등학교를 졸업하면 완전한 성인으로 사회생활을 시작한다. 대학에 진학하든 직장을 선택하든, 또는 그 밖의 상황에 처하더라도 대부분의 젊은이들은 부모에게서 독립해 자립적으로 생활한다. 이때 자신의 주거지를 마련하는 것은 생애 가장 중요한 일의 하나다.

보통 스웨덴 사람들이 생각하는 '주택 마련'의 첫 단계는 학생 원룸아파트로부터 시작된다. 대학 혹은 성인학교를 다니는 동안 원룸에서 살다가 결혼하거나 동거에 들어갈 경우 학생 아파트를 신청할 자격을 얻는다. 자녀가 있다면 좀 더 규모가 큰 아파트를 신청할 수 있다. 학생 원룸이나 가족 아파트는 학교 교육과정이 끝나는 즉시 반납하고 이사해야 한다. 그 다음 단계는 보통 아파트에 거주하는 것이다. 사회생활 초년생들은 코뮨이 운영하는 임대 아파트를 빌리거나 조합이 설립한 아파트를 매입할 수 있다.

그 다음 단계로는 시골 변두리에 여름 휴가처를 장만하거나 정원이 있는 단독주택을 소유하고자 할 것이다. 중년쯤 되어 소득이 안정되면 대부분의 사람들은 개인 주택과 전원주택을 소유하겠다는 꿈을 갖는다. 스웨덴 사람들의 삶은 대개 이런 단계를 거치며 비교적 순탄한 주거 생활을 영위한다. 게다가 어느 정도 예측할 수 있는 계획이므로 이를 실현하기 위해 열심히 일을 한다.

2. 주거 환경과 주택 정책의 변천

스웨덴의 주택 정책은 주택 문제가 국민 삶의 가장 중요한 부분의 하나라는 사회적 합의에서 출발한다. 1938년 스웨덴의 작가이자 방송기자였던 루드비그 누르드스트룀Ludvig ('Ludde') Nordström은 라디오 방송을 통해 〈오물 스웨덴〉Lort-Sverige이라는 리포트 프로그램을 주관하면서 당시 주택 부족에서 비롯되는 비참한 현실과 이로 인한 국민 건강의 심각성을 연속 프로그램으로 다루었다. 이 프로그램은 당시 주거 환경의 참상을 사회문제로 부각시키는 데 결정적인 역할을 했고 결국 정부의 정책 결정에 지대한 영향을 미쳤다. 한편 1937년 뮈르달 부부가 '위기에 처한 인구문제'의 대응책으로 제시한 포괄적 가족 정책에, 주택 공급과 경제적 보조에 대한 사항이 포함될 필요가 있다는 의견이 제기되었다. 이 결과 정부는 다수의 자녀를 가진 빈곤 가족을 시작으로 주택을 제공했는데 이를 효율적으로 해결하고자 마련한 방법이 초기의 공동주택 보급이다. 1960~70년대 텔레비전

이 확대 보급되면서 주거 환경의 질적 문제를 공론화하는 중요한 역할을 했다. 문제의 현장을 생생하게 조명해 주택과 주거 문제에 관한 시민 의식을 고취했던 것이다.

스웨덴 주택 정책은 사회·경제적 변화, 특히 인구 증가 및 인구구조와 인구 구성의 특성(이민자와의 혼합 사회)과 아울러 가족 형태의 변화와 밀접한 관계를 유지하며 발전되어 왔다. 이를 4단계로 나누어 살펴보자.

1) 산업사회와 인구 증가에 따른 주택 부족 현상과 해결

스웨덴은 제2차 세계대전 이후 1970년대 말까지 산업이 급속히 발전하면서 인구가 증가하고 도시화가 촉진되어, 도시를 중심으로 주택 수요가 급증했다. 따라서 주거 문제는 당시 국내 정치 사안 가운데 가장 뜨거운 쟁점으로 떠올랐다. 스웨덴 국회는 심각한 주택 부족 문제를 해결하고자 1965년부터 10년 내에 주거 시설 1백만 채를 건설하는 내용의 '밀리언 프로그램'Milljonprogrammet을 의결했다. 이 프로그램의 결과 10년 동안 1백만 6천 개의 주거지가 건설되어 초기 목적을 달성했다. 이 시기 건설된 주택은 현재 주택 시장의 약 26퍼센트를 차지할 정도이며, 주택 건설 역사상 가장 중요한 사업으로 알려지고 있다.

밀리언 프로그램이 국회에서 통과되자 당시 사민당 정부는 매년 10만 개의 신규 주거지 확보를 약속했다. 그러나 시행 직후 한두 해는 약속한 건설 물량을 채우지 못했으며 그 결과 1966년 가을에 있었던 스톡홀름 코뮨을 위시한 전국 지방선거에서 참패했다. 미카엘 린드크비스트Michael Lindqvist는 스웨덴 주거 정책의 역사를 다룬 논문에서 제2차 세계대전 이후 이때 가장 쓴맛을 보았다고 설명했다(Lindqvist 2000). 이런 결과는 당시의 시민들이 선거 이슈에서 주택문제를 얼마나 중요하게 여겼는지를 말해준다.

밀리언 프로그램과 함께, 작은 규모의 아파트에서 여러 가족이 생활하는 가정의 주거 환경을 향상시키기 위한 주택 기준도 마련되었다. 한 방의 거주 인원이 2인을 초과하지 않도록 가족 규모(구성원 수)에 따라 주택을 배정하는 규정이 도입되었다. 정부는 주택 건설 비용에 대한 국가적 지원과 공금(ATP 기금)을 통한 대출, 저금리 보장, 단독주택 보유자를 위한 대출이자 세금 감면 등 경제적 지원 정책을 도입했다. 그리고 1967년 주택 관련 일반 업무와 책임을 기초 단위 지방정부로 이양했다. 이에 따라 각 코뮨은 주택 '중개 사무소'Kommunal bostadsförmedling를 설립했으며, 사무소는 기초 단위별 주택문제를 해결하는 1차 책임 기관이 되었다.

'동일 노동에 대한 동일 임금'을 소개한 렌-마이드너 모델은 삶의 질을 평등화하고 주택 정책에 대한 사회적 연대감을 형성하는 동력이 되었다. 소외 집단, 독립을 원하는 청년층과 노인들을 대상으로 한 '나의 집 만들기'가 보편화되면서 주택 정책에서도 보편주의가 중심을 이루었다. 1974년 스웨덴 정부는 이런 정책을 전담할 정부 부처로 주택부Bostadsdepartment를 설치했으며, 초기 장관으로는 잉바르 칼손*이 임명되었다.

● 잉바르 칼손(Ingvar Carlsson) : 올로프 팔메 총리 암살 사건 이후 1986~91년에 사민당 당수로서 스웨덴의 총리를 역임했다.

2) 사회복지 정책과 주거 복지

1973년 오일쇼크가 지나간 이후, 1980년도 전후 스웨덴의 경기 호황, 건축 사업의 활기, 일자리 창출 효과 등에 힘입어 주택 공급이 급증했다. 그러나 도심지의 오래된 아파트들은 여전히 샤워 시설 등 기본 설비가 열악했다. 이런 아파트를 중심으로 내부 구조를 질적으로 향상하고 집 주변을 조경하는 방식의 주거 환경 변화가 주택 정책의 주요 가치로 새로이 설정되었다. 새로 짓는 아파트 단지들은 의무적으로 녹색 정원을 갖추어야 했으며 주차장과 쓰레기 처리 시스템도 개선되었다. 변두리 아파트일지라도 주차장은 대부분 단지 외부에 별도로 마련되었다.

1980년대의 가장 큰 사회적 문제는 한 지역에 밀집해 사는 이민자들의 주거 환경 문제였다. 출신국이 같은 이들끼리 밀접한 유대 관계를 갖는 것이 바람직하다는 이론에 근거한 이민자 주택 정책은 결과적으로 지역 간 차이를 키웠고 소외 지역을 양산했다. 1985년 "모두에게 주택을"$_{\text{En bostadsförsörjning för alla}}$이라는 목표로 〈주택법〉이 새롭게 제정되었고, 이 법을 근거로 장애인과 노인층에 대한 맞춤형 주택 구조 개선이 활발히 진행되었다.

3) 경제 위기와 주택 건축 재정 보조

1980년대 말기 스웨덴 복지 제도의 수준은 정점을 이루었다고 볼 수 있다. 그러나 1990년대 초기 스웨덴 사회에 두 가지 역사적 사건이 발생했다. 1991년 사민당 정부에서 우파 연립정부로 정권이 교체되었고(3년 후 사민당이 재집권했다), 이후 1992년 경제 위기 국면을 맞아 사회복지 정책의 전반적인 변화가 요구되었다.

신정부는 우선 조세제도를 바꾸었고(소득세 하향 조정), 주택 보조금 축소, 저금리 보장, 대출이자 감세 등 주택 정책의 내용을 부분적으로 축소하거나 폐지했다. 다만 사회적 약자의 주거 보호 정책만은 선택적으로 유지했다. 이후 1991년 주택부가 폐지되었는데, 사민당 정부 말(1989년) 주택부 산하에 설립되었던 도시계획·건설청Boverket●은 주택부가 폐지된 뒤 재무부 산하로 이전되었으며 관련 업무는 재무부, 보건사회부, 환경부 Miljödepartment로 각각 분산·이관되었다.

4) 지속 가능한 주택 건설과 사회 통합(1997~2006)

1990년대 중반기 스웨덴 사회는 유럽연합 가입과 더불어 또 다른 변화가 요구되었다. 이민자 인구가 증가하면서(2009년 현재 전체 인구의 14.3퍼센트 이상) 이민자 문제와 환경에 대한 관심이 스웨덴 주택 정책의 핵심 고려 사항으로 등장했다. 따라서 주택 정책의 목표를 사회적·문화적·환경적 발전을 이루는 데 역점을 두었다. 이에 사민당 정부는 1970~80년대 이민자들을 위한 주택 정책의 실패와, 소득수준에 따라 주거 환경의 차이가 심화되었던 문제 등을 고려해 주택 정책의 키워드를 '사회 통합'과 '지속 가능성'으로 바꾸었다.

오늘날 모든 주택 건축의 기준치Svensk miljömål는 2001년에 시행된 〈환경

● 도시계획·건설청은 1988년 주택위원회(Bostadsstyrelsen)와 기획처가 통합해 이루어졌으며 지방 도시 칼스크로나로 이전했다. 1991년 국회에서 현재의 정식 명칭이 통과되었다.

법〉miljölag에 근거하며 〈환경법〉의 주요 내용은 다음과 같다. 역사·문화적 가치가 있을 것, 천연가스의 사용, 쓰레기 처리 시스템의 합리화, 친환경적 음식물 처리 방법(가정, 음식점) 사용, 에너지 사용 효율성 제고, 철저한 소음 방지 등이다.

스웨덴의 모든 정책 결정 과정이 그렇듯이 주택 정책 변화는 면밀한 조사와 계획 및 이에 입각한 실행 순서에 따라 추진되었다. 가장 중요한 정책 결정 요소는 사회문화적 변화와 인구 증가 및 인구구성의 변화이며, 이는 개인의 삶의 질 향상과 사회 통합의 관점이 함께 녹아 있음을 볼 수 있는 대목이기도 하다. 주택을 대량 공급하는 과정에서 때때로 과잉 공급 현상도 나타났고, 선의의 이민정책이 결과적으로 사회적 차별을 가져오기도 했다. 그러나 이런 흐름 속에서 주택 문제가 경제 논리 혹은 일자리 창출의 도구로만 사용되기보다, 국가적 차원에서 국민 각자에 맞는 맞춤형 생활 터전을 만들려는 적극적인 노력의 일환으로 이루어졌다는 점이 중요하다. 1945년 이후 주택 건설의 기반을 이루는 가치관의 흐름은 명료해 보인다. 일차적으로 국민의 살 집 마련이 급급한 시기의 '주택 공급 확대', 다음 단계로 개인 혹은 집단의 특성에 맞는 복지적 관점을 기반으로 한 '주택 환경의 질적 향상', 1990년 이후에는 사회 통합과 환경 및 지속 가능성에 초점을 둔 스웨덴 특유의 철학을 느낄 수 있다. 또한 발전 초기부터 비영리단체와 주택조합 운동 등이 정책 형성 과정에 참여했는데, 이런 민관 상호작용은 주택 정책 발전이 민주주의적 성격을 띤다는 점을 역력히 보여 준다. 여기에서 소개하지는 않았으나 이 과정에서 영리 중심의 민간 주택 건설 회사의 참여도 무시할 수 없음을 밝혀 둔다.

3. 주거의 유형

1) 주거 형태와 현황

스웨덴 인구는 2009년 현재 930만 명을 돌파했다. 가구 수는 380만 가구이며 그 가운데 약 30퍼센트가 대도시권에 거주하는데 스톡홀름·예테보리·말뫼가 대표적인 대도시다. 그 외 가구의 40퍼센트는 타운과 같은 중소 도시에 거주하며, 나머지 30퍼센트는 농촌 지역에 분포되어 있다. 한 가구당 평균 가족 수는 2.2명이나 홀로 사는 독신 가구가 가구 유형 가운데 가장 큰 집단을 차지한다. 65세 이상의 노령 인구는 전체 인구의 18퍼센트로 이 가운데 많은 수가 독신 가구 범주에 포함된다. 주택 정책에 독신 가구를 위한 별도의 배려가 요구되는 것은 이런 현실에 근거한다.

2007년 12월 말 스웨덴 전국의 주택 수는 440만 채가 넘는다. 그 가운데 아파트 형태의 공동주택이 240만 채이며 단독주택이 2백만 채로 거의 절반을 차지한다. 소비자 입장에서 보는 주택의 형태는 세 가지로 분류된다. 즉, ① 소유권이 보장되는 단독주택(이하 '소유권 보장 단독주택'), ② 임대 성격이면서 소유권이 인정되는 주택(이하 '소유권 인정 임대주택'), ③ 임대주택 형태다. 임대주택은 지방정부가 제공하는 공공 임대 아파트kommunal bostäder와 민간 건설 업체가 제공하는 임대주택으로 나뉜다. 소유권 인정 임대주택은 주로 조합형 아파트들로 구성되어 있다.

전국의 주택 유형별 분포율은 소유권 보장 단독주택이 45퍼센트이며, 조합이 제공하는 소유권 인정 임대주택이 15퍼센트, 그리고 임대주택은 40퍼센트에 해당된다. 임대주택 가운데 정부가 제공하는 아파트가 절반을 조금 넘는 22퍼센트이며 민간 회사가 제공하는 것이 18퍼센트를 차지한다. 스웨덴 인구 5명 가운데 1명 이상이 코뮨의 임대 아파트에 살고, 약

표 10-1 | 유형별로 본 주택 분포율 (단위 : %)

		정부 건설 회사	조합 건설 회사	민간 건설 회사	합계
단독주택	소유		3	42[1]	45
공동주택	소유/임대		15		55
	임대	22		18	
	합계	22	18	60	100

주 : 1) 건축 당시 민간 건설 회사 외에 기타 회사 포함.
출처 : SCB(2007).

1명은 조합이 마련한 주거지에 사는 셈이다. 전국에서 아파트와 같은 공동주택은 1990년 이후 약 11.4퍼센트 증가했으며 스톡홀름·예테보리·말뫼와 같은 대도시일수록 증가폭이 높은 편이다(13퍼센트). 스웨덴의 아파트는 저층형이 보통이며(최근 신축 아파트는 6~8층 형태가 35퍼센트), 도시 구조 및 다른 이웃 건축물과 균형을 맞추어야 한다는 규정이 있다.

앞에서 설명한 바와 같이 스웨덴 주택 유형의 특성 가운데 필자가 중요하게 여기는 부분은 두 가지다. 하나는 일찍이 주거권 운동을 배경으로 한 소비자 조합이 주택 건설 회사를 운영해 주택에 관한 조사 연구와 주택 공급을 통해 소비자가 정책과 시장에 직접 참여하는 방식이다. 다른 하나는 지방정부가 시민의 주거 문제를 시장 논리에 맡기지 않고 삶의 터전 마련을 도와주는 주거 복지 차원에서 주택 건설을 책임지는 방식이다. 주택 정책의 이름을 "모두에게 주택을"이라고 부르는 것은 이런 맥락에서 나온 것이다.

(1) 공동주택 : 조합에 의한 주거권 운동과 아파트 협동조합

정부의 노력만으로 스웨덴 주택 환경이 발전한 것은 아니었다. 일찍이 등장한 세입자 주거권 운동과 주택 소비조합 형태의 비영리 기구의 역할

이 무엇보다 중요하다고 볼 수 있으며, 정부와의 밀접한 관계 또한 간과할 수 없다. 노동운동과 함께 이미 1920년대에 시작된 주거권 운동은 국민을 회원으로 하는 비영리 기구인 동시에 전문성을 갖춘 건설 회사로 발전해 오늘날까지 국민의 신뢰를 받고 있다. 그 대표적 기구로 호에스베 HSB, Hyresgästernas sparkasse- och byggnadsförening와 릭스뷔겐Riksbyggen이 있다.

① 호에스베

호에스베는 1923년 세입자 주거권 운동 협회와 더불어 스톡홀름을 기반으로 조직되었다. 1928년 사민당 당수이자 국회의원이었던 한손이 '국민의 집'에 관해 국회 연설을 한 이후 사회복지 문제가 뜨거운 정책 논쟁의 주제로 등장하면서 호에스베 운동이 가속화되었다. 1924년 호에스베 전국연합이 결성되었고 『우리의 집』 Vår bostad이라는 월간지를 발행하기 시작했다.

호에스베는 입주자 혹은 예비 입주자(주택 적금 가입자)를 회원으로 하는 소비자 조합체로 1923년에 설립되었으며, 회원들이 좀 더 나은 주택을 더욱 싼 가격으로 장만해 안정된 삶을 누리게 하는 것을 목적으로 한다. 호에스베는 비영리단체 성격의 소비자 협동조합인 동시에 건축 회사이기도 하다. 초기에는 주거권 운동 단체로 시작하여 주로 저소득층이 사는 빈약한 공간에 걸맞은 가구를 제작하거나 가구점을 직접 운영하기도 했다. 세계에서 최초로 접이식 벽장 침대를 생산해 보급한 것도 이 회사다. 이후에는 주택을 건설해 스웨덴 사회가 요구하는 양적·질적인 주택 공급 발전에 지대한 역할을 했다. 오늘날 호에스베 아파트는 환경 친화적 아파트로 인정받으며 스웨덴 주택 시장의 가장 큰 주택 건설 회사의 하나로 발전했다.

호에스베는 주택 적금 창구를 통해 회원을 모집·관리하고 주로 아파트와 연립주택을 건축해 회원에게 판매한다. 입주자가 아파트·연립주택을 매입할 때 소유권은 이양받으나 주택 가격의 일부(건설협회가 대출한 금액의 일부와 이자)를 매월 관리·운영 비용을 포함해 지불한다. 결국 집값의 일부를 분할해 부담하는 형식이다. 개인이 호에스베 아파트를 구입하면 소유권을 행사할 수 있으며 다시 매매할 수도 있다. 현재 회원은 약 50만 명이며, 전국에 3,900개의 입주자 조합(주거권 협회)이 구성되어 있다. 호에스베는 여전히 주택 건축 외에 주거 정의를 기본으로 한 합리적인 조세 정책과 주거 환경에 관한 정책 제안을 하는 정부의 주택 관련 파트너 가운데 하나다.

② 릭스뷔겐

릭스뷔겐은 1940년대 건설 노동조합이 중심이 되어 당시 노동자들의 열악한 주거 문제를 해결하려 설립한 건설 회사다. 예테보리 시의 주거권 협회 구성을 시작으로 하여 오늘날에는 전국적으로 1,600개 주거권 협회로 구성되어 있으며, 50만 명가량의 회원을 보유한 가장 큰 주택조합이다. 이 회사는 호에스베와 유사하게 주택 적금을 통해 회원을 모집 및 관리하고, 회원 중심의 입주 원칙을 준수하며, 아파트 건축·재건축 및 조사·계획·관리를 담당한다. 호에스베와 다른 점은 소유자의 성격에 있다. 호에스베의 법률적 주인이 회원인 것에 비해 릭스뷔겐은 노동조합이 주인이다. 릭스뷔겐 자산의 90퍼센트를 스웨덴의 여러 비영리단체(노동조합 혹은 협동조합)가 소유하고 있으며, 그 가운데 LO가 가장 많은 자산 지분(약 42퍼센트)을 차지하고 있다.

호에스베와 릭스뷔겐 건설 회사가 제공하는 공동주택은 스웨덴만의 독특한 유형이며, 덴마크의 안델Andel 아파트와 유사하다. 매월 임대료 명목으로 부과하는 소액의 지불금으로 집값을 갚아 나가는 개념이므로, 매입 가격을 실제보다 낮게 설정해 소비자가 쉽게 구입할 수 있는 이점이 있다. 그러나 관리 비용을 포함해 월별로 합산된 지불금은 일반 임대주택의 월세보다 다소 적으므로 목돈이 들어간 것을 제외하면 가계 지출 부담을 더는 효과를 갖는다. 따라서 오래된 아파트일수록 이미 지불한 금액이 많기 때문에 월별 관리비가 매우 싸다. 더욱이 오래된 건물만의 아름다운 건축양식과 현대화된 내부 시설이 어우러져 이런 아파트들은 매매가격이 월등하게 높은 편이다.

호에스베와 릭스뷔겐은 오늘날 스웨덴의 주택 시장에서 경쟁하는 건설 회사이지만, 이들이 70년 전 스웨덴 사회의 심각한 주택 부족 현상을 보완할 조합 운동으로 출발한 비영리단체였다는 의미는 중요하다.

(2) 코뮨의 임대 아파트

1967년 주택 정책의 제반 업무가 중앙에서 지방 코뮨으로 이양된 이후, 각 코뮨은 '밀리언 프로그램'을 중심으로 공동주택 건설에 매진했다. 코뮨은 관할 지역의 도시계획 가운데 주택 공급 및 거주민들의 주거 복지 전반에 걸친 서비스를 담당하는 일차적 책임 기관이다. 주택에 관한 조직으로 코뮨 산하에 임대주택 건설공사를 운영하는 한편, 대민 서비스를 위한 주택 중개 사무소를 설치·운영하고 있다.

코뮨이 공급하는 모든 공동주택은 임대형이며, 전국 모든 주택 유형의 40퍼센트를 차지하는 임대주택 가운데 반 이상을 차지한다. 각 코뮨마다 직접 운영하는 건설공사가 있는데, 스톡홀름 코뮨의 경우 건설공사가 4개이며, 그 가운데 에스베SB, Svenska Bostäder 회사가 대표적이다. 이런 건설공사는 아파트 공급 이후 지역 소단위별 운영·관리도 책임진다. 공공 임대

주택을 생산·운영하는 주택 건설공사는 공공주택건설회사전국연합* 를 형성해 지역 차원을 넘어선 문제를 담당하게 한다.

코뮨이 공급하는 주택의 종류에는 일반 임대 아파트 외에 수요자의 특성에 따라 원룸 학생 아파트, 학생 가족 아파트, 노인들을 위한 특수 아파트 등 다양한 형태의 주택을 공급한다. 그리고 특별한 상황에서 임시로 주거지를 찾는 청소년과 여성 등을 위해 가구가 갖추어진 호텔형 아파트도 운영한다. 그 외 장애인이나 노인들을 위한 맞춤형 주거 시설의 개보수 공사를 맡아 한다.

임대 업무는 코뮨 산하의 주택 중개 사무소에 의해 이루어진다. 무주택자이거나 가족 구성원의 증가로 현재 주거지보다 더 넓은 집이 필요할 경우, 누구나 18세 이상의 거주자는 코뮨에 임대 아파트를 신청할 수 있다. 중개 사무소에서는 주택을 필요로 하는 사람들을 위해 상담도 하며 이 과정에서 신청자의 시급하고 어려운 형편이 참작되기도 한다. 예를 들면 자녀를 가진 편부모 가정에 우선권이 주어지는 경우를 들 수 있다.

임대 아파트는 신청 순번대로 분양되는데, 도심지에 가까울수록 기다리는 기간(1~15년)이 길다. 행정 당국은 자녀가 있는 경우나 의학적 사유에 의한 상황을 참작하여 사회적 약자에게 우선권을 준다. 정부는 부족한 임대 아파트의 입주 대기 기간을 줄이기 위하여 민간 건축 회사가 제공하는 새 건축 임대 아파트의 3분의 1을 코뮨 임대주택 중개소 목록에 의무적으로 등록하게 하여 민간 임대주택을 선택할 기회를 제공한다. 주택 매매는 주로 민간 부동산 중개소에서 이루어진다.

---

* 공공주택건설회사전국연합(SABO)의 회원 건설 회사는 전국에 3백 개가 되며 전체 주택 가운데 20퍼센트를 차지하는 83만 채를 갖고 있다.

4. 임대료 결정과 주거권 보호

공공 주택이나 민간 회사의 임대료 책정은 기본적으로 제도적 장치에 의해 집 주인(건물 소유자)과 세입자 조합 간에 지역 단위의 단체 협상으로 결정된다. 지역 단위에서 협상이 결렬될 경우에는 중앙 차원에서 재협상이 이루어지는데, 이때 협상 주체로 참여하는 기관은 세입자전국연합●과 SABO이다. 민간 임대주택일 때는 건물소유자연합●●이 참여한다. 임대료를 책정하는 기준은 당연히 주택의 질적 수준(가치)이며, 일반적으로 '동급의 아파트에 동일한 집세'라는 법 원칙을 준수한다. 이런 사회적 원칙은 세입자 주거권 보호로 이어지며 공공 주택의 임대료 수준은 민간 임대주택의 임대료 결정에도 영향을 미친다. 한편 스웨덴 정부는 주거권 보호와 시장의 자율성을 조화시키기 위해 경쟁청Konkurensverket을 두고 임대료나 다른 주택의 가격 등을 조정하고 필요한 관리 규정을 관장하게 한다.

스웨덴 주택 정책에서 가장 중요한 것은 주거권 보호다. 한번 임대한 집은 건물 파괴 등 범죄에 속하는 행위를 제외하고는 본인의 동의 없이 거주권을 박탈하지 않으며, 가족 구성원이 증가하면서 더 큰 집을 임대할 권리를 부여받는다. 임대료 책정에 불만이 있을 경우는 각 랜의 임대 위원회Hyresnämnden에 제소할 수 있으며, 결과에 불복할 경우 소송을 청구해 주택 재판소까지 갈 수 있다.

● 세입자전국연합(Hyresgästföreningen)은 2008년 현재 회원 53만5천 명을 보유하고 있으며, 건물 소유자의 직접적인 파트너 역할을 한다. 주로 임대료에 관한 사항을 다루며 공공 임대주택 대표와 민간 임대주택 소유자를 대상으로 한다.
●● 건물소유자연합(Fastighetsägarna)의 회원은 2만여 명이며, 스웨덴 전역에 70만 채의 아파트와, 모든 상가의 80퍼센트를 소유하고 있다.

1) 주택 건설 지원과 주거비 지원

주택 정책에서 빼놓을 수 없는 것은 정부의 예산 지원 정책이다. 1960년대의 밀리언 프로그램 운영을 보더라도 정부의 예산 지원이 얼마나 중요한 역할을 했는지 알 수 있다. 정부는 1974년 새로운 주택 건설 활성화 정책을 소개했다. 이자 보조 정책을 강화하는 내용이 담긴 이 정책은, 주택 건설의 활성화와 양질의 주거 환경 개선을 목적으로 했다.

국가가 보증하는 대출 제도에는 40년 혹은 50년의 장기 대출이 있다. 그리고 두 가지의 대출 제도가 있는데 주택 가격의 50~60퍼센트를 받을 수 있는 '최저액 대출'bottenlån과, 70~75퍼센트까지 대출을 받을 수 있는 제도가 그것이다. 전자는 대출액이 적은 반면 이자율이 낮고 상환 기간이 길며 상환이 자유스러운 반면, 후자는 이자율이 조금 높고 기한 내에 반드시 갚아야 한다.

또 다른 보조 형태로 단독주택 소유자들의 대출이자에 대한 세금 환급 제도가 있으며, 고령자와 자녀가 있는 가정 및 청년층(18~28세)을 대상으로 주택 보조금(수당)이 꾸준히 증가했다.

웁살라 대학의 벵트 터너● 교수는 "스웨덴의 주택 수준은 세계적으로 가장 우수하다. 더욱이 소득수준의 차이 없이 양질의 주택을 누구나 누릴 수 있었던 데에는 정부의 주택 보조 정책이 큰 몫을 했다"라고 설명한다. 유럽의 주택 시장과 비교할 때에 스웨덴의 집값이 저렴한 이유 가운데 가장 중요한 요소로 정부의 보조금을 들고 있으며, 1993년 보조금을 대폭 삭

● 벵트 터너(Bengt Tunner) : 웁살라 대학의 경제학 교수로 주택연구소 소장을 역임했고, 스웨덴 주택 정책과 주택 시장에 관한 글을 다수 소개했다.

감하는 새 법이 시행되면서 집값이 상승 추세이며 각 가정의 소득 대비 주거비용이 계층마다 크게 달라지고 있다고 지적했으며, 특히 저소득층일수록 집세와 관리 비용이 상대적으로 증가하는 현상을 우려하고 있다(Turner 1996). 그러나 1993년 보조금을 대폭 축소한다는 내용의 주택 관련 개정법이 도입되면서 주택 시장의 모습은 새로운 국면을 맞이했다. 1970~90년의 20년간 임대료의 상승률은 약 2퍼센트에 달한 데 비해 1990~94년의 4년간 임대료 상승률은 약 3퍼센트로 급증했고 주택 보조금도 감소해, 오늘날에는 소득 격차에 따른 주택비용 부담률이 큰 차이를 보이는 역진적 현상이 나타나고 있다.

지방정부 차원에서 주택 시장을 지원하는 또 다른 방법은 시유지를 장기적(혹은 영구적)으로 임대하는 것이다. 코뮨은 민간 건설 회사나 단독주택 회사에게 시유지 땅을 임대해 낮은 비용으로 주택을 건설하도록 지원한다. 이런 정부 정책은 단독주택이나 아파트 값을 억제해 결과적으로 임대료에까지 영향을 미친다.

2) 아파트 교환 제도

스웨덴 주택 시장에서 흥미 있는 것은 아파트 교환 문화다. 1968년 이래 교환 자체가 제도적으로 허용되고 있어, 이사를 반드시 해야 할 상황에서 지역은 다르나 주택 규모나 가치가 비등하다면 서로 교환할 수 있다. 교환은 매매 행위로 보지 않으므로 일체 양도세나 취득세가 없이 주거지만 변경하면 된다. 교환 대상은 임대 아파트는 물론 조합 아파트도 지역에 상관없이 가능하다. 교환 조건에는 주택 소유 협회의 내부 규정이 적용되나 기본적으로 법으로 인정된 교환권bytesrätt이 이를 뒷받침한다. 이

혼이나 여타 사유에 의한 가족의 분산 혹은 합류로 더 적거나 더 큰 집이 필요한 경우, 쌍방이 필요로 하는 맞춤식 교환, 즉 큰 아파트 하나와 작은 아파트 2개를 교환할 수도 있다. 아파트 교환을 도와주는 민간 중개소가 있으나 대부분 지역신문 광고를 통해 개인적으로 해결하는 경우가 많으며 문제가 발생할 때 주거권 협회에서 이를 상담하고 해결책을 주선하기도 하며, 다만 법률적 문제가 발생할 경우 지방정부가 이를 담당한다. 스웨덴에 살면서 지역신문을 펼쳐 보면 '주택 교환'Bostadsbyte이라는 광고를 흔히 볼 수 있다.

5. 삶의 여유와 미래 계획

1) 여가와 전원주택●

북유럽의 가장 나쁜 생활 조건은 기후다. 여름이 짧아 연간 일조량이 부족한 스웨덴 사람들은 휴가 기간을 이용해 도시를 떠나 자연을 즐기는 것에 익숙하다. 경제적 안정과 더불어, 휴가철에 잠시 도시를 떠나 자연과 함께 보낼 수 있는 전원주택을 장만하는 것은 모두의 꿈이며 실제로

● 스웨덴의 전원주택에는 여러 세대를 거친 작은 고택이 많다. 친척이 살던 농촌 마을의 작은 집들이 뒤늦게 찾아온 산업 발전과 도시화로 방치되다가 한때 각박한 도시 생활을 보완할 공동의 '스포츠집'(sportstuga)으로 사용되기도 했다. 이는 1940년대 이후부터 도시민들의 여름 휴가터(fritidshus)로 변화해 오늘날의 전원주택으로 발전했으며, 1980년대 이후 현대식 전원주택이 급증했다.

실현하는 계획이기도 하다. '1가구 1주택'의 사회문화적 원칙을 고수하는 스웨덴 인에게도 이런 휴가처는 2주택의 범주에서 제외된다. 최근 들어 은퇴 후 전원주택으로 이주하는 사례가 늘고 있으며 현대화된 전원주택도 늘고 있다.

2002년 현재 연간 전원주택을 이용한 스웨덴 인구는 전체의 55퍼센트에 달하며 전체 인구 가운데 전원주택을 소유하고 있는 인구는 약 22퍼센트다. 북유럽 국가들의 전원주택 소유율은 노르웨이 31퍼센트, 핀란드 27퍼센트, 덴마크 14퍼센트로 북유럽에서는 전반적으로 도시 생활과 자연 생활을 병행한다는 사실을 볼 수 있다.

2) 미래 계획

엘메르 교수 팀은 주택 정책이 일자리 창출과 경제 활성화를 바탕으로 한 '생산적 정책'에 포함되는 동시에, 국민 생활의 가장 원초적인 문제를 다루는 사회복지 정책으로 '소비적 정책'의 의미를 내포한다고 정의한다(Elmer et al. 2000, 76).

현재까지 스웨덴의 주택 환경은 수요 물량 충족과 양질의 주택 구조 등 세계적으로 상위권에 속한다. 그러나 변화하는 인구구조와 구성 요소에 따라 주택의 형태와 구조 내용이 지속적으로 변화되어야 한다는 과제를 갖는다. 스웨덴 인구는 최근 20년 동안 약 1백만 명이 증가했는데, 정부는 앞으로 10년 동안의 인구 구조와 구성의 변화를 예측해 이에 대처하는 주택 정책을 설계하고 있다. 구체적인 예로, 향후 80세 이상의 인구가 전체 노령 인구(64세 이상)의 50퍼센트가 될 것으로 보며, 이에 따라 지금과 다른 형태의 아파트가 요구된다고 예상한다. 또한 국내 이동 인구가 급증하는 문제도 다룬다. 현대 스웨덴 인의 생애 평균 이사 수는 10~11번으로 1990년대 이전보다 급증하는 추세다. 특히 청년층 가운데 19~23세는 도시로, 23~28세는 대학 졸업 이후 직업을 향해 어디든, 30세 이후는 자녀를 위해 좀 더 큰 집으로 옮겨 가는 등 과거와 다른 면모를 보인다. 이런 사회적 변화도 주택 정책에서 중요한 사항으로 떠오르고 있다. 그 밖에도 현재 10퍼센트가 넘는 이민자들을 위한 주택 정책은 또 다른 사회 통합 과제가 되고 있다. 이는 스웨덴을 포함한 선진국의 새로운 사회적 양극화 문제이기에 세계적 관심사가 되고 있다.

스웨덴의 주택 정책은 매스컴과 전문가들의 적극적인 역할에 힘입어 주택 문제를 국민 삶의 가장 중요한 부분의 하나로 등장시키는 데 성공했다. 또한 시민에 의한 협동조합 운동이 정책 결정에 지대한 영향을 미친 것은 물론이거니와, 시장의 실질적 경쟁 주체로 등장해 국민이 좀 더 쉽게 주택을 소유할 수 있는 길을 마련한 점은 북유럽 특유의 방법이라고 할 수 있다.

스웨덴 주택 정책의 발전을 간추려 보면, 이미 1930년대부터 주거 환경이 가장 취약한 농촌 지역의 농민, 일용직, 자녀가 많은 빈곤 가정, 노인 등을 대상으로 주거 보조 정책을 도입했다. 정부의 주택 시장 개입은 제2차 세계대전을 계기로 본격화되었으며, 그 이후 정부 예산 투입이 급증했다. 산업사회가 발달해 주택 수요가 급증한 현상은 스웨덴 사회의 가장 큰 관심사가 되었으며, 각 정당들이 이와 관련한 선거공약을 만들기도 했다. 이에 따른 정부의 면밀한 조사 연구와 대응책은 1965~75년을 스웨덴 주택 건설사에 양적·질적 발전의 획기적 전기의 시기로 만들었다.

정부의 적극적이고 지속적인 건축비 보조 정책은 주택 가격을 안정시키는 데 결정적인 역할을 해왔으며, 주택 건설 부양 정책은 단독주택 소유자나 공동주택 입주자 등 모든 국민을 위한 보편적 주거 정책을 실현할 수 있게 했다. 특히 어린 자녀 부양 가족과 노인층 등 사회적 약자가 비교적 양질의 집을 장만할 수 있는 데에 크게 기여했다.

스웨덴 주택 정책이 한국 사회에 전하는 함의는 스웨덴이 이 문제를 경제적 관점보다 보편주의를 바탕에 둔 사회복지적 관점으로 접근했다는 것이며, 그 결과 이 분야에서 사회적 양극화를 최소화하는 성과를 거두었다는 점이다.

| 11장 |

노동시장 정책
모두에게 좋은 일자리를

1. 노동시장의 현황

1) 노동시장 정책의 의미

스웨덴은 노동운동의 역사와 함께 '국민의 집'의 내용을 발전시켜 오면서 복지 제도의 궁극적 목표를 완전고용에 두고 있었다. 이런 목표를 중심으로 꾸준히 발전해 온 노동시장 정책 아래 1980년대 말까지 실업률은 1퍼센트 내외였다. 완전고용이란 원칙적으로 직업을 원하는 모든 이가 직업을 가진 상태를 의미한다. 그러나 1990년대 경제 위기와 시장의 변화 및 유럽연합 가입으로 말미암은 사회구조의 변화 등으로 스웨덴은 완전고용의 시대를 마감했다. 2009년 현재 실업률은 8.3퍼센트(15~75세 중심)를 상회한다.

스웨덴의 노동시장 정책은 전통적으로 스웨덴 경제 발전에서 중요한 역할을 해왔다. 실업에 대응한 정부의 강력한 분투는 제1차 세계대전 이후부터 시작되며, 정책 프로그램의 내용과 이에 대한 실제 투자는 1950~60년대에 눈부신 경제 발전으로 이어졌다. 그와 더불어 이 정책은 노동을 효율적으로 배치하는 핵심 수단이기도 했다. 예를 들어 구직자들의 직종 변경 및 직장의 지리적 이동을 통해 노동 배치의 효율성을 높여 왔던 것이다. 그러나 1950~60년대 이래 노동시장 정책의 강조점은 때때로 변화했다. 1970년대에 노동시장 정책은 등록 실업자 수를 감소시킬 목적으로 경기순환을 조절하기 위한 기술로 이해되었고, 1980년대에는 다시 경제에서 구조 조정을 원활히 하기 위한 수단이라는 원래 역할로 되돌아간다. 이런 맥락에서 경제 구조 조정기 노동시장 정책의 역할은 실업이 급속히 증가한 1990년대에 다시 한 번 빛을 발한다.

2) 노동시장 정책의 내용과 목표

오늘날 노동시장 정책의 주된 임무는 장기적으로 노동시장이 원활히 작동할 수 있는 능력을 높이고, 고질적인 악성 실업을 방지하는 것이다. 이를 위해 노동의 수요와 공급을 일치시키려 하며, 이런 노력을 통해 노동 친화적인 윤리를 창출하고, 적극적인 구직 활동을 장려하며, 수요가 되살아날 때를 대비하여 미리 개인들을 준비시킨다.

이런 스웨덴 노동시장 정책의 가장 주요한 방법은 활성화 원칙이다. 이 전략은 첫째로 정규 노동시장에 개인들을 참여시키는 것을 최우선으로 삼는다. 둘째로 실업 상태에 있는 사람들을 적극적 노동시장 프로그램에 등록시킨다. 마지막으로 다양한 형태의 현금 지급을 최후의 수단으로 사용한다.

오늘날 노동시장 정책의 우선 과제는 노동시장의 기능을 점차 향상해 영구적 실업이 발생하지 않도록 예방하는 것이다. 다시 말해 고용의 수요와 공급이 잘 조화되는 사회, 즉 지속적인 일자리를 창출하려는 의지와 적극적으로 일을 찾는 태도에 의해 시장의 역동성이 살아나게 하는 것이 바로 노동시장의 우선 과제인 것이다. 최근 몇 해의 노동시장 정책은 포괄적으로 실업률을 감소시키는 데 초점을 두고 있는데, 그 내용에는 적극적 노동시장 정책과 소극적 노동시장 정책의 두 가지가 있다. 적극적 노동시장 정책의 경우 구직자에게 일자리를 최대한 제공하기 위해 교육과 훈련을 통하여 적합한 직업을 가질 수 있도록 도와주거나, 정부가 보조금을 지출해 고용을 창출하는 방법 등으로 실업률을 감소시키는 데 우선 목적을 둔다. 소극적 정책이란 현재 실직 상태에 있는 사람들의 생활을 유지하기 위해 경제적 도움을 주는 방법으로 실업수당이 그런 정책 수단에 속한다.

3) 고용구조와 실업률

2007년 이래 스웨덴에서 실업률을 계산하는 방식은 과거 16~65세까지를 기준으로 했던 데서 15~74세로 변경되었으며, 또한 전일제로 공부하는 학생 가운데 적극적으로 일자리를 찾을 경우 실업자로 인정하는 등 국제 기준을 적용한다. 한 사람이 실업자로 인정되는 기준은 다음과 같다.

- 현재 무직 상태
- 14일 이내에 취업할 수 있는 상태
- 지난 4주간 적극적으로 직업을 찾은 경우 혹은 3개월 이내에 새 일이 시작되기를 기다리는 상태

이런 기준에 의한 실업률의 변화 추이는 2005년(약 8퍼센트)과 2008년(약 6퍼센트) 사이 감소 경향을 보이다가 세계경제 위기의 영향으로 2009년 다시 증가하는 추세를 보인다. 2010년 현재 실업률은 8.1퍼센트로 북유럽의 여타 국가(핀란드 8퍼센트, 덴마크 7퍼센트, 노르웨이 3.4퍼센트)에 비해서는 높으나 27개국을 포함한 유럽연합의 실업률 9.6퍼센트에 비해서는 조금 낮은 편이다. 실업률은 계절에 따라 굴곡을 보이기도 하는데 그것은 학생들의 한시적인 여름 노동 때문이다.

실업률이 높음에도 스웨덴의 노동시장 참여율은 다른 유럽 국가에 비해 여전히 높은 편이다. 그러나 1995년의 노동시장 참여율은 79.4퍼센트로 1990년의 84퍼센트에 비해 떨어졌다. 2000년대 초 다시 증가하는 추세를 보이는 듯하다가, 2009년에는 다시 1990년과 비등한 비율을 보인다(www.ekonomifakta.se/sv/Fakta/Arbetsmarknad).

산업별 고용 비중●은 2008년 현재 농림업 2.2퍼센트, 제조업 15.0퍼센트, 서비스 분야는 49.0퍼센트, 공공 부문은 34.0퍼센트에 달해 탈산업사회의 전형적인 모습을 보인다. 1995년에 비해 변화한 분야는 산업과 서비스 분야다. 1995년 20퍼센트에 달한 제조업 분야와 43퍼센트의 점유율을 보인 서비스 분야에서 제조업 분야는 5퍼센트 감소했고 반대로 서비스 분야는 6퍼센트 증가했다. 나머지 분야는 거의 변동이 없는 것으로 보아 고용 수요가 산업 분야에서 서비스 분야로 옮겨진 것이라 할 수 있을 것이다. 무엇보다 공공 부문의 고용률이 높다는 것이 스웨덴 노동시장의 특징인데 1995년 이후 고용률이 1퍼센트 감소했다. 그럼에도 1980년 OECD 국가의 공공 부문 고용률이 평균 20퍼센트일 때 스웨덴의 경우 노

● 2009년도 산업별 분류 방법이 개정되어 2008년 통계를 사용했다.

동력의 약 3분의 1이 공공 부문에 종사하고 있었다는 점에서 스웨덴의 공공 부문 고용률은 여전히 높은 편에 속한다. 공공 부문은 주로 교육, 육아, 대부분의 보건 의료와 주택 시장의 일정 부분까지를 포괄하는 것으로 이 영역들이 주로 공공 부문에서 공급된다는 것을 보여 준다.

여성의 노동시장 참여율은 1995년 78퍼센트로 유럽연합 평균 57.3퍼센트보다 높으며 실업률은 여성이 남성보다 낮은 편이다(1997년에 여성 실업률 10퍼센트, 남성 실업률 11.4퍼센트). 이는 유럽연합의 여성 실업률이 12.5퍼센트로 남성 실업률 9.5퍼센트보다 높은 것과 비교해 큰 차이를 보인다. 스웨덴에서 43퍼센트의 여성이 시간제 노동을 하는 데 반해 유럽연합 평균은 31.3퍼센트다. 스웨덴 노동력의 절반은 여성 노동력으로 이루어져 있다. 2007년 여성(20~64세)의 노동시장 참여율은 75퍼센트다.

2. 경제 위기 극복과 전략

1) 실업 대책

1990년대 이후 스웨덴은 여타 유럽 국가와 마찬가지로, 높은 실업률이 가장 심각한 경제·사회문제 가운데 하나가 되었다. 실업을 줄이기 위해 다양한 프로그램을 실시했는데, 이런 프로그램은 활성화 원칙을 근거로 했다. 이로 인해 다른 유럽 국가에 비해 스웨덴은 훨씬 많은 액수의 재정을 적극적 노동시장 프로그램에 투입하고 있는데, 경제 위기 직후인 1993~94년에 정부가 실제로 노동시장과 관련해 투입한 비용은 노동시장 지출의 약 50퍼센트였으며, 직접 현금 지급은 50퍼센트 이하로 이루어졌다. 이런 정부 지출에서 알 수 있듯이 스웨덴이 실업 대책의 가장 우선순위에 두는 것은 실업자들이 비어 있는 일자리를 찾도록 돕는 일이다. 이 사업은 AF에 의해 이루어지며, 이 기관의 임무는 구직자와 구인처를 신속하게 맺어 주는 것이다. 이처럼 적극적 노동시장 프로그램은 한시적 일자리를 통해 훈련과 작업 경험을 제공하고, 고용 지원금으로 고용을 창출하는 것으로 이루어져 있다. 1994년에 전체 노동력의 약 5퍼센트에 달하는, 30만9천 명이 노동시장 프로그램에 참여한 바 있다.

실업자가 실업수당을 취득하려면 AF에 반드시 등록해야 하는데, AF는 거의 모든 노동시장 프로그램에 참여하는 사람들의 배치에 관한 결정을 내린다. 1993년부터 정부 기관 외에, 이윤을 목적으로 하는 민간 고용 서비스 기구가 허용되었다. 그러나 이들은 구직자가 아니라 고용주에게만 수수료를 받을 수 있기에 구직자에게 특별한 부담을 주지는 않는다. 그나마 이런 민간 기구를 통한 취업은 1995년 당시 비어 있는 일자리의 0.4퍼센트에 불과했다.

정부는 실업 대책의 하나로 1996년 6월부터 완전실업open unemployment을 줄이는 것을 매우 중요한 목표로 삼았으며, 2000년까지 실업을 반으로 줄인다는 목표를 설정했다. 이를 달성하기 위한 전제 조건은 1998년까지 균형예산과 물가 안정을 이루는 것이었다. 고용과 성장을 이루기 위해 이 프로그램은 다양한 방안을 제시했는데 그 가운데 하나가 13만 명에 대한 교육 기회를 새로 만드는 것이었다.

2) 노동시장 정책 프로그램

노동시장 정책의 목적을 달성하기 위해 다양한 수단과 프로그램이 동원된다. 이런 수단과 프로그램의 주요 내용으로는, 첫째, 구직자들에게 직업 소개 서비스를 제공하고, 둘째, 노동 공급에 영향을 미쳐 노동에 대한 수요를 진작하며, 셋째, 실업자와 장애인이 포기하지 않도록 취업을 장려하는 일이다. 그 밖에 실업 상태에 있는 개인에게 소득 손실분을 보전하는 실업보험 프로그램이 있다.

한편 실업의 부정적인 효과를 상쇄하기 위해 노동시장 정책 외의 영역에서도 상당한 투자가 이루어지고 있다. 이 가운데 정부 교육 정책의 일환으로 노동자의 기술 수준을 향상하기 위한 기술교육 프로그램 운영도 중요한 투자 대상이다. 정부는 이를 위해 고등학교나 대학교뿐 아니라 지역 성인교육 시스템과 주민 학교(주로 소규모이며 주거지에 있다)에도 이와 관련한 프로그램을 신설하고 있다. 1995~96년에 전국적으로 9만 개의 신규 교육 프로그램이 생겨났다. 그 내용은 다음과 같다.

(1) 매칭 프로그램

모든 노동시장 프로그램에 존재하는 고용 서비스는 정부 노동시장 정책의 핵심 수단이며 이를 위해 직업 소개와 직업 상담을 행한다. 고용 서비스에 포함된 다양한 프로그램은 노동의 수요와 공급이 쉽게 만날 수 있게 하자는 것인데, 특히 이 가운데 구직 클럽 및 이와 유사한 활성화 프로그램은 구직자들에게 빈 일자리를 스스로 찾아 나서는 데 필요한 지식을 제공하고 자신감을 부여할 의도로 설계되었다. 또한 고용 서비스와 회사들 간의 접촉면을 확대하고 질을 높이려는 개선책이 강구되었다. 그런 개선책에는 구직 정보에 관한 전산화 작업을 정비하거나, 조직을 개선하여 행정 요원을 차출해 직업 소개 일선에 배치하는 것 등을 들 수 있다.

(2) 노동 수요와 고용 촉진 프로그램

이 프로그램의 목적은 노동에 대한 수요가 약한 시기에 노동 수요를 유지하려는 것이다. 이를 위해 실업 상태에 있는 개인에게 작업장 경험을 제공해 정규 노동시장에서 일자리를 찾는 데에 도움을 주거나, 직업 및 훈련 프로그램을 선택하는 기준을 제공한다. 노동에 대한 수요나 고용을 진작시키는 일은 과거에는 중시되지 않았으나 오늘날에는 노동시장 정책의 핵심을 이룬다. 이 일은 개인이나 기업 모두를 대상으로 하고 있다.

(3) 개인 대상 프로그램

실업 상태나 실업에 직면한 개인의 구직이나 창업을 돕는 프로그램으로 다음과 같은 것이 있다.

① 고용 개발

1993년에 도입된 것으로 실업 상태에 있는 사람의 활동 의지를 이용해 자신을 개발하고 훗날 정규 노동시장에 쉽게 복귀할 수 있게 하려는 것이며, 이 프로그램에 참여하면 실업 급여 기간을 연장할 자격이 부여된다.

② 창업 지원

이 프로그램은 최근 들어 더욱 중요해지고 있는데 실업 상태에 있거나 실업 상태에 직면한 개인이 자영업을 할 수 있게 도와주는 것이다. 이 자금은 실업보험기금의 지원금과 액수가 같지만, 실업 급여 수혜 자격이 없더라도 신청할 수 있다는 점에서 실업보험기금과 다르다. 통상 6개월 동안 지원되나 연장될 수 있다. 이 프로그램을 신청하려면 사업 계획서를 제출해야 한다.

③ 현장 훈련

1995년 7월부터 시작된 새로운 프로그램으로 직업훈련에 관한 기존 프로그램들을 대체했다. 작업 현장 훈련을 필요로 하는 실업 상태에 있는 사람, 또는 당장 정규직을 구할 수 없거나 다른 적당한 구직 프로그램에 등록될 수 없는 사람들을 대상으로 기업이나 공공 부문에서 6개월의 훈련 기간을 제공하는 것이다. 직업상 장애가 있는 청년의 경우에 이 기간은 연장될 수 있다. 참여자들은 이 훈련 기간에 현장 훈련과 아울러 상담 서비스와 실제적인 직업훈련을 받을 수 있다. 이 프로그램은 20세 이상의 사람들을 대상으로 하는데 25세 이하인 경우에는 고용주가 프로그램 수료 후 대상자를 최소 6개월간 정규직으로 고용하겠다는 약속이 있을 때 참여가 가능하다.

④ 취로사업

과거에 노동 수요를 창출하기 위해, 직업을 구할 수 없거나 적당한 프로그램을 찾을 수 없는 사람들을 대상으로 도로·건물·토목 작업 현장에 투입하던 방식은 점차 사라졌으며, 현재 이들은 공공 부문 서비스 분야에 주로 투입되고 있다. 정부 지원금은 6개월간 임금 총액의 65퍼센트를 초과할 수 없다.

⑤ 채용 보조금

1984년부터 시행된 이 프로그램은 주로 사기업의 고용을 촉진할 목적으로 도입되었으며 6개월간 임금 총액의 최대 50퍼센트를 정부가 보조하며 난민, 이민자, 장기 실업 고령자의 경우에 정부 지원금은 12개월간 임금 총액의 최대 75퍼센트에 달할 수 있다.

⑥ 실무 컴퓨터 센터

지방정부나 고용 서비스 사무소에 설치되어 20~24세의 청년 실업자들에게 정보 기술을 숙련할 기회를 제공하는 한편, 이들에게 구직을 신청하거나 훈련 프로그램에 참여할 것을 권장한다.

⑦ 계약직 현장 훈련 일자리

이 프로그램은 18~19세의 청년 실업자들에게 제공되는 일자리로 고용자와 피고용자 조직 간의 합의에 의해 기업 부문에서 제공한다. 고용주는 6개월간 임금 비용 가운데 일부를 공공 기금으로 보전받는데, 이 프로그램의 중요성은 최근 감소되고 있다.

(4) 기업 대상 프로그램

교육 휴가 대체 프로그램이 대표적으로, 현직에 있는 사람에게 훈련 기회를 주는 동시에, 이들을 대체할 (실업 상태에 있는) 사람들을 임시직으로 채용하는 이중의 목적을 지닌다. 이 프로그램에 따라 고용주는 고용 서비스 사무소에서 충원한 임시 노동자들에게 정규직에게 지급하는 것보다 축소된 수준으로 사회복지 기금을 지불할 수 있다. 고용주는 정규 급여에서 일당 475크로나를 공제할 수 있으며 교육 휴가 중인 직원에게서는 훈련 시간당 최대 75크로나를 공제할 수 있는데, 총액이 3만 크로나를 초과할 수는 없다.

(5) 노동 공급에 영향을 주는 프로그램

　노동시장에서 직업 간 이동성을 높이고 노동력의 기술 수준을 제고하는 데 목적을 둔 고용 훈련으로, 회사가 주관하는 사내in-house 고용 훈련과 고용 지원 사무소에서 하는 훈련 프로그램이 있다. 고용 훈련의 주된 목표는 실업 상태에 있거나 실직할 위험이 있는 사람들을 도와 직업을 찾게 하는 동시에, 고용주들이 적절한 훈련을 마친 사람을 찾도록 돕는 것이다. 이런 직업훈련은 시 노동위원회나 지방 고용 사무소가 여러 공급자에게서 훈련 프로그램을 구매하는 방식으로 수행된다. 이런 공급자 가운데는 고용 훈련 집단AmuGruppen AB이 있다. 시 노동위원회와 지방 고용 사무소는 노동시장의 요구와 직업을 구하기 어려운 노동자의 유형을 감안해 훈련 프로그램을 구매한다. 이 프로그램은 주로 직업훈련으로 구성되지만 직업훈련의 전제가 되는 일반교육이나 직업훈련 입문 과정을 포함하기도 한다.

　직업훈련은 20세 이상의 사람들에게 제공되며 평균 훈련 기간은 15~20주에 달한다. 이 훈련의 사후 평가로는 60~75퍼센트의 참가자가 6개월 이내에 구직에 성공한 것으로 나타난다. 훈련 참가자는 훈련 수당을 받는데 이는 실업 급여와 동일하며 실업 급여가 없는 사람은 이보다 적은 일당 245크로나를 받는다.

　이런 방식으로 회사와 개인 모두 경기가 향상될 때를 대비한다. 이주 지원은 노동력의 지리적 이동을 지원하기 위해 설계되었으나 오늘날 그 중요성이 줄어드는 경향이 있다. 이는 주로 이사 비용, 채용 인터뷰, 현지 적응 비용 등으로 이루어진다. 신규 통근 지원은 집에서 90분 이상의 통근 시간을 요하는 직장에 신규 취업한 사람에게 6개월간 월 1,200크로나의 수당을 지급하는 것이며, 집이 너무 멀어 통근할 수 없는 사람은 한 달에 2회 집에 다녀갈 여비를 지원받는다. 이런 지원 방법들은 구직자들이 적극적으로 직업을 선택하게 돕는다.

3. 고용 보험

1) 실업보험의 역사

실업 급여 제도는 일찍이 1800년대 말 노동조합운동에서 시작된다. 공장이 폐쇄되어 다른 일자리를 찾기 위해 이주해야 했던 당시의 열악한 환경에서 '이전 비용'을 보조하는 목적에서 유래된 것이다. 스웨덴의 실업보험관리기관Arbetslöshetskassan(A-kassan 혹은 Alfa-kassan)은 1885년 스웨덴식자공연합에서 최초로 시작되었다. 이는 점차 회비에 의한 실업 급여로 발전했으나 조합비에만 재원을 의존하면서 어려움이 따랐다. 1900년대 초 정부는 이에 대해 전국적인 조사를 실시했으며 그 결과 1935년 국가 보조금 제도를 처음으로 도입했다. 이후 실업보험제도는 사회보험제도 성격을 띠며 자율적 실업보험기금과 정부 보조금에 의해 운영되는 노동시장 정책의 일환으로 발전했다. 그러나 초창기 실직자는 실업 급여를 받기 위해 매일 고용 지원 사무소를 방문해 보고해야 했다. 1960년대 이후 이는 1주일에 한 번으로 변경되었으며 1987년 이래 방문 의무는 폐지되었다. 다만 첫날에는 고용 사무소에 방문해 실직 사실을 직접 등록해야 한다.

2) 실업 급여의 조건

스웨덴에서는 노동시장 정책의 특성에서 지적한 대로 소득 보장을 위한 다양한 형태의 현금 지급을 최후의 수단으로 사용한다. 실업보험은 2개의 상이한 시스템 아래 이루어진다. 하나는 정부가 지원하는 기초 보험이며, 더욱 중요한 다른 하나는 노조 가입에 따른 자율적 실업보험이다. 자율적 실업보험에서 현금 급여의 조건은 실업보험관리기관 회원으로 가입하는 것만으로 가능한데, 대부분 노조 가입과 동시에 자동으로 이루어진다.

실업 급여의 수급 자격은 회원 자격을 12개월 유지하고, 최소 6개월 동안 매월 50시간 이상 혹은 6개월 내에 480시간 이상의 근무 경력이 있어야 한다. 그리고 기본 조건으로 하루에 적어도 3시간 이상씩 1주일에 17시간 이상 일할 의지가 있고, 적절한 직장 제의를 받아들여야 하며, 고용 지원 사무소에 등록되어 있어야 한다.

실업보험관리기관에는 세 가지 유형이 있다. ① 원래 노동조합(LO, TCO, SACO)에 의해 설립되어 관리·운영되는 보험관리기관, ② 경영자 측에 의한 보험관리기관, ③ 그 어느 쪽에도 소속되지 않은 실업보험관리기구로 1998년에 설립된 '알파'ALFA다. 알파에는 노조 회원이 아닌 자가 자율적으로 가입할 수 있으며 조건은 ①의 경우와 같다. 이런 실업보험관리 사무소는 2009년 현재 전국에 총 32개가 있다(2007년까지 41개였던 데서 감소했다). 실업보험에 가입된 노동자는 전체 노동자의 약 90퍼센트에 이르며 그 밖에는 알파 혹은 기초 실업보험grundförsäkring에 의해 급여를 받는다. 이런 공공의 성격을 지닌 실업보험 기관 외에 사설 보험회사에 의한 실업보험 제도도 존재한다.

3) 실업 급여

실업 급여는 이전 소득의 80퍼센트를 지급받을 수 있으나 노동일당 680크로나를 초과할 수 없다. 실업 급여는 3백 노동일 혹은 14개월간 지급받을 수 있다. 만약 3백 일의 실업 급여 지급 기간이 끝나는 시점에 18세 미만의 자녀가 있을 경우는 이에 150일이 부가되어 총 수급 기간은 450노동일로 연장된다. 이 급여의 수급 개시일 이전에는 7일의 대기 일이 있다. 자발적 실업보험 급여에 해당되지 않는 실업자나 실업 급여 요건을 갖추지 못한 실업자는 기초 실업보험에 의해 정액(최고 32크로나)의 급여를 받는다. 이 기초 실업보험 수급자는 20세 이상의 실업자에 한한다.

실업 급여를 받는 동안 질병으로 구직 활동을 못할 경우 그 기간에 일반 사회보험에서 병가 급여를 받을 수 있으며 병가 기간은 실업 급여 기간에서 제외된다. 예를 들어 병가 기간이 30일이라면 30일 병가 급여 외에 3백 일에 대한 실업 급여를 받는다. 그리고 실업 급여 기간 소득 연금을 위해 사회보험 사무소나 프리미엄 연금 사무소에 (의무적으로) 등록해야 하며 연금 기여금은 실업 급여에서 공제된다. 공제 기준액은 연 실업 급여 총액의 260분의 1 또는 월 급여금의 22분의 1로 산출된다. 실업 급여에 대해서는 조세가 부과되며 그것은 연금 급여의 경우와 같다.

4. 노동시장 정책의 행정 체계*

노동시장 정책에 관한 전반적 책임은 의회와 정부(내각)에 있으며, 이는 노동부의 소관이다. 스웨덴의 노동부는 1974년 독립 부처로 신설되었고, 1999~2006년에는 산업부Näringsdepartementet에 귀속되었다가 2006년 다시 독립했다. 스웨덴 행정 구조의 특성에 따라 노동부 역시 중앙 부처의 규모는 작으나(직원 1백여 명), 국회와 정부가 결정한 정책을 수행하기 위해 노동부를 감독 기관으로 하는 여러 정부 기관과 위원회를 두고 있다. 노동시장 정책을 다루는 대표적인 기관으로 AF와 고용보험청IAF이 있다. 그 밖에 노동시장정책평가기관IFAU, 조정위원회Nämnden för styrelserepresentationsfrågor, 노동환경청AV, 노동재판소Arbetsdomstolen, ILO위원회ILO-kommittén 등이 있다. 그리고 IAF에 관한 법률에 준해 설립되었으나 비정부 기관 소속인 실업보험관리기관은 고용 시장 정책에서 가장 중요한 기관 가운데 하나다.

여기에서는 오늘날 당면한 고용 문제를 중심으로 가장 핵심적인 2개의 노동시장 정책 수행 기관만을 소개한다.

1) AF

AF는 2008년 1월 이후 과거 AMS와 AMV의 제반 업무가 통합 이관된 기관으로, 노동시장 정책과 고용 지원 업무를 담당하는 최고의 집행 기구

---

* 2007~08년 조직이 대폭 개편되어 한국 사회에 이미 소개된 스웨덴 노동시장 정책의 행정 체계를 설명한 기존 자료와 이 책의 서술이 부분적으로 일치하지 않을 수 있음을 밝혀 둔다.

다. 이는 중앙 관리 기구를 중심으로 실질적 서비스를 제공하는 전국 69개 지방 고용 지원 사무소와 320개의 고용 센터를 두고 운영된다. 이 노동 행정기관의 노동력 규모와 더불어 취업과 구직 활동이 얼마나 활발한지를 기준으로 지역을 구획하기에 광역 지방정부나 기초 단체의 행정구역과 차이가 있다.

그리고 10개의 주요 산업도시에 고용지원위원회를 두는데 이 위원회는 노동시장 정책(고용정책)을 각지의 경제·노동환경 특성에 맞게 관리·조정하는 역할과 전반적 노동시장 사항에 관한 책임을 맡고 있다. 아울러 전국적인 차원에서 고용정책의 발전을 도모하는 공동의 과제를 다룬다. 고용 지원 사무소와 고용 센터는 구직자와 고용자를 상시적으로 지원한다. 이들은 직업 소개(직장 배치) 서비스 외에도 적절한 직업을 선택하는 데 따른 상담 업무와, 직업을 수행하는 데 장애가 있는 이들에게 필요한 지원 업무를 수행한다. 2009년 AF가 이룬 고용 실적은 42만 개 일자리 등록, 49만 명 고용으로 이 가운데 장애인은 6만7천 명이다.

전통적으로 직업 소개는 공공 고용 센터가 독점해 왔으나 1993년부터 민간 고용 사무소의 개설이 허용되었다. 하지만 약간의 예외를 제외하고는 법률에 의해 고용주들은 아직도 일자리가 비었을 때 이를 공공 고용 센터에 등록하게 되어 있다. 고용 지원 사무소는 직업상 장애를 지닌 사람들과의 심층 상담과 별도의 구직 준비를 필요로 하는 사람들이 노동시장에 진입할 수 있도록 특별한 준비를 갖추고 있다. 사용자 조직과 노동조합은 시 노동위원회에 대표를 파견하고 있다.

2) IAF

IAF는 실업보험에 관한 제도 관리와 실업 급여 제공 서비스 기관을 자문·감독하며 AF와 관련된 업무를 다룬다. IAF는 2004년 신설되어 과거 AMS의 업무 가운데 실업보험에 관한 사안을 인수했다. IAF는 정부를 대신해 고용보험에 관한 감독·대리·자문 역할을 하는 기관이다.

현재 스웨덴의 실업보험은 독립적인 32개 실업보험관리기관과, 정부가 지원하는 기초 보험에 따라 운영된다. IAF의 주요 업무는 다음과 같다. 첫째, 32개의 독립적인 실업보험관리기관의 결정과 급여 지급 행위가 실직자의 권익을 제대로 보호하는지 여부를 감독하고, 기타 안전장치 등의 제도 개선 및 발전을 위한 대표 기구 역할을 한다. 둘째, 고용 보험에 관한 법률이 정한 내용에 따라 노동재판소에서 정부를 대변한다. 셋째, 스웨덴 국민이 유럽경제협력국가● 에서 구직 활동을 할 때 필요한 증명서 등 해당 서류를 발급한다. 그 외 실업기금협의회arbetslöshetskassornas styrelser에 정부 대표를 위원으로 파견하는 권한을 지니며 AF의 주요 사업인 고용 지원 사업이 전국적으로 공평하고 일관성 있게 운영되는지 감독한다.

고용 보험의 재원은 정부 지원금, 부분적으로 사용자의 사회복지기여금arbetsgivaravgifter과 노조의 실업보험기금에 의해 충당되는데, 노사 양쪽의 기여금은 일단 정부의 실업보험 재원으로 합류된다. 실업보험기금은 재직 중인 회원의 조합비 가운데 약 30퍼센트를 차지하며 그 가운데 정부에 지급하는 실업 보험금은 1인당 3백 크로나를 넘지 않는다. 노조 회원의

● 유럽경제협력국가(EES, Europeiska ekonomiska samarbetsområdet)는 유럽연합 27개국과 유럽자유무역연합(EFTA, Europeiska frihandelssammanslutningen) 가운데 4개국, 즉 아이슬란드, 리히텐슈타인, 노르웨이, 스위스를 말한다.

조합비는 소득에 비례한다. 노동조합이 운영하는 실업보험기금과 같은 자율적인 실업보험 제도를 가진 나라는 스웨덴 외에 핀란드와 덴마크가 있다. 실업 급여에서 조합비가 차지하는 비율은 2005년 현재 스웨덴 13퍼센트, 핀란드 5.5퍼센트, 덴마크 30퍼센트다. 이는 대체로 정부 지원금이 대부분을 차지함을 보여 준다.

오늘날 고실업 환경에 직면한 스웨덴에서 개인에게 지급되는 소득 보장의 의미로서 실업 급여액의 규모는 중요한 이슈 가운데 하나다. 급여 기간이나 급여액의 증가는 곧 조합비·보험금의 인상을 초래하거나, 사용자의 기여금을 포함한 정부 보조금의 확대를 의미하기 때문에 이와 관련해 정당 간의 열띤 정치적 논쟁이 펼쳐지기도 한다.

| 12장 |

환경 정책
녹색 국민의 집으로

스웨덴은 사람, 자연, 사회라는 생태계의 순환 체계를 기반으로 환경 정책이 다른 분야와 분리되지 않는 적극적인 포괄 정책을 사용하고 있다. 따라서 사회·경제 정책은 물론 심지어 문화 정책에도 환경기준을 담고 있으며 이런 내용이 실현될 수 있는 강력한 제도적 장치를 갖추고 있다.

2009년 하반기 유럽연합의 순번 의장국인 스웨덴은 유럽연합의 의제 가운데 지구촌 기후변화 문제에 대응한 전략적 행동 계획을 이끌어 갈 의지를 강하게 표한 바 있다. 따라서 같은 해 12월 코펜하겐에서 열린 제15차 유엔 기후변화 협약UNFCCC 당사국 총회를 대비해 유럽연합은 다음과 같은 목표를 세웠다. 기온 상승 상한선을 2℃로 제한하고, 2050년까지 온실가스 배출량을 전 세계적으로 1990년 대비 50퍼센트 감축하는 것, 이를 위해 특히 선진국에서는 80~85퍼센트를 감축해야 한다는 내용이었다. 그리고 선진국은 개도국이 기후변화에 대응하려는 노력을 지원할 것이며, 이 모든 사항을 공정하고 구속력 있는 합의문으로 작성한다는 것이 당사국 총회 목표의 큰 줄기였다. 그러나 기온 상승의 상한선 제한과 개도국 지원을 제외한 나머지 목표가 좌절되고, 특히 선진국의 책무에 대한 협약이 무너지자 스웨덴의 환경부 장관 칼 그렌Karl Gren은 이를 '재앙'이라며 강하게 비판했다. 그러나 스웨덴은 27개 회원국 환경 장관들이 참석한 코펜하겐 기후변화 회의 결과에 실망감과 유감을 피력하면서도, 기존의 입장을 굽히지 않고 코펜하겐 회의를 교훈 삼아 향후 대응 방안을 모색한다는 의지를 유럽연합 장관 회의에서 밝힌 바 있다.

1. 사회적 배경과 환경부의 강화

스웨덴 정부는 일찍이 1960년대부터 미래의 자원 고갈과 지속 가능성 문제를 의식했으며 이에 대한 대책을 각 분야에서 준비하기 시작했다. 스웨덴은 마침내 환경에 대한 유엔의 관심을 이끌어 내는 데 성공했고, 1972년 "경제와 환경보호의 관계"라는 주제로 최초의 유엔 환경 회의를 스톡홀름에서 개최했다. 당시의 총리 올로프 팔메는 이 국제회의의 개회사에서 인구 증가와 빈곤 문제 및 자원 낭비의 불균형 문제를 역설했으며, 선진국의 지나친 연료 소비가 미래에 자연 파괴로 이어질 것임을 경고했다. 그 후 스웨덴은 환경문제에 관해서는 국내는 물론 국제적으로도 적극적인 실행 계획에 앞장서는 국가의 하나로 꼽히고 있다.

1970년대 스웨덴 사회에서 가장 큰 사회적 갈등의 하나는 에너지 공급원 논쟁으로, 거의 절반을 차지하는 원자력발전소를 폐기하는 문제에 관한 것이었다. 1979년 미국 해리스버그의 스리마일 섬Three Mile Island 원자력발전소 사고 이후 스웨덴은 모든 원자력발전소를 적당한 미래에 폐기

처리한다는 데 공감대를 형성했다. 그리고 그 이전에 대체에너지 공급원을 찾는 일과, 과연 언제 원자력발전소를 폐쇄할지의 과제를 국민투표로 결정하게 했다. 1980년 3월, 국민투표 결과 "새로운 에너지원이 수요량을 감당하는 시기에 현재 가동 중인 모든 원자력발전소를 폐쇄하며 그 이상 증축하지 않는다. 그리고 미래의 모든 에너지 발전소는 공영으로 한다"라는 안이 39퍼센트의 다수로 선택되었다.

이 과정에서 얻은 것은 스웨덴 사회가 에너지 효율화와 대체에너지에 대한 국민적 관심과 정치적 결단이 일치했고, 새로운 도전의 기회를 전 국민이 공유했다는 점이다. 이와 더불어 정치사회에도 이변이 발생했는데 그것은 1981년 스웨덴의 전통적인 정당을 넘어서 새로운 정당인 녹색당이 출범한 것이다. 이런 일련의 사건들은 사회·경제적 발전이 왕성하던 1980년대에 자칫 무시될 수 있는 환경의 중요성을 일깨우는 동시에 시민운동과 정치 분야에서 환경 이슈를 더욱 공고히 하는 계기를 만들었다. 스웨덴 정부는 역사적으로 내무부 혹은 산자부에 소속된 작은 부처였던 환경부를 1987년 처음으로 환경에너지부 Miljö- och energidepartementet라는 독립된 부처로 강화시켰다. 2007년 1월 현재는 환경부라는 단순한 명칭을 사용한다.

스웨덴 환경 정책이 가장 활발했던 시기는 1990년대로 볼 수 있다. 세계적으로 잘 알려진 생태 도시 함마르뷔 호수 도시 Hammarby Sjöstad의 재개발도 1990년부터 시작되었다. 1996년 당시의 총리(사민당) 페르손은 '녹색 국민의 집' 혹은 '녹색 복지국가' 재건을 주창해 새로운 개념으로 사회적 화두를 이끌었다. 이것은 자연 생태계가 안전하게 보존될 때 사람들의 행복한 생활도 가능하며, 더욱이 자원은 현재와 미래 세대 모두를 위한 것이라는, 환경과 복지에 대한 새로운 인식을 의미한다. 따라서 모두가 지속 가능한 사회를 만들기 위해 힘을 합쳐야 한다는 선언이다. 그리고 이를 실현하기 위해 1999년 스웨덴은 종합 환경 정책 '환경비전 2020' Miljövision 2020을 발표했다.

2. '환경비전 2020'

'환경비전 2020'은 2020년까지 달성할 16개 환경 품질 목표 EQOs와 72개 중간 목표를 담고 있다. 이 정책은 인류의 건강 증진, 동식물의 다양성 보존, 문화유산 보존, 생태계의 생산력 보존과 현명한 자연 자원 관리 등 다섯 가지 기본 원칙을 바탕으로 하고 있다. '환경비전 2020'의 16개 환경 품질 목표는 다음과 같다(www.miljomal.se).

① 기후 영향 감축 : 기본 목표는 온실가스 감축이며, 2008~12년에 1990년도 배출량보다 4퍼센트 이상 감축하는 것이 중간 목표다.
② 청정 공기 : 이산화황·이산화질소 배출을 감축하고, 지상 수준의 오존층이 생기지 않게 한다.
③ 자연적 산화 : 땅과 물에 유황과 질소 배출을 감소해 산화되어 가는 수질과 지질을 개선한다.
④ 독극물 없는 환경 : 철이나 납 등의 유해 물질 배출을 절감한다.
⑤ 오존층 보호 : 오존층을 파괴하는 물질 배출을 감소한다.
⑥ 방사선 안전성 : 방사선 물질로부터 안전하게 한다.
⑦ 제로 부영양화 : 수중에 버려지는 영양 물질(인, 질소)을 감축한다.
⑧ 살아 있는 호수와 개울 : 호수와 개천의 오염을 방지해 자유자재로 물놀이할 수 있게 한다.

⑨ 양질의 지하수 : 유해 물질로부터 지하수를 보호한다.
⑩ 균형 잡힌 해양생태계와 살아 있는 해안과 섬 : 우선적으로 선박 왕래 등에서 발생하는 소음을 방지하고 물고기와 새를 보호한다.
⑪ 습지의 번창 : 멸종되어 가는 습지 보호를 최우선 과제로 한다.
⑫ 지속 가능한 숲 : 멸종 동식물을 우선적으로 보호한다.
⑬ 풍요한 농촌 풍경 : 자연 그대로의 농촌 사회와 동식물의 다양성을 보존한다.
⑭ 웅대한 산악 환경 : 인간에 의한 피해를 방지하고 다양한 동식물이 살아 번창하도록 보호한다.
⑮ 좋은 건축 환경 : 공해로부터 문화적 가치가 있는 건축물을 우선적으로 보호하고, 건축물을 친환경적으로 시공하며, 살기 좋은 도시환경을 조성한다.
⑯ 다양한 동식물이 살아 숨 쉬는 환경을 조성한다.

16개의 환경 품질 목표 아래 세부 목표를 두고 이를 달성할 기간과 실질적 행동 계획을 담고 있다. 환경 목표의 대부분은 한 세대인 약 20~25년 동안을 달성 기간으로 삼으며, 2050년까지, 즉 다음 세대까지 기후 영향 감소의 최종 목표를 달성한다는 계획을 갖고 있다. 16개 목표 가운데 10개는 환경보호청EPA이 책임지고 그 밖의 항목은 관련 산하 기구가 맡는데, 예를 들어 양질의 지하수 유지 및 개선은 지질국SGU, 오존층 보호는 방사선보호국Strålsäkerhetsmyndigheten 등이 책임 관할 기관이 된다. 각 광역 지방정부와 지방자치단체는 지방 현실에 맞는 각각의 세부 목표를 세우고 이런 목표가 생활 속에서 실천되도록 다양한 위원회 조직과 민간단체와의 협력을 아끼지 않는다. 그리고 이들은 연간 목표 달성 성과에 대한 보고서를 작성할 의무를 가진다. 전 국민이 쉽게 이해하고 생활 속에서 실천하기 위한 방법으로 개개의 목표를 통일된 상징적 그림illustration으로 표시하며, 각 지방 혹은 기관의 실천 성과에 대한 결과 점수를 스마일 그림을 통해 '좋음'(☺), '나쁨'(☹), '보통'(☺)으로 표시한다. 정부는 이런 환경 품질 목표를 전국 단위에서 관리하고 평가하기 위해 특별히 환경목표위원회Miljömålsrådet를 설치했다. 이 위원회는 연간 진행되는 목표 달성치를 기준으로 실질적 결과를 측정하고, 성과에 따른 대안을 국회에 보고한다. 환경목표위원회는 2008년 현재까지 실현된 결과를 바탕으로 수립한 기후 및 에너지 정책을 최우선 과제로 제시하고 있다.

상시 환경 정책에 관한 국가의 최고 기관인 환경부는 환경 정책에 대한 입법 활동과 감독 기관의 역할을 한다. 그 산하에 가장 중추적 기관으로 EPA가 있으며, 모든 폐기물의 유해 문제를 담당하는 국립화학검증국KemI, 지하수를 책임지는 SGU, 도시계획·건설청 등 외에도 다수의 기관과 국립 환경 연구소를 두고 있다. 그리고 유럽연합과 관련하여 스웨덴은 코펜하겐에 위치한 유럽환경청the European Environment Agency과 브뤼셀에 위치한 유럽연합위원회EU Commission 혹은 유럽연합환경이사회EU Environment Directorate와의 밀접한 관계 속에서 국제적 환경문제에 관한 활동을 펼치고 있다.

1) 기후 및 에너지 정책

스웨덴은 선진국에서도 과거 20년 동안 이산화탄소 배출량을 감축한 몇 안 되는 국가 가운데 하나다. 이산화탄소 배출량은 1980년 8천만 톤인데 비해 2006년은 5천만 톤으로 현저히 줄었다. 그리고 1990년에서 2006년 사이를 비교하면 한편으로 괄목할 만한 경제성장을 이루었음에도 이산화탄소 배출량을 약 9퍼센트나 감축할 수 있었다. 1996년과 비교하면

약 16퍼센트나 감축한 셈이다. 이런 결과를 도출할 수 있었던 가장 중요한 요인은 석유를 바이오 연료로 대체해 지역난방을 해결한 점이다. 그러나 환경목표위원회가 강조한 대로 기후 영향 문제는 자국의 힘만으로 완성될 수 없는 과제이므로 스웨덴은 국제적 협의 속에서 우선 자국 목표를 상향 조정하고 있다. 다음은 2020년까지 스웨덴이 달성할 기후 및 에너지 정책의 구체적 목표다.

- 온실가스 배출 40퍼센트 절감
- 재생 가능한 에너지 사용률 50퍼센트 도달
- 에너지 효율성 20퍼센트 증진
- 교통수단의 신재생 에너지 사용률 10퍼센트 도달

(1) 온실가스 배출 40퍼센트 절감을 위한 실천 계획

정부는 우선 온실가스 배출을 제한하는 범주를 정하고 2020년까지 각 분야별 소속 기관과 회사 등의 온실가스 배출량 절감 목표 2천만 톤에 대한 특별 행동 계획을 제시했다. 이에 속하는 범주는 주로 교통, 주택, 폐기물 시설, 농업, 임업, 양식업과 산업 시설의 일부로 구성되어 있다. 이 목표는 스웨덴의 자체 행동 계획과 유럽연합의 녹색 투자 및 개발도상국가와의 공동 협력 과제에 의한 교토 의정서●를 유연한 방식으로 진행해

● 교토 의정서(京都議定書, Kyoto Protocol)는 지구온난화의 규제 및 방지를 위한 국제 협약인 유엔 기후변화 협약의 수정안이다. 이 의정서를 인준한 국가는 이산화탄소를 포함해 여섯 종류의 온실가스 배출량을 감축해야 하며, 배출량을 줄이지 않는 국가에 대해서는 비관세 장벽을 적용하게 된다. 이 의정서는 1997년 12월 11일에 일본 교토에서 개최된 지구온난

달성한다는 내용을 담고 있다.

(2) 50퍼센트의 재생 가능한 에너지

정부는 2020년까지 재생 가능 에너지 사용을 50퍼센트까지 끌어올리기 위해 우선적으로 전기 인증 시스템 증진에 적극적으로 투자해 신재생 에너지 전달 시스템을 발전시킨다. 예를 들어 태양열을 사용해 주택에서 필요로 하는 환기, 난방, 온수 공급 및 냉방 등의 모든 기능을 하나의 시스템으로 만들어 에너지 효율성을 높인다는 것이다. 그리고 풍력으로 생산하는 전력을 시간당 30킬로와트까지 증가시킨다는 내용을 담고 있다.

(3) 20퍼센트의 에너지 효율성 증진

정부는 2010부터 4년간 3억 크로나를 투입해 에너지 서비스 가이드를 만들고 각 가정과 기업을 대상으로 하는 집중적인 홍보 계획을 마련하고 있다. 이는 효율적인 에너지 사용법을 소개해 결과적으로 가정 지출도 절약하고 환경도 살리는 친환경 생활 방식을 교육하는 데 가장 큰 중점을 두고 있다.

(4) 교통 운송에 화석연료 사용 중단

모든 차량을 2030년까지 화석연료 의존에서 벗어나게 하는 것을 목표

화 방지 교토 회의(COP3) 제3차 당사국 총회에서 채택되었으며, 2005년 2월 16일 발효되었다. 정식 명칭은 '기후변화에 관한 국제연합 규약의 교토 의정서'(Kyoto Protocol to the United Nations Framework Convention on Climate Change)다.

로 한다. 사회적으로는 온실가스 배출에 대한 부담금을 소비자에게 부과하며, 기업에게는 환경 친화적 자동차와 대체 연료 개발을 촉진한다. 그리고 플러그인 하이브리드 자동차와 전기 자동차에 대한 적극적인 투자를 유도하며 바이오 연료 생산을 증대하고자 노력한다.

2) 건강과 환경을 위한 물 순환 체계

스웨덴은 비교적 수자원이 풍부하며 어디에서든 수돗물을 그대로 마실 수 있다. 스웨덴에는 약 1만 개의 호수가 있으며 수면은 전 국토의 9퍼센트에 해당한다. 그러나 실제로 사용할 수 있는 수면은 0.5퍼센트이며 인구가 가장 많은 스톡홀름(인구 약 1백만 명)은 주변 호수의 3퍼센트만을 사용할 수 있다. 농업이나 산업체에서 소비하는 물의 양은 일반 국민이 소비하는 양의 약 3배에 달한다. 아직 물 부족 현상이 나타나지는 않고 있으나, 정부는 수질과 상하수도의 생태 순환 체계 개선·발전에 중점을 두며 이에 대한 투자를 아끼지 않는다.

(1) 물 공급과 하수처리

스웨덴의 음용수는 주로 지하수와 지표수의 두 종류에서 생산되는데 그 절반은 지표수에 의해 공급되며 나머지는 자연 지하수와 인공지하수를 반반씩 사용한다. 스웨덴수자원공사Svenskt Vatten에 의하면 하루 평균 한 사람이 사용하는 물의 양은 2006년 현재 약 2백 리터(2009년 180리터로 감소)이며 이 가운데 음용수 10리터, 신체 청결용 70리터, 화장실 용도 40리터, 기타 세탁과 설거지 등이 나머지를 차지한다. 원래 대부분의 폐수도 음용수였기 때문에 이를 음용수로 재생하는 일이 물 정책의 핵심 관심사를 이룬다.

1962년 수자원공사가 설립된 이래 모든 물 공급과 하수처리는 이곳에서 맡는다. 이는 코뮨 단위로 운영되고 있어 각 코뮨은 자기 관할 내에 공사를 두고 있다. 지역 단위의 공사는 중앙정부가 제시하는 다음과 같은 요구 사항을 충족해야 한다. ① 건강한 수질 유지 및 향상, ② 하수·폐수의 수질 악화 방지, ③ 지속 가능한 수자원 공급 방법 모색 등이다. 1999년의 〈환경기준법〉Svenska miljöbalken 발효는 요구 사항 ②와 ③에 대한 대책을 활발히 준비할 수 있게 하는 계기가 되었다. 수자원공사의 역할은 물의 공급과 폐수 관리를 기본으로 하고, 물 사용에 대한 철저한 통계를 조사하고 수질 검사 및 연구를 실시하며, 관리 시스템 발전에 기여하는 것이다.

(2) 상·하수의 순환 체계

스웨덴에서 현재 운영되는 상·하수 순환 체계의 순환 방향은 2개다. 버려진 물은 일단 분리 과정을 거쳐 두 방향으로 나뉜다. 한쪽은 재처리 후 음용수로 사용되며 나머지 물은 다른 쪽으로 보내져 농업용수로 사용되어 결과적으로 채류나 과일 등으로 식탁에 오른다. 이 순환 과정이 성공적으로 이루어지려면 순환 과정에서 다른 환경 피해가 발생하지 않고 경제적으로 재활용되는 방법을 찾는 것이 관건이다. 이를 통해 수자원에 관한 정부의 세 가지 요구 사항을 충족하게 된다. 따라서 지구 자원을 생각하는 물 관리 정책은 상수도 정화 기술의 고도화는 물론, 이를 넘어 폐수의 오염도를 개선하는 것을 목적으로 하며, 나아가 최대한 물을 아껴 쓰는 것을 기본 방침으로 하고 있다. 스웨덴 정부는 각 가정마다 1단계 폐수 정화·여과 장치를 권고하며 이에 대한 보조금을 지원하고 있다. 동시에 친환경 제품 생산과 사용을 권장하는 홍보와 교육을 아끼지 않는다.

이를 뒷받침하는 사회·제도적 장치, 환경마크 제도와 환경기준이 미치는 영향 또한 대단히 중요하다. 〈환경기준법〉에 따라 건강 규정, 물에 대한 규정, 폐기물 처리 규정, 음식물 규정 등이 강화되었다. 전국 단위에서 이를 실천하기 위한 행정적 책임과 역할은 여러 부처가 분담하고 있다. 농림부는 음용수의 수질을 책임지며 환경부는 EPA를 통해 물 보호에 관한 책임을 진다. 그리고 하수처리 검증과 인증은 지방 환경재판소가 담당한다.

3. 환경보호 법안 및 조세정책

1) 환경규정(법)

1999년 발효된 〈환경기준법〉은 과거 어느 때보다도 폭넓고 새로운 조항을 담고 있다. 첫째, 자연환경을 보호하기 위해 모든 사람이 준수해야 하는 행위와 관심에 관한 일반 규칙에 관한 것이다. 둘째, 토양·물·공기 중에서 자연환경이 유지될 수 있는 최대치와 최소치의 허용량을 규정한 환경의 질 기준이다. 또한 스웨덴의 환경기준은 환경적으로 유해한 행위나 사업에 대해 정부의 허가가 발부되기 이전에 반드시 환경영향평가가 이루어져야 함을 명시하고 있다. 이 영향 평가는 인간·동물·토양·물·공기·경관 및 문화 환경을 대상으로 한다. 여기에서 유해한 행위란, 토양·공기·물 등에 오염 물질을 배출하는 행위와 토지·건물·시설물을 사용하는 데 소음·진동·방사능 등으로 불편을 초래하는 행위를 뜻한다. 그리고 이 법은 산업 폐수 및 쓰레기를 처리하는 데도 적용된다. 만약 타인의 소유물을 어떤 행태로든 오염하거나 손상하는 자는 그 손해를 배상해야만 한다.

2) 환경세

정부는 소비자로 하여금 환경 친화적 소비 행위를 유도하기 위해 조세와 과징금을 부과하고 다른 한편 세제 혜택과 보조금을 주는 '당근과 채찍'의 방법을 사용한다. 1995년 이래 휘발유 가격에는 이산화탄소세와 에너지세(이를 '휘발유세'라고도 함)가 포함되어 있다. 그리고 1990년 이래 항공연료를 제외한 모든 형태의 에너지원에 25퍼센트의 부가가치세를 부과하여 자동차 연료를 사용할 때에도 부가가치세가 부과된다. 단, 상업 목적으로 사용되는 수송용 경유에 부과된 부가가치세는 환급된다. 그 반면 2009년 7월 1일 이후 출고된 차량이나 환경 친화적 자동차는 5년간 세제 혜택을 부여한다. 그리고 정부는 연료 탱크를 교체하는 차량에 보조금을 지원하는 등 재생 가능한 연료로 대체하도록 점차적으로 유도하고 있다.

3) 환경 자동차의 정의

스웨덴에서 사용하는 환경 자동차의 정의는 2005년 기준으로 크게 세 가지다.

- 4인용을 기준으로 한 하이브리드 모델 가운데 디젤을 사용할 때 이산화탄소 배출이 주행거리 1킬로미터당 120그램 미만인 차, 즉 주행거리 1백 킬로미터당 디젤 연료 4.5~5.0리터가 소모되는 차(디젤차의 경우 미세 먼지 배출을 1킬로미터당 5밀리그램 미만으로 하기 위해 미세 먼지 필터 장치를 반드시 부착해야 한다)
- 에탄올 E85를 사용하는 자동차로 주행거리 1백 킬로미터당 최고 9.2리터가 소모되는 승용차
- 천연가스를 사용하는 차로 주행거리 1백 킬로미터당 9.7큐빅미터(1큐빅미터는 1천 리터) 미만이 소모되는 승용차

2010년 1월 현재 자동차 연료비는 다음과 같다. 1리터당 휘발유는 12.49크로나, 디젤은 11.8크로나, 에탄올(E85)은 9.44크로나이며, 가스는 1큐빅미터당 11.2크로나로 휘발유 평균 가격은 한국보다 높은 편이다. 2009년 말 현재 환경 자동차 사용 비율은 스톡홀름 광역시의 경우 전체 승용차의 10퍼센트를 차지한다. 그 밖의 도시는 아직 5퍼센트 미만이다.

4. 환경 산업과 녹색 성장

스웨덴 정부는 환경 기술에 대한 투자를 환경적 관점에서뿐만 아니라 새로운 성장 시장으로 설명하며 이에 대한 적극적인 투자를 아끼지 않는다. 2006년도 환경 기술 보고서에 의하면 지난 1년 동안 환경 기술에 의한 생산 소득은 약 970억 크로나 되며 이 가운데 수출 총액은 250억 크로나다. 수출량은 아직 독일이나 덴마크에 비해 적은 편이나 자국 입장에서

볼 때 2006년과 2007년 사이에 15퍼센트의 증가를 보이는 것은 대단한 성장으로 간주된다. 환경 기술 분야가 전체 수출에서 차지하는 비율 또한 2006년의 20퍼센트에서 2007년 30퍼센트로 증가했다.

환경 기술 가운데 국제적으로 유명한 분야로는 쓰레기 처리 관리 시스템과 대체 에너지 생산 시스템, 환경 친화적 건축, 수질 개선과 환경 컨설팅 등을 꼽을 수 있다. 2000년대 후반 들어 풍력 발전 기술 또한 빠르게 발전하고 있다. 대체 에너지 개발 기술을 통해 스웨덴은 자국에서의 에너지 공급은 물론 수출을 통한 경제적 이윤 창출과 경제성장에 대한 기여, 탄소 배출량을 감축하는 세 가지 효과를 동시에 얻어 내고 있다. 더 나아가 환경 기술 개발 덕에 신산업이 개발되어 고용이 창출되었다. 이 분야에서의 고용률은 1994년과 2004년 사이 약 350퍼센트의 증가를 보였다. 이것은 '고용 없는 성장 시대'에 소중한 고용 창출의 예를 보여 준다고 할 수 있다. 이런 환경 기술 혹은 환경 관련 분야(혼합 회사 포함)에 고용된 총 인구는 약 8만3천 명이다. 그중 고용 창출 효과가 가장 높은 직업 분야는 쓰레기 처리 관리 시스템이다.

중앙정부는 이런 환경 기술이 발전하도록 각 지방정부가 적극적으로 투자할 것을 장려하고 있다. 2007년 현재 환경 기술 회사는 약 4,900개이며 연간 수익률은 약 1,140억 크로나다(www.svensktnaringsliv.se). 1990년 이래 스웨덴에서 지속 가능한 도시 개발Sustainable City Development과 아울러 경제적 이윤 창출을 보여 주는 대표적 도시로 스톡홀름 근교의 함마르뷔 호수 도시가 유명하며, 스웨덴 남쪽 도시 말뫼의 아우구스텐보리Augustenborg 역시 사회적·경제적·생태학적 관점에서 지속 가능한 생태 도시로 잘 알려져 있다.

스웨덴 환경 정책에서 빼놓을 수 없는 중요한 부분은 생산품과 서비스에 대한 환경 마크 제도다. 환경 마크는 'KRAV'라는 표시로 1985년 구체적인 표준이 마련되었다. 환경 마크는 소비의 지속 가능성을 보장하기 위해 제품이 환경 친화적 재활용 및 재사용이 가능함을 표시한 것이다. 그이후 1989년 북유럽 환경부 장관 회의에서 '백조'Svanen를 공동의 환경 마크로 사용하기로 결정한 이후 지금까지 이를 사용하고 있다. 이를 통해이 마크가 있는 모든 상품과 서비스는 환경에 나쁜 영향을 주지 않고, 음식물의 경우 화학 살충제와 화학 비료를 전혀 사용하지 않으며 유전자변형농산물GMO, genetically modified organism에 의한 상품이 아니라는 점을 보증한다. 백조 환경 마크는 생산과 시장을 환경 친화적으로 이끄는 중요한 동기가 되었으며 자원 순환 체계에 지대한 영향을 미치고 있다.

국경의 제한을 받지 않는 환경문제는 이웃 국가와의 협력을 반드시 필요로 한다. 스웨덴과 핀란드 및 동유럽을 가로지르는 발틱 해안은 1980년대 이후 심각한 환경 위기에 처해 왔다. 환경 전문가들은 멸종 위기에 직면한 발틱 해안의 생태계 문제를 오래전부터 경고해 왔다. 이 현상의 주범은 발틱 연안 국가에서 배출되는 중금속과 유독성 산업 폐수, 농업 폐기물과 일반 가정의 쓰레기 등이다. 이런 오염 물질은 스웨덴 해안은 물론 독일과 덴마크, 심지어 노르웨이 해안까지 오염하고 있어 스웨덴은 이에 대한 보호 운동에 적극적으로 앞장서고 있다. 스웨덴은 국제적 협력 사업을 이끌며 해안 환경 연구소 확장을 계획하는 동시에 해안 정책으로 연간 약 4억6천만 크로나를 투입하고 있다.

5. 생태 도시 모델 '함마르뷔 호수 도시'

2000년대 들어 유럽 등 선진 국가들은 생태 도시 개발에 백년대계를 그리고 있다. 폐허가 된 과거의 산업도시를 도시 개발 계획에 주택 정책과 환경적인 요소를 종합적으로 적용해 성공을 거둔 모범 사례를 소개한다.

1) 함마르뷔 호수 도시 조성 배경

스톡홀름의 동남쪽에 위치한 함마르뷔 호수 도시는 짧은 기간의 재개발을 통해 세계에서 가장 성공한 생태 도시이며 지속 가능한 도시 개발의 대표적인 사례로 알려져 있다. 호수로 둘러싸인 약 2제곱킬로미터(60만 평)의 이 작은 호수 도시는 1990년 재개발을 계획하면서 '물'을 상징으로 '호수 도시'sjöstad라는 이름을 붙여 함마르뷔 호수 도시가 되었다.

함마르뷔는 1800년 대 이후 전통적으로 내려오던 작은 섬마을로 '동남쪽의 진주'라고도 불릴 만큼 아름답고, 도시인들이 주로 찾았던 자연 속의 산책 마을이었다. 함마르뷔는 호수 한가운데 위치했으며 발틱 해와 연결되었기 때문에, 1920년 이후 물자를 운송하는 항구로 사용되는 한편 크고 작은 공장이 위치한 산업 지대로 발전했다. 그러나 1970년대 이후 제조 산업이 후퇴하고 큰 공장들이 이전하면서 항구 기능은 저하되었고 산업도시 기능 또한 쇠퇴했다. 남겨진 도시는 오염으로 피폐해지고 생활 지역도 슬럼화되면서 시민들이 외면하자, 1990년 스톡홀름 시 정부는 이에 대한 재개발 계획을 본격화했다. 1970년 이후 주택 밀리언 프로그램 2단계로 진행된 주거 단지 확대 정책도 한몫했다. 시 정부는 일단 재건축이 시작되기 전에 모든 오염 물질과 오염된 토양(130톤의 기름과 180톤의 중금속)을 제거했다.

2) 특별한 환경 투자에 의한 계획도시 건설

'호수 도시'라는 새로운 이름과 함께 함마르뷔 개발계획의 기본 목표는 환경에 대한 종합 프로그램을 가지고 최고의 생태 순환 도시를 건설한다는 것이었다. 현재까지 건설해 온 다른 생태 도시, 예를 들면 스톡홀름 남쪽의 스카르프넥Skarpnäck보다 두 배의 에너지 절감 효과를 거두고 주거 환경은 두 배 더 살기 좋은 도시를 만드는 것을 목표로 했다. 건축물은 최첨단 현대식으로 하되, 유리·목재·철·돌 등 지속 가능한 자재를 선택했다. 도시 모형은 녹색 자연을 살린 백양나무 숲과 갈대밭, 호숫가, 실개천, 샛길, 가로수길, 다수의 공원으로 이루어져 있다. 그리고 교통 환경을 보호하기 위해 전차, 배, 자전거, 카풀제 등을 이용해 개인 승용차의 사용을 최소화하는 데 목적을 두었다. 그리고 250헥타르의 면적에 1만 개의 주거지와 약 2만 명의 주민이 살며 3만 명가량이 오가는 도시로 2015년 정도에 완성할 것을 계획했다. 함마르뷔 도시 건설 과정에서의 분야별 구체적 환경 목표와 도시계획을 살펴본다. 개요는 다음과 같다.

- 지형 : 산업 단지의 폐허 속에서 버릴 것은 버리고 재활용 가치가 있는 것은 재활용으로 전환하며 그 외 자연 순환 체계에 의해 자연과 생태계가 재생될 수 있게 한다.
- 교통 : 빠르고 쾌적한 교통수단과 카풀 제도, 안전한 자전거 이용으로 개인 승용차 이용을 최소화한다.
- 에너지 : 재생 연료, 폐열 활용, 바이오 가스 생산 등으로 에너지 소비를 절반으로 감소시킨다.
- 물 : 신기술에 의한 상하수도 시스템 정비로 가장 청결하게 물을 관리하고, 물 사용 절감은 극대화한다.

- 쓰레기 : 분리수거를 원칙으로 재사용·재활용하고 에너지로 환원한다.

(1) 지형 디자인 : 현존하는 자연 보존과 새로운 녹색 지대 조성

함마르뷔 남쪽을 가로지르는 긴 가로수 길esplanade을 새로 조성된 녹지대로 연결하여 마치 녹색 벨트가 펼쳐진 것 같은 거리를 형성한다. 도로, 녹지대, 생활 주거지역(아파트 단지)이 조화될 수 있도록 교통 체계를 만들었다. 주거지역은 중심 도로를 끼고 격자 형태로 건축되었으며, 자그마한 주거 단지는 중앙에 녹색 정원을 갖추어 누구나 조망권을 보호받도록 한다. 함마르뷔 시내 중간으로 4개의 물길을 끌어들여 수변 공간을 조성해 이를 주거지 주변으로 만들었다. 북쪽으로는 새로 조성된 공원이 2개의 기존 공원과 연결되어, 옛것과 새것의 조화를 이루며 주변에 존재하는 모든 식물, 죽은 나무와 살아 있는 나무를 적절히 관리해 곤충과 새들이 번식하는 것을 돕는다. 숲이 우거진 큰 공원에는 작은 샛길들이 여러 갈래로 이어져 사람을 위한 산보 길은 물론 동물을 위한 삶의 환경까지 고려하고 있다. 한편 토지 이용에 대한 환경 목표는 다음과 같다.

- 한 주거지(실 평수 1백 제곱미터)당 15제곱미터의 개인 녹지 공간이 있어야 하며 주변 3백 미터 간격으로 최소 25~30제곱미터의 공동 녹지 면적(공원)이 있어야 한다.
- 적어도 주거지 소속 정원의 일부는 하루 4~5시간의 일조량을 갖도록 설계되어야 한다.
- 생활공간을 우선으로 생각하는 쾌적한 교통 체계를 마련한다.
- 녹지대는 생태계의 다양성 보호를 기본으로 한다.

(2) 교통 : 경전철, 페리(배), 카풀제 등으로 개인 승용차 사용 최소화

함마르뷔는 교통수단으로 인한 도시의 환경 피해와 온실가스 배출을 방지하기 위해 대체 교통수단 조성 계획을 도시 개발을 시작하는 시점부터 마련했다. 2010년까지의 목표는 모든 거주자와 외부 통행인의 80퍼센트가 대중교통 수단, 자전거 혹은 도보를 이용하고 개인 승용차 사용을 최대한 억제하는 데 두었다. 대중교통 수단에는 경전철과 버스가 있는데, 이들이 다니는 중앙선 중간 중간의 정류장은 주거지역과 연결되는 작은 길과 만나게 되어 있어 자전거나 도보 및 카풀을 이용해 대중교통으로 환승할 수 있다. 대중교통 수단으로 이용되는 자동차는 친환경 자동차의 조건을 갖추었으며, 신재생 에너지를 사용한다. 또 다른 교통수단에는 수로를 이용한 페리(배)가 있다. 함마르뷔 호수 도시는 남에서 북으로 가로지르는 수로를 따라 페리가 이른 아침부터 늦은 저녁까지 365일 운행된다. 이 페리는 스톡홀름 시가 운영하며 누구에게나 무료로 제공된다. 그리고 여럿이 함께 타는 자가용 합승제가 운영된다. 회원제로 운영되는데 2006년 현재 거주민의 10퍼센트가 회원이다. 도시 안에 25~30개의 합승차가 운영되며 이를 위해 지정된 주정차장이 마련되어 있다. 2010년까지의 목표는 지역 주민 15퍼센트 이상과 외부 직장인 5퍼센트 이상이 합승 회원이 되는 것이다.

(3) 환경 친화적 에너지, 지역난방·냉방 시스템

함마르뷔 호수 도시의 에너지 사용 목표는 모든 가정이 필요로 하는 에너지의 절반을 자체적으로 재생산하는 것이다. 기술 수준이 높은 난방 순환 체계를 이용해 일차적으로 폐열을 방지하는 것도 이를 위한 중요한 부분의 하나다. 함마르뷔 호수 도시의 지역난방은 2개의 열 병합 발전소

를 통해 생산된다. 하나는 스톡홀름 남쪽의 회그달렌Högdalen 발전소를 통해 (함마르뷔에서 보낸) 쓰레기에서 생산된 에너지가 전기와 난방에 쓰인다. 다른 하나는 함마르뷔 호수 도시 자체의 열 병합 발전소에서 생산된다. 기본 목표는 최대한 재생 가능한 연료를 사용하는 것이다. 스웨덴 냉방 시스템의 역사는 (2006년 현재) 6년여로 짧으나, 기술 수준은 세계에서 가장 앞선다. 지역 냉방은 하수의 정화 과정과 지역난방 생산 과정에서 얻는 순수한 재생산품이다. 그 밖에 태양열에 의한 전기와 난방 에너지원이 있으며 이를 통해 개별 건축물에 연간 난방의 50퍼센트를 공급한다. 함마르뷔 호수 도시 내에 다수의 태양열판을 설치하여 그 주변의 에너지 수요를 충족한다. 예를 들면 수로 주변에 있는 태양열판은 공공장소가 필요로 하는 에너지를 공급한다. 시 당국은 호수 도시에 에코 센터를 설치해 함마르뷔 생태 도시 시스템을 홍보하며 지역 주민을 대상으로 생활 속에서의 친환경 실천 계획을 교육한다. 에코 센터는 신재생 에너지 생산, 물 정화 시스템과 쓰레기 처리 등 최신 환경 기술을 갖춘 모델하우스다.

(4) 물 소비량은 적게, 하수는 맑게

수자원 정책의 가장 중요한 목표는 물 소비량을 절반으로 줄이는 것이다. 스톡홀름 시 전체의 하루 평균 물 사용량은 일인당 2백 리터인데 함마르뷔는 이를 1백 리터로 줄이겠다는 것이다. 2006년 현재는 150리터를 사용한다. 환경 친화적 가전제품(세탁기, 세척기, 세면대와 변기 등)을 사용하고, 수도꼭지에 절수 필터를 부착하는 방법 등으로 소비량을 줄이게 한다. 그리고 사용한 물의 잔류 화학물질을 최소화하는 것 또한 중요한 목표다. 따라서 함마르뷔는 하수 수질을 검사해 지속적으로 비교하며, '유해 물질 없는 물'에 대한 교육과 캠페인을 추진해 잔류 유해 물질 50퍼센트 감소를 목표로 한다. 치약에 포함된 트리클로산 금지 등 환경 위험 물질 사용 반대 캠페인 이후 유해 물질의 양이 뚜렷이 감소했다. 함마르뷔는 하수처리 시스템의 신기술을 응용한 하수 정화 시스템을 각 가정에 부착하는 것을 장기적 목표로 하고 있다. 빗물은 한곳으로 모아 정화 이후 자연으로 내보내거나 도로 청소에 사용하며, 산업 폐수 등은 별도로 관리해 수질 내용을 분류하고, 침체시킬 수 있는 이물질을 제외한 질소나 인은 농촌으로 보낸다. 함마르뷔 내에서 사용하는 물을 거의 그 안에서 재사용·재활용하는 순환 체계의 환경 기술을 이 도시는 지속적으로 발전시키고 있다. 물이 고여 엉기는 앙금에서 바이오 가스를 생산하는데, 이것은 가장 친환경적 연료에 속하는 에너지원이다. 이미 일부는 부엌용 가스로 사용되고 있다. 또한 바이오 퇴비를 만들어 농업용 거름으로 사용하고 있다. 스톡홀름 수자원공사에서는 이런 바이오 퇴비를 스웨덴 북쪽 폐광촌으로 보내 토양 개선에 사용한다.

(5) 폐기물 절감과 재활용

폐기물은 이제 쓰레기가 아니라 재생 자원으로 이해된다. 따라서 폐기물을 얼마나 잘 분리하는지가 관건이며 폐기물의 총량을 줄이는 것이 이 도시의 목표다. 그 내용은 다음과 같다.

- 2010년까지 가정용 폐기물 가운데 소각 가능한 양의 99퍼센트(무게)를 재생 에너지로 활용한다.
- 2005년과 2010년 사이 가정용 폐기물을 15퍼센트, 가구 등 큰 폐기물을 10퍼센트, 위험 물질을 50퍼센트 줄인다.
- 음식물 쓰레기의 80퍼센트를 바이오 처리 방법을 이용해 농업용 거름

으로 재생산하고 부분적으로는 에너지원으로 활용한다.
- 폐기물과 재활용 수송 차량 운행을 다른 지역 대비 60퍼센트 수준으로 감축한다.
- 산업 폐기물 가운데 매립이 불가피한 물질을 10퍼센트 이하로 유지한다.

이 도시의 특징은 지하 배수관에 의한 쓰레기 흡입 장치다. 진공 흡입 장치는 자동차로 운송해야 할 부담을 덜어 주며 신속하고 효과적으로 소각장으로 이송되어 악취를 방지하고 노동을 경감하는 효과도 있다. 이 도시에서 회수되는 모든 폐기물은 다음과 같은 방법을 통해 재생산된다.

- 소각 가능한 쓰레기는 회그달 소각장Högdalsverket으로 보내지며 여기에서 생산된 에너지는 지역난방과 전기로 사용된다.
- 음식물 쓰레기는 퇴비로 만들고, 이 과정에서 바이오 가스와 비료를 생산한다.
- 신문은 별도의 재생 종이로 환원되며, 그 밖의 종이류, 철, 유리, 플라스틱은 원자재로 재활용된다.
- 큰 폐기물은 소각해 난방 에너지로 사용하며, 불소화 물질은 매립한다.
- 전기제품은 분해하여 재활용 혹은 매립되며, 유해 물질 역시 재활용 혹은 파괴 및 매립된다.

3) 세계적 생태 도시, 녹색 국민의 집

함마르뷔엔 호수로 연결되는 실개천이 구석구석 뻗어 있다. 실개천 옆으로 산책로가 이어지고 카페, 레스토랑이 그 주변에 자리 잡고 있다. 시민들은 보통 노면(路面)전차를 타고 다닌다. 스톡홀름으로 출퇴근하는 직장인은 페리를 타고 호수를 건넌다. 하수 처리 부산물인 바이오 가스로 버스를 움직이고, 쓰레기를 처리할 때 나오는 메탄가스는 난방·발전 연료로 쓴다(한삼희 2009).

호수로 둘러싸인 함마르뷔는 생태 순환 체계의 흐름을 살려 통합된 환경 프로그램을 시행한 스웨덴에서 가장 큰 도시 개발계획 프로그램이 성공한 모델 도시다. 이 순환 체계 안에는 가정과 일터, 공장 등을 위한 에너지, 폐기물, 물(상·하수)을 관리하는 내용이 들어 있다. 또한 이 시스템은 21세기 현대사회가 극복해야 하는 대도시의 발전에 대한 모델을 제시하는 한편, 창의적 기술 발달의 방향을 예시하고 있다. 함마르뷔를 둘러싼 환경에서 원래 있던 것은 최대로 살려 수변 공간과 녹지대의 아름다운 경관과 기능을 활용하고, 사람과 도시가 사용하고 배출한 모든 물질을 자체 처리하도록 구상되었으며, 이를 위한 기술 발달은 경제성장의 새로운 요소가 되고 있다. 함마르뷔는 이를 통하여 스웨덴의 '환경비전 2020' 실현의 모범적 사례 가운데 하나가 되었다.

함마르뷔 호수 도시 안에는 다양한 복지시설과 문화·교육 시설이 갖추어져 있으며 시민이 참여하는 주민 자치제가 실시된다. 시민의 건강을 위해 조성된 산책로와 개천에는 장애인 편의 시설이 완벽히 갖추어져 있으며 2015년까지 주거 시설을 확장하고 공원과 호수 변두리 및 항구 개조를 진행할 예정이다.

에코 센터 이사장은 이 도시가 성공한 가장 큰 원인을, 환경에 대한 총체적 관점을 갖고 처음부터 종합적 계획에 따라 추진한 점과 추진 과정에서 역할을 정확하게 분담한 데 있다고 설명한다. 그리고 개발 목표를 삶의 가치관을 실현하고 지구환경을 보존하는 데 두었으며, 이에 따른 기술 발달의 결과마저도 자연의 일부로 환원했다는 점을 유념할 필요가 있다.

| 제3부 |

스웨덴의 민주주의와 합의 문화

대부분의 현대 국가는 민주주의를 정치 원리로 삼고 있고 성숙한 민주주의의 발전을 추구하고 있다. 민주주의란 무엇인가? 일반적으로 민주주의란 '국민의', '국민을 위한', '국민에 의한' 정치제도로 정의되곤 한다. 이는 지극히 평범한 설명이긴 하나, 민주주의의 주체, 목적, 수단을 집약적으로 나타내는 훌륭한 정의가 아닐 수 없다.

이에 덧붙여 민주주의는 반드시 조직 혹은 공동체라는 사람들의 모임을 전제로 하며 또한 과정의 정당성 위에 굳건히 서있어야 한다. 민주주의 혹은 민주적이라 함은 조직 혹은 공동체 내에서의 의사 결정이 끊임없이 민주적으로 이루어지는 과정을 말하며, 이런 의미에서 조직 혹은 공동체가 없으면 민주주의도 없다고 말할 수 있다.

모든 공동체의 구성원은 시민(동등한 권리가 보장된 공동체의 일원)이며 공동체의 일원이 아닌 자는 시민이라고 할 수 없다. 민주주의는 특정인이나 소수에 의한 의사 결정이 아니라 원칙적으로 모든 시민의 참여에 의한 의사 결정을 뜻하며, 바로 그런 의미에서 민주주의는 권력 집중이 아니라 권력 분산을 본질로 한다. 한마디로 성숙한 민주주의는 공동체 구성원의 모든 개별적 가치, 이해관계, 특성을 존중하며 이런 다양한 구성원들이 누구도 배제되지 않고 공동체의 의사 결정에 참여하며 궁극적으로 공동의 합의를 도출해 내는 것이다.

스웨덴 민주주의의 정신은 바로 이런 공동체 내에서의 참여·존중·합의에 있다. 일찍이 1920년대 '국민의 집'을 주창한 페르 알빈 한손 총리는 스웨덴 사회에서 헌법에 의해 모든 사람의 기본권과 참정권은 마련되어 있으나 민주주의가 발전되기 위해서는 반드시 사회정의가 실현되어야 한다고 보았다. 계급사회에서 사회 구성원 간의 경제·사회적 불평등을 방치할 때에 민주주의는 가능하지 않다는 생각이 바탕에 있었다.

선거 과정에서 투표를 통한 참여, 정책 협의와 결정 과정에서의 참여, 시장체제의 운용과 경제 발전 과정에의 참여 등 공동체 생활의 전 과정에서 시민 참여의 폭과 기회의 확대는 민주주의를 성숙하게 하는 내용들이다. 한손은 그의 연설문에서 국민의 집 건설을 통해 민주주의가 정치적인 면에서뿐만 아니라 사회·경제적인 면에서도 이루어져야 한다고 주장했다. 모든 국민이 기회의 평등을 누리려면 보편적 복지 정책이 반드시 관철되어야 하며, 그래야만 모든 사회 구성원이 낙오되지 않고 자기를 계발해 지속적으로 발전할 수 있다고 믿었다.

1백 년의 역사를 두고 스웨덴 사회민주주의가 추구한 핵심 가치는 자유·평등·연대다. 각각은 독립된 개념이 아니라 서로 의존적이며 상호보완적이다. "자유는 평등을 필요로 하고, 평등은 연대를 필요로 하며, 연대는 자유와 평등을 필요로 한다"(Carlsson & Lindgren 2008, 21-32). 자유는 개별 인격에 대한 존중과 불가침(인권 보호)을 의미하며 이것이 가능하려면 각 개인이 사회·경제적으로 독립적이어야 한다. 또한 이를 위해서는 사회·경제적 기회의 평등이 보장되어야 한다. 각 개인이 상호간에 또 공동체에 대해 공동의 책임(연대)을 지기 위해서는 개인이 자유롭고 평등해야 한다.

공동체 내에서 상이한 이해관계의 충돌로 인한 갈등과 공동체 해체 현상을 방지하기 위한 방법으로 스웨덴 사회가 엘리트에 의한 과두제적 결정이 아니라 사회 성원 모두의 합의를 만들어 나가는 독특한 방식을 채택하고 있는 것 역시 스웨덴 민주주의의 특성이라고 할 수 있다. 모든 사회(공동체) 구성원이 사회·경제적으로 기회의 평등을 누릴 수 있는 것은 사회복지 정책, 특히 보편적 사회복지 정책에 의해 비로소 가능하다. 비록 보통 선거권과 같은 민주적 제도가 확립되었다 하더라도 사회·경제적 격차가 확대되면 민주주의는 계속 약화된다.

비정규직이나 영세 자영업자와 같이 경제적 지위가 불안한 사람들은 사회적 현안에 관해 자유롭게 의사 표현하기를 점점 꺼리거나 공적 문제에 관한 관심 자체가 줄어들고 정치적 결정 과정에 동등하게 참여하지도 못하게 된다. 또 다른 예로 교육을 들 수 있다. 지식은 개인의 힘의 원천인데, 불충분한 교육을 받았거나 의사 표현 능력이 떨어지는 사람은, 더 많은 교육을 받았거나 더 논리적인 집단들에 맞서서 자신의 이익을 주장하기 어렵다. 오늘날의 양극화 현상이 두려운 이유는 바로 여기에 있다. 공적 결정 과정에 참여할 기회를 누릴 수 있는 구성원이 점점 소수에 한정되기 때문이다. 사회적 기회가 불평등한 상태에서는 구성원의 인권이 보장되기 어렵고, 그 결과 공동체는 갈등과 불안정으로 빠져들 수밖에 없다. 바로 이런 이유로 스웨덴 사회는 민주주의가 제대로 작동하기 위한 전제 조건으로 사회·경제적 평등을 역설하는 것이다.

보편주의를 기반으로 한 스웨덴의 양성 평등 정책은 물론, 장애를 입은 자의 일상적 생활을 가능하게 하자는 정상화 원칙 역시 시혜적 복지 서비스가 아닌 스웨덴이 지닌 민주주의적 복지의 특성을 나타내고 있다. 본인의 경제적 여건과 상관없이 올바른 지혜와 판단력을 구사할 수 있고 독립적으로 자기 생활을 영위할 수 있게 하는 교육 정책, 건강상 문제가 또 다른 불이익을 낳지 않게 하는 보건 의료 정책, 사회적 주택 정책과 직업교육에 중점을 둔 노동시장 정책 및 지속 가능한 생태 환경과 자원 유지를 위한 환경 정책까지도 계층 간, 세대 간 균등한 기회를 보장하자는 민주주의 정책의 일환이라고 할 수 있다. 결국 스웨덴식 보편적 복지 정책은 개개인에 대한 존중과 함께 민주주의의 완성을 목적으로 하는 정치철학이며 방법이기도 한 것이다.

이 같은 스웨덴식 민주주의에 대한 설명을 바탕으로 다음에서는 스웨덴의 독특한 ① 옴부즈만제도를 통한 인권 보호와, ② 합의 정신에 의한 공동체 문화를 살펴보고자 한다.

| 13장 |

인권 보장과 옴부즈만제도

스웨덴의 옴부즈만제도는 다수의 지배라는 민주주의 원리가 안고 있는 구조적 약점을 보완하고 관료제도·문화로부터 침해당하는 국민의 인권 보호를 위한 제도적 장치다. 옴부즈만은 헌법이 보장하는 시민의 기본권을 중심으로 시민의 권리를 침해하는 관료적 행위를 견제하고 이에 대한 제재 조치를 행사하며 사회적 편견에 대한 방패 역할을 한다. 또한 공공 기관의 관료적 관행에 대해서는 지속적으로 개혁을 권고하며 홍보와 여론화를 통해 사회 통합을 추구한다. 이는 변화하는 시대적 사회 현실에 맞춰 구성원의 다양성을 인정하는 민주주의를 실현하는 방법의 하나라고 할 수 있다. 따라서 옴부즈만제도는 인권 보호, 행정 구조 개혁, 사회 통합을 내용으로 한, 더 나은 미래를 지향하는 사회적 제도로 인정되고 있다.

스웨덴의 옴부즈만제도는 크게 두 분야로, 국회 차원에서 공공 기관을 중심으로 다루는 옴부즈만과 생활 현장에서의 인권 문제를 다루는 영역별 옴부즈만으로 구성된다. 전자는 의회 옴부즈만 혹은 법무 옴부즈만JO, Justitieombudsmann으로 불리며 이에 속하는 대행인인 옴부즈만 위원들은 국회에서 선출·임명되나, 후자는 해당 부처에 의해 임명된다. 각 분야에서의 옴부즈만의 기본 역할과 기능은 시민의 기본권 보호라는 전제를 공유하지만, 구체적 영역에 따른 임무 내용은 다소 차이가 있다. 다음에서 옴부즈만의 유래와 다양한 옴부즈만제도를 살펴본다.

1) 옴부즈만의 정의

옴부즈만은 '다른 사람이나 회사 혹은 기관을 법률적으로 대행하거나 협상에서 대리자 임무를 수행하는 사람'을 뜻한다. 옴부즈만이 추구하는 목적은 기본권을 침해하는 관료적 행위 및 처리에 대응해 시민의 권리를 보호하고 이를 통해 '사회정의의 실현'을 중심적 가치로 유지하는 데 있다. 옴부즈만은 집행기관이나 공무원을 대상으로 피해자 입장에서 공정성을 대변하는 또 다른 공무원이다. 스웨덴에서 사용하는 옴부즈만은 사람을 뜻하는 동시에 옴부즈만의 업무 자체 혹은 업무를 포함한 기관을 의미하기도 한다. 이해를 돕기 위해 이 글에서 업무를 뜻할 때는 '옴부즈만제도'로, 기관은 '사무처'로, 그 대행자는 '옴부즈만'으로 표기한다.

옴부즈만은 원래 스웨덴 어로, 이는 1241년 덴마크 왕궁의 관료 대신을 뜻하는 'umbozman'에서 유래했다. 스웨덴 고어古語에서는 'umbudsmann'으로 표기하다가 1552년부터 'ombudsman'으로 변경되었다. 동시에 다른 스칸디나비아 국가에서도 이를 사용하기 시작해 아이슬란드에서는 'umboðsmaður', 노르웨이는 'ombudsmann', 그리고 덴마크는 'ombudsmand'으로 표기한다.

스웨덴 근대사에서 옴부즈만제도는 1809년 의회 옴부즈만을 필두로 도입되었다. 이때 만들어진 옴부즈만 사무처는 비정치적이며 정부로부터 독립된 기관으로 오직 국민의 권익 보호를 목적으로 설립되었다. 1900년 이후 옴부즈만제도가 본격적으로 알려지면서 스웨덴 어인 옴부즈만은 그대로 국제적 용어로 사용되고 있다.

2) 옴부즈만제도의 종류

(1) 의회 옴부즈만

의회 옴부즈만은 법무 옴부즈만이라고도 불린다. 법무 옴부즈만제도는 1809년 최초의 옴부즈만제도로 등장해 1백 년의 역사를 지니고 있으며, 1976년 이래 현대적 면모를 갖추었다. 법무 옴부즈만의 구성원은 국회에 의해 임명되며 현재 대표를 포함해 4명의 옴부즈만이 있는데 2명이 여성이다. 법무 옴부즈만 사무처는 정치적으로 완전히 독립되어 있으며, 정부 기관의 관료적 행위나 공무원의 권력 남용을 견제하는 일이 주요 역할이다. 국회가 수행하는 사회적·정치적 조정 역할의 하나를 수행한다고 볼 수 있다.

스웨덴의 거주민은 (설사 스웨덴 시민이 아니더라도) 누구나 법무 옴부즈만에 피해 사건을 의뢰할 수 있다. 법무 옴부즈만은 피해 구제 신청 사안이 법리적 혹은 윤리적으로 타당하다고 판단되면 이에 대한 조치를 취하기 시작한다. 옴부즈만은 관련 기관이나 공무원을 대상으로 조사와 기소를 할 수 있는 권한이 있으며 부당한 처사에 대해 이의를 제기할 수 있다. 또한 정당하지 못한 공무 집행이나 법률을 위반한 처사를 시정할 것을 건의하고 피해자의 권리를 회복시키도록 돕는다. 옴부즈만은 고발 신청이 없어도 현장 감사나 다른 통로를 통해 얻은 정보만으로도 스스로 문제를 제기할 수 있다. 옴부즈만은 일차적으로 검사와 같은 조사 혹은 기소 권한을 갖고 있으나 옴부즈만 설립 취지를 살려 보통은 이를 사용하지 않는다. 또 다른 권력 행위자처럼 활동하기보다는 자문 기능을 통해 사회정의를 실현하고자 하기 때문이다. 옴부즈만이 제기한 문제들은 사회 일반에 공론화되어야 하는데, 이를 위해 매스컴의 공익적 역할이 필수적이다.

법무 옴부즈만은 중앙과 지방의 공공 기관을 상대로 현장 감사도 하며 필요하다면 법률 개정안을 국회에 제출한다. 연간 약 6천 건의 신청이 있으며 이 가운데 조사로 이어지는 경우는 60퍼센트 정도다. 그러나 기소에 의해 재판까지 가는 경우는 1년에 한두 건에 불과하다. 의회 옴부즈만은 4년마다 선출되며 연임이 가능하다.

(2) 차별 옴부즈만

차별 옴부즈만은 2009년 1월 새로이 강화된 차별 금지법의 시행에 따라 통합 신설된 정부 기관으로 4개의 기존 옴부즈만이 통합된 것이다. 차별 옴부즈만은 인종이나 국적, 종교와 사상 혹은 신체적 특징이나 성별 등에 의해 어느 누구도 사회 구성원으로서 기본 권리가 침해당하지 않게 하는 것을 기본 목적으로 한다. 과거의 차별 옴부즈만, 1979년 양성 평등 보호를 목적으로 설립된 양성 평등 옴부즈만, 신체적·정신적 기능 저하로 인해 발생하는 차별을 금지하기 위해 설립된 장애인 옴부즈만, 동성애자 등 개인의 성적 취향 때문에 발생하는 차별 방지와 이들의 권리를 보호하는 성적 차별 옴부즈만 등이 차별 옴부즈만으로 통합되었다.

새로 개정된 차별 금지법은 과거 분산되어 있던 차별에 관한 법률 7개 조항을 단일화해 성, 종교, 사상, 인종, 장애, 성적 취향, 연령 등으로 인한 차별 행위를 금지한다고 명시하며 그 범주를 확대·강화한 것이다. 여기에서 차별 행위란 공공 영역이나 민간 영역을 모두 포함하며 범사회적으로 행해지는 모든 행위를 대상으로 한다. 예를 들어 다음과 같은 과정에서 발생하는 차별 행위 전반이 대상이 된다.

- 직장
- 교육 현장
- 고용 현장, 고용 센터나 고용 훈련 과정, 실업 구제 활동 및 실업 급여
- 자영업 설립 및 운영 과정
- 조직 회원 가입 및 운영 과정
- 물건 구입 과정이나 임무 처리 과정
- 주거 환경
- 병원과 사회보험, 사회 서비스
- 교육 보조금
- 공무원 채용

스웨덴에 거주하는 시민이나 이주민은 누구나 차별적 대우 혹은 모독적 언사를 대면했을 경우 이를 고발할 수 있다. 신청을 받은 차별 옴부즈만 사무처는 우선 조사를 거쳐 그 다음 단계로 이를 시정 조치하는 수단을 강구한다. 차별에 대해서는 심할 경우 손해배상도 청구할 수 있다. 1차별 옴부즈만은 이런 범위 내에서 모든 차별 행위와 차별적 언사 등을 감시 혹은 감독한다. 또한 차별 옴부즈만은 2002년 이래 확대된 출산휴가 규정을 지키기 위해 직업 현장에서 발생할 수 있는 차별적 행위를 감시하며 임신 혹은 출산 여성이나 출산휴가를 가진 남성에 대한 차별을 감독한다.

1999년 장애인 차별 금지 조항의 강화와 중증 장애인을 위한 〈장애인 서비스법〉의 발효, 그리고 장애인을 위한 '국가 행동 계획' 등 일련의 정

부 정책은 완전한 참여와 평등을 추구한다. 이에 차별 옴부즈만은 장애인이 필요로 하는 보조 도구나 이에 대한 접근성이 부족한 현상도 차별로 인정해 옴부즈만의 감독을 받게 한다. 물론 노동시장과 어린이집 및 학교 등에서 쓰이는 "장애인이기 때문에"라는 표현도 차별 행위이므로 차별 옴부즈만의 감독을 받거나 제재를 받는다. 그리고 노사 관계에서 고용주에게 양성 임금의 형평성을 구현하기 위한 구체적 계획을 마련하게 하고 평등한 임금체계를 유도한다.

차별 옴부즈만 권한 밖의 사안은 다음과 같다. 우선 법원에서 이미 확정된 결론을 번복할 수 없다. 차별 옴부즈만 스스로 처벌의 내용을 규정하지 못한다. 사적 개인을 상대로 문제를 제기하지는 않는다. 그러나 차별 옴부즈만은 피해자가 재판을 의뢰할 때 무료로 피해자를 대변한다.

한편 개정된 차별 금지법에서는 법을 위반한 사람에 대한 제재 조치가 전보다 더 강화되었으며, 옴부즈만이 참여할 수 있는 권한과 역할, 즉 기소권과 감독권도 강화되었다. 조사와 연구, 교육도 옴부즈만 사무처의 중요한 업무 가운데 하나이며 홍보와 자문을 통해 차별 예방에 힘쓴다. 그러나 아무리 차별을 방지한다고 해도 차별적 행위는 여전히 법이 관할하지 못하는 범주에서 발생하며 이로 인한 사회적 문제는 지속적으로 관심을 필요로 한다. 차별 옴부즈만의 옴부즈만은 통합평등부에 속하며 정부에 의해 임명된다. 2010년 현재 약 90명의 직원이 있고 예산으로 9,300만 크로나를 사용한다.

(3) 아동 옴부즈만

아동 옴부즈만은 아동·청소년의 권리를 보호하고 이들의 건강한 성장을 위해 1991년 설립된 정부 기관이다. 스웨덴의 모든 18세 미만의 아동과 청소년은 단독 옴부즈만을 가질 수 있으며 문제가 발생할 때 직접 도움을 받을 수 있다. 아동 옴부즈만은 정부에 의해 임명되는데, 그 임기는 6년이다. 아동 옴부즈만의 기본 임무는 유엔아동권리협약 내용을 중심으로 모든 아동과 청소년의 권리를 성인 사회의 이해관계 속에서 보호하고 지키는 일이다.

아동 옴부즈만 사무처는 아동권리협약의 내용을 사회에 널리 알리고 또 이를 위한 교육 프로그램을 운영한다. 동시에 협약을 지키게 하기 위해 법 개정안을 국회 혹은 광역 지방정부와 자치단체 의회에 제출할 권한과 의무를 갖는다. 옴부즈만은 아동 권리에 관한 사회적 토론 마당이나 공식적 논의 과정에서 아동과 청소년의 이익을 대변하는 역할을 하며, 이들의 권리와 이해가 모든 분야에서 합리적으로 관철되게 하는 중요한 임무를 지닌다. 아동 옴부즈만은 독립된 기관으로 법률의 보호를 받으며 어느 기관의 감독도 받지 않는다. 단, 아동 옴부즈만의 행정적 관할인 보건사회부에 매년 아동에 관한 보고서와 개선안을 제출한다. 아동 옴부즈만의 주요 임무는 다음과 같다.

- 아동 및 청소년과의 소통
- 아동권리협약 추진 및 준수
- 홍보와 여론화
- 아동 주변 환경에 대한 사실 조사와 분석 보고서 제출
- 아동권리협약을 중심으로 한 국제 활동

아동 옴부즈만은 아동 옴부즈만유럽네트워크The European Network of Ombudsmen for Children를 비롯한 국제기구와 정보를 교환하며 세계의 아동 권리 보호에 앞장서고 있다. 특히 저개발 국가 아동의 권리와 생활환경에 대한 연

구 조사를 활발히 하고 있다. 현재 아동 옴부즈만제도를 갖고 있는 나라는 핀란드·노르웨이·벨기에·아이슬란드·프랑스·리투아니아·마케도니아·스페인·웨일스 등이다.

스웨덴 국왕 칼 구스타프 16세와 실비아Silvia 왕비 내외는 2009년 12월 성탄절 메시지를 통해, 아동권리협약에 대한 정규적인 토론을 마련하고 아동 권리 발전을 도모할 목적으로 세계아동청소년 포럼World Child and Youth Forum을 설립할 것임을 선언했다. 유엔아동권리협약 20주년 기념일(2010년 12월)에 맞추어 첫 세계 포럼이 스웨덴 왕궁에서 개최된다는 계획도 발표했다.

(4) 소비자 옴부즈만

소비자 옴부즈만KO, Konsumentombudsmann은, 1976년 이후 소비자보호청Konsumentverket과 통합해 소비자보호청의 회장이 옴부즈만의 대표가 된다. 소비자 옴부즈만은 기업이 마케팅 규정, 소비자 규약, 생산 규정, 판매법 등을 준수하는지를 감독하며 소비자 보호를 목적으로 기업의 과장 광고, 공격적 마케팅, 소비자와의 불합리한 계약, 부당 가격, 위험 물질을 내포한 제품 생산, 판매 상품에 대한 잘못된 정보 전파 등에 대응한다. 소비자는 제품 구입 과정에서 위에 나열된 내용과 부당한 처사에 대해 고발할 수 있으며 소비자 옴부즈만에 의해 손해배상 및 보호를 받을 수 있다. 소비자보호청은 한국의 소비자보호원의 역할과 유사하나 소비자 보호를 위한 법령들(20여 개의 법령이 있다)은 좀 더 치밀하며 규정이 강한 편이다. 소비자는 광고, 계약서, 포장, 품질 등에 대해 잘못된 부분을 고발할 수 있다. 특히 라디오나 텔레비전 혹은 신문광고에서 사실에 비해 내용을 과장해 소비자를 기만하는 경우나 제품이 건강을 해칠 위험 등에 관해서는 대단히 엄격한 기준을 적용하고 있다.

    소비자보호청은 장애인 협회 및 소비자 조합과 연계해 2004년 장애인 소비자 위원회를 구성했고 연간 2회 위원회를 소집한다. 위원회의 기본 목표는 장애인과 소비자의 관점에서 제기되는 문제를 해결하려는 것이며 특히 장애인의 입장에서 본 소비자보호의 질적 향상을 이루려는 것이다. 동시에 소비자보호청은 장애인의 소비생활에 대한 특별한 책임과 임무를 지닌 정부 기관으로, 다양한 장애를 가진 소비자가 존재한다는 점을 생산자에게 인식시키며, 이들에게 제품의 접근성이나 활용성이 부족한 부분을 보완하게 해 모든 생산품이 장애인의 편의를 도모하도록 기술적·재정적으로 보조한다. 소비자 옴부즈만은 장애인 정책이 지향하는 장애인 소비자 목표를 달성하는 데에 결과적으로 중요한 역할을 담당한다.

    옴부즈만제도를 요약하면 시민의 기본권을 침해할 수 있는 공공 기관의 권력 남용과 권위주의적 행위에 대한 감독과 제재를 위한 의회(법무) 옴부즈만, 노동과 삶의 현장에서 발생하는 각종 차별을 방지하기 위한 차별 옴부즈만, 아동의 권리 보호를 위한 아동 옴부즈만, 소비자 옴부즈만으로 나눌 수 있다. 옴부즈만의 기본 목표는 각 개인의 기본권과 인권을 보호하고, 사회적으로는 사회정의와 민주주의를 수호하는 것이며, 옴부즈만제도는 민주주의 성숙을 위한 스웨덴 특유의 수단이라고 할 수 있다. 모든 옴부즈만은 법이 정한 범주에서 활동하며, 처벌보다 자문과 예방에 힘쓰고 사회 인식을 변화시키려고 노력하는 공통점을 지닌다. 옴부즈만은 독립적 기관이며 권력 행사를 하지 않는다는 특징이 있다. 그러나 대부분의 기관은 옴부즈만의 권고 조항 및 제재 조치를 대체로 받아들여 사회 구성원의 인권과 안위를 우선적으로 존중한다.

| 14장 |

합의 문화와 공동체

1. 사회적 합의 문화

1) 사회적 합의 형성에서 일등인 나라?

한국 삼성연구소는 2010년 5월 선진화 지표를 중심으로 OECD 30개국을 조사한 결과 스웨덴을 가장 선진화가 잘 이뤄진 국가라고 발표했다. 한국은 23위였다. 조사 기준은 역동성을 중심으로 자부심·자율성·창의성·호혜성·다양성·행복감 등 7대 지표를 사용했다. 그리고 2006년 유엔개발지수조사 United Nations Development Index survey는 스웨덴을 세계에서 가장 안전한 나라로 발표했고, 2004년에도 『뉴스위크』 Newsweek가 조사한 '세계에서 가장 좋은 나라'로 꼽혔다. 『뉴스위크』는 그 이유로 보건 의료 제도의 발달과 혁신, 연구가 뛰어나다는 것을 들고 있다. 조사와 평가 자료에는 유엔 개발 지수, 국제경쟁력 지수, 세계 경제 안전 지수, 교육 및 문맹 지수, 청렴성 지수 등이 사용되었다.

과연 스웨덴이 세계에서 가장 좋은 나라일까? 사회복지 국가로 잘 알려진 스웨덴은 요람에서 무덤까지 국민들의 소득을 보장하고 생활에 필요한 각종 기초 서비스를 제도적으로 제공하는, 한때는 천국과도 같은 나라로 일컬어졌다. 그러나 경제 위기와 불황이 있을 때마다 복지국가의 후퇴 혹은 복지국가의 실패 모델로 거론되는 등 스웨덴에 대한 평가가 엇갈리기도 한다.

한 국가의 운영 체계와 국민의 실생활이 천국과 지옥을 그리 쉽게 넘나들지 않는다는 것은 웬만한 지각으로도 충분히 알 수 있다. 스웨덴은 천국도 아니지만, 복지 제도가 실패한 나라도 아니다. 『뉴스위크』가 발표한 그대로 사회복지 제도가 가장 보편적으로 운영되며 정부·시장·생활권에서의 혁신과 개혁이 지속적으로 진행되는 나라다. 모든 정책 입안 과정에서 가장 민주주의적인 절차를 거치며 더욱이 연구 결과에 의한 확실한 이유와 대안이 검증되기 전에는 어떤 정책도 발의하지 않는 특징을 지닌 엄격한 나라다. 문제 해결을 위해 발의된 정책은 시험을 거듭하고 나서야 확정되며, 그 이후에도 개혁을 위한 사회적 공감대를 공들여 형성하고 합의를 이끄는 등 모든 것이 거북이걸음으로 완성된다.

오스트레일리아 출신의 기자로 프랑스·아이슬란드·영국 등 유럽 각지에서 활동하고, 20년간 스웨덴에 거주한 경력이 있는 존 알렉산더John Alexander에 따르면, 이미 1936년에 한 미국 저널리스트는 "주식회사 스웨덴의 성공은 기꺼이 적응하고 타협하려는 스웨덴 사람의 성향에 있으며 스웨덴 사람들은 사회질서의 성공적 작동 가능성에만 관심을 가지는 궁극적 실용주의자"라고 평가한 바 있다(Alexander 2008, 8). 매년 행해지는 다양한 조사에서 스웨덴은 좋은 의미에서든 나쁜 의미에서든 세계에서 가장 문명화된 나라라고도 한다. 스웨덴 사람들은 갈등 대신 협동을, 열정 대신 논리를, 미신 대신 과학을 중시한다. 또한 스웨덴은 사회복지 제도가 잘 작동되고, 인상적인 수준의 교육과 교양을 갖춘 나라다. 스웨덴은 사회적 약자를 포함한 사회 구성원 모두가 자기 생활을 안정적으로 영위할 수 있도록 그들의 꿈과 기회를 뒷받침해 주는 성숙한 사회다. 그리고 사회구조적으로 개인의 자유는 보장하나 어느 특정 계층이 이익을 독점하는 것은 방지하고, 공동의 이익을 위한 사회적 공감대를 만들어 낸다. 알렉산더는 이런 '공감대'(합의)를 이루는 힘이 스웨덴의 감춰진 리더십이라고 설명한다.

2) 스웨덴 방식의 합의

합의란 중요한 과제 혹은 문제를 둘러싼 일반적인 의견의 일치를 말하며 공통의 의견, 모아진 의견을 뜻한다. 스웨덴에서 사용되는 합의konsensus는 다른 말로 '공감'samförstånd 혹은 '공통 의견'samsyn으로 표현되기도 한다. 합의의 반대는 '갈등' 혹은 '대결'을 들 수 있다.

스웨덴 사회에서도 노동조합과 사용자단체 간의 갈등은 거의 매년 발생하는 흔한 사건이다. 스웨덴의 사회정책을 논할 때 많은 학자들은 일관된 질문을 던진다. 어떻게 이런 합의가 가능한가? 산업화 초기부터 스웨덴은 보편적 기초 연금에 관한 합의(1935년), 살트셰바덴 합의(1932~38년), 소득 연금 개혁(1957년), 원자력발전소 증축 문제(1980년), 유럽연합 가입(1994년) 등에서 보듯이 중대하고 복잡한 정책에 관한 합의를 이끌어 낸 전통이 있다. 많은 국가들은 이와 비슷한 문제나 사안에 관한 정책 결정을 두고 오랜 진통을 겪고도 해결하지 못하거나 결국 정부가 일방적으로 결정을 내리고 사후에 설득하는 방식을 취하곤 한다.

스웨덴은 합의를 이끌어 내는 첫 번째 수단으로 일단 합의 대상을 최소화하는 방법을 흔히 쓴다. 노동조합 대표와 사용자 대표의 체제가 이루어 내는 산업별 합의 과정에서는 물론이고 대부분의 직장에는 각 노조의 대변인과 직장 대표가 이미 각 국局별로 지정되어 있다. 합의해야 할 상대를 축소하고 최소화하는 것은 합의를 이루는 경제적인 방식이라고 할 수 있다. 만약 합의 대상이 전 국민이거나 사안이 국가적으로 중대할 때는 국민투표를 거친다.

    스웨덴 사람들은 소수가 좌중의 의견을 좌우하는 것에 익숙하지 않으며 토론을 거쳐 전체의 의견을 모으는 과정을 선호한다. 핵심 사안이 거대한 사회정책 및 노동문제이거나 설사 가족 간의 작은 문제이더라도 소수의 특정 의견이 강요되는 모습을 찾아보기 어렵고, 토론을 거쳐 동의된 의견을 만들어 가는 것이 일반적이다. 때로는 이를 타협이라고도 칭하나 결국 모두의 동의를 이끌어 내는 과정이다. 스웨덴은 여느 나라와 달리 모두가 동의하지 않으면 결정을 미룬다. 스웨덴 사람들은 특별한 이유 없이 동의하지 않는 것을 비생산적이라고 믿기 때문에 이들에게 공감을 이루는 것(합의)은 매우 일상적인 것으로 간주된다.

    생활 속에서의 이런 의식은 합의를 만들어 내는 기초가 된다. 이런 현실적 이점과 이득은 혹시 하나를 잃어버려도 사안을 길게 보면 다수에게 이득이 돌아온다는 믿음을 형성하며 인내심을 기르는 훈련이 되는 것이다. 이런 사고방식은 스웨덴의 여러 사회제도에서도 찾아볼 수 있는데, 예를 들어 사회복지란 고도의 세금 부담이자 사회적 안전을 뜻한다. 여기에서 이들은 조세 부담을 감수해서라도 모두를 돌보는 사회를 형성하자는 공통의 합의를 선택한 것이다. 그리고 서두르지 않는 것이 스웨덴 사람의 또 다른 특징이다. 따라서 중대한 사회정책일수록 법적 효력을 도출하기 위해 걸린 합의의 기간은 적게는 5년에서 많게는 10년을 넘긴 경우가 많다. 가장 가까이 있었던 연금 개혁(1994~2001년)이 한 예다.

3) 합의의 절차

스웨덴 방식의 합의 절차를 성격에 따라 나누어 보면 크게 세 과정을 거친다.

첫째, 조사 단계다. 문제의 사안이 합의를 이룰 가능성이 있는지, 구체적으로 어디에 속한 내용인지 등을 확실하게 하기 위해 우선 이를 둘러싼 배경과 문제의 성격 등에 관해 기초 조사를 한다. 조사 기간은 사안의 크기와 성격에 따라 길게는 몇 년이 걸리기도 하는데 전문가 집단에 의뢰해 실시한다.

둘째, 안정성 확보 단계다. 기관 내부의 사안이라면 커피 타임이나 다른 공간을 활용하여 의견을 교환한다. 외부 업무라면 전화나 이메일을 통해 사전에 외교적 대화를 마련한다. 사회적 이슈인 경우는 세미나 등 열린 공간에서의 논의 자리가 수차례 이어진다. 이것은 비공식적인 자리와 자연스러운 기회를 통해 공통의 의사를 모으기 위한 단계다.

셋째, 동의 단계다. 이 단계에서는 사람들에게서 협력할 의지를 이끌어 낸다. 최대한 갈등을 피하며 실행 과정에서 발생할 수 있는 방해 요소와 저항 요소들을 감소시킨다. 이렇게 이루어진 합의는 결정을 위한 사전 약속을 의미하며 구성원들의 지원을 의미한다. 따라서 이는 결정과 실행이 무난하게 진행될 것임을 보장한다.

스웨덴에서의 커피 타임은 직장 문화의 하나다. 일과에서 오전과 오후 두 번은 개인별이 아니라 집단별로 함께 휴식을 취한다. 이 시간에 주고받는 이야기는 잡담이라 하더라도 대부분 사무적인 일과 관련이 있다. 스웨덴 국민은 신문이나 정보지를 많이 보는 편이다. 물론 독서율도 세계적으로 앞서 있다. 일반 상식이 풍부하고 소신이 강해 커피 타임에 나누는 대화는 또 하나의 정보를 얻는 기회가 되기도 하나 동시에 자신의 의견이 반증되는 기회가 되기도 한다. 그리고 공중파 방송을 통해 토론되는 국가적 사안은 방송 이후 흔히 시청자들의 일상 토론으로 연장되곤 한다. 바로 직장에서의 커피 타임 주제가 되곤 하는 것이다. 스웨덴은 세계에서 가장 커피를 많이 마시는 나라 가운데 하나다.

이런 합의 단계에서 두 번째의 안정성 확보의 의미를 가진 푀란크링för-ankring은 다른 뜻으로 '정박'碇泊 혹은 '묶음'을 나타낸다. 커피 타임을 통해 서로 다른 의견을 모아 어느 정도 하나로 엮는 작업도 합의를 위한 하나의 방법이다. 이런 의도된 절차는 결정을 요구하는 회의를 앞두고 그 이전 단계에서 미리 의견을 어느 정도 조율하기 위한 것이다. 이에 관해 다른 유럽 사람들은 부정적인 평가를 보내는 경우도 있다. 서유럽 사람들에게 "모임의 목적이 서로 다른 의견을 조율하기 위한 것"이라면 스웨덴 사람들은 "모임은 갈등을 피하기 위한 것이다"라고 대답한다. 그러나 이토록 결정을 위한 모임에서 갈등을 피할 수 있으려면 이미 많은 시간을 두고 사전에 공을 들였어야 한다. 스웨덴 사람들 가운데에서도 합의를 도출하기 위해 소비되는 시간에 대해 불평의 소리가 있는 것이 사실이다.

합의를 이루는 과정이나 합의 자체의 단점은 시간이 많이 걸린다는 것이다. '합의'는 다양성에 대한 자극과 도전을 약화하거나 창의성을 방해할 수도 있다고 지적된다. 합의되었기 때문에 그저 따르면 된다는 태도가 지닌 수동성 때문이다. 그러나 긴 시간을 소모하면서 이루어진 합의는 실행 시간을 단축시키는 효과가 있다. 이런 '합의'의 절대적 장점은 결정 단계·과정에 모든 사람이 참여할 수 있다는 점이다. 결정된 사항은 오랫동안 지속된다. 또한 구성원의 헌신과 자발성을 불러일으키면서도, 갈등 탓에 발생하는 지체와 불안정을 사전에 예방해 장기적으로 더욱 큰 이익을 가져온다.

4) 국제적 관점과 스웨덴 모델 비교

2010년 봄 "국제적 관점에서 본 스웨덴식 매니지먼트"라는 비즈니스 세미나에서는 국제화되어 가는 오늘의 현실에서 과연 '스웨덴식'이 버텨 낼 수 있겠는지, 스웨덴 모델이 강점인지 아니면 약점인지를 둘러싼 토론이 있었다. 이때 발표된 보고서 "중국의 관점에서 본 스웨덴식 경영"(Issaksson 2009)에 따르면, 스웨덴식 경영의 장점은 신뢰, 팀의 결속, 권한 이양과 권력 분산화에 있으며, 특히 혁신과 창의성을 유발하는 데 도움을 주고 있다고 한다. 그러나 스웨덴식 경영이 전 지구적 지식 경제가 필요로 하는 활력 있는 지도력을 갖추었는지는 생각해 볼 문제라고 지적한다. 스웨덴과 중국 지도자들의 공통점은 능력을 중시하고 팀 의식이 강하다는 것이다. 그러나 실행 단계에 들어가면 문화적 가치와 태도의 차이가 드러난다. 이를 나열하면 다음과 같다.

- 스웨덴 문화에서는 관리자나 직원 양쪽 다 특별한 감독 없이 일처리를 한다.
- 스웨덴 관리자는 직원들에게 힘을 실어 주는 데에 대부분의 관심을 쏟는다.
- 스웨덴은 신뢰 문화가 가장 효과적이라고 생각하고 이런 사고를 스웨덴식 지도력의 중심으로 삼는다.
- 직원의 의견을 듣기 위해 잦은 모임을 갖는 스웨덴식 환경 설정은 외국인들에게는 이질적으로 보인다.
- 중국 매니저는 관계들 간의 힘과 권력을 분석해 조직적으로 합의를 형성한다. 그러나 스웨덴 관리자는 이런 문제를 거의 다루지 않는다.
- 스웨덴 관리자는 되도록 갈등을 피하고 사람들이 스스로 해결할 수 있

표 14-1 | 의사 결정 과정을 단계별로 본 유럽 국가 모델과 스웨덴 모델의 비교

결정 5단계	유럽 국가 모델	스웨덴 모델
1. 문제 정리	• 문제를 명확히 규정하고 • 이 과정에서 해결 방법을 찾음	• 상황을 이해하고 • 상황에 맞춘 문제 분석
2. 정보 수집	• 사실에 관한 자료 수집	• 사실 자료를 모으며 동시에 전문가와 비전문가들의 집단에게서 아이디어를 수집
3. 옵션 구성	• 새로운 접근 방식에 의한 해결 모색 • 상자 밖에서 생각하기(Think outside the box) • 네거티브 선택 방법을 통해 옵션 축소	• 전체를 바라보는 안목 • 지위와 상관없이 의사 결정을 수행할 사람들을 해결 과정에 참여시킴 • 과거의 경험 분석, 현실에 대한 상황 평가, '어떻게'뿐만 아니라 '만약, 무엇이'라는 질문에 근거한 시나리오 작성
4. 결정	• 상부 층에 의한 결정으로 시간 단축 • '시간은 돈이다'라는 원칙에 입각해 의사 결정 과정의 지나친 시간 소모를 비효율로 간주	• 결정 결과에 직접 영향을 받는 사람들과의 협의를 통한 확고한 결론 도출 • 장시간을 요함 • 합의는 타협을 의미하는 것이 아니라 당사자의 동의를 얻는 것으로 반대 의견, 의심, 불확실성을 극복하는 것을 의미함
5. 실행	• 실행 단계에서 장시간이 걸릴 수 있음 • 조직의 위계질서 속에서 예기치 못한 저항이나 반대에 봉착할 수 있음	• 신속한 실행 • 의사 결정 과정에 모든 구성원이 참여했기 때문에 책임과 헌신이 뒤따름

출처 : Alexsander(2008, 22-23).

을 것이라 믿고 기다린다. 그러나 갈등이 심각한 수준으로 발전할 경우 관리자는 모든 책임을 지며 뛰어든다.

종합하면 스웨덴식 경영 방법의 특징은, 첫째, 팀에 초점을 둔 지도력, 둘째, 합의에 기초한 결정, 셋째, 자율적 방식을 선호하는 갈등 해결에 있다는 것이다.

알렉산더는 스웨덴식 의사 결정 과정을 여타 유럽 국가들과 비교해 문제 발생에서 해결까지를 5단계 모델로 설명했는데, 이를 도표로 표시하면 〈표 14-1〉과 같다.

스웨덴 사회의 각종 조직에서 지도자에게 요구되는 덕목은 사실, 숫자, 통계를 가지고 소통하며 객관적이고 명료하게 목표를 설정하는 것이다. 원대한 비전과 거창한 약속은 신뢰가 아니라 오히려 의구심을 불러일으킬 뿐이다. 스웨덴 지도자는 축구팀의 '코치' 같은 성격을 갖는다. 결론적으로 알렉산더는 의사 결정에 관한 스웨덴 모델은 지위를 불문하고 구성원 전체를 포괄하고 집단 전체가 참여하는 통합적 방식이라고 평가한다. 중국의 관점에서 본 스웨덴 방식이나 유럽 방식과 비교한 스웨덴 방식에 대한 평가도 유사한 것으로 나타난다.

스웨덴 방식이 가능한 이유를 알렉산더는 '합의의 심리'에서 찾는다. 스웨덴에서 합의제가 작동할 수 있는 것은 이 합의제 속에 스웨덴적인 것 Swedishness과 스웨덴식으로 일을 처리하는 방식에 관한 공통의 가치가 녹아들어 있기 때문이라는 것이다. 합의제란 역사적 근거를 지닌 상호작용의 규범이라고 할 수 있으며 이는 가정·직장·공동체 모든 곳에서 작동한다. 외부인이 볼 때 스웨덴 사람의 사고방식 속에는 사회제도는 끊임없이 개선될 필요가 있다는 점이 확고히 자리 잡고 있다. 정치계나 기업계나 지역사회에서 추문이 터져 나올 때 이는 대부분의 경우에 합의제의 근간을 건드린다.

'추상적 탐욕'abstrakt girighet이라는 말이 있다. 이는 1990년대 이래 나타난 신조어인데, 엄격히 합의된 사회적 규범을 어기고 비이성적으로 개인적 축재를 추구하는 현상을 의미한다. 거의 불문율에 가까운 스웨덴의 사회적 규범은 점잖고 명예로운 처신이 무엇인지에 관한 일반적 합의를 내포하고 있다. 따라서 고위 경영자나 정치인의 '추상적 탐욕' 사건이 터져 나오면 스웨덴식 합의제는 소용돌이에 빠진다. 그러나 일단 추문의 충격이 잦아들고 나면 스웨덴 사회는 시스템을 개선해야 한다는 내적 자성으로 방향을 돌린다.

스웨덴 사회는 1970년대의 사회주의적 이념이나 정치적 열정이 넘치던 시대와 비교해 많이 변했으나, 스웨덴식 사고방식은 변하지 않았다.

완전한 사회를 지향하는 스웨덴 인의 시도는 1930년대에 '중도 노선'이라는 개념으로 나타났고 1960년대에는 스웨덴 모델이라는 개념으로 표현되었으며, 21세기에는 아직 제 이름을 찾지 못한 채로 존재하고 있다. 그러나 오늘날의 스웨덴 사회를 이루어 낸, 과거 1백 년의 흐름 속에 존재하는 일관된 사고방식은 지금도 그대로다. 합의제가 낳은 스웨덴 사람의 자기 인식은 '중용이 최상'lagom är bäst이라는 말속에 축약된다.

2. 생활 방식과 사회 문화

1) 평범한 일과 속의 스웨덴 모델

스웨덴 모델은 고도의 공공 정책에 기반을 둔 복지사회를 의미한다. 이에 대해 세 살짜리 딸을 가진 엄마 마리아의 일과를 통해서 살펴보자. 마리아는 딸 미아를 어린이집에 맡기는 일로 하루를 시작한다. 간혹 남편 스텐이 대신할 때도 있다. 미아가 태어나면서 420일 동안 출산휴가를 얻어 집에서 미아를 돌봤고 중간에 60일은 스텐이 돌봤다. 출산휴가 동안 둘 다 월급의 약 80퍼센트를 출산 보험 명목으로 정부로부터 받았다. 그리고 아동 수당 1,050크로나를 매달 받고 있다. 마리아는 이제 다시 직장 생활을 하고 있다. 아빠들의 출산휴가 사용 기간은 아직도 짧은 편이어서 이에 대한 사회적 비판도 제기된다. 대부분의 부모, 특히 직업이 있는 부모는 오래 기다리지 않고도 어린이집을 이용할 수 있다. 그만큼 어린이집의 자리 배정이 넉넉해졌다. 어린이집 이용비는 소득에 따라 정해지나 임금의 3퍼센트 정도 혹은 최고 1,250크로나를 넘지 않도록 하고 이용비를 초과하는 어린이집의 운영비는 정부가 보장하고 있다.

- 오전 7:30 | 어린이집 도착 : 이른 아침 스톡홀름 시 중심의 어린이집은 아이를 맡기러 들어오고 나가는 분주한 풍경이 벌집의 입구를 방불케 한다. 아이들은 대부분 8시 이전에 도착한다.
- 오전 9:00 | 자녀 우선 대우 : 마리아는 다른 동료보다 조금 늦게 직장에 도착했다. 그러나 어느 누구도 눈치를 주는 사람은 없다. "아침 회의에 참석지 못해 미안합니다. 아이를 맡기느라 그랬어요." 이런 인사는 어디에서나 자연스럽게 받아들여진다. 더욱이 유연한 출근 시간 제도에 따라 7시에서 9시까지는 부담 없이 사용할 수 있다. 만약 아이가 조금 아프거나 엄마와 떨어지지 않으려 할 때에는 직장에 아이를 데리고 가는 일도 간혹 있다. 모두들 아이를 싫어하는 표정을 짓지 않으며 개의치 않는다. 못다 한 업무는 다음 날 보충하거나 집으로 가져와 마무리한다. 마리아는 한 공공 기관에서 전일제로 고용된 직원이다.
- 오전 9:30~10:00 | 커피 타임 : 오전 커피 타임에는 자유로운 대화가 오간다. 커피 메이커와 주방 시설이 있고 넓고 둥근 식탁들이 편안하게 놓인 커피 룸은 오가며 여러 사람이 앉아 휴식을 취할 수 있다. 커피 룸은 다른 부서 동료와도 쉽게 어울리는 공간으로 모두가 함께할 만한 곳에 있으며 이 공간은 직장에서 매우 중요하게 여겨진다. 아침의 커피 타임에는 날씨부터 시사 문제까지 다양한 주제가 다루어지는 것이 보통이다. 어린아이를 맡길 때 발생한 문제를 토로하며 위로를 받는 사람도 있고, 기다렸던 상대를 찾아 로비를 하는 사람도 있다. 각종 신문과 잡지가 이곳에 비치되어 있어 세상 소식을 접할 수 있는 문화적 공간이기도 하다.
- 12:00 | 그룹 점심 : 특별한 이유가 없으면 점심은 부처 동료와 함께한

다. 특히 점심시간에는 국장부터 비서에 이르기까지 지위 의식은 찾아볼 수 없다. 적어도 공공 기관의 분위기는 그렇다. 유럽인은 일반적으로 이름을 부르고 존칭어를 쓰지 않는 관행이 널리 퍼져 있다. 그러나 스웨덴 사람들이 상대방을 '너'du라고 부르는 관행은 유별나다. 심지어 총리와 면담하는 자리에서도 '너'로 일관한다. 당신 혹은 선생님이라고 할 만한 'ni'라는 경칭은 왕족 사이에서나 사용되는 예외적인 언어다. 이는 1960년대에 일어난 일종의 반권위주의 개혁으로, 다른 유럽 국가에 비해 훨씬 더 관행화되어 있다. 모든 조직에서 상하가 동등한 호칭을 사용하는 것은 스웨덴의 평등주의적 일상 문화에 중요한 몫을 차지한다.

- 오후 2:30~3:00 | 커피 타임 : 오후 커피 타임은 주로 부처 동료들과의 시간이다. 대부분의 대화 주제는 일과 연관된다. 묻고 싶은 것, 확인할 것, 동의를 구할 것, 혹은 부서의 공통 과제들이 오간다. 각자 자기 일에만 몰두하다가 다양한 정보를 교환할 수 있는 시간이다. 국장도 함께할 때가 많다. 스웨덴 직장의 조직 형태는 계급적 상하 대신 역할 중심으로 되어 있어 오직 특정 분야를 담당하는 국별로만 나뉜 조직 형태가 보통이다.

- 오후 5:00 | 아이 데려옴 : 마리아는 아직 1시간 더 일을 해야 하기 때문에 일찍 출근한 아빠가 아이를 데려올 차례다. 아빠도 전일제(하루 평균 7시간 45분 근무)이나, 대부분의 스웨덴 부모가 그렇듯이 마리아 부부도 서로 돌아가며 맡기고 데려와 미아가 어린이집에 머무는 시간을 최대한 단축한다. 미아가 몸이 아프다는 연락을 어린이집에게서 받았다면, 부모 가운데 한사람이 '조퇴'를 할 수 있고 미아로 인한 질병 휴가를 낼 수도 있다. 이 경우에 질병 휴가 수당은 일반적으로 본인 병가 급여와 같이 임금의 약 80퍼센트에 이른다.

- 저녁 8:00 | 잠자는 시간 : 대부분의 스웨덴 아동들은 8시가 되면 잠자리에 든다. 스웨덴 사람들은 주말을 제외하고는 저녁 10시 이후에는 전화나 방문을 하지 않는 것이 관행이다.

자녀를 가진 가족들에게 어린이집의 사회적 역할은 스웨덴 모델의 대들보라고 칭할 만하다. 스웨덴 여성의 80퍼센트(노동시장 참여율)가 이를 필수 불가결하게 활용하고 있기 때문이다. 이런 일상생활에서 스웨덴의 공동체적 문화와 사회 평등 및 아동 중심 사회의 여러 면모를 찾을 수 있다. 아동 정책과 여성 정책 등을 다룬 앞 장에서 본 바와 같이 아동 양육에 대한 사회적 윤리관은 어디에서나 대단히 높다. 그리고 이미 어린이집에서 시작된 양성 평등 교육은 부모의 양성 평등적 태도와 가사 분담의 일치를 요구한다. 가정에서 부모의 균등한 역할 분담과 책임 의식 또한 아이를 중심으로 이루어진다.

모든 사람에게 직장은 가정만큼 중요한 또 하나의 생활공간이며, 직장 문화가 개인에게 미치는 영향은 대단히 크다. 스웨덴 직장에서의 상하 관계는 일을 위한 것일 뿐, 평등한 직장 분위기와 팀워크가 자연스럽게 이루어지는 모습을 흔히 찾아 볼 수 있다. 때로는 팀원 간에 문제가 발행해 긴장된 분위기가 지속될 때도 있다. 이는 불안함을 가져올뿐더러 업무상으로도 비생산적이며 비효율적인 결과를 초래하기 때문에 이를 해결하는 관리자의 역할이 중요하다. 과거 20년 동안 스웨덴 직장에서 중간 관리자 가운데 여성이 많아지고 있는데, 이는 갈등 해소와 합의 문화 조성을 위해 여성의 특성이 발휘된 것으로 볼 수 있다. 여성의 사회참여와 평등 사회를 위한 지속적인 노력은 오늘날 스웨덴의 출산율 증가를 초래한 주요 요인의 하나로 간주되어 여타 국가에서도 주목받고 있다.

2) 일등 대신 중용을 중시하는 사회

라곰과 얀테라겐

중국의 성현들이 지나침을 경계하는 교훈으로 사용했던 계영배戒盈盃와 중용의 철학은 사람이 살아가는 데에 적당함이 좋다는 것을 가르친다. 이와 비슷한 용어로 스웨덴 어의 '라곰'lagom은 스웨덴에서 흔히 사용하는 말로 많지도 적지도 않은 적당함을 의미한다. 이는 스웨덴 사람들이 어느 경우에나 양 극단을 피하고 온건하며 중도적 선택을 즐기는 것을 표현한다. 이것은 개인적 탁월함을 배제하는 것이 아니라 합리적 중도를 의미하며, 수동적이 아니라 적극적으로 중도를 지향하는 것을 뜻한다. 이런 가치관은 교육과정에서도 부분적으로 드러난다.

스웨덴 사람들은 평범함을 좋아한다. 공식적인 자리라도 'ㅇㅇㅇ 사장', 'ㅇㅇㅇ 교수', 'ㅇㅇㅇ 박사' 등으로 부르지 않으며, 별다른 존칭도 없다. 이런 문화는 오래전부터 전해 내려오는 '얀테라겐'Jantelagen이라는 스칸디나비아 국가의 공통적인 생활 규범에서 야기되었다고 볼 수 있다. 스웨덴 어로 '얀테'Jante 혹은 '얀테라겐'은 평등과 평준화 문화의 일부로 '튀어서는 안 된다'는 일상에서의 통념으로부터 나온 법칙이다. '얀테'는 원래 1933년에 덴마크인 악셀 산데모세Aksel Sandemose가 쓴 책 제목으로 '얀테의 법칙'Jantelagen이 발전된 배경이기도 하다. 이 개념은 제2차 세계대전 이전의 농경문화에서 유래했는데 남의 밭의 배추보다 더 큰 배추를 키우지 말라는 것이다. 즉, 남의 질시와 분쟁을 야기할 수도 있는 우월함이나 우수함을 보이지 말라는 뜻이다. 다른 한편 관료 사회의 권위자에 대한 민중의 비판적 목소리가 반영된 표현이기도 하다. 얀테의 법칙은 다음과 같다.

1. 당신이 특별하다고 생각하지 말 것
2. 당신이 좋은 사람이라고 생각하지 말 것
3. 당신이 더 현명하다고 생각하지 말 것
4. 당신이 더 나은 존재라고 상상하지 말 것
5. 당신이 더 많이 안다고 생각하지 말 것
6. 당신이 더 우월하다고 생각하지 말 것
7. 당신이 무엇이든 잘한다고 생각하지 말 것
8. 우리를 비웃지 말 것
9. 모두가 당신을 배려해야 한다고 생각하지 말 것
10. 우리를 가르칠 수 있다고 생각하지 말 것

그리고 마지막 단은 법칙 대신 질문 형식으로 "11. 우리가 당신에 대해 아는 것이 없다고 믿는가?"라고 적혀 있으나, 보통 10개 항목까지만 포함한다.

스웨덴 지도층은 수수한 자동차를 타고 다니고, 겸손한 자세를 선호한다. 스웨덴 정치인이나 공기관의 지도층은 업무 중을 제외하고는 운전기사는 물론 공용차도 사용하지 않는다. 스웨덴 문화에서 좋은 자동차를 선택하는 것은 그저 기호일 뿐 지위와는 상관이 없다. 다른 한편 '얀테의 법칙'은 스웨덴 지도층에게 항상 빼어난 사람이 되어야 하며 모든 책임을 자신이 져야 한다는 부담을 덜어 주는 이점도 있다. 따라서 사회 모든 계층이 책임을 나눠 짊어지는 문화가 합의의 문화를 달성하는 데 큰 이점으로 작용될 수 있는 것이다. 바로 이런 독특한 문화가 있기에 위아래가 다 같이 책임과 명분을 나누고 협조할 수 있으며, 합의제와 평등주의는 그 표현이라고 할 수 있다(Alexander 2008, 35).

스웨덴은 세계 최상의 브랜드를 여러 개 보유하고 있으며 이는 스포츠 분야에서도 마찬가지다. 그러나 스웨덴 사람은 승부, 특히 1등에 그리 집착하지 않는다. 1994년 월드컵에서 브라질 1위, 이탈리아 2위, 그리고 스웨덴은 3위를 했다. 당시 이탈리아 팀이 귀국했을 때 로마 공항에서 이들을 맞이한 것은 1등을 못했다는 이유로 야유하는 국민이었다고 한다. 그러나 스웨덴 팀은 알란다 공항에서 수백 명의 환호를 받았으며 마차를 타고 스톡홀름 시내를 행진했고 3일간 축제가 열렸다. 역시 1994년 릴레함메르Lillehammer 동계올림픽에서 크로스컨트리 종목에 출전한 한 스웨덴 스키 선수는 기자가 경기 전망을 묻자 40명 가운데 10, 11위를 할 것 같다고 했는데 실제로 10위로 들어왔다. 결과에 대한 소감을 기자가 묻자 10위를 했으니 괜찮다고 답했다. 한국 선수가 올림픽에서 동메달을 따고도 죄인이 되어 고개를 숙이는 것과 극적으로 대조된다. '2등은 아무도 기억하지 않는다'라는 경쟁 최우선주의는 현재 한국 사회의 시대정신이 되어 버렸다. 경쟁과 1등, '죽기 아니면 까무러치기'와 같은 한국인의 일상 문화가 '라곰'과 '얀테'와 얼마나 거리가 있는지를 보여 주는 예다.

스웨덴이 배출한 기라성 같은 스포츠 스타를 기억하는 것보다 더 중요한 것은 전 국민의 체육 참여율이 세계 최고 수준이라는 것이다. 여기에서 세계 최고의 우수성과 중용의 공존을 해명하는 열쇠가 있다. 한국 아이들은 어려서부터 경쟁과 승리에 관한 교육을 받는다. 경쟁의 승리는 좋은 학교, 좋은 직업, 좋은 보수, 명예로 이어진다. 스웨덴에서도 아이들에 대한 훈련과 교육은 매우 중요한 사항이다. 그러나 경쟁과 승리보다는 자기 발전과 자기만족이라는 점을 좀 더 중요하게 다룬다. 그리고 실효성과 통합을 추구하는 데에 힘을 쏟고 있다.

자유를 강하게 수호하는 스웨덴 사회에서는 반反 얀테법칙주의자도 등장하고 있으며 또 다른 한편 얀테라겐이 오늘날 약화되는 것에 대한 재건 운동도 일고 있다. 얀테라겐은 민주주의에 필수적인 것으로 보며 얀테라겐을 통한 보편주의적 복지국가 증진을 더욱 강하게 주장하는 집단도 있다.

3) 자유와 사회규범

알레만스래트

개인의 자유와 책임을 동시에 요구하는 사회규범적 의미를 지닌 '알레만스래트'allemansrätt는 라곰과 더불어 가장 스웨덴적인 동시에 특정한 사회적 가치를 표현하는 개념이다. 이 개념은 서유럽 사람들에게까지 큰 관심을 끌고 있다. 알레만스래트는 공공의 접근권 혹은 사용권으로 번역할 수 있는데, 자연과 환경에 대한 모든 사람의 동등한 권리를 의미하는 동시에 자연과 환경에 관한 시민의 보호 의무를 내포한다.

알레만스래트에 따라 스웨덴의 모든 자연은 시민들에게 열려 있다. 스웨덴 국민은 물론 거주민은 숲이나 호수 등 자연을 만끽할 권리가 보장되어 있어 어디에서든지 산보, 소풍, 캠핑, 물놀이, 낚시 등을 즐길 수 있다. 개인뿐만 아니라 집단이나 직장의 야외 행사에도 같은 조건으로 활용할 수 있다. 그러나 이와 동시에 반드시 유념할 사항들이 있다. 자연 파괴나 동물을 해치는 일, 혹은 다른 사람이나 땅 주인에게 피해를 주지 않아야 하는 일들이다. 따라서 스웨덴 거주민은 물론 관광객도 이를 지켜야 한다. 스웨덴 EPA는 자연은 모두의 것이기 때문에, 어디에서든 자연을 마음껏 즐길 수 있는 권리가 있지만 시민적 책임에 따라 '방해 불허 및 파괴 불허'inte störa- inte förstöra를 지켜야 한다고 강조한다.

'allemansrätt'는 복합 단어로 'all(e)+man(s)+rätt', 즉 '모든 사람(의) 권리'라는 뜻을 품고 있다. 이 규정은 기본법에 정해져 있으나 일반 '법'의 범주에는 속하지 않아 정확하게 무엇은 되고 무엇은 되지 않는지가 분명하지 않다. 다만 허용하는 것들의 범주를 나열할 뿐이다. 아주 드물게 발생하는 현상이지만 만약 자연을 해치는 심각한 사건이 발생했다면 이에 대해서는 법원이 개입해 판단한다. 이 규정의 특성은 법으로 다스리는 것에 중점을 두는 것이 아니라 아주 오래전부터 조상들이 자연을 아끼고 즐기던 전통적인 생활 습관을 문화적 유산으로 이어 가며 국민 모두가 이런 배려 문화를 생활화하는 데 목표를 두고 있다는 것이다.

이 개념이 1930년대 하나의 규정으로 명문화된 배경에는 산업사회에서의 도시 거주 빈곤 계층이 각박한 일상생활에서 벗어나 여유를 갖게 하자는 취지가 있었다. 전원주택을 소유한 부유층들은 쉽게 자연을 즐길 수 있으나, 그런 여유가 없는 저소득층을 위해 사회가 대신 이를 제공하자는 사회복지적 가치가 여기에 담겨 있다. 동시에 아무도 특별하지 않고 모두가 동등하다는 의미에서의 얀테라겐 정신을 볼 수 있다. '자유와 책임'은 스웨덴 사회의 작동 원리를 가장 집약적으로 표현하는 말이다. 각종 사회 조직 내에서 스웨덴 사람은 서로를 동등하게 대하며 상급자의 감시와 통제로부터의 자유를 누리나, 동시에 이는 강한 책임, 특히 집단과 공동체에 대한 강한 책임을 수반한다. 그래서 인구밀도가 높은 도시 중심의 녹지대에 대한 알레만스래트를 매우 중시한다. 이를 지켜 갈등을 피할 수 있고 이 규정 덕에 서로 즐거움이 더해질 수 있다는 것이다.

스웨덴 인구 가운데 낚시를 즐기는 사람은 약 1백만 명으로 가장 큰 취미 집단이며 약 40만 명은 사냥을 즐긴다. 이들을 위해 모든 물가는 낚시꾼에게 허용되며 산 또한 사냥꾼에게 열려 있다. 다만 낚시나 사냥에 대한 별도의 규정을 반드시 지켜야 한다. 그리고 초가을이면 가족과 함께 블루베리, 링곤베리 등 열매 따기와 버섯 채취를 즐긴다. 이들을 위한 알레만스래트의 사항은, "산이나 숲에서 열매, 꽃, 버섯을 자유로 채취할 수 있다. 다만 일부 희귀 과에 속하는 꽃이나 식물은 보호되어야 한다"라고 명시하며 자세한 내용은 EPA 홈페이지나 코뮨에 문의하게 한다.

한편 버섯 채취자들의 안전을 위해 국립자연박물관은 매년 가을이면 무료로 버섯을 감정해 주어 독버섯에 의한 사고를 미연에 방지한다. 알레만스래트에 의한 문화는 스웨덴뿐만 아니라 핀란드·아이슬란드·노르웨이 등에서도 찾아볼 수 있다.

4) 자기주장과 토론 문화를 발달시킨 언어

"야 튁게르 앗트(Jag tycker att)……"

스웨덴은 토론 문화가 대단히 활성화되어 있다. 일찍이 초등학교 저학년부터 마주 앉거나 4명이 둘러앉아 작은 과제를 완성하기 위해 토론을 한다. 대학 과정에서 주어지는 보고서 가운데는 집단으로 조사 논문을 쓰게 하는 경우가 많다. 흔히 스웨덴 언어는 토론과 논쟁에 잘 어울리는 말이라고들 한다. 마치 노래에는 영어가 가장 잘 어울리고 영화에는 불어가 잘 맞는다는 대중적 의견과 같은 맥락이다.

언어는 생각을 표현하는 도구인 동시에 관계를 규정하고 문화를 만든다. 따라서 한국과 같은 권위주의 사회에서 말문을 열지 못하는 이유 가운데 하나는 표현하는 언어가 적합하지 않아서가 아닐까 생각한다. 예를 들어 상관의 의견 앞에서 "제 생각에는……", "제 의견은……"이라고 시작했다면 이는 대단히 당돌한 모습으로 비춰진다.

스웨덴에는 이런 환경을 극복하기에 아주 쉽고 매력적으로 접근할 수 있는 용어 "Jag tycker att……"I think that……가 있다. "내 생각은"을 동사구문으로 표현한 말이다. 서구 언어에서 생각을 나타내는 표현 방식은 대체로 단순하나 이것은 영어나 독일어와도 다르게 그 의미와 뉘앙스가 스웨덴의 특성을 반영한다. 영어의 'think'를 대신하는 스웨덴 말에는 'tänker'(탱

케르)와 'tycker'(튁게르)의 두 가지가 있는데 사용하는 용도와 의미하는 바가 아주 다르다. 이 두 단어는 초기 스웨덴 어를 배울 때 매우 혼동을 일으키기도 한다. 예를 들어 "Jag tänker……"는 "나는 …… 생각한다", "나는 …… 고려한다"라는 뜻이나, "Jag tycker……"는 "나의 생각은……", "나의 의견은……"으로 개인의 경험과 의견을 말한다.

저녁 식탁에 둘러앉은 스웨덴 가족 간의 대화를 지켜보면, 3~4세의 어린아이부터 어른에 이르기까지 "Jag tycker……"로 의견을 말했을 때 누구도 그 이야기에 대해 반박하지 않는 광경을 볼 수 있다. 예를 들어, 한국의 경우 식탁 앞에서 아이가 "이거 맛없어!"라고 한다면 엄마는 "맛있어!"라고 한다. 엄마와 아이는 자기 의견을 객관화된 언어로 표현한다. 여기에서 '맛이 있다', '맛이 없다'만을 보면 각자의 의견이 어떤지에 앞서 옳고 그름을 판단하는 식이 된다. 따라서 엄마는 아이에게 맛이 있다며 음식을 먹도록 강요한다. 그러나 스웨덴식의 "Jag tycker att det inte är gott"(내가 생각하기엔 맛없어)에 대해서는 엄마도 아빠도 아이가 경험한 그 의견을 바꿀 권한이나 의지가 없다. 직장이나 각종 팀 토론에서도 마찬가지다. 여기에서 'tycker'가 나타내는 의미는 개인의 경험적이고 개별적인 의견은 강한 근거가 있는 것이니 반드시 존중되어야 한다는 것이다. 동의하지 않는다면 그것과 다른 의견을 피력하면 그뿐이지 '아니야', '틀렸어' 등으로 반박해서는 안 된다. "Jag tycker……"은 옳고 그름이 아니라 개별적 의견을 표현하는 것이다.

'합의 문화'에서 살펴본 의사 결정 과정의 5단계는 단계별 실질적 토론을 전제로 한다. 조사 과정에서는 실증적 자료 외에도 많은 의견을 들어야 한다. 특히 '안정성 확보'의 단계가 거쳐야 하는 세미나나 토론회 과정에서는 격한 의견이 오갈 수 있다. 이에 'tycker'는 자기 의사를 강하게 피력하는 무기로도 사용된다. 자신의 개별적 의견을 말한다는 것을 전제하고 모두가 이를 받아들이기 때문에 누구나 말문을 쉽게 열 수 있는 것이다. 이를 듣는 사람은 우선 말이 끝날 때까지 들어야 한다. 이때 'tycker'는 이후 의견을 조율할 수 있는 가능성을 내포한다. 중간 단계의 토론에서 참가자들의 의사 표출이 많을수록 공통분모를 찾기는 오히려 쉽다. 그렇기 때문에 이 단계에서 토론은 오랜 시간을 요한다. 오히려 동의를 모으는 결정 단계에서는 조용히 결론이 나거나, 다수를 따르게 된다.

훌륭한 토론 문화가 이루어지는 곳에서는 상대방의 의견이 존중되어야 하며 동시에 본인의 의견도 명확히 전달되어야 한다. 되도록 많은 의견이 주저 없이 제기되어야 한다. 이런 토론 문화가 정착된 배경에는 스웨덴식 언어가 주는 이점이 큰 역할을 했을 것이다. 이런 언어문화는 공동체 내부에서 사람들 간의 관계를 설정하거나 갈등을 예방하는 유력한 수단이 되고 있다.

언어는 사회적 요구에 의해 발전되며 시대 변화에 따라 진화해 가는 것이다. 따라서 유행하는 언어의 정리 또한 필요하며 국제화와 IT의 발전에 따른 모국어의 보호와 외래어 표기법 정돈은 대단히 중요하다. 언어 변화에 따라 새로운 어휘를 창조하고 사회적 개념을 정리하기 위해 스웨덴 국회 도서관은 매년 수정·보완된 언어 규정집을 소개한다. 이에 따라 국민들은 동일한 표기법과 개념을 사용해 사고와 대화의 혼선을 피할 수 있으며 합의를 이루는 데도 상당한 도움을 받을 수 있다. 스웨덴 정부는 보편적 의미를 지닌 모든 사회정책의 명칭 앞에 '공공' 또는 '모두'라는 의미를 가진 'allmän'을 붙인다. 그래서 아동 수당allmänna barnbidrag, 기초 연금allmän pension, 의료보험allmän sjukförsäkring 등도 그 예인데, 이를 통해 사람들로 하여금 이런 정책은 '모든 사람이 누릴 수 있는 권리'를 보장한다고 여기게 한다.

5) 공동체를 이루는 합창 문화

스웨덴 사람은 노래하기를 즐기며 인구당 합창단이 세계에서 가장 많은 국가군에 속한다. 또한 합창곡과 찬송가 등이 많은 국가 가운데 하나다. 합창단의 노래는 교회·학교·직장에서 하지제나 성탄절 같은 명절에 즐겨 불린다. 합창단은 오랜 역사를 갖고 발전되어 왔다. 이미 1880년대를 거슬러 올라가 대학생 합창단이 국제 유럽 음악 경연 대회에 참가한 것을 비롯해 1909년 남성 합창단이 구성되었고 1925년에는 전국 합창단 협회가 만들어졌다. 현재 전국합창단협회 회원은 5백여 개가 되며 교회 합창단은 6천 개가 넘는다. 이런 조직 속의 합창단을 제외하고라도 지역의 아동, 남성, 여성, 직장인 등 사람이 있는 곳이라면 어디에나 합창단이 만들어진다. 이들이 합창단에 참여하는 이유를 물으면 "음악을 위해서"라기보다 "함께하기 위해서"라는 대답이 더 많으며 합창단에서 노래하는 것 자체를 자기 발전으로 여긴다. 오늘날은 (공공 기관이든 사기업이든) 직장을 중심으로 합창단이 증가하는 것을 쉽게 발견할 수 있다. 이에 회사 측은 직원들의 신체적 건강과 사회성에 도움이 된다고 믿고 이를 보조한다. 더욱이 스웨덴 합창단은 스웨덴의 국가 홍보 수단으로도 사용된다.

이런 합창과 음악 혹은 소규모 오케스트라단이 발전한 것은 일찍이 음악교육을 강조해 초등학교 2학년부터 누구나 악기를 다루는 기회를 누렸고 기초 교육과정의 전 기간에 걸쳐 이에 관한 교육과 훈련이 이루어진 결과라고 볼 수 있다. 더욱이 재질을 갖춘 아동은 특별히 개인 돈을 들이지 않더라도 전문 음악교육을 받을 수 있는 보편주의적 평등 교육 시스템의 혜택을 입은 바가 크다. 1970년대 아바ABBA를 비롯하여 1980년대 말 록셋Roxette이나 에이스 오브 베이스Ace of Base 등은 오랫동안 큰 인기를 끌며 세계 팝뮤직계의 상위권을 차지하고 있었다. 특히 에이스 오브 베이스의 데뷔 앨범인 〈Happy Nation〉은 2,300만 장이 판매되면서 기네스북에 실릴 정도였다. 1990년대 초 스웨덴의 경제 위기가 전 사회에 먹구름을 드리우자 예술 분야에 대한 정부 예산도 삭감되었다. 이에 항거한 문화·예술인들은 "오늘날 외화 소득의 가장 효자 노릇을 하는 분야가 음악 분야다. 이것은 국민의 집이 가져온 결과다"라고 외치며 예산 삭감에 강하게 반발했다. 그리고 아바의 전 음악을 담은 뮤지컬 〈맘마미아〉Mamma Mia는 아바의 음악을 전 세계에 다시 한 번 확산시켰을 뿐만 아니라 스웨덴을 미국과 영국에 이어 세계 제3위의 영어 팝뮤직 생산국이 되게 했다.

음악, 특히 합창이 합의 제도와 관련해 중요한 의미를 갖는 것은 이것이 사람들을 한데 모아 화합과 통합을 이루는 사회적 기능을 하기 때문이다. 스웨덴의 합창 문화는 분명히 사회 공동체에 긍정적인 스웨덴 생활 문화의 일부를 이룬다.

3. 전통문화와 공동체 의식

앞서 지적했지만 스웨덴 국민이 즐기는 가장 대표적 명절은 하지제와 성탄절jul이다. 북쪽에 위치한 까닭에 사계절의 변화가 뚜렷하지 않고 길고 어두운 겨울과 그 반대로 짧고 환한 여름을 삶의 자연 조건으로 사는 사람들에게 이 두 명절은 의미가 크다.

16세기 종교개혁의 영향이 전 유럽에 미치면서 스웨덴도 루터교회가 국가 종교로 자리 잡았고, 성탄절과 부활절은 스웨덴의 민속 명절이 되었다. 1년 가운데 가장 어둡고 긴 12월에 크리스마스 4주 전 첫 일요일부터 어드벤트Advent 촛불을 밝힌다. 집집마다 창가엔 '성탄 촛대등'juladvent이

켜지는데 물론 전기 촛불이기는 하지만 전통적인 모습을 대체로 유지한다. 그리고 시가지는 화려한 크리스마스 장식으로 수놓아 한 달 가까이 축제 분위기에 휩싸인다.

12월 행사에서 중요한 것은 성탄절을 맞이하기 전 12월 13일에 행해지는 루시아Lucia 행렬이다. 중세부터 내려온 이 전통은 어둠을 밝히는 천사들의 행렬로 온 동네를 밝히고 축복을 비는 의미를 갖는다. 루시아 행렬은 새벽에 시작하여 골목을 돌며 이따금 아는 집을 방문하면 따스한 커피와 루시아 사프란 빵을 대접받는다. 그리고 행렬은 마을 광장에 모여 합창을 하며 마을 사람들과 축제 마당을 연다. 루시아 행렬에 참여하는 대원들은 대부분 여자이며 밝음을 상징하는 하얀 가운을 입는다. 행렬 선두에는 천사 '루시아'가 머리에 촛불로 된 왕관을 쓰고 앞을 밝히며 그 뒤에는 손에 촛불과 별이 달린 막대기를 든 행렬이 '루시아' 노래를 합창하며 따른다. 루시아 축제 전날 밤은 자연의 악신이 마을을 해친다는 미신에 의해 천사 '루시아'가 어둠 속에서 모두를 보호해 주기를 기원하며 밤을 새우는 전통이 있다. 한국에도 '산타 루치아'로 잘 알려진 'Lucia'는 시칠리아의 이름으로 '빛'이라는 뜻이며 원래 라틴어의 'lux'에서 온 것이다. 이 전통은 이탈리아와 독일 등에서 전파된 것이나 스웨덴은 이를 북유럽의 어둠을 밝히는 상징으로 재해석하여 스웨덴 문화로 만들었다. 1900년 이후 스톡홀름의 스칸센Skansen에서 최초로 형식을 갖춘 루시아 행렬이 이루어진 이래 현대에 와서는 양로원, 어린이집, 학교, 직장, 교회 등 각지에서 소규모로 진행되고 있으며 한겨울을 밝고 따스하게 만드는 공동체

● 'adventus'라는 라틴어에서 유래한 것으로 '도래한다'는 뜻을 가지고 있으며 이는 기독교 문화에서 아기 예수의 탄생과 구세주의 재림을 기다린다는 의미로 사용된다.

문화 행사로 자리 잡았다.

여기에서 흥미로운 것은 루시아의 선발 과정이다. '빛'을 상징한다는 의미로 루시아는 금발에 키가 큰 전형적인 스웨덴 미인이 오랫동안 선발되어 왔다. 그러나 사회 구성원이 다양해지기 시작한 1980년대 이후부터는 그런 개념이 사라졌으며 검은 머리나 피부색이 다른 사람도 지방신문을 통해 주민 투표로 선발되며 더욱이 남성과 여성이 혼합된 행렬 모습은 스웨덴의 평등 의식과 통합 사회의 특성을 여실히 보여 준다.

스웨덴의 성탄절도 한국의 명절과 같다. 25일 전후로 3일간 연휴를 보내며 모든 친척이 모처럼 모여 함께 보내는 최대 명절이다. 성탄절을 중심으로 전통적인 음식과 음료를 마련하고 가족이 모여 함께 즐기는 것은 어느 나라와 다를 바 없다. 그러나 스웨덴의 크리스마스 전통에는 자연과 이웃을 생각하는 숨은 이야기가 있고, 산타 할아버지에 대한 설화도 우리가 아는 바와 다르다. 스웨덴의 산타 할아버지는 굴뚝을 통과해 선물을 전해 주는 늙고 근엄한 할아버지가 아니라 어린아이 크기의 작은 몸매를 가진 정령精靈으로 크리스마스이브 저녁나절에 집을 방문한다고 믿는다. 이 정령을 율톰테Jultomte라고 부른다. 스웨덴 신화에는 동물이 말을 하는 등 자연 세계와 인간 세계가 교감하는 내용을 담은 전설이 많다. 노르딕 신화에 따르면 톰테tomte는 마을 숲에 사는 정령들로 마을의 모든 가축을 다스리는 존재다. 평소에는 선하고 평화로우나 심기를 잘못 건드리면 가축에게 해를 입혀 한 해 농사를 그르치게 한다는 이야기가 전해 내려온다. 이들에게 '내년 한 해를 잘 돌보아 주십사' 하는 뜻으로 크리스마스 전날에 음식을 대접하는 풍습이 있었다. 그러나 근대에 와서는 율톰테가 전 지역을 돌며 아이들에게 무사히 선물을 전달하도록 음식을 대접해야 한다는 이야기로 바뀌었다.

이를 지키기 위해 12월 24일에는 전통적인 일과를 따른다. 전통적으로 짜여진 텔레비전 프로그램 〈도널드 덕Donald Duck의 크리스마스〉Kalle Ankas jul는 1959년 이래 매년 같은 시간에 같은 프로그램을 온가족이 본다.● 그리고 어둠이 짙어지는 오후 4시경에는 율톰테를 위해 쌀죽과 쉰까skinka(고기 요리) 등을 밖에 내놓는다. 그리고 천사의 목을 축이기 위해 천사 그림이 있는 술병을 내놓고, 죽음을 예방하기 위한 뜻으로 문밖에는 밤새 불을 밝힌다. 혹은 조상들의 영혼을 맞이하기 위해 음식 한 상을 문밖에 차려 놓는다. 음식이 밖에 있는 동안에는 아이들도 나가지 못하게 하고 이를 보지도 못하게 한다. 그래야 율톰테, 천사, 조상들이 마음 놓고 먹을 수 있다고 설명한다.

지금까지 대부분의 가정이 이런 전통적 풍습을 지켜 왔는데, 음식을 나누는 배경에는 사실 다른 뜻이 담겨 있다. 스웨덴은 1900년 초까지는 복지사회가 건설되기 전이어서 매우 가난했고 굶주린 사람들이 많아 크리스마스 음식을 변변히 차리지 못한 가족이 많았다. 부유한 가정의 문밖에 차려 놓은 음식은 사실은 율톰테를 빙자해 이웃에게 베푸는 나눔의 행위였고 불빛으로 음식을 찾게 했으며 그것을 보지 않는 것으로 그들의 자존심을 살려 주는 미덕으로 설명된다. 어린 아이들의 상상력을 위해 전설은 아직도 그대로 지켜지는데, 오늘날에는 가난한 이웃 대신 추운 겨울에 먹을거리가 부족한 동물들이 배를 채운다.

● 1958년 12월 19일 〈도널드 덕과 그의 친구들의 성탄 축하〉(Kalle Anka och hans vänner önskar God Jul)가 미국에서 최초로 상영된 뒤, 스웨덴에서는 그 다음 해부터 〈도널드 덕의 크리스마스〉라는 이름의 가족 프로그램으로 방영되었다. 항상 마지막 장면이 〈촛불 속의 그 별(예수)을 보라〉라는 여치의 노래로 마무리된다. 40여 년간 매해 같은 시간에 방영했는데 2002년 재정 문제로 중단될 위기에 처했다. 그러나 스웨덴 국민들의 항의가 거세 스웨덴 텔레비전 국립 방송은 이를 계속했다. 스웨덴은 이토록 전통화된 관행을 유지하는 특유함이 있으며 오늘날도 약 3백만 명(전체 인구의 35퍼센트가량) 이상이 이를 시청한다고 한다.

스웨덴의 대표적 크리스마스 음식으로는 쉰까를 꼽을 수 있으며 모든 음식과 음료에 '율'jul(크리스마스)을 붙여 율쉰까julskinka, 율무스트julmust(탄산음료), 율욀julöl(맥주), 율브로드julbröd(빵) 등으로 분위기를 돋운다. 율쉰까는 돼지 엉덩이 부위로 대부분 집에서 만드는데 이 과정에서 비계와 기름 부분을 떼어 끈으로 묶고 나무에 매다는 풍습이 있다. 이것은 먹이가 부족한 겨울새들에게 지방질을 제공하기 위해서다. 그리고 성탄 준비물에서 알곡이 있는 볏단도 빠지지 않는데 이 또한 새들의 먹이로 크리스마스 2~3일전 나뭇가지 사이에 끼워 놓는다. 이렇게 성탄절을 준비하며 자연과 이웃이 함께 즐긴다. 그리고 25일에는 가까운 교회를 방문하는데 1년에 한 번 교회를 가는 국민이 다수다.

이런 미담은 어느 사회에서나 찾아볼 수 있다. 그러나 중요한 것은 이런 문화가 일상생활에 어느 정도나 스며들었으며, 얼마나 오래 지속되는지에 있다. 전통을 지키되 재빨리 현대화하는 실용주의적 접근 방법을 보면 모든 것이 변화되는 듯싶으나 스웨덴식 사고방식은 잘 변하지 않는다. 일상에서의 나눔 정신과 사회적 연대를 모두의 이득으로 간주해 이를 존중하고 준수하는 것은 성숙한 시민 문화의 유산이다. 목적과 옳은 가치를 위해, 느리지만 달팽이처럼 행진하는 것이 스웨덴 스타일이라고 한다. 흔히 스웨덴 복지국가의 건설은 '달팽이의 느리고 긴' 여정으로 비유된다(Englund 2002, 10). 여기에서 달팽이가 찾아가는 집은 '국민의 집'을 상징하며, 오늘날에는 '녹색 국민의 집'으로 상징된다.

또한 스웨덴은 사회적 약자, 소수자나 장애를 지닌 사람들이 자기 생활을 안정적으로 영위할 수 있도록 그들의 권리와 기회를 뒷받침하는 성숙한 사회다. 그리고 사회제도적으로 개인 자유의 신성함을 보장하지만 어느 특정 계층이 이익을 독점하는 것은 용납지 않으며, 공동의 이익을 위해 사회적 공감대를 이끌어 내는 힘 등이, 스웨덴을 선진화 지수에서 1

위를 차지하고 세계에서 가장 문명화된 사회이자 가장 발달된 민주주의 국가의 하나로 호평받게 하는 이유라고 할 수 있다.

그러나 스웨덴은 결코 지상에 실현된 낙원도 아니며 행복한 전체주의 국가도 아니다. 그렇다고 전통 복지국가를 하나하나 허물며 세계화 물결 속에 동참하는 국가는 더욱 아니다. 스웨덴은 자유·연대·복지·환경과 같은 근대적 이상을 향해 현실이라는 거친 여로에서 오늘도 좌우를 더듬으며 느리지만 쉬지 않는 달팽이의 행로를 계속하고 있다. 어찌 보면 순하고 부지런한 이 달팽이의 행로에서 21세기 인류는 자신의 미래에 관한 큰 시사점을 발견할 수 있을지 모른다.

약어표

1. 정부 및 지방자치단체 기관

AF	고용지원청	Arbetsförmedlingen
AMS	노동시장위원회	Arbetsmarknadsstyrelsen
AMV	노동시장청	Arbetsmarknadsverket
AV	노동환경청	Arbetsmiljöverket
EPA	환경보호청	Naturvårdsverket
HAS	보건의료책임위원회	Hälso- och sukvårdens ansvarsnämd
IAF	고용보험청	Inspektionen för arbetslöshetsförsäkringen
IFAU	노동시장정책평가기관	Institutet för arbetsmarknadspolitisk utvärdering
Keml	국립화학검증국	Kemikalieinspektionen
LFN	의약품급여위원회	Läkemedelsförmånsnämnden
RFV	사회보험청	Riksförsäkringsverket (2005년부터 FK Försäkringskassan가 되었다)
SBU	국가보건의료기술평가위원회	Statens beredning för medicinsk utvärdering
SGU	지질국	Sveriges geologiska undersökning
SKL	스웨덴기초단체및광역정부연합회	Sveriges kommuner och landsting

2. 사회단체

ABF	노동자들을위한교육센터	Arbetarnas bildningsförbund
CAN	알코올·약물보호협회	Centralförbundet för alkohol- och narkotikaupplysning
CSA	사회복지사연합회	Centralförbundet for socialt arbete
DACO	민간부문사무직노동조합연맹	De Anställdas Centralorganisation
FBF	프레드리카-브레메르-협회	Fredrika-Bremer-Förbundet
FI	페미니스트이니셔티브	Feministiskt initiativ
HSO	전국장애인총연맹	Handikappförbunden
IFBP	국제전문직여성협회	International Federation of Business and Professional Women
IFUW	세계대학여성협회	International Federation of University Women
IWSA	국제여성선거권연맹	International woman suffrage alliance
LKPR	여성참정권전국연합	Landsföreningen för kvinnans politiska rösträtt
LO	스웨덴전국노동조합총연맹	Landsorganisationen i Sverige
PRO	연금수령자전국조직	Pensionärnas riksorganisation
ROKS	스웨덴여성의집전국연합	Riksorganisationen för kvinnojourer i Sverige
SABO	공공주택건설회사전국연합	Sveriges allmännyttiga bostadsföretag
SACO	전문직노동조합연맹	Sveriges Akademikers Centralorganisation
SAF	스웨덴경영자총연맹	Svenska arbetsgivareföreningen
SARF	일반선거권투쟁협회	Sveriges allmänna rösträttsförbund
SKR	스웨덴여성·청소녀의집전국연합	Sveriges kvinno- och tjejjourers riksförbund
SPF	스웨덴연금수령자협회	Sveriges pensionärsförbund
SYACO	청년·지식인노동조합연맹	Sveriges Yngre Akademikers Centralorganisation
TCO	사무직노동조합연맹	Tjänstemännens Centralorganisationen
VF	스웨덴금속산업경영자협회	Sveriges verkstadsförening

참고문헌

1. 1차 자료

Arbetsmarknadsstyrelsen. 2005. "Arbetslivsfakta." http://www.av.se/dokument/statistik/alf/alf2005_2.pdf
Doughty, Carter. 2008. "Stopping a Financial Crisis, the Swedish Way." *The New York Times* 2008/09/23.
Försäkringskassan. 2008. "Social Insurance, General Information about Social Insurance." Försäkringskassan.
_____. 2008. "Tiden som pensionär, Den Allmänna Pensionen." Försäkringskassan.
_____. 2008. "Om du är sjuk och inte kan arbeta." Försäkringskassan.
_____. 2008. "Om du har en funkionsnedsättning." Försäkringskassan.
_____. 2008. "Till alla barnfamiljer." Försäkringskassan.
_____. 2008. "Till efterlevande." Försäkringskassan.
Issaksson, Pär. 2009. "Chinese Views on Swedish Management-Consensus, Conflict-handling and the role of the team." *Vinnova Report VR* 2009: 33.
Lindqvist, Michael. 2000. "Miljonprogrammet-planeringen och uppförandet." NVMA 3. http://www.micral.se/miljonprogrammet/Miljonprogrammet.pdf
RFV. 2000. "Automatisk balansering av ålderspensionssystemet." redovisning av Regerings Berakninsgrupp, 2000:1, Riksförsäkringsverket.
_____. 2002. "Socialförsäkringsboken 2002." Årets tema: Ide och verklighet i handikappolitiken, Riksförsäkringsverket.
_____. 2002. "The Swedish Pension System Annual Report, 2002." Riksförsäkringsverket.
_____. 2003. "Pensionssystemets Årsredovisning, 2003." Riksförsäkringsverket.
_____. 2003. "Socialförsäkringsboken 2003." Årets tema: Mamma, Pappa, barn-tid och pengar, Riksförsäkringsverket.
Samhall. 2006. "Samhalls årsredovisning för 2006." http://www.samhall.se/up-

load/Dokument/%C3%85rsredovisning%202006.pdf
SCB. 2007. "Antal lägenheter efter hustyp och region. År 2007." http://www.scb.se/Pages/PressRelease____236908.aspx
Skolverket. 2002. "Det svenska skolsystemet." http://www.skolverket.se/cotent/1/.../V007_1%20Det%20svenska%20skolsyst.pdf
Stockholms läns landsting. 1992. *Kvalitetspolicy for hälso- och sjukvården*.
_____. 2004. *Verksamhetsplan- beställarkontor vård*.
Swedish Institute. 2003~09. *Fact Sheets on Sweden*. The Swedish Institute(Si).
Swedish Social Democratic Party. *Socialdemokraterna, Sweden*.

2. 논문 및 단행본

김철주 외. 2008. 『스웨덴 사회복지의 실제』. 양서원.
김윤권 편저. 2008. 『스웨덴의 행정과 공공 정책』. 법문사.
미야모토 타로(宮本太郞). 2003. 『복지국가 전략: 스웨덴 모델의 정치경제학』. 임성근 옮김. 논형.
신필균. 2005. "스웨덴 노령연금 개혁: 고령화 시대의 연기금 고갈 방지 대책." 『경제와 사회』 66호.
알프레드손, 카린. 2008. 『양성평등: 스웨덴이 걸어온 길』. 외국어대학교 옮김. The Swedish Institute(Si).
에스핑-안데르센, 에스타(Gösta Esping-Andersen) 엮음. 『변화하는 복지국가: 글로벌 경제에의 적응』. 한국사회복지연구회 옮김. 인간과 복지.
한삼희. 2009. "생태도시 함마르뷔." 『조선일보』 2009/07/14.

Adler-Karlsson, Gunnar. 1967. *Functional Socialism: A Swedish Theory for Democratic Socialization*. Förlaget Prisma.
Alexander, John. 2008. *Consensus: The Hidden Codes of Swedish Leadership*. Stockholm: Inter Media Publications.
Andrén-Sandberg, Åke. 1991. *Aspekter på kvalitetsbegrepp inom sjukvården ur svenskt perspektiv*. BIM Förlag.
Antman, Peter. 1996. *Barn och äldreomsorg i Tyskland och Sverige: Sverigedelen*. Välfärdsprojektet Kunskap/Fakta nr 5, Rapport till Socialdepartementet.

Arvidsson, Göran, Bengt Jönsson and Lars Werköred. 1993. *Prioritering i sjukvården: etik och ekonomi*. Stockholm: SNS Förlag.

Aspling, Sven. 1992. *100 år i Sverige: vägen till folkhemmet*. Stockholm: Tidens Förlag.

Bergman, Helena. 1993. "Från Beroende till eget boende: Svensk åldringsvård under 1900-talet." seminarieuppsats Umeå universitet(stencil).

Berleen, Göran, Clas Rehnberg & Gunnar Wennström. 1993. *The Reform of Health Care in Sweden*. SPRI Report No. 339, Stockholm: SPRI.

Birgersson, Bengt Owe & Jörgen Westerståhl. 1992. *Den svenska folkstyrelsen*. Stockholm: Publica.

Borg, Per. 2004. *Systemskifte: en studie av tröghet vid fyra brytpunkter inom svensk välfärdspolitik*. Stockholm: Almqvist&Wksell International.

Boverket. 2007. *Bostadspolitiken: Svensk politik för boende, planering och byggande under 130 år*. Karlskrona: Boverket.

Broberg, Rolf. 1973. *Så formades tryggheten: socialförsäkringens historia 1946-1972*. Stockholm: Försäkringskasseförbundet.

Björklund, Anders & Per-Anders Edin & Bertil Holmlund & Eskil Wadensjö. 1996. *Arbetsmarknaden*. Stockholm: SNS Förlag.

Carlsson, Bo. 1969. *Trade Unions in Sweden*. Stockholm: Tiden.

Carlsson, Ingvar & Anne-Marie Lindgren. 2008. *What is Social Democracy?: A book about ideas and challenges*. Stockholm: Arbetarrörelsens Tankesmedja.

Culyer, Anthony J. m fl. 1992. *Svensk sjukvård: bäst i världen?*. Sylvia Berggren (övers.), Stockholm: SNS Förlag.

Dahl, Robert A. 2000. *On Democracy*. Yale University Press

Dahlgren, Göran. 1994. *Framtidens sjukvårdsmarknader: vinnare och förlorare*. Stockholm: Natur och Kultur.

Dahlström, Edmund red. 1971. *The Changing Roles of Men And Women: The Status of Women in Sweden-Report to the United Nations 1968*. Boston: Beacon Press.

_____. 1965. "Industriell Struktur." Dalström, Edmund red. *Svensk samhällsstruktur i sociologisk belysning*. Stockholm: Svenska Bokförlag(Norstedt).

Edelbalk, Per Gunnar. 1990. *Hemmaboendeideologins genombrott: åldringsvård och socialpolitik 1945-1965*. meddelanden från Socialhögskolan i Lund 1990:4.

Elmer, Åke & Staffan Blomberg & Lars Harrysson & Jan Petersson. 2000. *Svensk socialpolitik.* Lund: Studentlitteratur AB.

Englund, Karin. 2002. "A Research Project on the Slow Progress of the Snail in Rough Terrain." *On Creating Social Democracy: Speeches in Moscow March 2001.* Stockholm: Labour Movement Archives and Library.

Finansdepartementet. 1995. *Vad blev det av de enskilda alternativen?: En kartläggning av verksamheten inom skolan, vården och omsorgen.* Rapport till ESO (Expertgruppen för studier i offentlig ekonomi). Departementsserien(Ds).

Folksam. 2004. *Vår Trygghet 2004: Våra sociala rättigheter.* Lindström Idé & Produktion AB.

Fridholm, Merike & Maths Isacson & Lars Magnusson. 1976. *Industrialismens rötter: om förutsattninarna för den industirella revolutionen i Sverige.* Stockholm: Prisma.

Fritzell & Palme red. 2001. *Välfärdens Financiering och Fördelning.* Graphium/ Norsteds AB.

Föreningen Socialistisk Debatt red. 1972. *Från Palm till Palme: den svenska socialdemokratins program 1882-1960.* Stockholm: Rabén & Sjögren.

Gustafsson, Bo. 1988. *Den tysta revolutionen: Det lokala välfärdssamhällets framväxt-exemplet Örebro 1945-1982.* Stockholm: Gidlunds.

Gustafsson, Rolf Å. 1994. "'Traditionernas ok' inom arbetsmiljöpreventionen." Carlsson, Gösta & Ola Arvidsson red. *Kampen för folkhälsan: prevention i historia och nutid.* Stockholm: Natur och Kultur.

Hadenius, Stig, & Torbjörn Nilsson & Gunnar Åselius. 2000. *Guide till Sveriges historia.* Stockholm: Nordstedts.

Hallin, Bo & Sven Siverbo. 2003. *Styrning och organisering inom hälso- och sjukvård.* Lund: Studentlitteratur AB.

Hancock, M. Donald. 1972. *Sweden: The Politics of Postindustrial Change.* London: The Dryden Press.

HO. 2002. *Tänk tillgängligt.* Handikappombudsmannens 8: e rapport till regeringen.

Hedvall, Barbro red. 1975. *Kvinnan i politiken.* Stockholm: Fredrika-Bremer-förbundet, Trevi.

Hägg, Maud & Barbro Werkmäster. 1971. *Frihet, jämlikhet, systerskap: en handbok för kvinnor.* Stockholm: Författarförlaget.

Isaksson, Anders. 1996. *Per Albin III: Partiledaren.* Stockholm: Wahlström & Widstrand.

Issaksson, Pär. 2009. "Chinese views on Swedish management. Consensus, Conflict-handling, the role of the team." Vinnova Report VR 2009: 33. Verket för innovationssystem. http://www.vinnova.se/upload/EPiStore PDF/vr-09-33.pdf

Johnston, T. L. 1962. *Collective Bargaining in Sweden*. Cambridge, MA: Harvard University Press.

Jonsson, Anders & Lars-Olof Pettersson. 2002. *Ålderschocken: den bortglömda frågan*. Stockholm: Pensionsforum.

Karlsson, Sten O. 2001. *Det intelligenta samhället: en omtolkning av den socialdemokratiska idéhistorien*. Stockholm: Carlsson.

Landquist, John. 1963. *Pedagogikens historia*. Lund: Gleerup.

Larsson, Torbjörn & Henry Bäck. 2008. *Governing and Governance in Sweden*. Lund: Studentlitteratur AB.

Lindqvist, Michael. 2000. "Miljonprogrammet-planeringen och uppförandet." NVNA 3. http://www.micral.se/miljonprogrammet/Miljonprogrammet.pdf

Lindvall, Johannes & Bo Rothstein. 2006. "Sweden: The Fall of the Strong State." *Scandinavian Political Studies* Vol.29, No.1.

Linnér, Brigitta. 1972. *Sex and Society in Sweden*. New York: Harper & Row.

Litzell, Gunilla & Kaus Misgeld eds. 2002. *On Creating Social Democracy: Speeches in Moscow March 2001*. Stockholm: Arbetarrörelsens arkiv och bibliotek(ARAB).

Lundberg, Urban. 2003. *Juvelen i kronan: Socialdemokraterna och den allmänna pensionen*. Stockholm: Hjalmarson & Högberg.

Lundkvist, Sven. 1973. "Folkrörelser och reformer 1900-1920." Steven Koblik red. *Från fattigdom till överflöd: en antologi om Sverige från frihetstiden till våra dagar.* Stockholm: Wahlström & Widstrand.

Lundqvist, Torbjörn & Märta Carlsson. 2004. *Framtidspolitiken: visionen om ett hållbart samhälle i svensk politik.* Stockholm: Institutet för framtidsstudier.

Mitchell Juliet. 1972. *Den nya kvinnorörelsen*. Stockholm: PAN/Norstedt.

Montanari, Ingalill & Joakim Palme. 2004. "Convergence pressures and responses: Recent social insurance development in modern welfare states." *Paper to the annual meeting of Research Committee 19, Paris.*

Myrdal, Alva & Viola Klein. 1968. *Women's Two Roles: Home and Work.* London:

Routledge & Kegan Paul Ltd.

Nasenius, Jan & Kristin Ritter. 1974. *Delad välfärd: svensk socialpolitik förr och nu.* Stockholm: Esselte Studium AB.

Ohlsson, Per T. 2006. "Sweden 1936-2006: Still the Middle Way?." A Talk Presented by at Columbia University on Sep. 28, 2006. http://www.columbia.edu/cu/swedish/events/fall06/ohlsson_flyer2.pdf

Olofsson, Gunnar. 1993. "Det svenska pensionssystemet 1913-1993: historia, struktur och konflikter." *Arkiv för studier i arbetarrörelsens historia.*

Olsson, Lars. 1983. "Industrialiseringen, de äldre arbetarna och pensioneringen." Lars Tornstam. red. *Äldre i samhället: förr, nu och i framtiden del 2. probleminventeringar.* Stockholm: Liber förlag.

Palme, Joakim & Irene Wennemo red. 1996. *Generell välfärd: Hot och möjligheter?.* Stockholm: Norstedts Tryckerri AB.

Palme, Joakim red. 2001. *Privata och offentliga pensionreformer i Norden: slut på folkpensionsmodellen?.* Stockholm: Pensionsforum.

_____. red. 2001. *Hur blev den stora kompromissen möjlig?: Poitiken bakom den svenska pensionreformen.* Stockholm: Pensionsforum.

_____. 2003. "Pension reform in Sweden and the changing boundaries between public and private." Gordon L. Clark & Noel Whiteside eds. *Pension Security in the 21st Century.* Oxford: Oxford University Press.

Palme, Mårten & Annika Sundén. 2004. "Premiepensionen i det reformerade pensionssystemet: är det önskvärt att kunna välja mellan 663 fonder?." *Ekonomisk debatt* 3, 2004. Nationalekonomiska Föreningen.

Palme, Olof. 1972. "Tal vid Sveriges Socialdemokratiska kvinnoförbundes." 13:e kongress 5/9, Olof Palmes arkiv 2.4.0/040b.

Palmer, Edward. 2003. "Pension Reform in Sweden." in Norituki Takayama red. *Taste of Pie: Searching for Better Pension Provisions in Developed Countries.* Tokyo: Maruzen.

Rojas, Mauricio. 2005. *Sweden after the Swedish Model: From Tutorial State to Enabling State.* Stockholm: Timbro. http://www.timbro.se/bokhandel/pdf/9175665891.pdf

Rolfer, Bengt & Kerstin Wallin. 2006. *The struggle for a better life: the history of trade unions in Sweden.* Stockholm: LO-TCO.

Rothstein, Bo. 1985. "Managing the Welfare State: Lessons from Gustav Möller."

Scandivavial Political Studies Vol.8, Issue.3

Rönnbäck, Josefin. 2009. "Rösträttskampen: ett triangeldrama mellan kvinnor, män och staten." http://www.ub.gu.se/kvinn/portaler/rostratt/historik

SALAR. 2009. *Developments in Elderly Policy in Sweden.* Swedish Association of Local Authorities and Regions(SALAR).

Sandström, Carl Ivar. 1978. *Utbildningens idéhistoria: om samhällsförändringarnas inflytande på undervisningens mål och idéinnehåll genom tiderna i Sverige och utlandet.* Stockholm: Stockholm AB.

Schmitz, Eva. 2009. "Kärlek, makt och systerskap: Den nya kvinnorörelsen under 1970-talet." http://www.ub.gu.se/kvinn/portaler/systerskap/historik

Schön, Lennart. 2000. *En modern svensk ekonomisk historia: tillväxt och omvandling under två sekel.* Stockholm: SNS Förlag.

Shin, Pilkyun. 1989. "Betydelsen av rehabilitering och försäkringskassekontakt för återgång i arbete bland långtidssjuka." RFV red. *Långvarig sjukskrivning, rehabilitering och förtidspensionering: en systemanalys.* RFV Redovisar 1989: 12, Riksförsäkringsverket.

_____. 1990. *Riskgrupper för förtidspensionering och betydelsen av rehabilitering.* RFV Redovisar 1990: 22, Riksförsäkringsverket.

_____. 1994. *Sjukvårdsutnyttjande under det sista levnadsåret.* Rapport till Stockholm läns landsting HSN staben.

SOU. 1966. *Aktiv åldringsvård och handikappvård-Socialpolitiska kommitténs slutliga ståndpunkt* 1966: 45. Stockholm: Fritzes.

_____. 1979. *Barnsomsorg: behov, efterfrågan, planeringssunderlag-Huvudbetänkande av Planeringsgruppen för barnomsorg.* 1979: 57. Stockholm: Fritzes.

_____. 2000. *Välfärdens förutsättningar: arbetsmarknad, demografi och seregation-antologi från Kommittén Välfärdsbokslut.* 2000: 37. Stockholm: Fritzes.

_____. 2001. *Fuktionshinder och välfärd: Forskarantologi från Kommittén Välfärdsbokslut.* 2001: 56. Stockholm: Fritzes.

_____. 2001. *Välfärdens finasiering och fördelning: Forskarantologi från Kommittén Välfärdsbokslut.* 2001: 57. Stockholm: Fritzes.

Stockholms läns landsting. 1993. *Stockholmsmodellen: beslutsbefogenheter och ekonomiskt ansvar.* Stockholm: SPRI.

Ståhlberg, Ann-Charlotte. 1995. "Women's pensions in Sweden." *International Journal of Social Welfare* Vol.4, Issue.1.

_____. 1997. "Sweden: On the Way from Standard to Basic Security?." Jochen Clasen red. *Social Insurance in Europe*. Bristol: The Policy Press.
_____. 2004. *Socialförsäkringarna i Sverige*. Stockholm: SNS Förlag.
Turner, B. 1996. "Vad hände med den sociala bostadspolitiken?." *Ekonomisk Debatt* 1996, nr 7. Nationalekonomiska Föreningen. http://www.ne.su.se/ed/pdf/24-7-bt.pdf
Wadensjö, Eskil. 2004. "Pension Reforms in Sweden-A New Model." Naomi Maruo & Anders Björklund & Carl Le Grand eds. *Welfare Policy and Labour Markets: Transformations of the Japanese and Swedish Models for the 21th Century*. Stockholm: Almqvist & Wiksell International.

3. 관련 기관 및 단체 홈페이지

● 다음은 모두 스웨덴 기관 및 단체 홈페이지다. 다만 의미를 명확히 할 필요가 있는 경우에 한해 이름 앞에 '스웨덴'을 덧붙였다.

경제 통계 http://www.ekonomifakta.se
고용보험청 http://www.iaf.se
고용지원청 http://www.arbetsformedlingen.se
교육정책 http://www.skolpolicy.se
교육청 http://www.skolverket.se
릭스뷔겐 http://www.riksbyggen.se
사회복지청 http://www.socialstyresen.se
삼할 http://www.samhall.se
소비자 옴부즈만 http://www.konsumentverket.se
스웨덴 사회민주노동당 http://www.socialdemokraterna.se
스웨덴 이민정보센터 http://www.migrationsinfo.se/migration/sverige
스웨덴 정부 http://www.regering.se
스웨덴 통계청 http://www.scb.se
스웨덴 홍보처 http://www.sweden.se
스웨덴전국노동조합총연맹 http://www.lo.se
스톡홀름 란드스팅 http://www.sll.se

실비아 재단 http://www.silviahemmet.se
아동 옴부즈만 http://www.barnombudsmannen.se
예테보리 대학 여성학과 http://www.gu.se/kvinn
의회 옴부즈만 / 법무 옴부즈만 http://www.jo.se
자연보호연합 http://www.naturskyddsforeningen.se
장애인 보조공학 http://www.rehabverktyget.se
주택청 http://www.boverket.se
차별 옴부즈만 http://www.do.se
프레드리카-브레메르-협회 http://www.fredrikabremer.se
한디삼 http://www.handisam.se
호에스베 http://www.hsb.se
환경목표 http://www.miljomal.se

찾아보기

ㄱ

가정 탁아(다그마마) 94~97
가정상담소 99, 112
『가정』(Hemmet) 195
가족 정책 66, 76, 88, 89, 93, 103~105, 112, 113, 125, 182, 194, 200, 202, 203, 208, 255, 257
강한 사회(론) 50
개량주의 71
개인 및 가정 멘토 98
개혁 연금제도 142
건물소유자연합 269
격순번제 197, 207
경쟁청 269
경제성장률 140, 148
경제정책 68, 71, 182, 254
계급
    계급 타파 44, 124
    계급사회 63, 64, 184, 318
    계급투쟁 45, 66, 68
고급 단계 213, 214, 218
고도성장 52, 53, 61, 69, 71
고등학교 85, 110, 111, 162, 171, 174, 210, 223, 224, 227, 256, 282
고용보험청(IAF) 290, 292
〈고용안정법〉 49
고용지원청(AF) 112, 161, 170, 174, 281, 290~292

공공주택건설회사전국연합(SABO) 268, 269
공동결정제도 49
공동체 18, 64, 79, 86, 189, 318~320, 338, 347, 350~352
교과과정 211, 213~217, 219, 223
교육
    교육 방법 103, 161, 215, 217
    교육 정책 282, 320
    교육목표 215, 216
〈교육법〉 101, 159~161, 174, 211, 222
교육부 89, 100, 101, 112, 161, 169, 211, 213, 227
교육청 89, 101, 161, 214~216, 219, 221, 222, 228
〈교통서비스법〉 134
〈구빈법〉 117~120
구직자 277, 278, 281, 282, 287, 291
국가 행동 계획 163, 165, 170, 174, 325
국가보건의료기술평가위원회 231
『국가와 혁명』(Gosudarstvo i Revolyutsiya) 72
〈국가조직에관한법〉 22
국가진료보장제도 233
국립화학검증국 299
국민 건강 132, 238, 255, 257

"국민 건강 보고서"(Folkhälsorapport)
　　115, 128
『국민의 의지』(Folkviljan)　56
국민의 집　42, 44~46, 50, 53, 59,
　　63~68, 76, 91, 93, 103, 104, 124,
　　138, 265, 276, 318, 319, 352, 356
국민학교　47, 95, 212
국유화　37, 71
국제전문직여성협회　192
국회 선거제도　26
국회(릭스다그)　21, 23, 25~28, 45, 81~
　　83, 85, 118, 137, 141, 162, 163, 170,
　　185, 195, 197, 199, 208, 212, 252,
　　253, 258, 290, 299, 321, 323, 324,
　　327
균형 장치　137, 142, 145, 150
그렌, 칼(Karl Gren)　295
그룹 222　189
그룹 8　189~193, 198
금융 위기　37
금주운동　45, 57
급여 보장　106
기금 고갈 방지 대책　137
기능 사회주의론　66, 68
기대 수명　115, 128, 205
기독교민주당　28, 29
기초 교육　213, 215, 217, 219, 255
기초 보험　288, 292
기초 생활 보조금　136
기초 연금　45, 48, 53, 66, 76, 109, 119,
　　135~138, 142, 143, 145, 146, 155,
　　350
기초 지방정부　81, 85, 130

〈기초연금법〉　137, 253
기회균등　211

ㄴ
나눔값　148~150
노동 유인　154
노동부　82, 202, 290
노동시장 정책　68, 71, 78, 179, 203,
　　276~278, 281~283, 287, 288, 290,
　　291, 320
노동시장 프로그램　281, 282
노동시장위원회　178
노동시장정책평가기관(IFAU)　290
노동시장청(AMV)　82, 290
노동위원회　178, 286, 291
노동재판소　290, 292
"노동조합운동과 완전고용"
　　(Fackföreningsrörelsen och den fulla
　　sysselsättningen)　70
〈노동환경법〉　105, 248
노동환경청(AV)　290
노령　76, 115, 118, 123
　　노령연금 보험　136, 146
　　노령연금 제도　118, 136~138, 140, 146
노르딕　17, 20
　　노르딕 국가　19, 25, 35, 224
　　노르딕 협의회　19
　　노르딕국가고등학교협약　224
노르보텐 란드스팅　84
노를란드　81, 233
노사 관계　42, 46, 57, 59, 68, 69, 326
노사 협약　58, 146
노인

노인 병동 124, 238, 240
노인 아파트 122
노인 요양원 125, 127
노인 전문 병원 124, 238
노인의학 133, 235
노후 보장 52
녹색 국민의 집 54, 67, 296, 315, 356
녹색 성장 306
녹색당 23, 28, 29, 207, 296
놀이학교 96
농경 사회 118
농민당 45, 48, 140, 186
누진세율 36

ㄷ

담세율 36
대가족 118
대선거구제 26
대중운동 32, 78, 118, 119, 168, 202, 251, 253
대학 종합병원 232
대학청 228
도시계획·건설청 261, 299
도지사 84
동고동락 64
동성애자집단 191
동일 임금 70, 259

ㄹ

라곰 343, 345, 346
란드 79, 83
란드스캅 79, 81, 84
란드스팅 25, 81, 83~85, 99, 106, 112, 124, 126~128, 159, 161, 178, 206, 229~237, 239, 240, 243, 244
랜 79, 81, 83, 84, 253, 269
레고스타드간 55
레닌, 블라디미르 일리치(Vladimir Ilich Lenin) 72
레미스 기관 198, 199
레이온휴브드-아드렐스파레, 소피 (Sophie Leijonhufvud-Adlersparre) 186, 195
렌, 예스타(Gösta Rehn) 69
렌-마이드너 모델 68~71, 73, 259
루 요한손, 이바르(Ivar Lo-Johansson) 123
루레오여성회 191
루스, 로사리(Rosalie Roos) 195
루시아 353, 354
룬데 지방 59
룬드 대학 113, 226
리, 트뤼그베(Trygve Lie) 32
리스본 전략 181
릭스뷔겐 265~267

ㅁ

마르크스주의 43, 56, 66, 71
마이드너, 루돌프(Rudolf Meidner) 69
맞춤형 주거 131, 268
메이에르손, 예르다(Gerda Meyerson) 120, 121
명목확정갹출계좌 144
모국어 교육 228
"모든 아이는 모두의 아이" 8, 92, 93, 194
묄러, 구스타프(Gustav Möller) 50, 124

무베리, 에바(Eva Moberg)　188
무베리, 엘렌(Ellen Moberg)　92
물가 변동　143, 148
물가연동기준액　143, 149
물가지수　148, 151, 155
뮈르달, 군나르(Gunnar Myrdal)　104
뮈르달, 알바(Alva Myrdal)　33, 91, 92, 104, 191, 192
민간부문사무직노동조합연맹(DACO)　60
민영화　35, 53, 130, 140, 232, 239, 249
민족주의　63
민주주의　24, 29~32, 43, 57, 63, 65, 66, 68, 81, 163, 182, 185, 187, 202, 208, 318~321, 329, 345, 357

ㅂ

바사, 구스타프 에릭손(Gustaf Eriksson Vasa)　21, 22, 25
바우처　130, 236
발렌베리 가문　37, 38, 72
발렌베리, 라울(Raoul Wallenberg)　38
발렌베리, 안드레 오스카(André Oscar Wallenberg)　38
발틱　17
방과 후 학교　89, 93, 95, 97, 215, 216
방문일　108, 109
방사선보호국　298
베리, 카린 베스트만(Karin Westman Berg)　189
병가 급여　245~249, 289, 341
보건 의료 정책　320

보건사회부　82, 83, 89, 100, 112, 212, 229, 231, 244, 253, 261, 327
〈보건의료법〉　105, 126, 159, 229, 231
보건의료책임위원회(HAS)　231
보부아르, 시몬 드(Simone de Beauvoir)　187
보수당　28, 29, 37, 66, 140, 141, 185, 207
보에티우스, 마리아-피아(Maria-Pia Boëthius)　197
보유 기금　150, 153
보육 시설　41, 49, 93, 95
〈보육법〉　93
보장 연금　53, 135, 136, 142, 143, 146, 147, 149
보조 연금　134, 135, 143, 145
보조스타킹　197
보충 연금　136, 139, 142, 146
보통선거권　27, 30, 31, 42, 57
보편적 노령연금　118
보편적 돌봄 정책　159
보편적 복지 제도　70, 78, 119, 161
보편주의　66, 76, 109, 122~124, 129, 155, 158~160, 180, 204, 214, 254, 259, 275, 320
〈보험사무소지원에관한법〉　252
보호의 집　198
볼보　179
부가 연금(ATP)　48, 136, 138~142, 145, 146, 149, 156, 259
부가가치세　36, 48, 70, 305
부모 보험　106, 244
부채　53, 150, 151

북유럽 모델 46
북유럽형 69
분권화 79, 81, 229, 230
브란팅, 칼 얄마르(Karl Hjalmar Branting) 42, 43, 45, 46, 56, 57, 73
비그포르스, 에른스트 요한네스(Ernst Johannes Wigforss) 63
비례대표제 26, 27, 207, 208
비스마르크, 오토 에두아르트 레오폴트(Otto Eduard Leopold Bismarck) 137
비영리단체 168, 262, 265~267
빈곤 16, 40~42, 63, 67, 76, 118, 120, 121
  빈곤 돌봄 76, 89, 90, 124, 125
  빈곤 사회 57, 117
빌트, 칼(Karl Bildt) 37, 140

ㅅ

사망률 150
사무직노동조합연맹(TCO) 60~62, 141, 142, 288
사미 학교 210, 215
사미족 210, 214
사민당여성위원회 141, 190
사보험 145, 155
사브-스카니아 38, 179
사유재산 68
사회 서비스 76, 77, 94, 125, 127, 130, 131, 133, 157, 159, 230, 231, 235, 255, 325
사회 통합 16, 68, 156, 176, 222, 228, 261, 262, 274, 321

『사회민주주의자』(*Socialdemokraten*) 56
사회보장제도 42, 70, 77, 105, 155, 249, 251, 253
〈사회보조법〉 159
사회보험청(RFV) 82, 85, 109, 111, 112, 134, 142, 149, 154, 161, 171, 173, 244~249, 253
사회복지 정책 53, 65, 66, 68, 84, 91, 100, 104, 116, 121, 124, 140, 141, 260, 273, 319
사회복지기여금 292
사회복지사연합회(CSA) 91, 119~121
사회복지청 82, 115, 161, 231
〈사회서비스법〉 94, 125, 126, 134, 159, 161, 230
사회서비스위원회 122
사회적 권리 105, 112, 200
사회적 기업 130, 158, 175, 176, 178
사회적 돌봄 65, 76, 78, 94
사회적 보장 76
사회적 연대 73, 259, 356
사회적 조합주의 46
사회적 질병 120
사회적 책임 46, 67, 94, 103, 123, 194
  사회적 책임론 120
사회정의 57, 66, 73, 114, 188, 209, 249, 318, 322, 324, 329
사회정책 56, 68, 76, 78, 85, 104, 125, 136, 138, 155, 156, 158, 180, 210, 253, 254, 332, 333, 350
사회집단 76
산업 노동자 28, 57, 138
산업 평화 58

산업부 290
살린, 모나(Mona Sahlin) 54, 67
살트셰바덴 협약 46, 60, 68, 73
삼할 130, 170, 174~177, 179
상과대학 226
상병 급여 105, 107
상병 기간 247
생태 도시 296, 307~310, 315
생태 순환 체계 102, 302, 316
서비스 홈 122, 125, 127, 130
선거권 운동 184
선별적 돌봄 정책 159
선별주의 122
선호 투표 26, 27, 207
성인 교육 센터 112
성인학교(콤북스) 205, 210, 211, 225, 227, 256
성탄절 328, 351~354, 356
세계대학여성협회 192
세입자전국연합 269
셸렌, 루돌프(Rudolf Kjellén) 63
소득 보장책 137
소득 손실 105, 107, 108, 112, 244, 245, 247
소득 연금 48, 134~136, 138, 142, 143, 146~149, 153, 205, 249, 289
소득 연금 적립 기간 145
소득세 36, 143, 234, 261
소득재분배 정책 76
소득재분배 효과 70, 141
소비자 옴부즈만 328, 329
소유권 보장 단독주택 263
소유권 인정 임대주택 263

순환 체계 254, 294, 302, 303, 308, 310, 312, 314
쉬만, 구드룬(Gudrun Schyman) 199
스베아란드 81
스웨덴 모델 14, 24, 29, 39, 53, 54, 59, 67~69, 71~73, 89, 336, 338, 339, 342
스웨덴 방식 67, 332, 334, 338
스웨덴 어 15, 19, 20, 216, 217, 220, 223, 322, 323, 343, 349
스웨덴공산당 44
스웨덴국제입양사무소 108
스웨덴금속산업경영자협회(VF) 57, 58
스웨덴기초단체및광역정부연합회 236
스웨덴전국노동조합총연맹(LO) 10, 39, 40, 47, 54~62, 69, 70, 141, 142, 193, 266, 288
스웨덴빈곤가족돌봄협회 119, 120
스웨덴수자원공사 302
스웨덴식 중도 노선 45, 71
스웨덴식자공연합 56, 287
스웨덴여성시민연합 186
스웨덴여성의집전국연합(ROKS) 198, 199
스웨덴여성좌파협회 191
스카르프넥 310
스칸디나비아 17~20, 30, 35
스톡홀름 란드스팅 84, 127, 238, 241
스톡홀름 모델 236~240
스톡홀름 엔실다 은행 38
스톡홀름 해결 방식 37
스톡홀름란드스팅보건의료위원회 238
스톡홀름일반여성클럽 184

스트랭, 군나르(Gunnar Sträng) 122, 123
승용차 구입 보조금 173
시장 원리 53, 155
신뢰위원회 233
실비아헤멧트 133
실업 44, 52, 69, 76, 277, 278, 280, 281, 283
실업 급여 283, 286~289, 293, 325
실업 대책 280, 281
실업기금협의회 292
실업률 140, 175, 276, 278~280
실업보험 77, 143, 287, 288, 292
실업보험관리기관 287~290, 292
실업보험관리사무소 288
실업보험기금 283, 287, 292, 293
실업자 49, 190, 225, 277, 278, 281, 282, 285, 289

ㅇ
아동 극장 112
〈아동돌봄법〉 92, 159
아동 발달 100, 215
아동 보호권 88
아동 수당 47, 66, 76, 93, 109, 110, 339, 350
아동 옴부즈만제도 88, 99, 328
아동 정책 88, 89, 91~94, 100, 103, 255, 342
아동 학대 88
〈아동학대금지법〉 88
아동-학생 옴부즈만제도 100
아동복지조사위원회 92

아동생활환경지수 100
아동수용소 90, 93
〈아동양육법〉 112
아동의 권리 88, 90, 100, 109, 111, 208, 327, 329
아르보가 21
알레만스래트 346~348
알마크, 페르(Per Ahlmark) 140
〈알코올중독자돌봄법〉 159
알파 288
약국관리공사 82, 231
얀테라겐 343, 345, 347
얀테의 법칙 343, 344
양로원 120, 122~125, 127, 130, 132, 179, 353
양성 평등 보너스제 106, 107
양성 평등 옴부즈만 191, 209
양성 평등 정책 33, 189, 200~202, 205, 320
양육비 111, 114
어린이가든 92
에델 개혁 125~129, 131, 133, 230, 235
에르란데르, 타게(Tage Erlander) 43, 46, 50, 67
에릭손 38, 179
여성 노동시장 참여율 182
여성 대통령 196
여성 실업 문제 193
여성 정책 78, 91, 103, 182, 196, 342
여성 정치 네트워크 196, 197
여성센터 191
여성연구자포럼 192

여성연맹 191
『여성의 두 역할』(Women's Two Roles) 104, 191
여성의 정치 참여율 182, 203, 208
『여성의 제한적 자유』(Kvinnans villkorliga frigivning) 188, 189
여성의집 191, 198
여성정당 197
여성참정권전국연합(LKPR) 184~186
여성해방운동 183, 186, 188, 195
연구위원회 228
연금 계좌 144
연금 급여액 119, 144, 147, 149, 151, 152, 154
연금 산정 144, 148
연금 상한선 143
연금 수급 연령 145, 147
연금 수급자(수령자) 134~136, 139, 144~146, 148
연금 저축 계좌 145
연기금 관리 공사 152~154
연대 의식 67, 188
연대 임금제도 70
연립정부 23, 30, 37, 44, 48, 82, 83, 140, 260
예방 장치 76
예방 정책 76
예방적 복지 92
예탈란드 81
예테보리 16, 26, 233, 252, 263, 264, 266
오달렌의 살해 사건 59
온실가스 배출 294, 300, 302, 312

완전고용 46, 53, 61, 69~71, 276
완전한 참여 158, 326
완전한 평등 158
왕립 공과대학 226
웁살라 대학 189, 211, 226, 270
『위기에 처한 인구문제』(Kris i befolkningsfrågan) 104
위대한 국가 67
위탁가정 97
유럽연합 17, 20, 25, 35, 62, 115, 181, 199, 209, 261, 276, 279, 280, 294, 299, 300, 332
유럽연합 의회 25
유럽연합환경이사회 299
유럽화 73
유럽환경청 299
유로존 35
유엔 기후변화 협약 294, 300
유엔 환경 회의 295
유엔아동권리협약 88, 99, 327, 328
유전자변형농산물 308
유족연금 136, 138, 142, 154, 244
유치원 89~91, 93, 95, 97, 102, 103, 205, 210, 212, 213, 215, 221
율톰테 354, 355
의료 서비스 49, 83, 84, 122, 125~127, 229~233, 235, 236, 238, 239, 241, 243, 245
의료 재정 128, 233, 250
의료보험 제도 66, 229, 230, 244, 245, 249, 253
의사 면담 시간 240
의약청 231

의약품급여위원회 231
의회 민주주의 25, 30
이산화탄소 배출량 299
이윤 창출 71, 153, 154, 307
이케아 33, 179
인구위원회 104
인두제 243
인본주의 68, 76, 117, 120, 126, 128, 129, 250
엘렉트로룩스 38
일반선거권투쟁협회 184
일하는여성 191
임금 보조금 175
임금 지표 150
임대 위원회 269
임대료 110, 122, 266, 269, 271
임시 부모 휴가 108
임신 77, 105, 325

ㅈ
자녀 부양 가족 91~94, 275
자본주의 66, 71
자산 150, 151, 266
자원 고갈 295
자원봉사 단체 90, 120
자유교회 운동 57
자유당 28~30, 43, 44, 48, 59, 118, 121, 140, 184, 186, 207
자유유치원 95, 96
작업장 49, 90, 93
장기 병동 125, 127, 235
장애 연금 136, 142, 143, 154
장애인 옴부즈만제도 162

장애인 정책 84, 158~160, 162~164, 166, 167, 169, 170, 180, 329
〈장애인서비스법〉 109, 159, 161, 166, 228, 325
재가 복지 122, 123, 128
재분배 136, 138, 139, 147, 234
　재분배 원칙 139, 141, 144, 148, 153~155
재생 가능 에너지 34, 301
재정 자립권 186
재활 수요 조사 249
저출산 92
전문 치료 232, 242
전문대학 60, 210, 226, 228
전문직노동조합연맹(SACO) 60, 121, 135, 141, 288
전원주택 257, 272, 273, 347
전일제 92, 105, 173, 193, 227, 278, 340, 341
전통문화 352
정보화 29, 73
정부 보조금 49, 90, 100, 198, 212, 287, 293
정상화 원칙 126, 129, 134, 158, 160, 161, 168, 180, 212, 222, 320
『제2의 성』(*Le Deuxième Sexe*) 187
조기 연금 142
조세 납부의 의무 144
조정위원회 290
종합대학 210, 226
종합병원 84, 124, 125, 127, 128, 232, 234, 237, 238, 240, 241, 243, 244
좌익사회당 44
좌파당 23, 28, 29, 44, 197, 199, 207

주거 정책 131, 258, 274
주거 환경 55, 77, 132, 159, 255, 257~261, 266, 270, 274, 310, 325
주거권 보호 255, 269
주민등록 110
주택 건설 부양 정책 274
주택 건설공사 267, 268
주택 교환 272
주택 보조금 47, 66, 76, 110, 135, 261, 270, 271
주택 수당 93, 122, 139, 142, 143, 244
주택 정책 48, 66, 76, 78, 125, 131, 254, 255, 257~264, 267, 269, 270, 273~275, 309, 320
주택부 259, 261
중개 사무소 259, 267, 268
중급 단계 213, 214, 217, 218
중도 노선 45, 68, 71, 339
중앙 협상 70
중앙당 23, 28, 29, 45
중용 339, 343, 345
지방 고용 사무소 286
지역난방 300, 312, 313, 315
직업훈련 174, 175, 177~179, 284, 286
진료 대기 시간 240
진료비 보상 제도 242, 243
진료소 112, 130, 232~234, 236, 239, 241, 242
질병 52, 76, 77, 108, 123, 133, 173, 230, 235, 240, 242~246, 248, 252, 289
질병보험 사무소 252, 253
〈질병보험사무소에관한법〉 252

집(가정) 64

ㅊ
차별 옴부즈만 158, 162, 165, 168, 202, 324~326, 329
차상위 계층 150, 154
채용 보조금 284
처방적 복지 92
청년·지식인노동조합연맹(SYACO) 60
청소년 심리 상담소 112
초고령사회 115, 137
초급 단계 213, 214, 216, 221
초등학교 95, 97, 103, 106, 162, 210, 212~216, 218, 220, 223, 227
총액 상한선 제도 234
최저생계비 136
출산 77, 88, 89, 104~107, 143, 208
출산 급여 105~108
출산 예정일 105
출산휴가 91, 96, 105~107, 146, 155, 204, 325, 339
출산휴가비 45, 91, 106
취로사업 284
취학 전 학급 103
치매 133, 243

ㅋ
카로린스카 대학병원 232
카로린스카 의과대학 226
칼 구스타프 16세(Carl XVI Gustaf) 22, 328
칼마르 연합 18, 21
칼손, 잉바르(Ingvar Carlsson) 259

〈코뮨법〉 83, 139
코뮨위원회 85
코뮨의회 24, 85, 183, 206
코뮨행정사무소 85
쾨니그손, 투레(Ture Königson) 48
크루그먼, 폴(Paul Krugman) 37
크벤날리스틴 196
클린트베리, 예르트루드(Gertrud af Klintberg) 120

ㅌ
탈시설화 128, 131
통합평등부 201, 202, 326
특별 보조 161
특수교육을 위한 기관 161
특수학교 110, 161, 174, 210, 212, 214, 215, 225

ㅍ
파트타임유치원 96
팔메, 리스벳(Lisbet Palme) 51
팔메, 올로프(Olof Palme) 10, 43, 46, 50, 51, 67, 93, 259, 295
팔메, 유아킴(Joakim Palme) 11, 250
팜, 아우구스트(August Theodor Palm) 56, 57
패밀리 치료 99
패밀리홈 97, 98
펀드 회사
　제1 펀드 회사 153
　제2 펀드 회사 153
　제3 펀드 회사 153
　제4 펀드 회사 153, 154
　제6 펀드 회사 153, 154
　제7 펀드 회사 145, 153, 154
페르손, 예란(Göran Persson) 54, 67, 296
페미니스트이니셔티브(FI) 199
평등 사회 57, 342
평생교육 77, 225, 228
포괄수가제 243
프레드리카-브레메르-협회(FBF) 186, 190, 195, 198
프리미엄 연금 135, 137, 141~143, 145, 146
프리미엄연금관리공단(PPM) 144, 145, 152

ㅎ
하빌리테이션 243
하수처리 302~304, 314
하이브리드 자동차 302
하지제 16, 17, 351, 352
학비 보조금 110
학비 지원금 226
학생보조중앙위원회 226, 228
학업 보조금 224, 226
학자 대출금 60, 110, 226
한손, 페르 알빈(Per Albin Hansson) 43, 45, 46, 50, 59, 63~67, 124, 265, 318, 319
함마르비 호수 도시 296, 307~309, 312, 313, 316
함마르셸드, 다그(Dag Hammarskjöld) 32
합의 문화 73, 342, 349
합창 문화 351, 352
해적당 29

행정 체계 78, 116, 133, 227, 252, 253, 290
헌법 22, 23, 25, 72, 82, 183, 318, 321
헤딘, 아돌프(Adolf Hedin) 118
『헤르타』(Hertha) 195
혁명적 사회주의론 66
현금 보조금 제도 91
협동조합 운동 274
협약 연금 146
호에스베 265~267
〈혼인법〉 186
혼합경제적·수정자본주의 71
화석연료 301
환경 마크 307, 308
환경 산업 306
환경 정책 78, 294, 296, 297, 299, 307, 320
〈환경기준법〉 303, 304
환경목표위원회 299, 300
〈환경법〉 261
〈환경보호법〉 77
환경보호청(EPA) 298, 299, 304, 346, 347
환경부 261, 295, 296, 299, 304
환경비전 2020 297, 316
환경세 305
환자 중심 128, 240, 244
환자의 선택권 240, 241, 250
회그달 소각장 315
회전 기간 150, 151
효율성 50, 70, 73, 79, 101, 114, 128, 154, 156, 163, 178, 233, 236, 239, 243, 244, 250, 262, 277
훌륭한 집 64

기타
1차 의료 232, 233, 240, 242~244
2차 의료 232
3개의 파도 183
　　제1의 파도 183
　　제2의 파도 183, 187, 189, 196, 202
　　제3의 파도 183, 196
ILO위원회 290